KB118802

SNU SERI 연구총서 4

2판 특수교육·심리 진단과 평가

김동일 · 고은영 · 이기정 · 최종근 · 홍성두 공저

Assessment in
Education, Psychology,
and Special Education 2nd ed.

학지사

This work was supported by the Ministry of Education of the Republic of Korea and the

National Research Foundation of Korea (NRF—2020S1A3A2A02103411).

🖋 2판 머리말

『특수교육 · 심리 진단과 평가』1판이 출판되어 대학과 현장에서 널리 쓰이면서 다양한 피드백을 받았다. 이에 저자들과 함께 깊은 감사의 말씀을 드린다. 1판에서 이미 언급하였다시피 교육적 · 심리적 지원을 체계적으로 진행하기 위해서는 진단 및 평가를 재정립해야 하고, 유의미한 교수와 중재를 설계해야 하며, 이를 현장에서 효과적으로 펼치기 위한 작업은 계속되어야 할 것이다.

이번에 개정된 2판에서는 급격하게 바뀌는 다양한 영역의 검사를 중심으로 새로운 내용을 정리하여 반영하였다. 특히 기초학습기능 수행평가체제(BASA), 지능검사, 학력검사, 적응행동검사 등이 새로 제작되어 출현하거나 전면적으로 개정되어 사용되고 있다. 앞으로도 새로운 검사와 개정된 내용을 지속적으로 점검하여 더 의미 있고 활용 가능한 텍스트가 될 수 있도록 노력하고자 한다.

새롭게 정리하여 펼치는 개정 작업을 위하여 많은 분의 참여와 도움이 있었다. 특히 '교육 · 심리 검사와 진단' 그리고 '특수아 진단과 평가' 강의에 적극적으로 참여해 준 수강생들과 정성 어린 손길로 책을 만들어 준 학지사 임직원 여러분께 진심으로 고마운 마음을 전한다.

2022년 1월
저자들을 대표하여
서울대학교 교육종합연구원 특수교육연구소(SNU SERI) 소장
김동일

📖 1판 머리말

 우리나라에서 교육적·심리적 지원을 체계적으로 진행하기 위해서는 진단 및 평가를 재정립해야 하고, 유의미한 교수와 중재를 설계해야 하며, 이를 현장에서 효과적으로 펼치기 위한 배전의 노력과 치열한 작업이 필요하다. 이 책은 그 첫걸음으로서 상담 및 심리치료, 특수교육, 임상심리, 아동·청소년 심리교육 서비스에서의 진단 및 판별의 기본적인 질문과 대답을 제공하고자 구성하였다. 교육 및 심리 서비스는 구체적인 문제해결 절차를 통하여 구현된다.

 이러한 문제해결 절차는 다음과 같은 다섯 단계를 포함한다. ① 해결할 문제 찾기, ② 문제를 정의하기, ③ 해결을 위한 대안 모색하기, ④ 해결 방안 적용하기, ⑤ 문제의 해결 여부 결정하기가 그것이다. 문제해결 절차는 상담 및 심리치료, 특수교육 등의 직접적 서비스가 제공되는 단계와도 상응한다.

 효과적으로 문제를 해결하기 위해서는 그에 앞서 여러 가지 대안을 포함한 중재계획을 세울 수 있어야 한다. 즉, 최선의 해결 방안을 선택하기 위해 문제해결의 첫 시도에서 실패할 경우를 대비하여 다양한 대안을 고려해야 한다. 성공적으로 문제를 해결하는 사람은 동일한 문제를 해결하기 위하여 많은 대안(전략)을 고안해 낼수 있는 사람이다. 이를 위해서는 문제해결 과정에서 기대되는 수행 수준과 실제 수행 수준을 측정하고 그 의미를 찾아 개인에 대한 의사 결정을 해야 한다. 다시 말해, 진단 및 평가가 필요하다. 그러므로 검사를 위한 검사가 아닌, 문제해결과 서비스 제공 의사 결정을 위하여 의미 있는 검사·측정·평가 활동이 이루어져야 한다. 이 책은 측정과 평가의 기본 개념, 영역별 평가, 임상집단 및 장애 평가, 검사 평가 보고서 작성을 다룬 내용을 포함하여 총 14개의 장으로 이루어져 있다. 각 장에서는 이론적 접근과 실제적 지침을 포괄하여 제시하였다.

이 책을 내놓기까지 매우 많은 분의 참여와 도움이 있었다. 이 책을 같이 집필한 저자들은 서울대학교 특수교육연구소(Seoul National University Special Education Research Institute: SNU SERI) 연구원을 거쳤다는 소중한 인연이 있다. 특히 '교육·심리 검사와 진단' 그리고 '특수아 진단과 평가' 강의에 적극적으로 참여해 준 수강생들과 정성 어린 손길로 책을 만들어 준 학지사 임직원 여러분께 진심으로 고마운 마음을 전한다.

2017년 9월
저자들을 대표하여
서울대학교 교육종합연구원 특수교육연구소(SNU SERI) 소장
김동일

차례

제8장

시 · 청지각 능력 평가 • 242

제9장

진로 및 적성 평가 • 262

제13장

자폐스펙트럼장애 평가 ● 386

제14장

평가보고서 작성 ● 450

제**1**장

교육 · 심리 검사:
문제해결 과정과 평가 활동

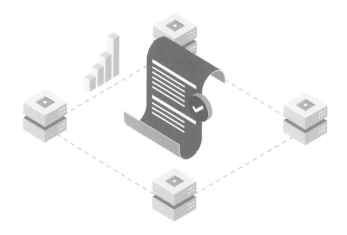

현대사회에서 평가 체제는 그 다양한 필요성과 기대로 인하여 중요하게 인식되어 왔다. 특히 검사로 대표되는 평가 체제는 우리의 생활 구석구석에 영향을 미치고 있다. 각급학교의 입학고사를 비롯하여, 더욱 다변화되는 취업 및 입사 시험 과정 그리고 학기 중간에도 실시되는 여러 학력고사와 각종 심리검사(지능검사, 적성검사 등) 및 수많은 공식·비공식 검사가 그렇다. 취학 전 및 학령기 아동, 학교나 일반 사회에 있는 청소년, 직업을 가지고 있는 성인에 이르기까지 여러 대상에게서 필요한 정보를 모으기 위한 지속적인 평가 과정은 개인의 생애에 붙박여 있다고 하겠다. 특히 특수한 교육 및 상담·치료 서비스가 필요한 아동, 청소년, 성인을 정확하게 이해하고 이들에 대하여 합당한 정신건강 서비스, 상담, 특수교육, 임상 서비스를 제공하는 것이 검사와 평가의 적용에서 가장 중요한 의사결정이다.

 학습목표

1. 평가의 정의 및 문제해결모형과 평가의 관련성을 이해할 수 있다.
2. 평가에 영향을 미치는 요인을 확인할 수 있다.
3. 각 평가 방법 유형의 장점과 유의점을 이해할 수 있다.
4. 심리검사 활용에 따른 다양한 지침을 확인할 수 있다.

I. 평가와 문제해결 과정

평가(assessment, 사정)에서 중요한 활동은, 첫째, 대상(아동이나 청소년 등)에 대한 합당한 의사결정이고, 둘째, 관련 정보를 모으는 활동이다. 그리하여 Salvia와 Ysseldyke(1995)는 평가란 관심 사항과 문제를 구체화하고 확인하여 대상에 대한 적절한 의사결정을 내리기 위하여 관련된 정보를 체계적으로 모으는 매우 역동적인 과정이라고 하였다. 이때 관련 정보란 개입 내용, 개입 방법, 개입 장소, 개입 시기, 개입 목표, 현재 수준에 대한 다양한 정보를 의미하고, 의사결정은 배치, 선발, 수준 확인, 의뢰 결정, 진단, 형성, 종결 등에 관련된 결정이며 피험자의 교육이나 개입의 과정, 더 나아가 구체적인 삶의 과정과도 맞물려 있다(김동일, 이대식, 신종호, 2009).

상담, 특수교육, 심리 서비스는 문제해결 절차를 통하여 구현된다. 이러한 문제해결모형은 다섯 가지 단계를 포함한다. ① 해결할 문제 찾기, ② 문제 정의하기, ③ 해결을 위한 대안 모색하기, ④ 해결 방안 적용하기, ⑤ 문제의 해결 여부 결정하기이다. 문제해결 단계는 임상이나 상담, 특수교육 서비스가 제공되는 단계와도 상응된다. 여기서 측정 활동과 평가 활동은 이러한 특별한 서비스에서의 각 문제해결 절차에 체계적으로 적용되는 것으로 볼 수 있다.

효과적인 문제해결을 위해서는 문제해결에 앞서 필요한 여러 가지 대안을 포함한 중재 계획을 세울 수 있어야 한다. 또한 최선의 해결 방안을 선택하기 위하여 문제해결을 위한 첫 번째 시도에서 실패할 경우를 대비하여 다양한 대안을 고려해야 한다. 성공적으로 문제를 해결하는 사람은 동일한 문제를 해결하기 위하여 많은 대안(전략)을 고안해 낼 수 있어야 한다. 특수교육과 심리 서비스의 문제해결 과정은 기대되는 수행 수준과 실제 수행 수준에서의 차이를 문제라고 상정하고, 이를 다루기 위하여 다양한 대안을 고려하고, 선택하고, 적용하는 것이다.

〈표 1-1〉에서 제시된 문제해결 단계, 측정 활동, 평가 활동은 아동에게 심리 서비스를 제공할 때 필요한 의사결정 단계와 대응된다. 예를 들면, 특수교육 서비스에서는 기대 수준에 도달하지 못한 학생들이 선별되어 의뢰되고, 이들의 적격성을 결정하기 위하여 평가하고, 장애 혹은 지원 유형이 결정되면 연간 목표, 단기 목표, 평가 절차 및 제공할 서비스가 포함된 개별화교육프로그램(Individualized Education

표 1-1 문제해결모형과 평가

문제해결 단계(적용 단계)	측정 활동(관련 정보 수집)	평가 활동(의사결정 내용)
1. 문제 찾기 (선별/의뢰)	기초학습기능에 대한 학생의 수행 수준 관찰 및 기록	문제의 존재 여부 결정
2. 문제의 정의 (적격성의 결정)	실제 수행 수준과 기대되는 수행 수준 사이의 차이 기술	어떤 영역의 편차를 해결할 것인지 결정
3. 대안 탐색 (IEP 목표 설정 중재 계획)	기대되는 향상 및 다른 대안과 관련된 비용 추정	교수 프로그램 제안(해결을 위한 대안)
4. 대안의 적용 및 IEP 진행 점검 (주기적·연간 점검)	IEP 적용과 학생의 진전도에 대한 점검	프로그램을 계속 유지할 것인지 수정·변경할 것인지 결정
5. 문제의 해결 (프로그램 종결)	실제 수행 수준과 목표 사이의 차이 기술	유의미한 차이 여부를 결정하고, 목표를 달성하면 IEP 종결

Program: IEP) 등을 개발하고, IEP를 적용하면서 아동의 진전도를 점검하며, 최종적으로 IEP의 목표를 달성하였는지를 판단하여 달성되었으면 중재 프로그램을 종결한다.

　검사는 평가 활동에서 매우 중요한 위치를 차지하며 그 정의를 살펴보면 다음과 같다.

　　검사는 인간 행동 및 인간 행동에 관련된 현상을 관찰하고 수량척도나 고정된 유목을 이용하여 그것을 기술하기 위한 체계적 절차다(황정규, 1990, p. 37).

　　검사란 예정된 행동유형을 통하여 반응할 수 있도록 고안된 질문이나 작업의 집합체다(Salvia & Ysseldyke, 1995, p. 32).

　평가 방법에서 검사가 유용한 이유는 각각의 평가 대상에게 동일한 질문이 제공되어 그 반응이 미리 고안된 조건에서 나타나기 때문이다. 즉, 검사는 비교 가능하다는 점에서 유용하다. 이후 제시되는 다양한 평가 방법은 평가가 지향하는 기본적인 가정과 조건을 만족해야 한다.

II. 평가에 대한 일반적 가정

평가를 정당하게 하고 그 정보를 바로 이용하고자 할 때 고려해야 할 가정으로는 평가자의 자질, 오차 존재 가능성, 배경 경험의 비교 가능성, 행동 표집의 적절성, 관찰되는 행동의 일반화와 예견 등이 있다(Newland, 1973).

1. 평가자의 자질

첫 번째 중요한 가정은 평가자는 평가 목적에 합당한 훈련을 받고 자질을 지니고 있을 것이라는 기대다. 즉, 평가하는 과정에서 대상과 협조관계를 적절히 구축하고, 믿음과 안정감 속에서 지닌 능력을 최대한 발휘하거나 생각을 제대로 표현하게 도와줄 수 있을 것이라는 믿음이 있다. 또한 평가자는 검사나 평가 과정을 정확하게 실시할 수 있을 것이고 표준화검사라면 표준화된 절차를 따를 것을 예상한다. 이와 더불어 평가자는 검사를 정확히 채점할 수 있고 그 결과를 제대로 해석할 수 있으리라고 기대된다.

검사 실시·채점·해석 등은 검사나 평가도구의 성격, 결과의 추론에 대한 곤란도를 고려하여 본다면 각각 다른 정도의 훈련을 필요로 하는 경우가 많다. 별다른 훈련 없이 교사나 출판사의 영업사원이 집단지능검사나 학력검사를 실시할 수 있다고 하여도 성격검사나 개인 지능검사인 경우 상당한 검사 실시 및 결과 해석의 훈련이 필요하다. 이러한 이유로 국내외의 여러 기관에서 평가도구를 구입하거나 사용하고자 할 때 검사의 종류에 따라서 구입할 수 있는 자격을 정하는 공식적인 판단 기준이 있어야 한다.

결과적으로 평가자의 자질이 제대로 충족되는 것은 평가도구의 유용성, 타당성을 확보하는 가장 중요한 필수 조건이라고 볼 수 있다. 평가도구의 성격과 실시 및 해석상의 난이도를 파악하는 것은 평가자의 의무다. 그러나 충분한 훈련 없이 개인 지능검사를 실시하거나 성격검사의 프로파일, 유형 분석을 하는 경우가 있는 작금의 현실은 우려할 만하다. 이러한 평가도구는 외견상 간단해 보일지는 몰라도, 정확한 실시, 채점, 해석은 상당히 복잡하고 미묘할 수 있다. 내담자의 미래에 영향을 미치는 의사결정에 매우 중요한 정보를 제공하는 평가도구가 있기에 그런 도구를 사용하는 평가자의 자질에 대한 확인이 있어야 할 것이다.

2. 평가의 오차 존재 가능성

두 번째 가정은 바로 어떠한 평가도구도 오차를 완전히 없앨 수는 없다는 것이다. 정도의 차가 있지만 도구의 오차와 결과 추론에서의 오류는 인정하여야 할 것이다. 이러한 평가에서의 오류는 체계적 오류(systematic error)와 무선 오류(random error)로 나누어 볼 수 있다(Nunnally, 1978). 예를 들면, 물의 온도를 측정하는 온도계의 눈금이 잘못 표시되어 있어 언제나 2도 높게 측정된다고 한다면 이 온도계가 잰 온도는 오류다. 그러나 이러한 오류는 언제나 2도 차이가 나는 측정치이므로 항상 차이가 나는 정도만 알 수 있다면 교정할 수 있는 체계적 오류다. 대조적으로 비체계적 무선 오류는 일정한 방향 없이 측정하는 사람의 실수나 도구의 불완전성으로 생기는 것이다. 고무줄로 된 자를 가지고 길이를 잰다면 매번 다르게 측정하게 되고 그 정도는 더 길 수도, 더 짧을 수도 있다.

평가자나 도구의 오류가 상대적으로 크면 클수록 그 결과로 평가 대상에 대한 잘못된 추론을 할 수 있기 때문에 이에 대한 경각심을 높여야 할 것이다.

3. 배경 경험의 비교 가능성

모든 피검사자는 주어진 교육적 · 사회적 · 문화적 환경에서 다양하고 독특한 경험을 하게 된다. 그러나 특히 청소년을 대상으로 표준화된 도구를 통해 규준과 비교하여 그들의 상대적인 위치를 정하고자 할 때는 그들이 규준집단과 동일하지는 않지만 비교 가능하다는 것을 가정한다. 즉, 특정 학생의 배경 경험이 표준화된 도구의 규준집단의 배경 특성과 다르다면 그 규준을 이용하여 검사 결과를 해석하는 것은 적절하지 않을 것이다. 이러한 배경 경험은 타고난 특성(성, 인종)과는 다른 문제로 학생들에게 지금까지 누적된 경험이다. 그러므로 배경 경험이 규준집단과 다르다는 것은 단순히 타고난 특성이 다르다는 것이 아니라 교육적 · 사회적 · 문화적 환경이 다르다는 것이다.

예를 들면, 농아의 지능을 측정하기 위하여 자주 쓰이는 검사는 Wechsler 지능검사의 동작성 지능측정 소검사들이며, 실제로 이 소검사들은 언어적 반응이 필요하지 않기 때문에 많은 임상심리사가 이용하고 있다. 그러나 이 검사의 규준은 정상적인 집단이며 말을 하고 듣는 경험의 결손이 없는 것이다. 적절한 가정은 이 규준을 적용할 수 있는 피험자는 역시 비장애학생이라는 것이다. 또한 모양 맞추기, 차례 맞추기 등의 소검사는 언어 능력과 상당히 밀접한 관계가 있다. 그러므로 일반 집단을 규준으로 한 검사들을 장애학생 집단에 실시할 경우 이런 배경 경험의 비교 가능성을 다시 한 번 살펴보아야 한다.

4. 행동(문항) 표집의 적절성

네 번째 가정은 평가 영역을 대표할 만한 행동이나 문항의 목록이 표집되어 평가도구에 반영되었다는 것이다. 예를 들면, 수학 영역의 능력을 측정하고자 하면 학생들에게 포괄적이고 대표적인 문제를 풀도록 하면 될 것이다. 행동(문항) 표집이 적절하였다는 것은 영역을 대표할 만하고 표집의 수가 추론할 만큼 크다는 것을 의미한다. 한두 문제로 수학의 영역을 포괄한다는 것은 매우 어려울 것이다. 평가도구를 만들 때 이러한 행동 표집의 적절성이 확보되어야 의미 있는 의사결정을 내리는 데 필요한 정보를 얻을 수 있다.

여기서 특히 관심을 두고 생각할 것은 행동이나 문항의 표집 수가 충분히 평가 영역을 포괄하는 것과 더불어 원래 평가도구를 제작한 저자가 측정하고자 의도한 것을 제대로 측정하고 있는지의 타당도 문제도 같이 다루어야 한다는 것이다. 이런 맥락에서 검사 활용에 있어서는 단순히 검사의 명칭에 의존하여 쉽게 그 결과를 믿어버리는 실수를 범해서는 안 된다. '수리력 검사'라고 제작된 긴 검사가 실제로 덧셈문제만을 문항에 제시하고 있다면 상당히 제한된 해석만이 가능할 것이다. 수리력이란 덧셈을 포함하여 다른 여러 하위 영역을 포함하는 넓은 개념이기 때문이다. 검사 이용자들은 검사의 명칭을 넘어서 내용까지 확인해 보는 노력을 하는 등 '통찰력 있는 소비자(knowledgeable consumer)'로서의 의무를 다해야 할 것이다.

5. 관찰된 행동의 일반화: 가능성과 한계

첫째, 학생들에게 검사를 실시할 경우 특정한 검사 실시 조건(시간, 장소)에서 나타나는 일부의 표집된 행동을 중심으로 학생들의 수행 능력을 평가하게 된다. 즉, 특정한 상황에서 학생들이 보인 행동을 관찰한 것이므로 이를 통해 그들이 가지고 있는 모든 잠재능력을 알아내리라고 예상하는 것은 무리다. 또한 검사 결과는 제한된 표집을 중심으로 피험자가 지니는 특정한 영역에서의 수행을 대상으로 한 것이므로 이를 기초로 확장된 해석을 하게 된다. 먼저 표집 행동이 전체 영역으로 일반화된다.

둘째, 현재 행동으로 미래의 수행을 예견하게 된다. 이러한 일반화와 예언을 신뢰성 있게 하려면 앞서 언급한 가정이 상당한 정도로 만족되어야 한다. 적절하게 표집된 행동이 포함되어 있고, 대표성이 있고, 오류가 적고, 검사가 제대로 실시되고, 채점과 해석이 정확히 이루어지며, 규준집단이 비교 가능하다면, 검사 결과에 대한 영역과 시간 경과에 따른 일반화 가능성이 높아질 것이다. 현재의 표집된 행동으로 미래의 수행을 예언하는 것은 개연성 있는 추측이지 인과관계가 정해진 법칙이 아니다.

Ⅲ. 평가 과정에 영향을 미치는 일반적 요인

1. 현재 상황

각 개인의 평가에서의 수행 결과는 그 개인이 처해 있는 생활환경을 바탕으로 이해되어야 한다. 평가 상황에서 개인들의 현재 환경에 대한 인식이 필요하다는 뜻이다. 예를 들면, 학력평가인 경우에도 청소년의 건강과 영양상태가 그들의 수행 능력 발휘에 큰 영향을 미친다는 것은 주지의 사실이다. 병약하거나 영양실조 상태의 아동은 주의력이 결핍되거나 무기력하거나 인내력이 없을 수 있다. 또한 개인의 태도가 생활환경에서 형성된 가치관에 기반을 둔 것이라면 그것이 평가에서의 수행에 영향을 미친다. 특히 개인검사 상황에서 주어지는 과제를 끝내려는 노력이나 처음 보는 검사자의 지시에 잘 협력하는 태도와 더불어 전체적으로 교육·처치에 대한 신뢰가 충분히 갖춰지지 않으면 평가에 제대로 임할 수 없다. 앞서 언급한 배경 경험도 이런 의미에서 중요한 고려 요소다. 사회적 관습이나 행동 규범에 대한 개개인의 수용은 검사의 수행에서도 중요한 역할을 한다.

2. 발달사

개인의 현재 상황은 발달사를 이루는 개개의 사건에 의해서 형성되어 왔다. 심신에 해로운 사건들은 특히 심리적 · 신체적 발달을 저해할 수 있다. 감각 및 운동에서의 결손된 과거 경험은 현재 청소년이 적절한 기능이나 능력을 갖추는 데 어려움을 줄 수 있다. 과거의 강화와 벌로 형성된 행동발달사는 개인이 반응하는 기제에 영향을 미친다. 즉, 현재의 수행 능력을 측정하는 데서 만족하지 않고 그 수행에 영향을 미칠 만한 과거 경험사에 대한 성찰도 함께 이루어져야 올바른 평가 활동이 될 것이다.

3. 평가 대상자 외부 요인

평가 대상자의 능력, 성격, 기능뿐만 아니라 다른 요인들도 평가 과정에 영향을 미친다. 특히 평가 대상자와 관련이 깊은 인사들의 반응이나 해석이 평가 과정을 진행하는 데 중요한 고려 대상이 될 수 있다. 이런 요인들은 여러 가지가 있으나 구체화해 보면 다음의 세 가지를 들 수 있다.

첫째, 학교에서 학생들에 대한 담임교사의 반응이 있다. 어린 아동에게서 나타나는 행동의 부산스러움이나 청소년의 과격한 언어 사용은 흔히 볼 수 있는 일이기도 하지만 이를 '과잉행동'으로 규정하여 상담실이나 병원에 진단 의뢰를 하는 경우가 있다.

둘째, 평가 담당자의 개인적 신념이나 훈련 배경도 평가에 영향을 주고, 평가 결과를 해석하는 과정에서 선택적으로 특정한 방향을 강조하게 할 수 있다. 예를 들면, 병원이나 상담소 진단가들의 경우 청소년의 문제행동을 정신분석적 배경에서는 가족 내의 해결되지 못한 갈등 상황의 표출로 이해하지만 행동주의의 관점에서는 강화관계의 재정립이 필요한 것으로 정리할 수 있다.

셋째, 검사 당시의 조건이 검사 결과에 영향을 미친다. 이를테면, 검사 실시 때 사용된 언어의 수준에 따라 학생들의 수행 결과가 달라질 수 있다. 또한 검사 장소가 얼마나 조용하고 방해자극이 없는지도 중요하다. 그러므로 검사에서의 특정한 상황이나 조건은 그에 대응하는 반응을 이끌어 낼 수 있음을 알아야 한다.

4. 평가 방법

진단하고 평가하는 것은 단순히 검사를 실시해서 점수를 산출하거나 검사와 면접을 통해 평가한 후 DSM-5의 진단기준에 따라 진단명을 부여하는 것으로 한정되지 않는다. 적합한 의사결정을 위해 정보의 형태나 내용에 따라 각기 다른 평가 방법이 필요하다. Sattler(1990)에 따르면 평가를 이루는 네 가지의 기둥(방법)은 표준화검사, 면접, 관찰, 비형식적 검사다. 이 네 기둥은 상호 보완하는 기능을 하면서 평가 대상에 대한 올바른 의사결정을 위한 명확한 기반을 제공한다. 여러 경로로 수집된 정보는 조화롭게 엮어서 전체적인 모습이 잘 통합되어 이해될 수 있어야 한다 (김동일, 이대식, 신종호, 2009).

① 표준화검사

현재까지 행동과학에서 표준화검사는 매우 중요한 위치를 차지하였다. 표준화검사란 표준화된 조건에서 개개인의 지식, 기능, 성격 등의 특정한 측면을 측정하도록 고안된 일련의 행동표본의 집합체다. 대부분의 검사는 측정하고자 하는 구인이나 개념에 대하여 일관성 있게 개인차를 드러내며 체계적으로 그 차이를 알아볼 수 있다. 그리하여 물리학이나 여타 자연과학에서 쓰이는 측정도구(예: 자, 몸무게, 온도계)와 같은 수준의 측정도구를 행동과학에서 구안하려고 하였다. 이러한 배경에서는 동일한 방식으로 개인의 특성을 양화하고 그에 합당한 점수를 매길 수 있다. 이러한 표준화검사는 금세기에 들어와서 급격히 발전하였고 매우 다양한 영역으로 확대되었다.

표준화검사의 장점으로는 여러 가지가 있으나 가장 중요한 것은 검사에서 정의된 영역에 대한 검사 대상의 기능성을 객관적으로 알아볼 수 있다는 점이다. 비교적 짧은 시간에 제한된 행동 표집으로 능숙한 관찰자조차 알아낼 수 없는 규준화된 정보를 제공하는 것은 검사를 사용하는 것의 매력적인 장점이다. 그리고 현재 매우 많은 우수한 검사가 개발되어 있어 각각의 장점과 특징을 잘 알고 있으면 다양한 영역에 적용도 가능하다. 그러나 검사의 대상이 물리적 실체가 아니고 매우 복잡하고 변화하는 심리사회적 실체이므로 이를 정확하게 측정한다는 것은 거의 불가능한 일이다. 또한 도구 성격상 표준화검사는 매우 제한적인 정보만을 제공할 뿐이다. 개개인의 한 특성은 한 단면만을 측정하여 유추하기가 곤란하며, 맥락에서 다른 특성과의 상호작용을 고려해야 하므로 좀 더 포괄적인 검사를 개발하거나 다른 절차를 이용하여 보완해야 한다. 이와 같은 단점에도 표준화검사는 다음과 같은 장점이 있다.

첫째, 검사 자체의 질을 평가할 수 있는 내적 준거를 지니고 있다. 검사 반응의 일관성을 표현하는 신뢰도, 검사가 의도하는 바를 얼마나 충실히 측정하고 있는지를 나타내는 타당도, 모든 대상이 동일한 절차대로 검사를 받아야 한다는 표준화 절차, 그리고 나아가 적절한 비교집단을 중심으로 의미 있는 점수로 환원해 내는 규준의 적합성 등은 표준화검사가 지니는 내적 준거다.

둘째, 개인의 내면적 특성이나 환경의 특성을 객관적으로 수량화할 수 있다.

② 면접

평가 대상에 대한 풍부하고 가치 있는 정보를 얻는 경로로는 면접을 빼놓을 수 없다. 자기 자신, 부모, 교사, 친구를 통하여 표준화검사에 비해 훨씬 개방적이고 자유로운 상황에서 그들의 언어로 표현된 현실을 깊이 이해할 수 있다. 특히 임상적 상황에서 사용되는 면접은 정보를 얻어내는 수단일 뿐만 아니라 치료 효과도 지니고 있는 경우가 많다.

평가 절차로서의 면접은 몇 가지 중요한 장점이 있다. 능숙한 면접자는 대상으로부터 정확하고 완벽한 응답을 도출해 내고, 적절한 질문을 자유롭게 할 수 있고, 이해가 안 되는 부분이 있으면 그 자리에서 확인할 수 있으며, 문제 상황의 맥락적인 정보나 발달사에 대한 자세한 정보를 끌어낼 수 있다. 더욱이 얻은 정보의 진위를 다른 질문이나 대상의 여러 언어적 · 비언어적 행동을 통해 파악할 수 있으며, 면접 질문과 관련된 평가 대상의 가치관, 신념, 기대, 예후 등에 대한 부가적인 정보를 얻어 낼 수 있다. 면접은 매우 유연한 절차로 상황에 따라서 목표까지도 바꾸어 가면

표 1-2 면접을 통한 평가의 장·단점

장점	단점
• 동기의 촉진: 정확하고 충실한 답을 하도록 동기를 촉진할 수 있다. • 유연성: 검사받는 아동에게 질문할 수 있는 유연성이 있다. • 명료성: 모호한 반응에 대해 분명한 반응을 요구할 수 있다. • 오해의 즉시적 해결: 오해를 즉각 해결할 수 있다. • 맥락에 대한 이해: 아동의 문제행동과 관련된 맥락과 배경에 대한 정보를 얻을 수 있다. • 행동관찰 가능: 면접을 하면서 아동의 언어적·비언어적 행동을 동시에 관찰함으로써 정보의 타당성을 평가할 수 있다. • 주변인에 대한 이해: 자녀의 행동에 대해 부모가 가지고 있는 신념, 가치, 기대 등을 알 수 있다. • 개입의 효율성에 대한 판단: 아동이 다양한 개입 방법을 얼마나 수용할 수 있을지를 동시에 평가할 수 있다.	• 신뢰도 및 타당도 미확보: 평가 방법의 신뢰도나 타당도를 확보하기 어렵다. • 비객관성: 아동이나 부모는 부정확한 정보를 제공할 수 있다. • 면접자의 비의도적 영향: 아동은 면접자로부터 의도하진 않았지만 아주 미묘한 자극을 받아 자신의 반응을 왜곡할 수 있다. • 편견의 발생: 특히 다른 문화권의 대상을 면접할 때 편견이 발생할 수 있다.

서 진행할 수 있다. 여러 자극을 면접자가 잘 조직하여 방향을 선도해 나갈 수도 있고 대상의 다양한 반응에 대해 예민한 질문을 하여 진행할 수도 있다. 또 검사와는 달리 신체의 제한성 혹은 낮은 지적 수행 능력 때문에 수용언어, 표현언어에 제한을 지닌 평가 대상에게도 적절하게 적용할 수 있는 강력한 평가도구다.

면접 방법의 가장 치명적인 약점은 신뢰도와 타당도를 확보하기 어렵다는 점이다. 이 약점을 개선하기 위해 구조화된 면접(structured interview) 방법이 소개되었다. 구조화된 면접은 1980년대 이후에 급격히 발달하기 시작한 방법으로, 면접의 대체적인 방향만 제시하는 반구조화 면접(semi-structured interview)과 질문의 순서, 단어, 각 질문에 대한 채점 방식까지 미리 정해진 완전구조화 면접(highly structured interview)으로 구분된다.

면접을 통해 아동을 평가하기 위해서는 아동의 반응을 적절히 끌어내고 그 반응을 정확하게 이해하기 위해 기본적인 기술을 습득해야 하며, 이러한 기술을 습득하는 데 많은 훈련이 필요하다. 면접을 하기 위해 습득해야 하는 기술과 전략의 목록은 〈표 1-3〉과 같다.

표 1-3 효과적인 면접을 위한 기술 및 전략

면접의 기본 기술	면접의 전략
• 경청: 피면접자 보고 내용 및 의도에 대한 경청 • 소리와 말투 및 비언어적 행동의 관찰: 언어적 메시지 외에 비언어적 메시지 파악 • 외모의 관찰: 외모나 옷차림을 통한 이해 • 면접 내용과 관찰된 행동의 통합: 언어적 · 비언어적 정보, 배경 정보, 신체적 발달 정보의 통합	• 라포 형성: 관심 표시, 불안 다루기, 효율적 의사소통 등을 통해 면접자와 피면접자의 라포 촉진 • 자발성의 활용: 즉시적 자발성을 최대한 활용해서 피면접자 이해 • 적절한 어휘 사용: 피면접자의 발달단계나 특성에 맞는 어휘 사용. 심리학적 전문 용어 사용 삼가 • 피면접자 반응의 명료화: 피면접자의 불분명한 반응에 대한 명료화 및 탐색 • 적절한 질문 사용: 개방형 질문, 직접적 질문 사용. '예/아니요' 질문, 길거나 복수 의미를 내포한 질문 및 수치심을 유발하는 질문 삼가 • 구조화: 면접 상황에 대한 기본적 구조화(예: 소요 시간, 비용, 면접 및 검사 후 조치 등) • 강화 제공: 적절한 반응을 했을 때 강화를 제공하여 반응을 촉진 • 적절한 탐색 질문의 사용: 감정을 탐색. 의도적으로 한 방향으로 끌고 가는 질문 삼가 • 반영과 피드백: 내용 이외에 감정의 반영에 초점. 언어와 행동의 불일치 탐색 • 질문의 타이밍 고려: 타이밍의 중요성 자각. 훈련을 통한 능력 제고 • 다루기 어려운 행동의 처리(예: 침묵) • 탐색의 범위 확대: 포괄적이고 이론적 조망에 기초한 탐색 • 면접자의 감정 통제: 분노나 동정의 통제. 역전이적 감정 관리 • 의사소통 방식으로부터 정보 추출: 내담자의 반응 내용 외에 반응 방식에 초점

③ 관찰

관찰은 각 생활장면에서 나타나는 평가 대상의 행동을 직접 기술해 내는 것이다. 관찰에 의한 평가 방법은 교육이나 제 사회과학의 연구에서 중요한 위치를 차지해 왔다. 임상 장면에서의 행동장애학생의 주의집중에 관한 연구나 교육 장면에서의 학습장애학생의 학습 집중 시간에 관한 연구로 대표되는 초기 연구 사례에서 볼 수 있듯이 관찰 평가는 자주 사용되는 방법이다(Lovitt, Kunzelmann, Nolen, & Hulten, 1968; Walker & Buckley, 1968). 그러나 최근까지 관찰에 의한 평가 체제는 임상가나 연구자들에 의하여 상당히 제한된 분야에서만 사용되었다. 그 이유는 표준화검사로 대표되는 규준지향 교육 및 심리검사만이 합당한 측정도구로 인정되는 경향이 있었고, 교육측정 분야에서도 관찰평가와 표준화 심리검사는 다른 것으로 인정되어 발전해 왔으며, 무엇보다도 교육평가에서의 주안점이 대상 아동을 교육 프로그램에 합당하게 배치하는 것에 있기 때문이었다(Stoner, Shinn, & Walker, 1991). 즉, 아동에게 제공되는 교육 및 프로그램의 성격·효과와 개별 아동이 어떻게 적응하고 발달해 가는지에 대한 고려보다도, '객관적'이고 '정당'하게 대상 아동들을 교육 프로그램에 배치하고 그 자격 기준을 세우는 데 평가 체제의 강조점이 주어졌다.

　그러나 관찰평가에 대한 관심은 최근의 여러 요인에 의해 더욱 증폭되고 있다(김동일, 1995). 그중 한 요인으로, 규준지향 표준화검사의 문제점이 지적되었다. 특히 개별학급이나 학교에서 실제로 가르치는 내용을 정확히 반영하지 못하고, 문항이나 규준이 소수집단이나 문화적으로 다른 집단을 제대로 고려하지 못하여 왜곡될 소지가 있으며, 교수와 평가의 유기적인 연결보다는 괴리가 발견되는 등의 비판을 받아왔다(Deno, 1985). 결과적으로 규준지향 표준화검사에 대한 대안이나 보조 수단으로 관찰평가가 부각되었다.

표 1-4　관찰을 통한 평가의 특징

일상생활의 관찰을 통한 평가는
① 아동의 자연스럽고 자발적인 행동을 평가할 수 있다.
② 아동의 대인관계나 학습 양식을 평가하기 용이하다.
③ 아동의 행동뿐 아니라 다른 사람의 반응도 동시에 평가할 수 있다.
④ 아동의 행동에 대해 부모나 교사가 보고한 내용을 확인할 수 있다.
⑤ 평가 상황과 자연스러운 상황에서 아동의 행동을 비교할 수 있다.
⑥ 다른 방식으로는 평가하기 어려울 정도로 어리거나 발달적 장애가 있는 아동을 평가할 수 있다.

　관찰을 통한 평가의 방법은 크게 ① 이야기기록법(narrative recording), ② 시간표집법(interval recording), ③ 사건기록법(event recording), ④ 척도사용법(rating recording) 등이 있다. 이야기기록법이란 아동의 자연스러운 행동을 풍부하고 포괄적으로 기술하기 위한 방법이다. 이 방법은 기록한 내용을 양적 부호체계를 기준으

로 분석하지 않고 있는 그대로 기술하는 것을 의미한다. 시간표집법이란 초점이 되는 아동의 행동을 관찰하되 일정 시간 간격을 두고 관찰하는 방법이다. 즉, 전체 관찰 시간을 30분으로 한다면, 관찰자가 아동의 행동을 30분 내내 관찰하는 것이 아니라 일정 간격으로 시간을 분할하여 분할된 시간마다 아동의 행동을 관찰하는 방법이다. 대체로 관찰자는 5초에서 30초의 간격을 두는데, 이는 한 번 관찰할 때 지속하는 시간에 따라 좌우된다. 사건기록법은 사건표집법(event sampling)이라고도 하며, 일정 관찰 시간 동안 초점이 되는 행동이 발생할 때마다 기록하는 것을 말한다. 사건기록법은 수집 단위가 특정 사건이라는 점에서 수집 단위가 일정 시간인 시간표집법과는 다르다. 척도사용법이란 일정 관찰 시간이 지난 후 마지막에 특정한 척도를 사용하여 아동의 행동을 평가하는 방법이다. 대체로 이 방법은 다른 방법에 비해 관찰자의 주관이 많이 개입되는 특성이 있다.

관찰에서 사용되는 측정도구는 다음과 같은 문제점을 지니고 있다.

① 많은 관찰평가 도구가 비형식적이고, 제한적으로 퍼져 있으며, 소규모로 개인적으로 만들어 쓰이고 있다.
② 정보를 모으는 데 시간이 들고 이를 이용하는 데 여러 복잡한 절차가 있기 때문에 실용적이지 못하다.
③ 현장에 맞는 도구와 이에 따른 객관적인 준거가 확립되지 않으면 현장교사나 연구자가 필요한 여러 의사결정(예: 의뢰, 배치, 진단, 종결 등)을 내리기 어렵다. 바로 이 점이 대부분의 관찰도구가 가지고 있는 문제점이다. 질적으로 그렇게 우수한 도구가 없을뿐더러 많은 경우에 도구는 비형식적인 수준에서 개발자만이 사용한다(Lentz, 1988). 더욱이 이런 도구가 학습이나 인지 영역에서의 객관적 검사 정도의 측정학적 적합성을 지니지 않고 표준화되어 있지 않기 때문에 공개하여 사용하기 어려운 점을 유의해야 한다.

그러나 대부분 표준화된 개인검사를 실시할 경우 행동관찰을 수행해야 한다. 대상 학생을 평가하면서 평가자는 검사에 직접 관련된 반응 외에도 검사에 참여하는 학생의 행동을 주의 깊게 관찰해야 한다. 학생의 행동에 대한 관찰은 검사 결과와 함께 학생 전체를 이해하는 데 중요한 정보를 제공한다. 이와 같은 행동관찰은 평가

표 1-5 관찰해야 할 행동 목록

태도 영역

• 검사자에 대한 태도

　−당신과 어떤 식으로 관계를 형성하는가?

　−수줍어하거나, 놀라거나, 순종적이거나 또는 친한가?

　−부정적, 순응적, 또는 지나치게 당신을 기쁘게 해 주려고 하는가?

　−당신에 대한 태도가 시간이 가면서 변하는가?

　−당신에게서 답을 끌어내려고 애쓰는가?

　−자기 답이 맞았는지 틀렸는지 알아내려고 당신을 자세히 관찰하는가?

• 검사 상황에 대한 태도

　−검사에 대해 편안해하는가, 긴장하거나 어쩔 줄을 모르는가?

　−검사에 관심을 가지는가, 무관심한가?

　−자신의 능력에 자신감이 있는가?

　−검사에 참여하길 원하는가, 싫어하는가?

　−일종의 게임으로 생각하는가, 실패할 수도 있는 위험한 상황으로 느끼는가?

　−얼마나 검사에 주의를 기울이는가?

　−지시를 반복해서 주어야 하는가? 만약 그렇다면 다음 중 어느 것 때문인가?(청각 이상, 국어
　　자체에 대한 이해 부족, 주의집중력 이상, 의미 파악 불능, 시간의 부족 등)

　−일단 주의가 산만하게 된 후에는 아동의 주의를 다시 끌기가 어려운가?

　−최선을 다하는 것 같은가?

　−틀린 문항에 대해 당신이 억지로 시켜야 다시 해 보는가?

　−쉽게 그만두는가, 계속하려고 하는가?

　−검사 중에 흥미 수준에 변화가 있는가?

　−검사자의 탐색 질문에 대해 다시 생각하는가, 처음 답이 옳다고 고집하는가, 쉽게 "잘 몰라
　　요."라고 하는가, 아니면 침묵해 버리는가?

• 자신에 대한 태도

　−안정되고 자신감이 있는가?

　−자기를 지나치게 낮추거나 자랑하는가, 자신에 대해 객관적으로 평가하는가?

　−자신의 반응의 적절성에 대해 어떻게 평가하는가?

• 반응 중 습관

　−반응의 속도가 빠른가, 느린가?

　−반응을 생각해서 하는가, 충동적으로 하는가?

　−자신의 반응을 수정하는가?

　−답을 말하면서 생각하는가, 최종 응답만 하는가?

　−계속 탁자 위에 답을 쓰거나 검사자에게 물으면서 답하는가?

- 문항에 대한 반응
  - 어떤 문항에 대해 불안, 말더듬, 얼굴 붉힘 등의 반응이 나타나는가?
  - 어떤 문항에 대해 더 또는 덜 편안해하는가?
  - 어떤 문항에 대해 더 관심을 가지는가?
  - 그냥 "모르겠다."라고 차단해 버리곤 하는가? 쉬운 문항, 어려운 문항, 또는 모든 문항에서 그렇게 반응하는가?
  - 억지로 요구해야 답을 하는가? 만약 그렇다면, 그렇게 해서라도 답을 하는가? 그래서 그 답이 옳은가, 모르면서도 그렇게 하곤 하는가?

- 실패에 대한 반응
  - 어려운 문항에 대해 어떻게 반응하는가? 위축되는가, 공격적이 되는가, 더 열심히 하는가, 속이려고 하는가, 단순히 실패를 인정하는가?
  - 아동이 공격적이 되면 그것은 누구를 향한 공격성인가?
  - 실패에 대해 어떤 식으로든 반응을 보이는가?
  - 실패했을 때 사과, 합리화, 깊은 생각, 수용, 수치심 중에서 어떤 반응을 보이는가?
  - 수치심을 느낀다면 무능력감이나 혼란감을 보이는가?
  - 검사자의 '괜찮다'는 말을 수용하는가?

- 칭찬에 대한 반응
  - 칭찬에 대해 어떻게 반응하는가?
  - 칭찬을 고맙게 받아들이는가, 어색하게 받아들이는가?
  - 칭찬하면 더 열심히 하는가?

언어 영역

- 자신을 얼마나 분명히 표현하는가? 말이 유창한가, 어눌한가, 분명한가, 불분명한가?
- 자신을 얼마나 정확하게 표현하는가? (직접적, 분명한 요점, 모호, 지나친 연상, 고집스러움, 또는 기괴 중 어떤 특성을 보이는가?)
- 반응이 자기중심적인가?
- 대체로 미성숙한 반응인가?
- 지나치게 많은 정보를 제공할 때, 그것은 모든 가능성을 포괄하려는 것인가, 부적절한 정보인가?
- 자발적으로 말하는가, 물음에 답만 하는가?
- 대화가 친근한가? 아니면 검사상황을 피하고자 하는가?

시각-운동 영역

- 손, 발, 얼굴 등에 특별한 움직임이 보이는가?
- 오른손잡이인가, 왼손잡이인가?
- 빠르게 반응하는가, 느리게 반응하는가?
- 체계적으로 반응하는가, 시행착오에 의존하는가?

－움직임이 자연스러운가, 어색한가?

－동시에 두 가지 움직임을 자연스럽게 할 수 있는가, 어색한가?

－시간 제한이 있는 과제에서 제한시간을 알고 있는가? 그렇다면 그것은 어떤 영향을 주는가?

－과제를 수행하면서 말하는가? 그렇다면 그 말은 행동과 일치하는가?

언어적 과제와 비언어적 과제의 비교

－언어적 과제와 비언어적 과제에 대한 반응이 다른가?

　(예: 특정 과제에 대해 더 불안해하거나 수월해하는가?)

－언어적 과제와 비언어적 과제에 대한 지침을 비슷한 수준으로 잘 이해하는가?

출처: Sattler (1990), pp. 89-90.

에서 검사를 사용하든 관찰을 사용하든 상관없이 평가 과정에 항상 필요하다. 관찰해야 할 아동의 행동 목록은 〈표 1-5〉와 같다.

4 비형식적 검사

표준화된 규준지향 검사는 종종 준거지향 검사나 교사가 직접 만든 검사와 같이 비형식적인 검사에 의해서 보완되어야 좀 더 완전한 정보를 얻을 수 있다. 예를 들면, 대상 아동에게 직접 글을 읽게 해 보거나 다양한 상황에서 읽기 수행 능력이 어떻게 달라지는지 알아볼 수 있다. 비형식적 검사가 포괄할 수 있는 영역은 방대하다. 다양한 형식의 비형식적 검사를 필요에 따라 만들 수 있고 이미 개발되어 있는 것을 차용할 수도 있다. 그러나 대체로 평가도구의 적절성에 대한 정보가 없기 때문에 이들 검사를 이용하고 해석할 때는 주의가 필요하다.

5 통합적 활용

지금까지 살펴본 평가의 네 가지 유형은 좀 더 완전한 평가 정보를 얻기 위하여 모두 필요한 것이다. 상호 보완을 통하여 적절한 의사결정이 내려져야 하고, 각각의 도구에서 나온 정보가 서로 일치해야 하며, 만일 상이하다면 이에 대한 합당한 이유를 찾아야 올바른 진단이 가능하다. 또한 각 유형의 한 평가도구를 '평가'할 때 장점과 유의점을 같이 고려하여야 한다. 검사 내적 측면에서 대표적인 준거는 타당도, 신뢰도, 규준의 대표성이다(AERA, APA, & NCME, 1985; Cohen, Swerdlik, & Smith, 1992).

더 나아가 실제로 '좋은' 평가도구라면 다양한 기준에 적합한 방법과 도구를 일컫는다. 검사 외적 준거 측면에서 보면 인쇄가 깨끗하게 잘되어 있고, 실시할 때 간편하며, 검사 결과가 잘 정리되어 보기 쉽게 되어 있는 것 등이 중요하다.

IV. 심리검사 활용 지침[1)]

1. 검사 실시 필요성에 대한 판단 지침

• 검사 목적을 분명히 한다.

교육 장면이나 상담에서 심리검사를 실시하는 목적은 다양하다. 다른 학생과의 차이를 비교하고 자신과 타인에 대한 이해를 촉진하기 위해 검사를 활용하기도 하고, 구체적인 문제 영역을 밝히기 위해 검사를 활용할 수도 있다. 또한 상담 초기에 상담자와 내담자 간의 라포를 형성하고 내담자가 마음을 열도록 하기 위한 목적으로 심리검사를 활용할 수도 있다.

• 내담자는 실습 대상이 아니다.

내담자에게 불필요한 검사임에도 자신의 전문성을 높이기 위해 해당 내담자를 실습 대상으로 삼는 경우가 있다. 심리검사와 관련된 전문성 향상을 위해 이러한 수련이 간혹 필요한 경우도 있으나 검사에 대한 슈퍼비전을 받을 기회가 있는지 확인한 후 실습해야 한다.

• 검사 실시와 해석을 할 수 있는 전문성을 갖춘다.

검사자는 실시하는 검사에 대한 이론적 지식과 경험적 지식을 충분히 습득했는지 돌아보아야 한다. 특정 검사와 관련된 전문성이 부족할 때에는 다른 전문가에게 의뢰해야 하며, 적절한 전문가를 의뢰할 수 있는 네트워크를 구축하는 것도 전문성임을 기억해야 한다.

---

1) 김동일, 신을진, 이명경, 김형수(2011)를 기반으로 수정하여 제시함.

2. 심리검사 선정 지침

- 검사 목적에 맞는 검사를 선정한다.

궁금한 것을 다 해 보겠다는 마음으로 검사를 선정하지 않는다. 내담자는 검사를 통해 자신의 고유한 영역을 개방하게 되고, 교사나 상담자는 그 영역에 들어간다. 따라서 전문가는 내담자의 영역을 침범한 것에 대한 책임을 동시에 져야 함을 기억해야 한다. 또한 같은 영역의 검사에 대해서도 검사의 목적에 맞게 종류를 선택해야 한다. 예컨대, 지능검사의 경우 일반적인 지능수준을 알기 위해서는 집단지능검사로 충분하지만, 신경학적 기능, 개인 내의 다양한 인지기능에 대한 보다 풍부한 정보를 얻기 위해서는 개인 지능검사를 검사 전문가에게 의뢰해야 한다.

- 검사의 신뢰도 정보를 확인한다.

검사의 신뢰도는 개인에 대한 의사결정을 위하여 .90 이상을 권고하며, 대체로 .80 이상이 되는지 확인해야 한다. 신뢰도가 .70 이상만 되어도 현실적으로는 큰 무리가 없는 경우가 많다. 신뢰도가 더 낮으면 전혀 실시할 수 없는 것은 아니지만 그 결과를 해석할 때 매우 유의해야 한다.

- 검사의 타당화 과정에 대한 정보를 확인한다.

검사의 타당화 작업이 얼마나 다양한 방식으로 엄밀하게 수행되었는지 점검해야 한다.

- 검사의 규준을 확인한다.

검사의 규준이 없이는 검사 결과의 상대적 위치와 의미를 해석하기 어렵다. 검사 결과는 규준집단과 비교해서 개별 학생의 위치를 파악하는 것이 일반적이다. 검사의 규준이 없다고 해서 검사를 실시하지 못하는 것은 아니지만 결과를 해석할 때 매우 조심해서 해석해야 함을 염두에 두어야 한다.

- 규준 제작에 사용된 집단의 적절성과 대표성을 확인한다.

중·고등학생이 피검사자인데, 고등학생을 대상으로 규준이 제작된 경우 검사를 직접적으로 사용하기 어렵다. 전국적인 표준화검사의 규준이 일부 대도시 지역으로 한정되어 있다면 대표성에 심각한 결함이 있는 것이다. 검사를 선정할 때는 항상 검사 대상자가 속한 집단이 검사의 규준에 포함되어 있는지 확인해야 한다.

- 검사의 실용성(외적 준거)을 고려한다.

검사를 선정할 때는 검사의 시행과 채점이 간편한지, 시행 시간이 충분한지, 너무 비싸지 않은지 등 검사의 실용성을 고려해야 한다. 검사의 실용성을 검토하여 가능하면 시행과 채점이 간편하고 시행 시간도 적절하며 검사지 비용도 지나치게 부담이 되지 않는 검사를 선정하는 것이 좋다.

3. 심리검사 실시 지침

- 검사자와 피검사자 간의 라포를 형성한다.

심리검사를 실시하기 전에 검사에 대한 피검사자의 동기에 주의해야 한다. 이때 피검사자에게 심리검사의 필요성과 검사를 통해 얻을 수 있는 이익에 대해서 설명하는 것이 도움이 된다. 또한 검사의 목적과 검사가 어떻게 진행될 것인지 등 검사를 하면서 하게 될 경험 등을 알려 주고, 피검사자나 필요하다면 부모의 동의를 얻어야 한다. 그러나 검사자가 피검사자와 라포를 형성한다고 해서 검사 요강에서 정한 표준적인 절차를 위배해서는 안 된다.

- 검사 요강에서 정한 표준적 절차를 따른다.

검사자는 검사를 실시하는 표준적인 절차를 숙지하고 있어야 하고, 검사 요강을 읽어 가면서 검사를 실시하지 않는다.

4. 심리검사 결과 해석 지침

- 검사 결과에 대해 내담자가 어떻게 기대하고 있는지 먼저 탐색한다.

검사 결과 해석에 앞서 내담자가 검사 결과에 대해 어떤 기대를 가지고 있는지 탐색한다. 이는 스스로의 기대와 검사 결과가 어느 정도 일치하는지, 일치하지 않는지, 일치하지 않는다면 어떤 이유에서인지 등 검사 결과를 기초로 한 다양한 구체적 탐색을 가능하게 해 준다.

- 검사 결과는 하나의 잠정적인 결과임을 확인한다.

단시간의 심리검사가 내담자에 관한 모든 것을 알려 주리라는 생각은 비현실적이며 경직된 사고방식이다. 검사에서 완벽한 신뢰성과 타당성을 기대하기는 어려우며 검사 결과를 맹신하거나 절대적으로 받아들이지 않도록 주의해야 한다.

　　• 한두 개의 숫자나 유형 정보만 알려 주고 결과를 해석했다고 생각해서는 안 된다.

　학습양식검사 혹은 지능검사에서 유형이나 지능지수만을 알려 주는 것은 도움이 되지 않으며 특정 적성 점수가 높다는 사실만 제공하는 것도 도움이 되지 않는다. 검사 결과를 해석할 때는 내담자가 스스로 그것에 대해 어떻게 생각하는지 구체적으로 탐색한다.

　　• 표준화 심리검사는 여러 평가 방법(면담, 관찰, 비형식적 검사) 중 하나일 뿐이다.

　내담자에 대한 평가는 심리검사뿐 아니라 평소 관찰 결과를 비롯한 종합적 정보를 고려해서 의사결정을 해야 한다.

　　• 심리검사 결과가 평소의 행동관찰 결과와 다를 때, 검사가 틀렸다고 생각하지 말고 이러한 차이를 보이는 이유에 대해 탐색해야 한다.

5. 심리검사 결과 활용 지침

　　• 내담자와의 대화를 여는 도구로 사용할 수 있다.

　검사는 진단 및 평가 도구로도 사용되지만 학생과의 대화를 여는 도구로 사용할 수 있다. 임상심리 전문가가 아닌 경우에는 개인적으로 대화를 여는 도구로 사용하는 경우가 더 많다.

　　• 학생의 특성을 명명(라벨링)하는 데 그치지 않는다.

　검사의 목적은 '차이점의 발견'과 '이해'다. 사람을 특정 유형 중 하나로 몰아넣는 데 사용해서는 안 된다. 지능검사의 경우, 측정의 오차가 존재하는 지능지수를 근거로 하여 한 학생에게 지적장애라든지 영재라든지, 함부로 라벨을 붙이는 것은 피해야 한다.

　　• 심리검사 결과를 최종 결정을 내리기 위해 사용하지 않는다.

　진로 및 적성 검사에서 특정 영역의 적성이 뛰어난 것으로 드러났다고 해서 그쪽으로 진로를 선택하라고 하지 않는다. 진로는 심리적 특성에 의해서만 결정되는 것이 아니라 부모의 기대, 환경적 조건 등에도 좌우되기 때문이다. 심리검사는 학생을 이해하기 위한 다양한 방법 중 하나일 뿐이며 절대적일 수 없다는 점을 명심한다.

각해 볼 문제

1. 평가를 문제해결 절차에 비추어 설명해 보시오.

2. 각 평가 방법 유형의 장점과 유의점을 제시하시오.

3. 검사 활용에 대한 다양한 지침을 설명해 보시오.

추천 자료와 웹사이트

김동일 (2008). 기초학습기능 수행평가 체제(BASA). 서울: 학지사.

인싸이트 www.inpsyt.co.kr

한국가이던스 www.guidancepro.co.kr

한국집중력센터 www.ikcc.co.kr

한국교육개발원 https://www.kedi.re.kr/

참고문헌

강위영, 황재원(1996). 특수교육에서 본 학습장애아의 특성. 정서·학습장애 연구, 12(1), 1-12.

강위영(1992). 학습장애아의 교육적 접근. 대한특수교육학회(편), 특수교육의 개혁과제, 51-65.

국립특수교육원(1996). NISE 학습장애선별척도. 경기: 국립특수교육원.

국립특수교육원(1998). 한국의 특수교육지표. 경기: 국립특수교육원.

김남순(1997). 함께읽기가 읽기장애아의 읽기능력 및 읽기태도 변화와 학업성취도에 미치는 효과. 대구대학교 대학원 석사학위 논문.

김동일(1995). 특수아를 위한 교육 및 심리검사 절차와 운영의 조정: 검사의 비교가능성을 중심으로. 특수교육논총 12집, 서울: 한국특수교육학회.

김동일(1998). 구조방정식에 의한 발달 및 변화과정의 측정모형: 읽기장애아동을 위한 교육과정중심측정의 적용을 중심으로. 특수교육연구, 5, 85-99.

김동일, 신을진, 이명경, 김형수(2011). 학습상담. 서울: 학지사.

김동일, 이대식, 신종호(2009). 학습장애아동의 이해와 교육(2판). 서울: 학지사.

김승국(1985). 일반학급에 통합되어 있는 장애학생의 실태조사 연구. 단국대학교 사대논집, 51-76.

김승태(1996). 특수학습장애의 정의, 역사적 고찰, 소아정신과적 이해 및 기본개념. 삼성의료원 학습장애 심포지움 미간행 자료집, 3-6.

김윤옥(1992). Definition issues in learning disabilities regarding IQ and attention deficit-hyperactivity disorder. 교육학회지, 30(4), 233-241.

김재은, 유기섭(1986). 심리검사의 활용, 서울: 중앙적성출판사.

김지혜(1996). 학습장애 아동의 심리학적인 평가. 삼성의료원 학습장애 심포지움 미간행 자료집, 19-29.

김충기, 이재창, 임용수, 정채기, 이효자, 김일환(1995). 진로판단·권고제에 관한 연구. 한국진로교육학회, 3(1), 1-196.

나동진(1994). 학습장애아의 학습양식과 독해전략에 대한 교수방법의 상호작용에 관한 연구. 교육학연구, 32(5), 21-45.

문수백(1997). 한국판 K-ABC. 제 41회 전국 특수교육연수회 미간행 자료집, 317-348.

박성수(1990). 생활지도와 상담에서의 검사활용, 심리검사의 활용. 서울: 한양대학교학생생활연구소.

박영숙(1994). 심리평가의 실제. 서울: 하나의학사.

박현숙(1993). 학습장애아 유형분석 연구의 동향과 과제. 추국희 교수 정년기념 논총, 51-89.

백욱현(1993). 학습장애 개념정의의 타당성과 재개념화의 필요성. 교육학연구, 31(1), 139-157.

백운학, 안현주, 김수미(1995). 정상아와 학습장애아의 진로성숙 수준 비교. 정서·학습장애교육논총, 4, 1-11.

서봉연(1996). 학습장애아에 대한 심리학적 접근-정보처리론적 접근을 중심으로. 삼성의료원 학습장애 심포지움 미간행 자료집, 7-18.

윤점룡(1999). 특수교육 정책의 과제. 특수교육학회, 1999년도 춘계 학술심포지움 미간행 자료집, 23-66.

이상훈(1999). 학습장애아의 정의와 사정에 대한 논의. 정서·학습장애연구, 15(2), 101-120.

이상훈(1997). 학습장애아동과 학습부진아동, 정상성취아동의 귀인양식과 인지적 동기특성. 대구대학교 대학원 박사학위 논문.

이성현(1998). 또래지도 전략이 독해학습장애아의 독해력 및 자아개념에 미치는 효과. 대구대학교 대학원 박사학위 논문.

이은림(1994). 자기교시 및 자기조절 방략 훈련이 독해장애아의 독해력과 자기효능감에 미치는 효과. 대구대학교 대학원 박사학위 논문.

이은림(1998). 학습장애 연구에 관한 최근 동향분석. 정서·학습장애연구, 14(2), 247-269.

이종삼(1995). 학습전략훈련이 학습장애자의 수학 학업성취, 자기조정, 충동성 및 자기효능감에 미치는 효과. 교육학연구, 33(3), 179-206.

이종삼(1996). 자기교시와 귀인훈련이 중학교 학습장애자의 수학 학업성취 및 자기효능감에 미치는 효과. **교육학연구**, 34(5), 233-254.

이종승(1987). 표준화 심리검사의 양호도분석. **교육평가연구**, 2(2), 81-105.

이혜숙(1997). 읽기장애 아동과 일반 아동의 음운처리과정 및 읽기재인 간 비교 연구. 이화여
　　자대학교 대학원 석사학위 논문.

이홍재, 김미라, 남기춘(1998). 난독증의 이해: 난독증의 분류와 평가. **한국심리학회지**, 17(1),
　　1-24.

임두순(1991). 진로교육에 있어서의 심리검사 활용방안, **학생생활연구 2호**. 서울: 건국대학교
　　학생생활 연구소.

임영란, 김지혜, 김승태(1997). 학습장애 하위유형의 인지적 · 신경심리학적 특성. **한국심리학
　　회지**, 16(1), 53-73.

임인재(1993). **심리측정의 원리**. 서울: 교육출판사.

정대영(1986). Myklebust의 행동평정척도에 의한 학습장애아의 행동특성분석. 대구대학교
　　대학원 석사학위 논문.

정대영(1998). 학습장애 개념 · 분류 · 진단. **현장특수교육 1998년 여름호**, 8-15.

정용석(1997). 자기조정 훈련이 학습장애아의 과제관련언어, 과제지속시간 및 문제행동에 미
　　치는 효과. 대구대학교 대학원 박사학위 논문.

정정옥(1995). 자기조절학습이 정상아와 학습장애아의 학업성취에 미치는 영향. 서울여자대
　　학교 대학원 박사학위 논문.

조은경(1997). 문제의 시각적 표상학습이 수학학습장애 학생의 수학문제해결력과 태도에 미
　　치는 효과. 단국대학교 대학원 석사학위 논문.

한숙경(1996). 학습장애아동의 독해전략훈련에 관한 연구. 원광대학교 대학원 석사학위 논문.

황재원(1995). 학습장애아 정의에 관한 고찰. 한국정서 · 행동장애아교육학회 제3회 학술대
　　회 미간행 자료집, 43-52.

황정규 (1984). **학교학습과 교육평가**. 서울: 교육과학사.

황정규 (1990). 학교장면에서 사용되는 현행 심리검사의 문제점, **심리검사의 활용**. 서울: 한양
　　대학교학생생활연구소.

Aiken, L. (1979). *Psychological testing and assessment* (3rd ed.). Boston, MA: Allyn &
　　Bacon.

American Educational Research Association, American Psychological Association &
　　National Council on Measurement in Education. (1985). *Standards for educational and
　　psychological testing*. Washington, DC: American Psychological Association.

Arter, J. & Jenkins, J. (1979). Differential diagnosis-prescriptive teaching: A critical
　　appraisal. *Review of Educational Research*, 49, 517-556.

Berniger, V., Hart, T., Abbott, R., & Karovsky, P. (1992). Defining reading and writing disabilities with and without IQ: A flexible, developmental perspective. *Journal of Learning Disabilities, 15*, 103-118.

Bogman, R., & Biklen, S. (1992). *Qualitative research for education* (2nd ed.). Neeham Heights, MA: Allyn & Bacon.

Brophy, J., & Good, T. (1986). Teacher behavior and student achievement. In M. Wittrock (Ed.), *Handbook of research on teaching* (3rd Ed., pp. 328-376). New York: Macmillan.

Cohen, R., Swerdlik, M., & Smith, D. (1992). *Psychological testing and assessment* (2nd ed.). Mountain View, CA: Mayfield.

Conoley, J. C., & Krasmer, J. J. (Eds.). (1989). *The tenth mental measurements yearbook*. Lincoln, NE: Buros Institute of Mental Measurements.

Council for Exceptional Children. (1998). *IDEA 1997: Let's make it work*. Reston, VA: New Jersey Developmental Disabilities Council.

Deno, S. (1985). Curriculum-based Measurement: The emerging alternative. *Exceptional Children, 52*, 219-233.

Durrant, J. E. (1994). A decade of research on learning disabilities: A report card on the state of literature. *Journal of Learning Disabilities, 27*(1), 25-33.

Evans, W., & Evans, S. (1990). Ecological assessment guidelines. *Diagnostique, 16*, 49-51.

Greenwood, C., & Carta, J. (1987). An ecobehavioral analysis of instruction within special education. *Focus on Exceptional Children, 19*, 1-12.

Greenwood, C., Carta, J., Kamps, D., Terry, B., & Delquadri, J. (1994). Development and validation of standard classroom observation systems for school practitioners: Ecobehavioral Assessment Systems Software. *Exceptional Children, 61*(2), 197-210.

Hoghughi, M. (1992). *Assessing child and adolescent disorders: A practical manual*. Newbury Park, CA: Sage.

Kavale, K. A., Forness, S., & Lorsbach, T. C. (1991). Definition for definitions of learning disabilities. *Learning Disability Quarterly, 14*, 257-266.

Kirk, S. A., & Chalfant, J. C. (1984). Academic and developmental learning disabilities. Denver, CO: Love Publishing.

Lentz, F. (1988). Direct observation and measurement of academic skills: A conceptual review. In E. Shapiro & T. Kratochwill (Eds.), *Behavioral assessment in schools: Conceptual foundations and practical applications* (pp. 76-120). New York: Guilford.

Lerner, J. W. (1989). *Learning Disabilities* (5th ed.). Boston, MA: Houghton Mifflin.

Lovitt, T., Kunzelmann, H., Nolen, P., & Hulten, W. (1968). The dimensions of classroom data. *Journal of Learning Disabilities*, *1*, 710-721.

MacMillan, D. L., Gresham, F. M., & Bocian, K. M. (1998). Discrepancy between definitions of learning disabilities and school practices: An empirical investigation. *Journal of Learning Disabilities*, *31*, 314-326.

Mercer, C. D., King-Sears, P., & Mercer, A. R. (1990). Learning disabilities definitions and criteria used by state education departments. *Learning Disability Quarterly*, *13*, 141-152.

Murphy, L., Conoley, J., & Impara, J. (1994). *Test in print: An index to tests, test reviews, and the literature on specific tests*. Lincoln, NE: University of Nebraska Press.

Newland, T. (1973). Assumptions underlying psychological testing. *Journal of School Psychology*, *11*, 316-322.

Nunnally, J. (1978). *Psychometric theory*. New York: McGraw-Hill.

Rusch, F., Rose, T., & Greenwood, C. (1988). *Behavior analysis in special education*. Englewood Cliffs, NJ: Prentice Hall.

Salveson, K. A., & Undheim, J. O. (1994). Screening for learning disabilities with teacher rating scales. *Journal of Learning Disabilities*, *27*, 60-66.

Salvia, J., & Ysseldyke, J. (1995). *Assessement* (6th ed.). Boston, MA: Houghton Mifflin.

Sattler, J. M. (1990). *Assessment of children* (3rd ed.). San Diego, CA: Jerome M. Sattler.

Stanovich, K. E. (1991). Conceptual and empirical problems with discrepancy definitions of reading disability. *Learning Disability Quarterly*, *14*, 269-279.

Stoner, G., Shinn, M., & Walker, H. (Eds.). (1991). *Interventions for achievement and behavior problems*. Silver Spring, MD: National Association for School Psychologists.

Swanson, H. L. (1991). Operational definitions and learning disabilities: An overview. *Learning Disability Quarterly*, *14*, 242-254.

Sweetland, R., & Keyser, D. (1991). *Tests: A comprehensive reference for assessements in psychology, education, and business*. Austin, TX: Pro-Ed.

Thurlow, M., Ysseldyke, J., & Silverstein, B. (1993). *Testing accommodations for students with disabilities: A review of the literature* (Synthesis Report 4). Minneapolis, MN: National Center on Educational Outcomes, University of Minnesota.

Titsworth, B. S. (1999). An ideological basis for definition in public argument: A case study of the Individuals with Disabilities in Education Act. *Argumentation and Advocacy*, *35*, 171-186.

U.S. Department of Education. (1995). *Seventeenth annual report to Congress on the implementation of the Individuals with Disabilities Education Act*. Washington, DC:

Author.

Walker, H., & Buckley, N. (1968). The use of positive reinforcement in conditioning attending behavior. *Journal of Applied Behavioral Analysis, 1*, 245–252.

Ysseldyke, J. & Christenson, S. (1987). *The Instructional Environmental Scale.* Austin, TX: Pro-Ed.

제 **2** 장

측정과 평가의 기본 개념

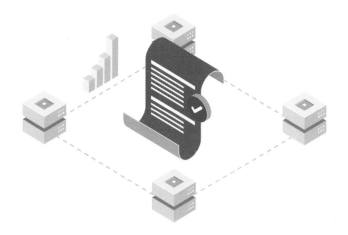

학교에서 돌아온 어느 초등학생이 40점을 맞았다고 기뻐한다. 어머니는 도대체 어이가 없다는 표정을 짓고 있다. 과연 이런 상황을 어떻게 이해해야 할까? 이 초등학생이 기뻐하는 이유는 무엇이고, 어머니가 이해할 수 없다는 표정을 짓는 이유는 무엇일까? 이 둘은 40점을 각기 어떻게 해석하고 있기에 이와 같은 상반된 반응을 보이는 것일까?

육 및 심리 평가 분야에서는 다양한 척도를 활용하여 관심 대상이 되는 속성을 측정하고, 여기서 얻은 원점수를 다양한 유형의 점수로 변환하고 해석한다. 이 장은 측정 및 평가와 관련하여 자주 활용되는 주요 개념을 이해하는 것을 목적으로 한다.

먼저 평가의 개념을 사정 및 측정과 구별해 보고, 특수교육에서 평가의 단계와 의사결정 내용 및 사정 방법을 연관 지어 살펴보면서 평가의 유형을 규준지향평가와 준거지향평가로 나누어 그 차이를 설명한다. 그리고 측정 및 통계의 기본 바탕이 되는 개념인 척도의 종류와 특징, 분포와 집중경향값의 유형과 특징, 원점수와 다양한 변환점수를 살펴봄으로써 다양한 교육 및 심리 검사 결과를 해석해 본다.

학습목표

1. 평가의 개념을 사정 및 측정과 구별하여 말할 수 있다.
2. 특수교육에서 평가 단계와 의사결정 내용 및 사정 방법을 연관 지어 말할 수 있다.
3. 규준지향평가와 준거지향평가의 차이점을 세 가지 이상 말할 수 있다.
4. 척도의 종류와 특징을 구별하여 설명할 수 있다.
5. 분포와 집중경향값(평균, 중앙값, 최빈값)의 핵심 특징을 각각 세 가지 이상 말할 수 있다.
6. 원점수와 변환점수를 포함한 다양한 점수 유형을 분류하고, 구별하여 말할 수 있다.
7. 원점수로부터 z점수, T점수, 백분위, 구분점수(스태나인)를 산출하고 해석할 수 있다.

I. 측정과 사정, 평가의 개념

측정(測定, measurement)이란 관심 있는 대상의 특정한 속성에 숫자를 부여하는 것을 말한다. 예컨대, A학생의 몸무게에 관심이 있다고 할 때 저울(측정도구)을 가지고 재어서 몸무게가 몇 kg인지 숫자를 부여하는 것을 말한다. 다시 말해, 측정은 '양적 또는 수량적 자료를 수집하는 과정'(이승희, 2010)으로 정의되고, 사정이나 평가와 개념적으로 구별되기도 한다. 여기서 양적 자료(quantitative data)란 수량적 형태로 제시되거나 요약된 자료(예: 지필검사 점수, 5점 척도 점수 등)를 의미한다. 한국교육평가학회(2004)에서는 측정을 다음과 같이 정의하였다.

> 측정은 자나 저울과 같은 도구를 사용하여 물리적 대상의 양을 나타내듯이 인간의 인지적·정의적·심동적 영역에 속하는 여러 특성을 검사나 질문지와 같은 도구를 이용하여 수량화하는 일련의 과정이다. 교육 분야에서 속도나 높이와 같은 심동적 영역의 측정은 물리적 특성의 측정과 관련이 있지만, 수학 능력이나 지능과 같은 인지적 영역과 흥미나 태도와 같은 정의적 영역에서의 측정은 눈에 보이지 않는 잠재적 특성을 다루고 있다. 따라서 교육 분야의 측정은 대부분이 측정을 위한 척도를 개념적으로 제작하는 것이라고 볼 수 있으며, 이는 20세기 초에 과학주의의 발달과 함께 객관적인 자료의 중요성이 강조되면서 평가 분야에서 특히 강조되었다. 측정을 위한 도구 및 방법으로는 검사, 질문지, 면접, 관찰 등이 있는데, 측정 결과는 평가를 위한 정보를 제공할 수 있다. 한편, 측정의 질은 일반적으로 타당도, 신뢰도, 객관도, 실용도 등의 준거에 의해 평가된다(p. 369).

사정(査定, assessment)은 '교육적 의사결정에 필요한 자료를 수집(조사)하는 과정'(이승희, 2010)으로 정의되고, 이렇게 얻은 자료는 양적·수량적 자료뿐만 아니라 질적 자료도 포함한다. 여기서 질적 자료(qualitative data)란 서술적 형태로 제시되거나 요약된 자료[예: 행동 또는 과제물에 대한 기술적(descriptive) 표현]를 의미한다. 이렇게 볼 때, 사정은 측정을 포함하는 보다 포괄적인 용어이고, 사정을 통하여 수집되는 자료가 양적 자료에 국한되는 경우를 특별히 측정이라고 지칭한다고 구별할 수 있다. 한국교육평가학회(2004)에서는 사정을 다음과 같이 정의하였다.

> 사정은 평가와 측정의 중간개념으로서, 체계적인 가치판단에 관심을 두기보다는 측정 활동을 통해 특정 목적을 달성하기 위하여 근거자료를 수집하는 과정에 중점을 두는 활동을 말한다. 일반적으로 평가와 동일한 개념으로 활용되기도 하나 평가가 타당성과 신뢰성을 중시한 근거 자료에 입각한 체계적인 가치판단을 강조하는 반면, 사정은 검사를 실시하거나 조사 활동을 통하여 자료를 수집하고 그를 수량화하거나 지표화하는 데 중점을 두고 수집된 자료를 총합적으로 활용하는 것에 보다 많은 관심을 둔다. 부동산에 대한 세금을 사정(査定)하는 경우, 학력검사 실시 결과를 통하여 학생들의 성적을 사정하는 경우, 교사의 수업 능력을 사정하는 경우, 응모자의 특정 태도를 사정하는 경우, 교과별 성적을 바탕으로 내신 성적을 사정하거나 진급 및 졸업 여부를 사정하는 경우 등이 이에 해당한다. 평가 활동이 판단 기준 및 근거를 강조하고 측정 활동이 측정도구의 타당도 및 신뢰도를 강조하는 것과는 달리, 사정 활동은 주어진 목적에 부응하기 위한 근거 자료를 체계적으로 수집하여 그 목적에 부합하도록 활용하는 데 중점을 둔다. 등급 정하기, 검사하기(조사하기), 자격 부여하기, 요구(needs) 사정하기 등이 사정 활동의 대표적인 결과인 동시에 그 목적으로 추구되는 유사 평가 활동으로 인정되고 있다. 총평과 동의어다(pp. 193-194).

평가(評價, evaluation)는 측정이나 사정을 통해 얻은 자료를 바탕으로 관심 대상이 가진 속성에 값어치를 매기는 것, 즉 가치판단을 하는 것을 말한다. 그래서 '수집된 자료에 근거한 가치판단을 통하여 교육적 의사결정을 내리는 과정'(이승희, 2010)으로 정의하기도 한다. 참고로 한국교육평가학회(2004)에서는 평가를 다음과 같이 정의하였다.

> 평가는 일반적으로 평가 대상의 장점과 가치를 결정하는 과정을 말한다. 교육평가의 정의를 목표 달성도 확인, 의사결정을 위한 정보 제공 그리고 가치의 판단으로 구분할 수 있다. 목표 달성 중심 정의는 교육평가를 교육과정과 수업 활동을 통해 교육목표에 실제로 도달한 정도를 결정하는 과정으로 규정한다. 대표적 학자로는 R. W. Tyler를 들 수 있다. … (중략) … 의사결정 중심 정의는 교육평가를 교육과 관련된 의사

결정을 내리는 데 필요한 정보를 수집하는 활동 또는 그 과정으로 규정한다. 대표적인 학자로는 L. J. Cronbach과 D. L. Stufflebeam 등을 들 수 있다. … (중략) … 가치판단 중심 정의는 교육평가를 교육과 관련된 어떤 대상의 장점, 질, 가치 등을 판단하는 과정과 그 산물로 규정한다. 대표적인 학자로는 Michael S. Scriven과 Robert E. Stake 등을 들 수 있다. … (중략) …. (pp. 393-394)

이렇게 볼 때 평가는 사정과 측정을 포함하는 가장 포괄적인 개념이라고 할 수 있으나, 학자에 따라 사정과 평가를 개념적으로 구분하지 않고, 사정을 자료 수집 및 의사결정을 포함하는 포괄적 개념으로 보는 경우(예: Overton, 2006; Salvia & Ysseldyke, 2004; Taylor, 2003; Venn, 2003)도 있다.

II. 평가의 단계 및 유형

1. 평가의 단계, 의사결정 내용, 사정 방법

특수교육은 그 대상이 가진 특별한 교육적 요구(special education needs)에 부합하는 개별화된 교육과정(individualized education program)과 관련 서비스(related services)를 통하여 이루어지는 교육 서비스다. 따라서 그 시작과 중간, 끝이 늘 평가와 연관되어 있다. 특수교육이 평가로 시작하여 평가로 끝난다고 말해도 과언이 아닌 이유가 바로 이것이다. 이러한 특수교육의 전 과정을 여섯 단계로 나누고, 단계별로 이루어져야 할 핵심 의사결정의 내용을 정리하면 〈표 2-1〉과 같다.

그리고 이러한 평가의 각 단계에서는 해당 단계의 평가 목적, 즉 의사결정을 위해 필요하고도 적합한 자료를 수집해야 하는데, 이러한 자료 수집의 방법을 사정 방법이라고 한다. Sattler(1988)는 표준화검사, 관찰, 면접, 비표준화검사를 '평가의 네 기둥'이라고 하여 대표적인 사정 방법으로 분류하는 등 학자에 따라 사정 방법은 다양하게 분류될 수 있지만, 이승희(2010)에 따르면 검사, 관찰, 면접, 교육과정중심사정, 수행사정, 포트폴리오사정 등 여섯 가지를 대표적인 것으로 들 수 있다.

검사(test)란 점수 또는 다른 형태의 수량적 자료를 산출하기 위하여 사전에 결

표 2-1 평가의 단계와 의사결정

평가의 단계	의사결정 내용(평가 목적)	사정 방법
선별 (選別, screening)	더 심층적인 평가에 의뢰할 것인가? (간단, 저렴, 규준참조, 표준화)	검사, 관찰, 교육과정중심사정
진단 (診斷, diagnosis)	아동이 장애를 가지고 있는가? 장애의 양상(정도, 지속성 등)은 어떠 하며, 그 원인은 무엇인가?	검사, 관찰, 면접, 교육과정중 심사정
적부성 (適否性, eligibility)	특수교육대상자로서 적격한가?	검사, 관찰, 면접, 교육과정중 심사정
프로그램 계획 및 배치 (配置, placement)	어디에서 어떤 교육 및 서비스를 제공 할 것인가? (IEP로 문서화)	검사, 관찰, 면접, 교육과정중 심사정, 수행사정, 포트폴리오 사정
형성평가 (formative evaluation)	아동이 적절한 진전을 보이고 있는 가? (필요시 교과과정 및 교수 방법을 개선할 목적)	검사(준거참조), 관찰, 면접, 교육과정중심사정, 수행사정, 포트폴리오사정
총괄평가 (summative evaluation)	아동이 예상한 진전을 보였는가? 특수교육 및 서비스가 계속 필요한가?	검사, 관찰, 교육과정중심사 정, 수행사정, 포트폴리오사정

정된 반응 유형을 요구하는 질문 또는 과제라고 할 수 있고, 대표적인 유형으로 규준참조검사(norm-referenced test)와 준거참조검사(criterion-referenced test)가 있다. 관찰(observation)은 일상적인 상황에서 자연스럽게 나타나는 아동의 행동을 기술 또는 기록함으로써 특정 현상에 대한 객관적인 자료를 수집하는 방법이다. 면접 (interview)은 면접자와 피면접자 간의 대화를 통해 일련의 질문에 대한 반응을 기록함으로써 자료를 수집하는 방법으로 구조화 정도에 따라 비구조화면접, 반구조화면접, 구조화면접으로 분류된다. 교육과정중심사정(curriculum-based assessment)은 아동에게 가르치는 교육과정과 관련하여 아동의 수행에 대한 자료를 수집하는 방법이다. 수행사정(performance assessment)은 행위를 수행하거나 결과를 산출하는 아동의 기술을 관찰하여 판단하는 사정 방법이고, 포트폴리오사정(portfolio assessment)은 아동의 성취를 평가하기 위하여 아동 또는 교사가 선택한 아동의 작업이나 작품의 수집에 의존하는 사정 방법이다(이승희, 2010).

2. 평가의 유형[1]

교육 장면에서 평가의 유형은 분류 기준을 무엇으로 설정하는지에 따라 다양하게 나뉜다. 평가 대상이 누구(또는 무엇)인지에 따라 학생평가, 교원평가, 수업평가, 프로그램평가, 학교평가, 교육청평가 등으로 나눌 수 있다. 똑같이 학생을 대상으로 하는 학생평가라도 평가하는 행동 특성의 성질에 따라 인지적 평가, 정의적 평가, 심동적 평가로 나눌 수 있다. 평가의 기능(또는 목적)에 따라 진단평가, 형성평가, 총합평가 등으로 나눌 수도 있다. 수집한 자료(특히 점수)를 해석하는 방식에 따라 규준지향평가, 준거지향평가, 능력지향평가, 성장지향평가, 노력지향평가 등으로 나누기도 한다(황정규 외, 2016). 이 절에서는 자료(점수) 해석 방식에 따른 대표적인 평가 유형인 규준지향평가와 준거지향평가를 대비하여 살펴본다.

① 규준지향평가(규준참조평가, 상대비교평가)

규준지향평가(規準指向評價, norm-referenced evaluation)는 학습자의 평가 결과를 그가 속한 규준집단(비교집단)에 비추어 상대적인 위치나 서열을 밝히는 평가 방법이다. 규준(norm)이란 규준집단(norm group)의 점수 분포라고 할 수 있고, 이것은 특정한 학습자의 수행 수준을 비교할 또래의 전형적인 수행 수준을 의미한다. 일반적으로 규준은 모집단(population)을 잘 대표하는 표본(sample)에 해당 검사를 실시하여 얻을 수 있는 연령별 · 성별 · 지역별 점수 분포로서, Wechsler 지능검사와 같은 표준화검사에서처럼 검사 요강에 함께 제시된다.

규준지향평가를 '상대비교평가'라고도 하는 이유는 평가를 통하여 얻게 되는 정보가 또래 집단에서의 해당 학습자의 상대적 위치에 대한 정보이기 때문이다. 예를 들어, '교육평가' 과목의 학점을 교수가 설정해 놓은 학습 목표에 비추어서 어느 정도 달성했는가보다는 함께 수강한 학생들의 전체 점수 분포에 비추어 상대적으로 높거나 낮은지를 기준으로 부여하는 경우 이는 규준지향평가 방식의 점수 해석이다. 특정한 수강생이 획득한 점수의 가치를 절대적 준거가 아니라 상대적인 위치

---

1) 이 절의 내용은 황정규 등(2016)의 『교육평가의 이해(2판)』에서 발췌 및 재구성함.

에 비추어 판단하는 것이다. 어떤 대학에서 전체 학생의 20%는 A, 35%는 B, 그다음 35%는 C, 가장 하위 수준의 10%는 D나 F를 주도록 규정하고 있고, '교육평가' a분반, b분반을 c교수가 맡아 동일한 검사로 기말고사를 실시하였다. b분반에 속한 어떤 학생이 90점을 얻었다고 하더라도 이 학생이 속한 b분반 학생의 30% 이상이 90점이 넘는 점수를 얻었다면 이 학생은 B를 받게 된다. 만약 a분반 학생 중에 10%만이 90점 이상의 점수를 얻었다면, 이 학생은 a분반에 수강 신청을 하지 않아 A를 못 받은 것에 대해 안타까워하지 않을 수 없게 된다. 요컨대, 학생이 부여받는 학점이 자신이 애초에 얻은 점수나 절대적 수행 수준이 아니라 비교집단에 의해 결정되는 것이다.

규준지향평가의 결과는 흔히 5단계 상대평가, 백분위, 표준점수, 학년규준점수, 연령규준점수 등으로 보고된다. 5단계 상대평가의 예로는 전체 집단을 상대적 서열에 따라 10%, 20%, 40%, 20%, 10%로 나누어 수(A), 우(B), 미(C), 양(D), 가(F)로 평가하는 것이 있다.

규준지향평가의 특징과 그에 따른 장점을 정리해 보면 다음과 같다.

첫째, 검사 점수의 정규분포를 기대한다. 대부분의 학생이 의도한 목표를 달성하여 편포를 이루기보다는 어떻게든 평균을 중심으로 좌우대칭적인 정규분포를 이루기를 바란다. 따라서 규준지향평가는 개인차의 변별이 용이하다. 평균과 표준편차 등을 활용하여 상대적인 비교가 가능한 분포로 변환함으로써 객관적으로 특정 학습자의 성취수준을 평가하기 때문에 객관적이고 엄밀한 개인차 변별이 가능하다.

둘째, 검사의 신뢰도를 강조한다. 학습자들의 개인차를 얼마나 오차 없이 정확하게 측정하는지가 중요한 과제가 된다. 피검사자 간에 1점이라도 점수 차이가 있어야 서열을 매길 수 있기 때문이다. 이런 점에서 규준지향평가는 객관적인 검사 제작 기술을 통해 교사의 자의적인 판단이 개입할 여지를 줄여 주는 장점이 있다.

셋째, 규준지향평가는 선발적 교육관에 바탕을 두고 있다. 따라서 개인차를 극복해야 할 대상으로 보는 것이 아니라, 오히려 극대화하려고 하거나 당연한 것으로 받아들인다. 필연적으로 '우수자'와 '열등자'로 집단을 구분한다. 이러한 특징이 학습자들의 경쟁을 통한 동기 유발에 긍정적으로 작용하는 장점이 될 수도 있다. 특히 제한된 인원에게만 일정 등급을 부여하거나 당락을 결정하는 경우에는 강력한 동기 유발 요인으로 작용할 수 있다.

반면에 이와 같은 규준지향평가의 특징은 다음과 같은 단점으로 작용하기도 한다.

첫째, 규준지향평가는 정규분포를 기대하기 때문에 개인 간 차이를 당연시하고, 학습한 내용을 숙달한 학습자라도 전체 집단의 점수 분포에 따라 열등한 것으로 판단될 수 있다. 이처럼 학습의 성패가 자신이 아닌 동료들에 의해 결정되기 때문에, 교사와 학습자의 관심을 '학습자의 인지적·정서적·신체적 성장과 변화'라는 교육의 본질로부터 멀어지게 할 수 있다. 학습 실패의 원인도 교수-학습 환경이나 교수자보다는 학습자에게서 우선 찾게 된다.

둘째, 검사의 신뢰도를 강조하기 때문에 학습자가 '무엇을' 알게 되었고, '얼마나' 수행할 수 있게 되었는지에 관한 타당도 문제를 간과하기 쉽다. 바람직한 교육적 가치가 무엇인지 또는 참다운 의미의 학력평가에 관한 교사의 판단보다는 어떻게 하면 객관적인 평가가 되게 할 것인지에 대한 고민을 우선하게 한다.

셋째, 규준지향평가는 선발적 교육관에 바탕을 두고 있기 때문에 교육 활동을 시작할 때 의도한 목표의 달성 여부와 상관없이 상대적인 성취도만을 평가하여 어떻게든 승자와 패자를 가려낸다는 단점을 갖는다. 그렇기 때문에 규준지향평가는 교실 내 동료들 간의 협동심보다는 경쟁심을 유발한다. 학습자는 스스로의 목표 달성을 지향하는 내재적 동기보다 상대적 서열, 즉 외재적 동기를 추구하는 사람으로 간주된다. 평가의 결과가 다음 교수-학습 활동의 기초 자료가 되어 교육적 개선에 기여하기보다는 과다한 경쟁심리를 유발하거나 인성교육을 저해할 수도 있다. 대표적인 예로 대학 입학시험에서 고교 내신 성적 반영 비율을 높이자, 학생들끼리 모르는 것을 서로 가르쳐 주기는커녕 노트 필기도 빌려 주지 않게 경쟁이 유발되고 협동적 상생이 저해되는 부작용을 낳은 것을 들 수 있다.

② 준거지향평가(준거참조평가, 절대비교평가)

준거지향평가(準據指向評價, criterion-referenced evaluation)는 사전에 설정된 숙달 수준인 준거에 비추어 학습자의 점수를 비교함으로써 특정 지식이나 기술에서의 학습자의 수행 수준을 해석하고 그에 따른 정보를 제공하는 평가다. 여기서 준거(criterion)란 피검사자의 자질이나 특성에 대한 수준별 기술(예: 성공/실패, 미달/기초/보통/우수)이라고 할 수 있다. 준거와 유사한 개념으로 성취기준(standard)이 있는데, 이것은 점수 또는 등급으로 표현된 특정 수준이며, 점수로 표현된 성취기준을 흔히 분할점수(cut-score 또는 cut-off score)라고 한다(이승희, 2010).

교육 장면에서는 피검사자의 점수를 비추어 해석할 준거가 주로 수업 목표이기 때문에 준거지향평가를 '목표지향평가'라고도 한다. 목표지향평가에서는 학습자가 얻은 점수를 해석할 때 수업 목표가 한 개인 경우 목표 도달 여부(도달-미도달)를 평가하고, 수업 목표가 여러 개인 경우 도달한 목표의 백분율 또는 분할점수에 비추어 해석(도달-미도달)하거나 목표별 도달 여부를 판단한다. 준거지향평가는 '절대비교평가'라고도 한다. 평가를 통하여 얻는 정보가 또래 집단에 대한 해당 학습자의 '상대적' 위치의 정보가 아니고 사전에 설정된 준거에 대한 해당 학습자의 '절대적' 수행 수준으로서 또래의 수행 수준에 따라 달라지지 않기 때문이다. 앞서 예시한 '교육평가' a분반, b분반을 c교수가 맡아 가르치는 경우에서 해당 학생이 어느 분반에 속하는지, 각 분반의 전체 점수 분포가 어떠한지와 관계없이 90점 이상인 학생이 20%가 넘더라도 그 학생이 얻은 점수를 A학점으로 가치판단하는 방식을 말한다.

준거지향평가의 결과는 흔히 정답률(백분율), 도달-미도달 분류, 5단계 절대평가, 지식 또는 기능 수준에 대한 서술 형태로 보고된다. 정답률(백분율)은 출제된 문항 중 정답을 한 문항들의 백분율(%) 또는 정답 반응한 각 문항에 부여된 배점을 합한 점수를 총점으로 나누어 100을 곱한 값이다. 따라서 규준지향평가에서 사용하는 백분위와는 전혀 다른 개념이다. 도달-미도달 분류는 분할점수나 성취기준에 비추어 도달-미도달(합격-불합격)로 분류하는 방식이다. 5단계 절대평가는 성취기준에 근거하여 전체 점수 범위를 5개 범주로 분류하는 방식이다. 정답률이 90% 이상이면 수(A), 80% 이상이면 우(B), 70% 이상이면 미(C), 60% 이상이면 양(D), 60% 미만이면 가(F)를 주는 방식이다. 지식 또는 기능 수준에 대한 서술은 말 그대로 피검사자가 알고 있는 지식이나 기능 수준을 구체적으로 기술하는 방식이다. 평가한 문항의 내용과 수행 수준을 함께 기술하게 되는데, 예를 들면 '받아올림이 있는 두 자릿수 덧셈을 할 수 있다/없다'와 같은 평가를 말한다.

이와 같은 준거지향평가의 특징과 그에 따른 장점을 정리하면 다음과 같다.

첫째, 검사 점수의 부적편포를 기대한다. 대부분의 학습자가 의도한 목표를 달성하여 점수 분포가 오른쪽으로 치우친 분포를 이루기를 바란다. 학습자를 필연적으로 '우수자'와 '열등자'로 분류해야 하는 것이 아니기 때문에, 교사로 하여금 또래의 수행 수준과 관계없이 개개 학습자가 무엇을 알고 무엇을 모르는지에 초점을 맞추고, 어떻게 가르쳐야 하는지에 관심을 기울이게 한다. 학습 실패의 원인을 학습자보다는 교수자와 교육 환경에서 먼저 찾고, 교육 목표, 교육과정, 교수 방법 등에 대한 개선 방향을 시사받는 데 역점을 둔다.

둘째, 검사의 타당도를 더 중시한다. 학습자가 의도한 목표의 달성 여부를 판단하는 것이 중요한 과제이기 때문에, 교사의 자의적인 판단을 최소화하고 객관적인 점수 해석이 가능하도록 하는 것보다는 학습 내용 중에서 어떤 것을 어떤 형태로 평가해야 당초에 설정한 목표의 달성 여부와 달성 정도를 정확하게 파악할 수 있는지가 더 중요한 과제가 된다.

셋째, 준거지향평가는 발달적 교육관에 바탕을 두고 있다. 모든 학습자가 개개인에게 적합한 교수-학습의 기회를 제공하면 주어진 학습 목표에 도달할 수 있다는 관점이다. 따라서 개인차를 극대화하거나 개인 간 차이를 변별하기보다는 줄이려고 노력한다. 모두가 '성공'할 수 있기 때문에 학습자들의 협동학습과 내재적 동기 유발에 유리하다. 또한 상대적 서열에 구애받지 않기 때문에 단편적 지식이나 이해와 같은 하등 정신 능력보다는 적용, 분석, 비교, 종합, 평가 등의 고등 정신 능력을 배양하는 데 관심을 기울일 수 있다.

반면에 이와 같은 준거지향평가의 특징은 다음과 같은 단점으로 작용하기도 한다.

첫째, 준거지향평가는 부적편포를 기대하기 때문에 개인 간 차이를 변별하기가 용이하지 않다. 즉, 학습자들 간의 상대적 우열을 정하거나 비교를 하기 어렵다. 따라서 이러한 정보가 필요한 경우에는 규준지향평가를 고려해야 할 것이다. 학습자의 실패원인을 교수자나 교육 환경에서 찾음으로써 교육과정 개선의 시사점을 얻는 장점을 살리는 게 목적인 경우에 실시하는 것이 바람직하다.

둘째, 준거를 설정하는 기준이 문제가 될 수 있다. 준거지향평가는 검사의 타당도를 강조하기 때문에 학습자가 '무엇을' 알게 되었고, '얼마나' 수행할 수 있게 되었는지에 관한 정보를 얻는 데 도움이 되지만, 학습자의 수행 수준을 비추어 해석할 준거를 설정함에 있어서 교수 목표를 누가 정하는지 혹은 어떻게 정하는지에 고도의 전문성이 요구되며, 그러한 전문성을 갖추지 않은 경우 점수 해석에 자의성이 높다는 비판을 받기 쉽다.

셋째, 준거지향평가에 따른 검사 점수는 통계적으로 활용하는 데 한계가 있다. 준거지향평가는 발달적 교육관에 바탕을 두고 있기 때문에 정규분포를 가정하지 않는다. 극단적인 예를 들자면, 학급 학생 전체가 90점을 받아도 좋다거나 그것이 바람직하다고 여긴다. 따라서 일정한 수행 수준을 설정하여 자격을 부여하려는 경우가 아니라면 준거지향평가는 적절치 않다. 일정한 인원만을 선발해야 하는 상황에서는 준거지향평가 결과를 그대로 활용하기가 용이하지 않다. 2008학년도에 대입전형제도가 개편되면서 9등급제로 학교생활기록부를 기재하게 되기 이전에 소위 '절대평가' 방식으로 이루어지던 5등급 평가 결과에 대해 대학들이 '성적 부풀리기'를 이유로 대입전형 요소로 반영하기를 꺼린 것이 적절한 예다.

③ 규준지향평가와 준거지향평가의 비교

규준지향평가는 선발적 교육관, 즉 개인차 극복 불능관에 기초하기 때문에 개인의 점수를 규준집단(실제 집단 혹은 가상적 집단)의 규준과 상대적으로 비교하여 서열 또는 순위를 판정하고 개인차를 변별하려고 한다. 따라서 교사가 규준지향평가 방식을 취할 경우에는 경쟁을 통한 외재적 동기 유발 전략을 구사하게 되고, 학습자로 하여금 학습 목표에 대한 숙달보다는 동료와 비교한 성취 수준, 즉 수행목표 지향성을 갖게 할 수 있다. 평가 결과의 행정적 활용, 즉 분류, 선별, 배치의 목적을 위한 입학시험이나 심리검사에서 주로 채택되는 평가 접근이다.

반면에 준거지향평가는 발달적 교육관, 즉 개인차 극복 가능관에 기초하기 때문에 특정 영역에 대한 개인의 수행 수준을 평가하고, 수업 목표에 도달한 정도를 확인하거나 개인을 목표 도달−미도달로 분류하려고 한다. 따라서 교사가 준거지향평가 방식을 취할 경우에는 협동을 통한 내재적 동기 유발이 가능하고, 학습자로 하여금 동료와의 상대적 비교보다는 자기 자신의 성장, 즉 목표숙달 지향성을 갖게 할 수 있다. 평가 결과 얻은 정보들에 대한 교수적 기능, 즉 도달/미도달, 숙달/미숙달의 확인, 오류에 대한 교정, 교수법의 개선 등의 목적을 강조하며, 일정한 성취 준거 달성 여부에 따른 자격 부여를 위한 자격고사에서 주로 채택하는 평가 접근이다.

이와 같이 규준지향평가와 준거지향평가는 기본 가정, 목적, 결과 활용, 평가 대상 및 방법 등에서 강조점이 상당히 다르지만, 이 두 가지 평가 방법을 상호배타적인 것으로 보고 양자택일식으로 접근할 필요는 없다. 교수−학습이 전개되는 과정에서 이루어지는 그때그때의 평가 목적 및 상황에 따라 적절히 선택 또는 혼용하는 것이 필요하다. 다만, 제대로 된 준거지향평가를 위해서는 성취의 준거(criterion) 또는 기준(standard)을 설정하는 것이 중요하다는 점과 '변화'와 '성장'이 목표인 교육활동에서는 준거지향평가에 기초한 성장지향평가를 지향하는 것이 책무성과도 관련하여 바람직한 방향이라는 점은 유념할 필요가 있다.

III. 척도의 종류

척도(尺度, scale)란 사물이나 사람의 특성을 수량화하기 위해 숫자를 부여하는 체계적인 단위다. 측정도구가 되는 자에 눈금을 매기는 규칙에 해당한다고 할 수 있다. 척도의 종류는 흔히 〈표 2-2〉와 같이 다섯 가지로 나눠 볼 수 있다.

명명척도(nominal scale)는 측정 대상을 구분 또는 분류하기 위하여 '이름' 대신 사용하는 척도다. 관심이 되는 특정한 속성 면에서 대상이 '서로 다르다'는 것을 표현하기 위하여 서로 다른 숫자를 부여하는 것이다. 대표적인 예로, 성별, 거주지, 종

표 2-2 척도의 종류와 특성

구분	명명척도	서열척도	등간척도	비율척도	절대척도
특징	대상의 특성을 구분('다르다'), 명명성	대상의 특성에 대한 상대적 위치, 서열성	임의영점, 임의단위, 등간성	절대영점, 임의단위, 비율성	절대영점, 절대단위, 비율성
연산 범위	가감승제 불가	가감승제 불가	가감만 가능	가감승제 가능	가감승제 가능
예시	성별, 거주지, 종교	석차, 최종 학력, 백분위 점수, 연령 등 가 점수	온도, 연도, 지능지수 (사회과학)	체중, 신장 (체육학, 물리학)	사람 수, 결석일수
주요 통계량	빈도, 비율, 최빈값(Mo)	명명척도 통계량+백분위, 사분위, 중앙값	서열척도 통계량+평균, 표준편차	모든 통계량	모든 통계량

출처: 성태제, 시기자(2014), p. 123을 참고하여 재구성.

교, 운동선수의 등번호 등을 들 수 있다. 예컨대, '남자=1, 여자=2'와 같이 성별을 구분하기 위해 서로 다른 숫자를 부여하는 것은 명명척도를 활용하여 성별을 '측정' 하는 것이라고 할 수 있다. 성별 차이에 부여된 1과 2라는 숫자는 우열을 나타내지도 않고, 일반적으로 수가 갖는 동간성이나 비율성이 없기 때문에 사칙연산을 할 수 없다. 어떤 집단에 남자와 여자가 각각 몇 명이고(빈도), 남자가 전체 집단에서 차지하는 비중은 어느 정도인지(비율), 남자가 더 많은지 혹은 여자가 더 많은지(최빈값)와 같은 통계량을 산출할 수 있을 뿐이다.

　서열척도(ordinal scale)는 측정 대상을 구분 또는 분류(명명척도의 특성)함은 물론, 측정 대상의 상대적 서열을 표시하기 위하여 사용하는 척도다. 성적 순위, 키 순서, 인기조사 순위 등이 대표적인 예이고, 교육과 심리 측정에서 자주 사용하는 백분위점수(percentile score), 연령등가점수(age-equivalent score), 학년등가점수(grade-equivalent score)도 서열척도에 해당한다. 예를 들어, A학생이 학급에서 1등이고, B학생이 2등이라는 의미에서 A학생, B학생, C학생, … 에게 부여된 1, 2, 3, … 이라는 숫자는 측정 대상이 되는 학급 학생들의 석차, 즉 서열을 나타내기 위하여 부여한 것이다. A학생, B학생, C학생에게 부여된 숫자 1, 2, 3은 간격이 1로 동일하지만, A학생(1등)과 B학생(2등)의 점수 차이와 B학생(2등)과 C학생(3등)의 점수 차이가 다를 수 있다. 즉, 서열척도는 A, B, C학생을 '구별'하고 '서열'을 매기기 위하여 숫자를 부여('측정')하는 것이기 때문에 부여된 숫자의 간격에는 의미를 부여할 수 없다. 이를 두고 서열성은 있지만 동간성은 없다고 말한다. 따라서 서열척도로 측정된 숫자는 사칙연산을 적용할 수 없다. 명명척도에서 산출할 수 있는 통계량에 추가하여 중앙값, 백분위, 사분위와 같은 통계량을 산출할 수 있다.

　등간척도(interval score)는 측정 대상에 대한 '분류'와 '서열' 정보를 담고 있는 서열척도의 속성을 갖는 동시에 등간성(동간성)을 가진 척도다. 등간성이란 측정 단위 간의 간격에 동일한 수적 차이를 부여하는 속성이다. 국어 성적 50점과 60점 사이의 10점 차이와 80점과 90점 사이의 10점 차이는 같다고 의미를 부여할 수 있을 때 그 척도는 등간성이 있다고 말한다. 그리고 등간척도는 임의영점과 임의단위(가상단위)를 가지고 있는데, 이는 숫자 0을 부여할 지점, 즉 영점과 척도의 눈금을 매기는 기준이 (임의의) 약속에 의한 것이라는 의미다. 등간척도의 대표적인 예로 온도와 연도(예: 서기, 단기, 불기 등), 지능지수 등을 들 수 있다. 온도계의 0℃는 온도가 전혀 없어서 따로 약속할 필요도 없이 명백한 지점이 아니라, 물이 어는 지점(온도)을 영점으로 하고 숫자 0을 부여하기로 약속한 것이기 때문에 임의영점이다. 또한 0℃와 5℃의 차이는 30℃와 35℃의 차이와 같기 때문에 등간성이 있지만, 1℃라는 단위(눈금)는 절대적인 것이 아니라 협약에 의하여 매겨진 것이기 때문에 임의단위다. 한국표준과학연구원과 같은 기관에서 온도나 습도에 의해 변하지 않도록 저울추나 자를 관리하는 것도 그것이 표준으로 정한 무게나 길이 등의 임의단위이기 때문이다. 등간척도로 측정된 자료는 등간성을 가지고 있기 때문에 사칙연산 중 가감법을 적용할 수는 있지만, 절대영점이 아닌 임의영점을 가지고 있어서 척도에 비율성이 없기 때문에 승제법은 적용할 수 없다. 등간척도로 측정된 자료의 예로 지능지수를 들 수 있는데, IQ 100은 IQ 50의 2배라는 해석은 불가능하다. 등간척도로 측정된 자료에 대해서는 서열척도에서 산출할 수 있는 통계량에 추가하여 평균, 표준편차 등의 통계량도 산출할 수 있다.

비율척도(ratio scale)는 측정 대상에 대한 분류, 서열, 등간성의 정보를 담고 있는 등간척도의 속성을 갖는 동시에 비율성, 절대영점, 임의단위를 갖는 척도다. 비율성은 '100만 원은 50만 원의 2배다'라고 말할 수 있는 것과 같이 측정된 수치 간에 곱셈법칙을 적용하여 해석할 수 있다는 의미다. 그리고 비율척도의 대표적인 예로는 체중(무게), 신장(길이)을 들 수 있다. 무게에서 0은 아무것도 존재하지 않는다는 것을 의미하므로 별도의 약속이 필요 없는 절대영점에 해당하고, g, kg과 같은 무게 단위는 절대적인 것이 아니라 국제적인 협약에 의해 정한 것이므로 임의단위에 해당한다. 따라서 비율척도로 측정된 자료에 대해서는 사칙연산을 모두 적용할 수 있고, 덧셈법칙과 곱셈법칙을 적용해야 하는 모든 통계량을 산출할 수 있다.

절대척도(absolute scale)는 측정 대상에 대한 분류, 서열, 등간성, 비율성의 정보를 지닌 비율척도의 속성을 가지면서, 절대영점과 절대단위를 갖는 척도다. 절대단위란 별도로 협의를 통하여 정하지 않아도 모든 사람이 그 눈금 매기는 규칙에 동의할 수 있는 단위라는 의미다. 예를 들어, 사람 수나 연필 개수, 자동차 수 등에 숫자 0을 부여할 때 이것은 '하나도 없음'을 의미하고 따로 약속할 필요도 없이 누구나 공감하는 측정 단위다. 절대척도로 측정된 자료는 비율척도와 같이 등간성과 절대영점을 가지고 있기 때문에 사칙연산이 모두 가능하고, 모든 통계량을 산출할 수 있다.

IV. 분포와 집중경향값, 변산도

1. 분포

분포(分布, distribution)는 특정 대상 집단에 대한 측정을 통해 얻은 자료들이 흩어져 있는 모양을 말하고, 통상 히스토그램, 폴리그램, 곡선과 같은 그래프로 나타낸다. 정규분포(또는 정상분포, normal distribution 또는 Gaussian distribution)는 대부분의 점수(자료)가 평균 주위에 모여 있으면서, 평균 이상과 평균 이하의 점수 모양이 좌우 대칭을 이루는 분포를 말한다. 교육이나 심리평가 분야의 검사도구 개발 등에서 기본 가정으로 전제되는 분포이고, 특히 평균이 0이고 표준편차가 1인 [그림 2-1]과 같은 정규분포를 표준정규분포라고 한다.

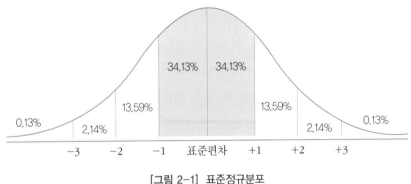

[그림 2-1] 표준정규분포

정규분포와는 달리 점수(자료)가 한쪽으로 치우쳐 분포하는 경우도 있는데, 이러한 분포를 편포(偏布, skewed distribution)라고 한다. 편포에는 정적편포(positively skewed distribution)와 부적편포(negatively skewed distribution)의 두 가지 유형이 있다. 정적편포는 분포의 꼬리 부분이 오른쪽으로 길게 뻗어 있고, 분포가 정규분포에서 벗어나 어느 한쪽으로 치우친 정도를 수치화한 왜도(skewness)가 양(+)의 값을 갖는 경우를 지칭한다. 예컨대, 어떤 시험이 상당히 어려워서 낮은 점수를 얻은 학생이 많은 경우가 이에 해당한다. 부적편포는 분포의 꼬리 부분이 왼쪽으로 길게 뻗어 있고, 왜도가 음(−)의 값을 갖는 경우를 지칭한다. 정적편포와 반대로, 어떤 시험이 매우 쉬워서 높

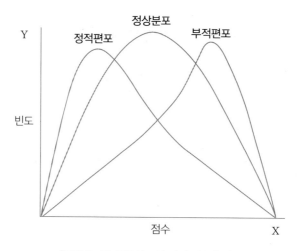

[그림 2-2] 정규분포와 정적 · 부적 편포

은 점수를 얻은 학생이 많은 경우가 이에 해당한다. [그림 2-2]는 정상분포와 정적 편포 및 부적편포를 이루는 자료의 모양을 곡선 그래프로 표현한 것이다.

한편, 정규분포에 비해 점수(자료)의 대다수가 평균을 중심으로 더 좁은 범위에 집중되어 있어서 더 뾰족한 모양을 이루는 경우도 있고, 이보다 평균을 중심으로 양쪽으로 더 넓게 퍼져 분포하여 정규분포보다 완만하고 납작한 모양을 이루는 경우도 있다. 전자는 확률분포의 뾰족한 정도, 즉 얼마나 집중적으로 중심에 몰려 있는가를 나타내는 첨도(尖度, kurtosis) 값이 0보다 큰 양수(+)값을 갖고, 후자는 첨도가 0보다 작은 음수(-)값을 갖는다.

2. 집중경향값

특정 대상 집단에 대한 전체 자료의 값을 하나의 대푯값으로 요약할 수 있는데, 이러한 대푯값을 집중경향값(measure of central tendency)이라고 한다. 대표적인 집중경향값으로는 평균, 중앙값 그리고 최빈값이 있다.

평균(平均, mean)은 전체 자료의 값을 모두 더한 후 전체 자료의 사례수로 나눈 값을 말한다. 집중경향값 중에서 가장 많이 활용되지만, 극단값(outliers)의 영향을 크게 받는다는 단점이 있다. 평균은 등간척도, 비율척도, 절대척도로 측정된 자료에서만 산출할 수 있는 통계량이다.

중앙값(median)은 전체 자료를 크기 순서대로 배열했을 때 중앙에 위치하게 되는 값, 즉 누적백분율이 50%인 지점의 값을 말한다. 중앙값을 중심으로 자료의 반은 그보다 큰 값을 갖고 나머지 반은 그보다 작은 값을 갖는다. 중앙값은 서열척도 이상의 척도로 측정된 자료에서 산출할 수 있는 통계량이다.

최빈값(mode)은 전체 자료에서 가장 빈번히 관찰되는 값, 즉 최다빈도의 값을 말한다. 최빈값이 한 개인 경우를 단봉분포(unimodal distribution), 2개인 경우를 이봉분포(bimodal distribution), 3개 이상인 경우를 다봉분포(multimodal distribution)라고 한다. 최빈값은 명명척도를 포함한 모든 척도로 측정한 자료에서 산출할 수 있는 통계량이다.

한편, 집중경향값들은 분포 모양에 따라 그 위치가 달라진다. 정규분포를 이룰 때는 평균, 중앙값, 최빈값이 일치하고, 정적편포를 이룰 때는 최빈값<중앙값<평균의 순서로 평균이 가장 오른쪽에 위치하며, 부적편포를 이룰 때는 평균<중앙값<최빈값의 순서로 평균이 가장 왼쪽에 위치하게 된다.

3. 변산도

변산도(variability)는 수집된 자료가 흩어져 있는 정도를 말하고, 이것을 수치화한 것을 변산도값이라고 한다. 변산도값의 종류에는 범위, 분산 그리고 표준편차가 있다.

범위(range)는 관찰된 점수(자료)의 양극단 값 사이의 간격을 의미한다. 예를 들어, A학교 수학 시험 성적이 최고값 95점에서 최저값 45점이라면 범위 R은 50(=95-45)이 된다. 범위는 이와 같이 간편하게 계산할 수 있다는 장점이 있지만, 최고값과 최저값 사이에 존재하는 값들이 어떻게 흩어져 있는지에 관한 정보는 제공하지 못한다는 단점이 있다.

분산(variance)은 '편차점수 제곱의 평균'이라고 할 수 있다. 평균을 중심으로 얻은 자료들이 어떻게 흩어져 있는지를 수량화하기 위하여 각 사례의 편차점수(개별점수-평균)를 구하고 이를 각각 제곱하여 전체 사례수로 나누어 평균값을 구한 것이다. 여기서 편차점수를 제곱하는 이유는 개별 사례의 편차점수를 그냥 합하면 '0'이 되므로 이것을 사례수로 나누어 평균값을 구하더라도 항상 '0'이 되기 때문이다. 하지만 분산은 '편차점수를 제곱한 값의 평균'이라는 점에서 그 값이 갖는 의미를 직관적으로 이해할 수 있도록 해석하는 데 어려움이 있다. 다만, 가장 많이 활용되는 변산도값인 표준편차를 산출하는 데 분산이 반드시 필요하다.

표준편차(standard deviation: SD)는 '분산의 제곱근'이다. 즉, 각 사례의 편차점수를 구하고 이를 제곱한 후 전체 사례수로 나눈 값(=분산)의 제곱근을 취한 값이다. 표준편차는 각각의 사례가 평균으로부터 떨어져 있는 거리들의 평균값이라는 의미를 부여하여 분산보다 직관적으로 이해할 수 있도록 해석이 가능해 변산도값 중에서 가장 많이 활용된다. 표준편차를 산출하는 공식은 다음과 같다.

$$SD = \sqrt{\frac{\sum (X - \bar{X})^2}{N}}$$

V. 점수의 유형과 평가 결과의 해석

교육과 심리평가를 위한 다양한 사정 방법(검사, 면접, 관찰, 교육과정중심사정, 수행

표 2-3 점수의 유형

점수의 유형				척도
1) 원점수(raw score)				서열, 등간
2) 변환점수 (transformed score)	(1) 백분율점수(percentage score)			등간
	(2) 유도점수 (derived score)	① 발달점수 (developmental score)	Ⓐ 등가점수	연령등가점수	서열
				학년등가점수	서열
			Ⓑ 지수점수(quotient score)	등간
		② 상대적 위치 점수 (scores of relative standing)	Ⓐ 백분위점수(percentile score)	서열
			Ⓑ 표준점수	z점수	등간
				T점수	등간
				능력점수	등간
				척도점수	등간
				정규곡선등가점수	등간
			Ⓒ 구분점수(stanine score)	서열

사정, 포트폴리오사정 등)을 통하여 다양한 양적 · 질적 자료를 얻게 된다. 이러한 자료 중에서 특히 수량의 형태로 측정된 값은 그 숫자에 어떤 의미를 부여하여 해석할 수 있는지에 따라 다양한 점수 유형으로 분류할 수 있다. 이승희(2010)는 국내외 여러 학자의 분류 방식을 검토한 뒤 점수의 유형을 다음 〈표 2-3〉과 같이 정리하여 제시하였다.

1. 원점수

평가 활동을 통하여 얻은 원점수(原點數, raw score)는 획득점수(obtained score)라고도 하며, 피검사자가 옳은 반응을 보였거나 옳은 반응을 보인 것으로 가정되는 문항에 부여된 배점을 합산한 점수를 말한다. 그런데 원점수는 피검사자의 수행에 대해 의미 있는 해석을 할 수 있는 정보를 제공하지 못한다. 예를 들어, A라는 학생이 수학 시험에서 30점을 얻었다는 그 자체만으로는 그것이 어떤 의미가 있는지 알 수 없다. 절대적으로 높은 점수인지, 다른 피검사자에 비해 상대적으로 높은 점수인지 해석할 수가 없기 때문이다(황정규 외, 2016). 원점수는 문항당 배점이 모든 문항에 1점씩 부여되어 '원점수=정답 문항 수'인 경우에는 등간척도에 해당하고, 문항에 따라 배점이 달라서 '원점수=정답 문항에 부여된 배점을 합산한 점수'인 경우에는 서열척도에 해당한다.

2. 변환점수

원점수에 일정한 의미를 부여하여 해석하기 위해서는 원점수를 다른 무언가에 비추어 보아야 한다. 규준지향평가는 해당 학습자의 수행 수준을 다른 또래 학습자들의 전형적인 수행 수준인 '규준'에 비추어 가치를 판단하는 것이고, 준거지향평가는 본래 의도한 목표를 '준거'로 하여 학습자의 수행 수준의 가치를 판단하는 것이다(황정규 외, 2016).

앞의 사례에서 학생이 수학 시험에서 얻은 30점을 A교사가 '만점이 35점인 시험에서 30점을 얻었다는 이야기는 100점 만점으로는 약 86점(%)에 해당하여 학습 목표를 대부분 달성하였다고 할 수 있으므로 잘한 것이다'라고 해석하는 것과 B교사

[그림 2-3] 변환점수의 유형

가 '자기 반에서 30점 이상 받은 학생이 본인을 포함하여 전체 학생(50명) 중 4명밖에 없고 이는 상위 8%에 해당하므로 잘한 것이다'라고 해석하는 것은 전혀 다른 방식의 평가(가치판단)다. 전자(A교사)와 같은 해석은 진수의 수학 점수에 대한 절대적 해석에 해당하고, 후자(B교사)와 같은 해석은 상대적 해석에 해당한다고 할 수 있다. 변환점수(transformed scores)는 이와 같이 대상 학생의 수행에 대해 절대적 또는 상대적 해석을 하기 위하여 원점수를 변환시킨 점수를 말하고, 여기에는 백분율점수와 유도점수의 두 가지 유형이 있다.

① 백분율점수

백분율점수(percentage score)는 '총점에 대한 획득점수의 백분율'이라고 정의할 수 있다. 앞서 예로 든 학생의 수학 성적에 대한 A교사의 해석에서와 같이 획득한 점수를 총점으로 나누어 백분율로 나타낸 값, 즉 100점 만점(백분율)으로 환산한 점수(%)가 이에 해당한다. 백분율점수는 준거지향검사에서 평가 대상 학생의 수행 수준을 일정한 준거에 비추어 해석하기 위해 변환된 점수이기 때문에 준거참조점수(criterion-referenced score)라고도 한다. 백분율점수의 가장 큰 단점은 다른 점수와 상대적으로 비교할 수 없다는 점이다. 동일한 교과목의 성적을 똑같이 백분율점수로 변환했다고 하더라도 중간고사 성적과 기말고사 성적을 단순 비교하여 언제 더 잘했는지 말할 수 없고, 동일한 중간고사에서 얻은 국어 및 수학 교과의 백분율점수를 단순 비교하여 어느 과목을 더 잘했는지 말할 수 없다. 시점이 다르거나 교과목이 다른 경우에 같은 의미를 부여하여 상대적으로 비교하기 위해서는 유도점수로 변환해야 한다.

② 유도점수

유도점수(derived score)는 점수들 간의 상대적 비교가 가능하도록 원점수를 변환한 점수다. 대상 학생의 수행 수준에 대한 상대적 해석이 가능하도록 또래의 수행 수준, 즉 규준에 비추어 해석하는 것이므로 규준참조점수(norm-referenced score)라고도 한다. 유도점수에는 발달점수와 상대적 위치점수의 두 가지 유형이 있다.

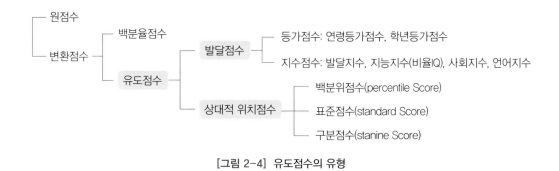

[그림 2-4] 유도점수의 유형

1) 발달점수

발달점수(developmental score)는 평가 대상 학생의 발달 정도를 나타내는 점수로, 여기에는 등가점수와 지수점수가 있다.

(1) 등가점수

등가점수(equivalent score)는 연령등가점수(age-equivalent score)와 학년등가점수(grade-equivalent score)로 나눌 수 있는데, 특정한 대상 학생이 얻은 원점수가 어떤 연령 또는 학년의 평균적인 수행 수준에 해당하는지 나타낸 점수다. 바꿔 말하면 특정 학생의 수행(또는 기능) 수준이 몇 세 또는 몇 학년의 평균적인 수행 수준과 같은지로 변환한 점수다. 연령등가점수는 검사도구가 측정하는 내용에 따라 발달연령(developmental age: DA), 정신연령(mental age: MA), 사회연령(social age: SA), 언어연령(language age: LA)과 같이 다양한 명칭을 사용하기도 한다. 그리고 어떤 학생의 연령등가점수가 10-6이라는 말은 그 학생의 수행 수준이 10세 6개월 된 학생들의 평균 수행 수준과 같다는 의미다. 마찬가지로 학년등가점수가 4.5라는 말은 4학년

5개월째 학생들이 보이는 수행 수준의 평균에 해당한다는 의미다.

(2) 지수점수

지수점수(quotient score)는 대상 학생의 연령등가점수를 생활연령으로 나누고 100을 곱하여 산출한 값, 즉 '생활연령에 대한 연령등가점수의 비율(%)'이기 때문에 비율점수(ratio score)라고도 한다. 지수점수를 산출할 때 사용한 연령등가점수에 따라 지수점수의 명칭이 달라진다. 발달연령을 사용한 경우에는 발달지수, 정신연령을 사용한 경우에는 지능지수(비율 IQ), 사회연령을 사용한 경우에는 사회지수, 언어연령을 사용한 경우에는 언어지수라고 한다.

2) 상대적 위치점수

상대적 위치점수(score of relative standing)는 대상 학생의 수행 수준을 그가 속한 또래집단 내에서의 상대적 위치로 표현한 점수다. 상대적 위치점수는 앞서 살펴본 백분율점수의 단점을 해결해 준다. 대상 학생의 여러 다른 검사 점수(서로 다른 시점, 서로 다른 과목)와도 비교할 수 있고, 다른 연령의 학생들과도 비교할 수 있으며, 여

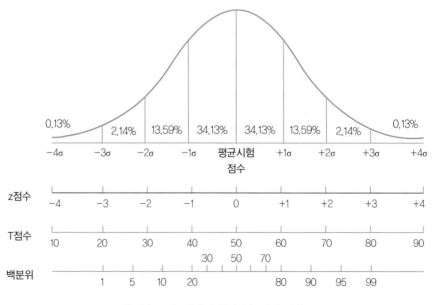

[그림 2-5] 상대적 위치점수 간의 관계

러 상대적 위치점수 간의 상호 비교도 가능하다. 상대적 위치점수에는 백분위점수, 표준점수, 구분점수 등 세 가지 유형이 포함된다. [그림 2-5]는 이러한 상대적 위치 점수 사이의 관계를 나타낸다.

(1) 백분위점수

백분위점수(百分位, percentile score 또는 percentile, percentile rank)는 전체 집단에 서 특정 점수 이하의 점수를 받은 사례들의 백분율을 나타내는 것으로, 대상 학생이 받은 수학 점수 30점의 백분위가 80이라면, 그 검사에서 30점 이하의 점수를 받은 학생이 전체 학생의 80%라는 의미다. 백분위점수는 상대적 해석을 위한 변환점수 로서 서열척도에 해당하지만, 백분율점수는 절대적 해석을 위한 변환점수이고 등 간척도로 간주된다는 차이가 있으므로 유의해야 한다.

(2) 표준점수

표준점수(standard score)는 사전에 결정된 평균과 표준편차를 가지고 정규분포 를 이루도록 변환한 점수를 총칭하는 것으로, 정규분포에서 특정 원점수가 평균으 로부터 얼마나 떨어져 있는지를 표준편차 단위로 환산한 점수다. 여기에는 z점수 (평균 0, 표준편차 1), T점수(평균 50, 표준편차 10), 능력점수(평균 100, 표준편차 15 또는 16), 척도점수(평균 10, 표준편차 3) 등이 있다.

표 2-4 표준점수의 종류와 평균, 표준편차, 산출 방법

표준점수	평균, 표준편차	산출 방법
z점수	(0, 1)	(원점수-평균)÷표준편차
T점수	(50, 10)	$50+10 \times z$
능력점수	(100, 15)	$100+15 \times z$ (편차IQ)
척도점수	(10, 3)	$10+3 \times z$
정규곡선등가점수 (NCE score)	(50, 21)	$50+21 \times z$

(3) 스태나인

스태나인(구분점수, 九分點數, stanine)은 우리나라 대학수학능력시험 결과의 보고 방식으로 채택되고 있는 것으로, 상위부터 4%, 7%, 12%, 17%, 20%, 17%, 12%, 7%, 4%에 각각 1등급(9점), 2등급(8점), … 9등급(1점)을 부여한다. 이것은 정규분포를 9개의 점수 구간(범주)으로 분할한 것으로, 특정 점수가 아닌 수행 수준의 범위를 나타내며 이 9개 범주 간에 등간성도 없다.

수험번호	성 명		생년월일	성별	출신고교(반 또는 졸업연도)		
12345678	홍 길 동		98. 09. 05.	남	한국고등학교(9)		
구분	한국사 영역	국어 영역	수학 영역	영어 영역	사회탐구 영역		제2외국어/ 한문 영역
			나형		생활과 윤리	사회 · 문화	일본어 I
표준점수		131	137	141	53	64	69
백분위		93	95	97	75	93	95
등 급	2	2	2	1	4	2	2

[그림 2-6] 2017학년도 대학수학능력시험 성적통지표(예시)

예제

어떤 학급의 국어 성적 분포가 정규분포를 이루고 평균과 표준편차가 60과 15일 때, A학생이 얻은 원점수 75점을 상대적 위치점수로 변환해 보자.

① z점수(0, 1) = (75−60) ÷15 = 1

② T점수(50, 10) = 50 + 10 × 1 = 60

③ 능력점수(100, 15) = 100 + 15 × 1 = 115

④ 백분위점수 = $Z \leq 1$인 누적확률 = 약 84.13%

⑤ 스태나인(점수): 백분위 84=상위 16% ➡ 상위 11~23% 범위, 즉 3등급(7점)

생각해 볼 문제

1. 장애학생 진단·평가 방법과 특징에 관한 다음 〈보기〉의 진술문 중 옳은 것만 고른 것은?

> 보기
>
> 가. 표준화검사는 측정 영역에 대한 학생의 수준을 객관적으로 볼 수 있다는 점을 장점 중 하나로 꼽을 수 있다.
> 나. 준거참조평가는 학생의 점수를 또래 집단과 비교하여 집단 내에서 학생의 상대적 위치에 대한 정보를 제공한다.
> 다. 관찰은 일상적인 상황에서 나타나는 학생의 행동을 기록함으로써 특정 현상에 대한 자료를 수집하는 방법이다.
> 라. 관찰 기록 방법 중에서 시간표집법은 일정 관찰 기간에 지속적으로 관찰하여 관찰 대상 행동이 발생할 때마다 빈도나 강도 등을 기록하는 방법이다.
> 마. 구조화 면접이란 피면접자에게 제기할 질문의 내용과 순서를 미리 준비하여 정해진 방식대로 질문해 나가는 면접 방식을 말한다.

① 가, 나, 다 　② 가, 나, 라 　③ 가, 다, 라 　④ 가, 다, 마 　⑤ 나, 다, 라

2. 다음 제시문의 빈칸에 적합한 용어를 다음 〈보기〉에서 골라 적으시오.

> 규준지향평가는 학습자의 평가 결과를 그가 속한 규준집단의 점수 분포, 즉 ___①___ 에 비추어 해당 학습자의 상대적 위치나 서열을 밝히는 평가다. 이것은 학습자가 얻은 평가결과를 ___②___ (으)로 해석하기 위한 ___③___ 를(을) 산출하여 해당 학습자의 수행 수준을 해석한다는 것을 의미하기 때문에 ___④___ (이)라고도 한다.
>
> 준거지향평가는 사전에 설정된 숙달 수준, 즉 ___⑤___ 에 비추어 해당 학습자의 수행 수준을 해석하는 평가 방식을 말한다. 이것은 학습자가 얻은 평가 결과(원점수)를 ___⑥___ (으)로 해석하기 위한 ___⑦___ 를(을) 산출하여 해당 학습자의 수행 수준을 해석한다는 것을 의미하기 때문에 ___⑧___ (이)라고도 한다.
>
> 보기
>
> 규준(norm), 준거(criterion), 상대적, 절대적, 유도점수, 백분율점수, 규준참조점수, 준거참조점수

3. 100점 만점인 수학 중간시험에서 어떤 학급의 평균이 60점이고 표준편차가 15인 정규분포를 이루었다. 여기서 A학생이 얻은 75점에 대한 해석으로 옳은 것은?

① z점수는 1.5다.

② T점수는 40이다.

③ 백분위는 68이다.

④ 백분율점수는 70이다.

⑤ A학생보다 높은 점수를 얻은 학생은 약 16%다.

4. 다음은 어떤 학생의 기말고사 점수와 과목별 학교 전체 평균 및 표준편차를 정리한 표다. 과목별 성적 분포가 모두 정규분포를 이룬다고 할 때, 제시된 자료에 대한 해석으로 적절하지 않은 것은?

과목명	점수	평균	표준편차
국어	78점	62	8
영어	85점	85	6
수학	77점	72	10
과학	79점	70	12

① 네 과목 중 개인차가 가장 큰 과목은 과학이다.

② 국어 점수가 이 학생보다 높은 학생은 2% 정도다.

③ 이 학생의 영어 점수를 백분위점수로 변환하면 50이 된다.

④ 수학 점수를 9등급 점수(스태나인 점수)로 변환하면 1등급이다.

⑤ 네 과목의 점수를 표준점수로 변환하면 국어의 표준점수가 가장 높다.

5. 1,000명의 학생을 대상으로 실시한 국어와 영어 시험의 원점수가 모두 정규분포를 이루고 있고, 각 시험 원점수의 평균과 표준편차, 두 시험 원점수 간 피어슨(Pearson) 단순적률상관계수, 민수의 원점수, 표준정규분포표가 다음과 같을 때, 이에 대한 해석으로 맞으면 ○, 틀리면 × 하시오.

구분	평균	표준편차	민수의 원점수	상관계수
국어	70	10	90	0.8
영어	70	5	80	

표준정규분포표

Z값	$Z \leq 0.0$	$Z \leq 1.0$	$Z \leq 2.0$	$Z \leq 3.0$
누적확률	0.5000	0.8413	0.9772	0.9987

① _____ 민수의 국어 시험 스태나인 점수는 8이다.

② _____ 민수의 국어 시험과 영어 시험 T점수는 동일하다.

③ _____ 민수는 국어 시험에서 상위 1%에 속하는 높은 점수를 받았다.

④ _____ 국어 시험의 Z점수와 영어 시험의 Z점수 간 상관계수는 0.8이다.

⑤ _____ 국어와 영어 시험의 평균이 같으므로 민수는 국어를 영어보다 잘한다.

모 범 답 안

1. ④

2. ① 규준(norm), ② 상대적, ③ 유도점수, ④ 규준참조점수,
   ⑤ 준거(criterion), ⑥ 절대적, ⑦ 백분율점수, ⑧ 준거참조점수

3. ⑤

4. ④

5. ① ×, ② ○, ③ ×, ④ ○, ⑤ ×

참고문헌

김남진, 김정은, 최희승(2013). 장애아 진단 및 평가. 경기: 양서원.

성태제, 시기자(2014). 연구방법론(2판). 서울: 학지사.

이승희(2010). 특수교육평가(2판). 서울: 학지사.

한국교육평가학회 편(2004). 교육평가 용어사전. 서울: 학지사.

황정규, 서민원, 최종근, 김민성, 양명희, 김재철, 강태훈, 이대식, 김준엽, 신종호, 김동일
(2016). 교육평가의 이해(2판). 서울: 학지사.

Taylor, R. L. (2007). 교육적·심리적 절차에 따른 특수아동의 사정[*Assessment of exceptional students : educational and psychological procedures*]. 여광응, 이영철, 문병상, 이점조, 추연구, 김정선, 박현옥 공역. 경기: 양서원. (원저는 2000년에 출판).

제 **3**장

지적능력 평가

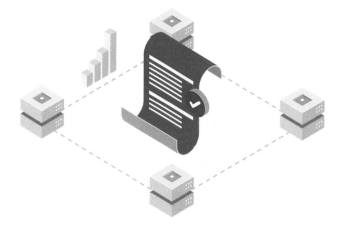

지은이 부모는 지은이가 초등학교 입학 전까지는 전반적으로 발달 수준이 느리다는 것을 알고 있었으나, 곧 또래와 비슷하게 될 것이라 기대했다. 그러나 입학 후 지은이는 학교생활에 많은 어려움을 겪는 것처럼 보였다. 교사의 지시를 따르는 데에도 많은 어려움을 겪고 또래와의 대화에 잘 어울리지 못하거나, 학업 수준에서도 또래와 많은 차이를 보였다. 이러한 문제는 2학년에 진학해서도 계속되었고, 이를 걱정한 담임교사와 특수학급 교사는 지은이가 지능에 문제가 있을 것이라 가정하였다. 두 교사는 부모에게 연락하여 지능검사를 할 수 있도록 동의를 받았으나, 부모 입장에서는 아이가 더 진급하면 단체 지능검사를 받을 텐데 개인 지능검사를 받는 것이 의미가 있는지, 또 실제 지능검사 결과를 얼마나 믿을 수 있는지, 그리고 지능점수가 아이의 어떤 능력을 얼마만큼 설명해 주는지 궁금해하였다. 교사는 지은이 부모에게 어떻게 설명할 수 있을까?

학습목표

1. 지능의 개념을 이해하고, 주요 지능검사의 구성, 특징, 실시 및 해석 방법을 안다.
2. Wechsler 지능검사의 종류에 대하여 알고, 학령기 대상 검사인 K-WISC를 실시하고 그 결과를 해석할 수 있다.
3. 비언어성 지능검사의 필요성을 이해하고, 검사를 실시하고, 결과를 해석할 수 있다.

I. 지능

지능은 학자에 따라 다양하게 정의되고 있으나 일반적으로 인간이 환경에 적응하기 위하여 활용하는 모든 지적인 활동 및 능력을 말한다. Binet는 지능을 일정한 목적을 세우고 지속하는 경향, 의도한 결과를 성취하기 위해 적응하는 능력 그리고 자기비판 능력이라고 정의하였으며(이성진 외, 2008 재인용), Wechsler(1944)는 지능은 목적적으로 행동하고, 합리적으로 사고하며, 환경을 효과적으로 다루어 나가는 전반적 능력이라고 정의하였다. Cattell(1963)은 귀납적 · 형상적 · 일반적 추론을 포함하는 유동성 지능과 지식의 폭, 지적 교양, 지적 경험, 그의 문화에 대한 지적 평가로 묘사되는 결정 지능으로 지능을 정의하였다.

지능이 논리적 추론 능력이라는 견해와 달리, 지능은 특정 문화권 및 장면에서 가치가 있다고 간주되는 중요한 문제를 해결하거나 결과물을 만들어 가는 능력이라는 정의 역시 존재한다. Gardner(1993)는 지능은 상황이나 환경이 필요한 생각을 가능하게 하는 가능성이라고 보고, 인지심리, 뇌신경학, 진화론, 사회문화적 현상 등의 이론 및 관점을 바탕으로 다중지능이론을 제시하였다(김동민 외, 2013 재인용). Gardner의 다중지능 개념은 나아가 다중지능 중 대인지능을 확대한 정서지능의 존재로 세분화되기도 한다(Mayer & Salovey, 1997).

이처럼 지능은 다양하게 정의되고 있으나 일반적으로 다음의 세 가지 능력, 즉 ① 추상적인 것(아이디어, 상징, 관계, 개념, 원리)을 다루는 능력, ② 새로운 사태를 취급하는 문제해결 능력, ③ 언어 혹은 이와 비슷한 상징을 포함하는 추상적인 것을 학습하고 사용하는 학습 능력을 포함한다(Gage & Berliner, 1992; 이성진 외, 2008 재인용). 다시 말해, 지능이 어떤 능력을 포함하는지에 따라 그 정의가 달라지는데, 이는 이후 설명하는 지능검사와 높은 상관이 있다. 일반적으로 우리는 지능을 지능점수로 많이 이해하고 있으며, 이러한 지능점수는 지능검사를 통하여 산출되기 때문이다. 다음 절에서는 지능으로 대표되는 지적능력을 평가하기 위한 개인용 지능검사에 대해 설명한다.

Ⅱ. 지능검사

　심리학 및 교육학 분야에서 다양한 목적으로 인지 수준을 평가하기 위하여 지능검사를 실시한다. 현재 우리나라에서 인지 기능의 평가를 위해 사용하는 주요 개인검사는 〈표 3-1〉에서 제시하는 것과 같다. 이 절에서는 우리나라 임상현장에서 많이 사용되고 있는 Wechsler 검사와 한국판 Leiter 비언어성 지능검사를 소개하고자 한다.

표 3-1　우리나라의 주요 지능검사

검사명	대상	저자	발행처	발행 연도 (개정 연도)
한국 Wechsler 유아지능검사	만 3세 0개월~ 7세 3개월	박혜원, 곽금주, 박광배	도서출판 특수교육	2002년
한국 Wechsler 아동·청소년 지능검사 Ⅳ	만 6세 0개월~ 16세 11개월	곽금주, 오상우, 김청택	인싸이트	2011년
한국 Wechsler 성인지능검사 Ⅳ	만 16세 0개월 이상	황순택, 김지혜, 박광배, 최진영, 홍상황	인싸이트	2012년
한국판 kauffman 아동용 지능검사 (K-ABC)	만 2세 6개월~ 12세 5개월	문수백, 변창진	인싸이트	1997년
한국판 Leiter 비언어성 지능검사	만 2세 0개월~ 7세 11개월	신민섭, 조수철	인싸이트	2010년
인물화에 의한 간편지능검사	만 3세 0개월~ 12세 11개월	김재은, 김동극, 여광응	교육과학사	1973년
한국판 그림지능검사	만 4세 0개월~ 7세 11개월	서봉연, 정보인	중앙적성출판사	1983년
NISE 한국형 개인지능검사	만 5세 0개월~ 7세 11개월	박경숙, 정동영, 정인숙	교육과학사	2002년

1. Wechsler 지능검사

Wechsler는 기존에 Binet가 제시한 학습 능력 위주의 지능 개념에 반대하고, 지능검사에 비인지적인 요소를 포함하여야 한다고 주장한 연구자 중 한 명이다. 그는 인지 능력뿐 아니라 지적인 행동(intelligent behavior)이 평가되어야 한다고 주장하였으며(Kaplan & Saccuzzo, 2009), 그가 개발한 Wechsler 지능검사는 이를 직접적으로 측정하지는 않더라도 이러한 그의 생각을 반영하고 있다(Kaplan & Saccuzzo, 2009). Wechsler는 피검사자의 연령대에 따라 유아, 아동 · 청소년, 성인 3개의 지능검사를 개발하였으며, 우리나라에서는 이 세 검사 모두 표준화하여 사용하고 있다. 여기서는 학령기 피검사자를 대상으로 한 아동 · 청소년 지능검사를 중심으로 설명하고자 한다.

성인을 대상으로 하는 지능검사인 Wechsler Adult Intelligence Scale(WAIS)은 1939년에 세 검사 중 가장 먼저 개발되었으며, 현재 4번째 개정판이 활용되고 있다. 우리나라에서는 2008년 개발된 WAIS−IV를 2012년 번안 · 표준화한 K−WAIS−IV를 사용하고 있다. 아동 · 청소년용인 Wechsler Intelligence Scale for Children(WISC)은 1949년에 개발되었으며, 이 역시 4번째 개정판이 미국과 한국 모두에서 표준화되어 활용되고 있다(곽금주, 오상우, 김청택, 2011). 마지막으로, 유아용인 Wechsler Preschool and Primary Scale of Intelligence(WPPSI)는 1967년 처음 개발되었고, 2012년 WPPSI−IV가 개발되어 사용되고 있다. 우리나라에서는 2002년에 WPPSI−R을 표준화하여 K−WPPSI라는 이름으로 사용하고 있다.

피검사자의 연령에 따라 사용할 수 있는 Wechsler 검사의 종류는 [그림 3−1]과 같다. K−WISC−IV는 K−WIPPSI 및 K−WAIS−IV와 각각 겹치는 연령대가 있기 때

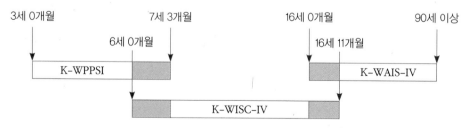

[그림 3−1] 각 Wechsler 검사의 사용을 위한 피검사자의 연령대

문에 이 연령대에 속하는 피검사자를 평가할 때에는 주의해야 한다. 예를 들어, 7세 0개월 아동의 경우 가능하면 K-WISC-IV를 사용하는 것이 더 많은 인지 영역에 대한 아동의 능력을 평가할 수 있다. 그러나 피검사자가 또래에 비하여 수준이 낮은 것으로 의심된다면 K-WPPSI를 실시하는 것이 피검사자가 피로감을 덜 느끼면서 검사를 수행하게 할 수 있다. 반대로 16세 0개월의 청소년 중 영재 혹은 평균 이상의 능력을 보이는 피검사자라면, K-WAIS-IV를 사용하는 것이 더 많은 정보를 얻을 수 있다. 다음 절에서는 아동ㆍ청소년용인 K-WISC-IV를 중심으로 검사 구성 및 실시, 채점, 해석에 대해 설명하고자 한다.

1 K-WISC-IV 검사의 구성

K-WISC-IV는 6세 0개월에서 16세 11개월까지 아동의 인지적 능력을 평가하기 위한 지능검사도구다. K-WISC-IV는 언어성 지능과 동작성 지능으로 전체 지능점수를 산출하던 K-WISC-III와는 다르게 네 가지 지표점수, 즉 언어이해(Verbal Comprehension Index: VCI), 지각추론(Perceptual Reasoning Index: PRI), 처리속도(Processing Speed Index: PSI), 작업기억(Working Memory Index: WMI)과 전체 지능점수를 제공한다. 언어이해(VCI)는 언어추론, 이해, 개념화, 단어지식 등을 이용하는 피검사자의 언어 능력을 측정한다. 지각추론(PRI)은 시각적 자극을 통합하거나 비언어적으로 추론하는 능력, 학습을 통해 배울 수 없는 문제를 해결하기 위해 시공간적인 시각-운동 기술을 적용하는 능력을, 처리속도(PSI)는 간단한 시각적 정보를 빠르고 정확하게 탐색하고 변별하는 능력 그리고 정신 속도와 소근육 처리 속도를 측정한다. 작업기억(WMI)은 주의력, 집중력, 작업기억(제시되는 정보를 효율적으로 처리하기 위해 아주 짧은 시간에 머릿속에 정보를 유지하는 능력)을 측정한다.

K-WISC-IV는 15개의 소검사로 구성되어 있다. 이는 K-WISC-III와 동일한 10개 소검사에 5개의 새로운 소검사(공통그림찾기, 순차처리, 행렬추리, 선택, 단어추리)가 추가된 것이다. 일반적으로는 10개의 주요 검사만 활용하더라도 4개 지표의 합성점수 및 총 점수를 얻을 수 있으나, 장애학생을 대상으로 검사하거나 1년 이하의 기간에 반복 검사를 할 때는 5개의 보충검사를 활용할 수 있다. 15개의 소검사 및 그 설명은 〈표 3-2〉와 같다.

표 3-2 K-WISC-IV의 소검사

소검사	약호	설명
토막짜기	BD	아동이 제한시간 내에 흰색과 빨간색으로 이루어진 토막을 사용하여 제시된 모형이나 그림과 똑같은 모양을 만든다.
공통성	SI	아동이 공통적인 사물이나 개념을 나타내는 두 개의 단어를 듣고, 두 단어가 어떻게 유사한지를 말한다.
숫자	DS	숫자 바로 따라하기에서는 검사자가 큰 소리로 읽어 준 것과 같은 순서로 아동이 따라한다. 숫자 거꾸로 따라하기에서는 검사자가 읽어 준 것과 반대 방향으로 아동이 따라한다.
공통그림찾기	PCn	아동에게 두 줄 또는 세 줄로 이루어진 그림들을 제시하며, 아동은 공통된 특성으로 묶일 수 있는 그림을 각 줄에서 한 가지씩 고른다.
기호쓰기	CD	아동은 간단한 기하학적 모양이나 숫자에 대응하는 기호를 그린다. 아동은 제한시간 내에 기호표를 이용하여 해당하는 모양이나 빈칸 안에 각각의 기호를 그린다.
어휘	VC	그림 문항에서 아동은 소책자에 있는 그림들의 이름을 말한다. 말하기 문항에서는 아동이 검사자가 크게 읽어 주는 단어의 정의를 말한다.
순차연결	LN	아동에게 연속되는 숫자와 글자를 읽어 주고, 숫자가 많아지는 순서와 한글의 가나다 순서대로 암기하도록 한다.
행렬추리	MR	아동은 불완전한 행렬을 보고 제시된 행렬의 빠진 부분을 다섯 개의 반응 선택지에서 찾아낸다.
이해	CO	아동은 일반적인 원칙과 사회적 상황에 대한 이해에 기초하여 질문에 대답한다.
동형찾기	SS	아동은 반응 부분을 훑어보고 반응 부분의 모양 중 표적 모양과 일치하는 것이 있는지를 제한시간 내에 표시한다.
빠진곳찾기	PCm	아동은 그림을 보고 제한시간 내에 빠져 있는 중요한 부분을 가리키거나 말한다.
선택	CA	아동은 무선으로 배열된 그림과 일렬로 배열된 그림을 훑어본다. 그리고 제한시간 내에 표적그림들에 표시한다.
상식	IN	아동은 일반적 지식에 관한 광범위한 주제를 다루는 질문에 대답을 한다.
산수	AR	아동은 구두로 주어지는 일련의 산수 문제를 제한시간 내에 암산으로 푼다.
단어추리	WR	아동은 일련의 단서에서 공통된 개념을 찾아내어 단어로 말한다.

② 검사 실시

K-WISC-Ⅳ를 실시할 때는 소검사의 순서를 잘 이해하고 검사를 실시해야 한다. 이는 이 소검사들이 구성된 순서가 아동의 흥미를 계속 증가시키고 다양성을 유지하며, 아동의 피로를 최소화하도록 되어 있기 때문이다. 먼저 주요 검사들을 실시하고, 이어 보충검사들을 실시한다. 검사자는 상황에 따라 주요 소검사 대신 보충 소검사로 대체할 수 있으며, 이를 결정하기 위해서는 추가적인 임상정보, 차이 분석 또는 처리검사를 고려한다.

또한 검사 시간을 단축하고 아동의 흥미를 유지하기 위해 모든 검사는 계산된 생활연령에 맞는 시작점이 있으며, 연속하여 0점을 받는 경우(소검사마다 차이가 있음) 검사를 중지하도록 한다. 소검사 중 토막짜기, 기호쓰기, 동형찾기, 빠진곳찾기, 선택, 산수는 모두 초시계로 시간을 정확하게 측정하도록 되어 있으며, 토막짜기, 기호쓰기, 선택 검사의 경우 신속하고 정확한 수행이 이루어졌을 때 시간 보너스 점수가 주어진다. 이뿐만 아니라 몇몇 문항은 가르치는 문항과 연습문항이 있으며 필요한 경우 추가질문, 촉구, 문항반복 등 소검사별로 별도의 가이드라인을 확인한다.

③ 검사 해석

K-WISC-Ⅳ의 검사 결과는 온라인으로 확인이 가능하며, 온라인 결과지는 ① K-WISC-Ⅳ 검사 소개, ② 소검사별 결과 프로파일, ③ 하위 영역별 및 전체 지능 결과 프로파일, ④ 지표 수준 및 소검사 수준의 점수 차이 비교, ⑤ 소검사별 강약점, ⑥ 처리점수 분석 결과 영역으로 구성되어 있다.

1) K-WISC-Ⅳ 검사 소개

이 검사에 대한 개괄적인 소개와 함께 네 가지 지표점수[언어이해(VCI), 지각추론(PRI), 작업기억(WMI), 처리속도(PSI)]에 대한 전반적인 설명을 제공한다. 또한 이후 제시될 네 가지 지표점수와 전체 IQ의 평균 및 백분위 그리고 신뢰구간의 의미를 실제 예시를 통하여 설명함으로써 지능에 익숙하지 않은 경우라도 쉽게 이해할 수 있도록 한다. 특히 다른 검사에 비하여 지적장애아동이나 영재아동을 판별하고, 신체적·언어적·감각적 제한이 있는 장애아동에게 활용할 수 있도록 다양한 검사 조정이 가능하며, 인지적 강점과 약점의 확인이 가능함을 설명한다.

2) 소검사별 프로파일

언어이해, 지각추론, 작업기억, 처리속도 등 네 가지 지표 순으로 소검사의 점수를 나열하여 환산점수를 그래프로 제공하며, 환산점수의 평균은 10점이다.

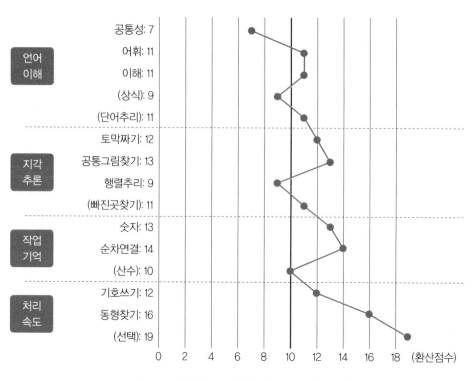

[그림 3-2] K-WISC-IV의 소검사별 프로파일의 예

3) 하위 영역별 및 전체 지능검사 결과 프로파일

K-WISC-IV에서는 소검사 점수를 통하여 언어이해, 지각추론, 작업기억, 처리속도의 네 가지 지표점수와 전체적인 IQ검사 점수를 얻을 수 있다. 일반적으로 15개의

소검사로 이루어져 있지만 10개의 주요 검사만 실시해도 합성점수를 얻을 수 있다.

[그림 3-3]에 나타난 학생의 경우, 전체적인 IQ 점수는 119점이며, 백분위점수는 90.1점, 95% 신뢰구간에서 113~124점이다. 이 학생의 연령이 7세 1개월이라고 가정했을 때, 이 연령대의 평균 점수인 100보다 상위 수준의 지능점수다. 특히 백분위점수 90.1은 이 연령대의 아동 중 약 90.1%가 이 아동보다 낮은 수준의 지능을 가지고 있다는 의미이며, 만약 이 연령대의 아동이 총 100명이라 가정한다면 상위 10등 수준이라고 볼 수 있다. 신뢰구간 점수 113~124는 이 아동의 전체 IQ는 119점이지만, 이 아동을 대상으로 100번 검사를 실시할 때 이 중 95번은 113~124 사이의 점수를 받게 된다는 의미로, 아동의 상태 및 환경 요소에 따라 더 높은 점수나 낮은 점수를 받을 가능성이 있음을 의미한다.

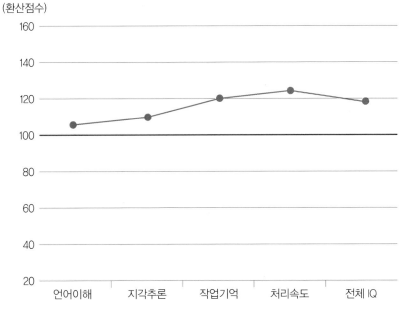

	언어이해	지각추론	작업기억	처리속도	전체 IQ
환산점수 합계	33	34	27	28	122
환산점수	106	109	120	124	119
백분위	65.4	72.1	90.8	94.2	90.1
95% 신뢰구간	99~112	101~115	111~125	112~128	113~124

[그림 3-3] K-WISC-Ⅳ의 하위 영역별 및 전체 지능검사 결과 프로파일의 예

4) 지표와 소검사 수준에서의 차이 비교 및 아동의 강약점 결정하기

이 영역에서는 네 가지 지표가 각각 유의미한 차이가 있는지 혹은 소검사 수준에서 차이가 있는지를 비교하고, 피검사자가 어떤 강점이나 약점을 보이는지에 대한 정보를 제공한다. [그림 3-4]에서 Y는 지표 간 혹은 소검사 간 유의미한 차이가 있

• 차이 비교

	환산점수1		환산점수2		차이	임계치	유의미한 차이 (Y) 또는 (N)	누적 비율
지표 수준	언어이해 지표	106	지각추론 지표	109	−3	9.207	N	43.71
	언어이해 지표	106	작업기억 지표	120	−14	8.630	Y	21.04
	언어이해 지표	106	처리속도 지표	124	−18	11.831	Y	16.42
	지각추론 지표	109	작업기억 지표	120	−11	8.871	Y	25.69
	지각추론 지표	109	처리속도 지표	124	−15	12.008	Y	21.08
	지각추론 지표	120	처리속도 지표	124	−4	11.571	N	41.14
소검사 수준	숫자	13	순차연결	14	−1	2.21	N	44.81
	기호쓰기	12	동형찾기	16	−4	2.98	Y	10.54
	공통성	7	공통그림찾기	13	−6	2.98	Y	5.07

• 강점 및 약점 결정하기

소검사	소검사 환산점수	평균 환산점수	평균과의 차이	임계치	강점(S) 또는 약점(W)	누적 비율
토막짜기	12	12.2	−0.2	1.71	NA	100.0
공통성	7	12.2	−5.2	1.85	W	94.1
숫자	13	12.2	0.8	1.50	NA	100.0
공통그림찾기	13	12.2	0.8	2.09	NA	100.0
기호쓰기	12	12.2	−0.2	1.70	NA	100.0
어휘	11	12.2	−1.2	1.62	NA	100.0
순차연결	14	12.2	1.8	1.67	S	100.0
행렬추리	9	12.2	−3.2	1.78	W	99.9
이해	11	12.2	−1.2	2.23	NA	100.0
동형찾기	16	12.2	3.8	2.32	S	99.0

[그림 3-4] 지표와 소검사 수준에서의 차이 비교 및 아동의 강약점 결정표의 예

음을 의미하며, N은 없음을 의미한다. 또한 S는 강점, W는 약점, NA는 뚜렷한 강점이나 약점이 없음을 의미한다.

　[그림 3-4] 아동의 경우, 언어이해 능력은 작업기억 및 처리속도 지표와 비교하였을 때 유의미하게 낮은 능력을 보이고 있으며, 지각추론 능력은 처리속도 및 작업기억 지표와 비교하였을 때 유의미하게 낮은 수준을 보인다. 즉, 지능은 119로 정상 범주이면서 평균보다 1표준편차 이상의 능력을 보이고, 하위지표를 비교하였을 때 언어이해 능력과 지각추론 능력에 비하여 처리속도와 작업기억 능력이 높다고 볼 수 있다.

5) 처리점수 분석 결과

　K-WISC-IV는 3개의 소검사(토막짜기, 숫자, 선택)에서 7개의 처리점수를 제공한다. 이러한 점수들은 아동의 소검사 수행에 기여하는 인지 능력에 대한 보다 자세한 정보를 제공하도록 고안되었으며, 처리점수는 다른 소검사 점수로 대체할 수 없고 합성 점수에도 포함되지 않는다. 예를 들어, 시간 보너스가 없는 토막짜기 처리점수는 문항을 빨리 완성하는 것에 따른 추가적인 시간 보너스 점수 없이 '토막짜기'에서 보이는 아동의 수행에 기초한다.

④ K-WISC-Ⅴ 검사 개관

1) K-WISC-Ⅴ의 개정 방향

　K-WISC-Ⅴ는 K-WISC-Ⅳ(곽금주, 오상우, 김청택, 2011)가 보이는 시간의 경과에 따른 제한점을 보완하고자 개정되었다(곽금주, 장승민, 2019). WISC-Ⅴ는 지능 이론은 물론이고, 인지 발달, 신경 발달, 인지신경과학, 학습 과정에 대한 최근 심리학 연구들에 기초하여 개발되었으며 이런 원판의 특성을 그대로 반영하여 K-WISC-Ⅴ가 제작되었다.

　K-WISC-Ⅴ의 구체적인 개정 목표는 다음과 같다. 첫째, 구조적 변화를 모색하고자 한다. K-WISC-Ⅴ는 언어이해, 지각추론, 처리속도, 작업기억과 전체 지

능 점수를 제공하던 K–WISC–IV와 다르게 다섯 가지 기본지표점수로서 언어이해
(Verbal Comprehension: VCI), 시공간(Visual Spatial: VSI), 유동추론(Fluid Reasoning:
FRI), 작업기억(Working Memory: WMI), 처리속도(Processing Speed: PSI) 점수를 제공
한다. 새롭게 추가된 시공간 지표(VSI)와 유동추론 지표(FRI)는 각각 시각·공간적
부분 및 전체의 관계를 이해하는 능력과 비언어·시각 자극을 통한 개념·추상적
사고 및 동시 처리 능력을 평가한다.

또한 K–WISC–V는 양적추론(Quantitative Reasoning), 청각작업기억(Auditory

표 3-3 WISC–IV와 WISC–V 간의 구조적 차이에 대한 비교

WISC–IV의 FSIQ			
언어이해 지표	지각추론 지표	작업기억 지표	처리속도 지표
공통성 어휘 이해	토막짜기 공통그림찾기 행렬추리	숫자 순차연결	기호쓰기 동형찾기

WISC–V의 기본지표척도				
언어이해 지표	시공간 지표	유동추론 지표	작업기억 지표	처리속도 지표
공통성 어휘	토막짜기 퍼즐	행렬추리 무게비교	숫자 그림기억	기호쓰기 동형찾기

WISC–IV의 선택지표척도	
일반능력 지표	인지효율 지표
공통성, 어휘 이해, 토막짜기 공통그림찾기 행렬추리	숫자 순차연결 기호쓰기 동형찾기

WISC–V의 추가지표척도				
양적추론 지표	청각작업 기억지표	비언어 지표	일반능력 지표	인지효율 지표
무게비교 산수	숫자 순차연결	토막짜기 퍼즐 행렬추리 무게비교 그림기억 기호쓰기	공통성 어휘 토막짜기 행렬추리 무게비교	숫자 그림기억 기호쓰기 동형찾기

Working Memory), 비언어(Nonverbal), 일반능력(General Ability), 인지효율(Cognitive Proficiency)이라는 5가지의 추가지표점수를 도입하였다. WISC-IV와 WISC-V 간의 구조적 차이에 대한 비교는 〈표 3-3〉과 같다.

둘째, K-WISC-V는 인지능력 평가를 향상시키고자 하였다. 기존에 사용하던 지각추론 지표(PRI)를 시공간 지표(VSI)와 유동추론 지표(FRI)로 분리하여 인지능력과 관련된 독립적인 하위 영역의 수행에 대해 보다 구체적인 정보를 제공한다. 또한 토막짜기 소검사에 대해 새로운 처리점수를 도입하여 인지능력에 대해 추가적인 정보를 제공한다.

셋째, 유동적 추론에 대한 평가를 강화하고자 하였다. K-WISC-V는 세 가지 소검사(무게비교, 퍼즐 그리고 그림기억)를 새로이 도입하여 유동추론을 측정하고 있으며, 이에 따라 이전 판과 비교했을 때 사용할 수 있는 소검사의 종류가 16가지로 증가하였다.

넷째, 실시와 채점 절차가 수정되었다. 토막짜기, 공통성, 행렬추리, 숫자, 기호쓰기, 어휘, 무게비교, 퍼즐, 그림기억, 동형찾기, 상식, 공통그림찾기, 순차연결, 선택, 이해 그리고 산수의 순으로 K-WISC-V의 소검사는 실시된다. 척도의 유용성을 개선하기 위해 채점 절차 역시 편리하게 수정되었으며, 규준의 최신성 또한 확보되었다.

2) K-WISC-IV와 K-WISC-V 소검사 비교

K-WISC-IV는 총 15개의 소검사로 구성되어 있으며, 소검사의 수준은 핵심소검사와 보충소검사로 분류된다. K-WISC-V는 총 16개의 소검사로 구성되어 있으며(원판은 총 21개의 소검사로 구성되어 있다), 소검사의 수준은 기본소검사와 추가소검사로 분류된다. 무게비교(FW), 퍼즐(VP) 그리고 그림기억(PS) 소검사가 추가되었으며, 빠진곳찾기(PCm)와 단어추리(WR) 소검사는 제외되었다. 소검사의 실시 및 채점 방식에는 변화가 없으며, 추가된 소검사에 대한 설명은 〈표 3-4〉와 같다. 또한 지표 수준의 측정에서 1개의 소검사를 대체할 수 있었던 K-WISC-IV와 달리 K-WISC-V는 지표 수준의 소검사 대체가 불가능하며, 전체 지능점수를 산출할 시에도 7개의 소검사 중 하나의 소검사에 한해서 소검사 대체가 가능하다.

표 3-4 추가된 소검사

소검사	약호	설명
무게비교	FW	아동은 양쪽 무게가 달라 균형이 맞지 않는 저울 그림을 보고 균형을 맞추는 데 필요한 반응 선택지를 찾는다.
퍼즐	VP	아동은 완성된 퍼즐을 보고, 그 퍼즐을 만들 수 있는 세 개의 선택지를 제한시간 내에 찾는다.
그림기억	PS	아동은 주어진 그림을 나열된 순서대로 기억한 후, 앞에서 본 그림을 순서대로 말하다.

5 기타 Wechsler 검사의 구성

1) K-WPPSI

한국형 Wechsler 유아 지능검사(Korean Wechsler Preschool and Primary Scale of Intelligence: K-WPPSI)는 취학 전인 만 3세 0개월부터 7세 3개월까지의 아동의 지능을 측정하는 미국의 WPPSI-R을 박혜원, 곽금주, 박광배(1996)가 표준화한 것이다. K-WPPSI는 동작성 검사와 언어성 검사 두 하위 검사로 구성되어 있으며, 〈표 3-5〉에서 언급하고 있는 것과 같이 각각 5개의 소검사와 1개씩의 보충 소검사를 가지고 있다. 검사 실시 결과는 K-WISC와 같이 평균 100이고 표준편차는 15인 정규분포를 가진 지수점수가 제공되며, 동작성 IQ, 언어성 IQ, 전체 IQ 점수가 제공된다.

일반적으로 언어성 지능이 동작성 지능에 비하여 10~15점 높다면 아동의 문화적 환경이 좋거나 부모가 학업을 강조하는 경우, 혹은 부모가 전문직 종사자인 경우

표 3-5 K-WPPSI의 구성 내용

언어성 검사	동작성 검사
1. 모양맞추기	2. 상식
3. 도형	4. 이해
5. 토막짜기	6. 산수
7. 미로	8. 어휘
9. 빠진곳찾기	10. 공통성
11. 동물짝짓기(보충 소검사)	12. 문장(보충 소검사)

가 많다고 하며, 반면 언어성 지능이 10~15점 낮을 경우 읽기장애 등의 학습장애가 의심되거나 문화적으로 결핍된 경우가 많다(김동민 외, 2013). 또한 심리적으로 위축된 유아는 빠진곳찾기 점수가 낮을 수 있으며, 문제행동을 보이는 경우 상식 소검사 점수가 저하될 수 있다고 한다.

2) K-WAIS

　한국형 Wechsler 성인용 지능검사(Korean Wechsler Adult Intelligence Scale: K-WAIS)는 2008년 미국에서 개정된 WAIS-IV를 2012년에 번안·표준화한 것이다. 이 검사는 16세 0개월부터 69세 11개월까지의 청소년과 성인의 인지 능력을 평가하도록 되어 있으며, K-WISC-IV와 마찬가지로 지능의 하위 요인을 언어성 지능과 동작성 지능으로 구분하지 않고 언어이해, 지각추론, 작업기억, 처리속도의 4요인 구조를 사용한다. 하위 소검사의 내용은 〈표 3-6〉과 같다.

표 3-6　K-WAIS-IV의 구성 내용

소검사	약호	설명
토막짜기	BD	수검자는 제한시간 내에 흰색과 빨간색으로 이루어진 토막을 사용하여 제시된 모형이나 그림과 똑같은 모양을 만든다.
공통성	SI	수검자는 공통적인 사물이나 개념을 나타내는 두 개의 단어를 듣고, 두 단어가 어떻게 유사한지 말한다.
숫자	DS	숫자 바로 따라하기에서는 검사자가 큰 소리로 읽어 준 것과 같은 순서로 수검자가 따라한다. 숫자 거꾸로 따라하기에서는 검사자가 읽어 준 것과 반대 방향으로 수검자가 따라한다.
행렬추리	MR	수검자는 일부가 빠져 있는 행렬 매트릭스를 보고 그것을 완성할 수 있는 반응 선택지를 고른다.
어휘	VC	그림 문항에서 수검자는 시각적으로 제시되는 물체의 이름을 말한다. 언어적 문항의 경우 인쇄된 글자와 동시에 구두로 제시되는 단어의 뜻을 말한다.
산수	AR	수검자는 구두로 주어지는 일련의 산수 문제를 제한시간 내에 암산으로 푼다.
동형찾기	SS	제한시간 내에 수검자는 탐색 집단에서 표적기호와 동일한 것을 찾는다.

퍼즐	VP	제한시간 내에 수검자는 완성된 퍼즐을 보고 그 퍼즐을 만들 수 있는 세 개의 반응을 찾는다.
지식	IN	수검자는 폭넓은 영역의 일반 지식에 관한 질문에 대답한다.
기호쓰기	CD	제한시간 내에 수검자는 숫자와 짝지어진 기호를 옮겨 쓴다.
순서화	LN	검사자가 수검자에게 일련의 숫자와 글자를 읽어 주면 수검자는 숫자와 글자를 순서대로 회상한다.
무게비교	FW	제한시간 내에 수검자는 양쪽 무게가 달라 균형이 맞지 않는 저울 그림을 보고 균형을 맞추는 데 필요한 반응을 찾는다.
이해	CO	수검자는 일반적인 원리와 사회적 상황에 대한 이해에 근거하여 질문에 대답한다.
지우기	CA	제한시간 내에 수검자는 조직적으로 배열되어 있는 도형들 속에서 표적 모양을 표시해야 한다.

2. 한국판 Leiter 비언어성 지능검사

① K-Leiter-R의 구성

한국판 Leiter 비언어성 지능검사(Korean Leiter International Performance Scale-Revised: K-Leiter-R)는 표준화된 비언어적 지능검사도구로, 만 2세 0개월에서 7세 11개월까지의 유아의 지적능력, 주의력 및 기억력을 평가할 수 있을 뿐만 아니라 일반적인 지능검사로 평가할 수 없는 주의력 및 기억력을 평가할 수 있도록 개발되었다. K-Leiter-R은 시각화 및 추론 영역과 주의 및 기억의 두 가지 영역으로 구성되어 있다. 시각화 및 추론(Visualization and Reasoning: VR) 영역은 일반적인 지능을 평가하는 10개의 소검사로 구성되어 있으며, 주의력 및 기억력(Attention and Memory: AM) 영역은 주의력, 기억력, 신경심리 평가 및 학습장애(LD)와 주의력결핍 과잉행동장애 아동의 인지적 처리과정을 평가하는 10개의 소검사로 구성되어 있다. 검사자는 필요에 따라 VR과 AM을 둘 다 평가할 수 있고, 둘 중 하나만 선택하여 평가할 수 있다. 또한 검사자, 부모, 아동 및 교사가 아동의 행동 관찰에 대해 평가하도록 하는 사회-정서 평정척도도 함께 포함되어 있다. 총 세 가지 검사로 구분되는 K-Lieter-R의 구성은 〈표 3-7〉과 같다.

표 3-7 K-Lieter-R의 구성 내용

검사	소검사	내용
시각화 및 추론 (VR)	전경배경	숨은그림찾기. 복잡한 그림자극 안에 숨겨진 그림이나 도형을 찾는 능력을 평가하는 검사
	그림유추	알쏭달쏭 도형 맞추기 게임. 복잡한 수열 내에서 기하학적인 도형을 사용하여 다음 빈칸에 올 문항을 유추하게 하는 전통적인 수열 유추 검사
	형태완성	모양 만들기 게임. 무선적으로 제시된 조각들로부터 전체적인 대상을 재인하는 능력을 평가하는 검사
	짝짓기	짝짓기 게임. 검사들에 제시된 자극과 똑같은 카드나 모양을 선택하게 함으로써 시각적 자극을 변별하여 짝을 짓는 능력을 평가하는 검사
	계기적 순서추론	'다음은 뭘까' 게임. 진행되는 순서에 알맞은 일련의 카드를 선택하게 함으로써 그림이나 도형의 논리적인 진행 순서를 파악하는 능력을 평가하는 검사
	반복패턴 찾기	'순서대로 또 나와요' 게임. 반복되는 그림이나 도형의 패턴에서 빠진 부분에 해당하는 카드를 자극판의 배열에 맞게 채워 넣는 능력을 평가하는 검사
	그림맥락 추론	'어디에 맞을까' 게임. 시각적인 맥락단서를 사용해서 큰 그림판에 생략된 작은 그림 모양을 재인하는 능력을 평가하는 검사
	범주화	끼리끼리 맞추기 게임. 대상이나 기하학적 모형을 분류하는 능력을 평가하는 검사
	접힌형태 추론	'접으면 뭐가 될까' 게임. 2차원적으로 펼쳐져 제시된 대상을 머릿속에서 접어 본 후 그에 알맞은 대상을 찾는 능력을 평가하는 검사
주의력 및 기억력 (AM)	쌍대연합	짝 찾기 게임. 짝지어진 그림 쌍을 본 후 관련 있는 그림과 없는 그림 간의 연합에 대한 기억력을 평가하는 검사
	즉각재인	'무엇이 빠졌을까' 게임. 그림 자극 배열을 본 후, 제시되었거나 그렇지 않은 대상을 식별하는 능력을 평가하는 검사
	바로따라 기억하기	기억하기 게임. 검사자가 지적하는 그림의 순서를 차례대로 기억하는 능력을 평가하는 검사
	지속적 주의력	같은 그림 찾기 게임. 일련의 기하학적인 도형 중 특정 형태를 모두 찾아 표시하는 능력을 평가하는 검사
	거꾸로 따라 기억하기	거꾸로 기억하기 게임. 검사자가 지적한 순서와 반대 순서대로 그림의 배열을 기억하는 능력을 평가하는 검사
	대응도형 찾기	찾아 바꾸기 게임. Wechsler 지능검사 기호쓰기의 비언어적 버전으로, 그림 및 기하학적 대상과 숫자를 이용하는 검사.
	공간기억	위치 외우기 게임. 격자무늬 판에 배열된 그림을 본 후, 같은 그림카드를 같은 자리에 위치시키는 능력을 평가하는 검사

지연쌍대 연합	짝 다시 찾기 게임. 쌍대연합검사를 실시하고 약 30분 후 다시 쌍대연합검사 에서 학습한 대상을 재인하는 능력을 평가하는 검사	
지연재인	빠진 것 다시 찾기 게임. 즉각재인검사를 실시하고 30분 후 즉각재인검사에서 재시한 대상을 재인하는 능력을 평가하는 검사	
분할 주의력	두 개 동시에 하기 게임. 두 가지 과제가 한꺼번에 제시될 때 주의력이 지속되 는지 평가하는 검사	
사회-정서 평정척도	주의력, 활동 수준, 조직화/충동조절, 사회성, 감각 반응, 불안 및 기분 영역(검사자/부모 평정 척도)	

② 검사 실시 및 채점 기록

K-Lieter-R 검사 중 VR, AM과 사회-정서 평정척도(부모용, 검사자용)는 목적에 따라 선택하여 사용할 수 있다. 일반적인 지능만을 확인하고 싶다면 VR을, 아동의 인지 문제나 주의력결핍과잉행동장애, 학습장애 가능성을 평가하고 싶다면 AM을 선택한다. 물론 두 검사를 다 사용할 수도 있다. 사회-정서 평정척도의 경우 VR 혹은 AM을 실시한 직후 바로 실시하는 것이 좋으며, 모든 문항에 대해 검사 상황에서 아동의 행동을 생각하고 평가한다. 평정척도는 일상생활에서 아동과 가장 많은 시간을 함께하는 사람이 실시한다.

1) VR 검사와 AM 검사

VR 및 AM 검사는 완벽하게 비언어적 방식으로 실시하게 되어 있다. 따라서 검사자는 손가락을 사용하여 주의를 돌리거나 다양한 팬터마임 방법을 사용해야 한다. 아동의 주의를 끌고 반응을 이끌어 내기 위해 손가락을 사용하며, 카드와 반응판을 번갈아 가며 지시하여 원하는 반응을 이끌어 낸다. 또한 연습 문항을 활용하여 반복 시범을 보이거나 표정으로 아동의 반응을 물어보아야 한다. 일반적인 제스처 외에도 대응도형찾기 검사 등은 검사자의 팬터마임 연습이 필요하다.

대부분의 소검사에서 반응은 0점(실패 혹은 틀림) 혹은 1점(통과 혹은 맞음)으로 채점한다. 지속적 주의력 검사는 정확하게 표시한 그림의 수와 틀린 수를 모두 계산하여 채점하고, 분할주의력 검사는 정확하게 지적한 그림의 수와 옳게 분류한 카드의 수를 계산하여 채점한다. 바로따라기억하기, 거꾸로따라기억하기, 공간기억 검사에서는 아동이 제시된 항목을 모두 옳게 지적해야 점수를 받을 수 있다.

부가적인 도움이 있다면 기록지에 표시한다. 만약 아동이 문항을 완수하기를 거부하면 실패로 채점하고, 거부했음을 나타내는 'R'을 표시한다. 만약 아동이 추측하여 대답한 경우 '실패'로 채점하고, 검사자는 기록지에 추측했음을 나타내는 'G'라는 문자를 기록한다. 모든 검사는 피검사자의 연령대에 따라 시작 문항이 다르며 실패 반응의 누적에 기반하여 검사를 중지한다.

2) 사회-정서 평정척도: 검사자 및 학부모 평정척도

사회-정서 평정척도는 검사자용, 학부모용 2개가 있으며, 특히 검사자용은 시각화 및 추론(VR) 검사 혹은 주의력 및 기억력(AM) 검사가 끝난 후 바로 실시한다. 검사 실시 중 직접 관찰한 아동의 행동에 근거하여 각 문항을 평가하며, 총 49문항 4점 척도(0=거의 그렇지 않다, 3=항상 그렇다)로 구성되어 있다. 하위 척도마다 환산점수는 1~10의 범위를 가지고 있고 10은 '보통', 즉 임상적인 문제가 없음을 의미한다.

사회-정서 평정척도 중 학부모용은 아동을 이해하기 위한 것으로 부모가 직접 작성하거나 전화 면담 등을 통한 간접적인 평가 역시 가능하다. 각 항목은 3점 척도

표 3-8 K-Lieter-R의 사회-정서 평정척도의 구조(검사용)

하위 척도	문항 수	복합구성 요소
주의력	10	
조직화 및 충동통제	8	
활동수준	4	
사회성	5	
합계	27	인지/사회
활력 및 감정 조절	6	
정서 조절	6	
불안	6	
감각적 반응	4	
합계	22	정서/조절

(긍정적 행동 보임, 긍정적 행동과 부정적 행동 모두 보임, 부정적 행동 보임)로 되어 있으며, 혹시 문제행동을 보인다면 언제 이러한 행동을 보이는지 기록하도록 되어 있다.

③ 검사 해석

검사 결과는 아동의 과거력을 검토한 후 전체 지능의 수준을 해석하고, 복합점수를 분석하고, 각 소검사 수행 수준을 해석하여 질적 분석 방법을 사용해 진단적 수준을 추론한다. 실제 결과표를 확인하면 다음과 같은 다섯 가지 점수를 확인할 수 있다. 즉, ① 지능점수, ② 성장점수, ③ 복합점수, ④ 소검사 환산점수, ⑤ 주의력 및 기억력(AM) 검사의 특수 진단 점수다. 점수 차이와 사회-정서 평정척도들은 보다 정교화된 진단적 해석을 제공한다. 물론 이 다섯 가지 점수는 VR 검사와 AM 검사, 사회-정서 평정척도를 다 실시한 경우에 얻을 수 있다. 이 장에서는 K-Lieter-R 검사에서 지능을 중점적으로 다루고 있는 VR 검사 결과와 이 검사를 실시한 후 검사자가 활용하는 척도를 중심으로 그 결과를 제시하고자 한다.

1) 지능점수 및 복합점수

K-Lieter-R의 VR 검사 결과는 가장 먼저 두 가지 지능점수(전체지능 및 단축지능)와 두 가지 복합점수(유동적 추론 및 기본적 시각화)를 제공하며, 둘 다 평균 100(SD: 15)으로 산출된다. 단축지능을 구성하는 기본 4개의 소검사 이외에 연령대별로 추가 소검사가 있으며 이러한 추가 소검사를 통하여 전체 지능점수를 계산한다. 이는 아동의 연령대별로 지능에 기여하는 특정 인지 과정과 기술의 수준이 위계적으로 다르기 때문이다.

[그림 3-5]는 만 5세 5개월 아동의 지능검사 결과의 예다. 이 아동의 경우 전체 지능점수는 121, 백분위점수는 92점이다. 신뢰구간을 함께 해석하며, 이 아동의 경우 전체지능은 121로 평균 100에서 1표준편차 이상의 위치에 존재하고, 백분위점수는 92점으로 또래 연령대의 아동을 100명으로 가정할 경우 상위 약 8위에 위치한다고 볼 수 있다. 또한 이 아동을 대상으로 100번 검사를 실시할 경우 이 중 95번은 115~127 사이의 점수를 받게 된다는 의미를 지니므로 아동의 상태나 환경 요소에

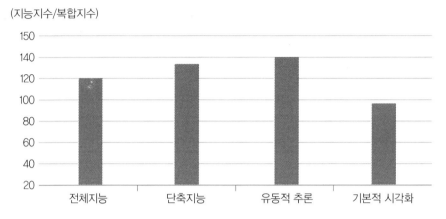

(지능지수/복합지수)

	전체지능	단축지능	유동적 추론	기본적 시각화
환산점수의 합계	76	59	49	19
지능지수/복합지수	121	134	140	96
백분위	92.0	99.0	99.6	39.0
(0.95%) 신뢰구간 점수	115~127	126~142	131~149	81~111
(0.95%) 신뢰구간 백분위	84.0~96.0	96.0~99.7	98.0~99.9	10.0~77.0

*환산점수는 평균이 100, 표준편차가 15인 표준점수를 의미합니다.

*NA는 일부 하위 검사를 실시하지 않았을 때 나타나고, **은 해당 연령에 포함되지 않는 검사가 복합점수에 포함되어 있을 때 표시됩니다.

[그림 3-5] VR 지능점수와 복합점수 프로파일의 예

따라 더 높은 점수나 낮은 점수를 받을 가능성도 있다.

VR에서 제공하는 복합점수는 유동적 추론점수(모든 연령)와 기본적 시각화 점수(2~5세)다. 유동적 추론점수는 학교 학습과 관련 없는 새로운 문제를 해결하는 능력인 유동지능을 평가한 점수이며, 기본적 시각화 점수는 시각화 능력의 기초 수준인 기본적 시각화 능력, 즉 기억력이나 자극의 재조직화 능력이 아닌 시각적으로 세세한 것에 주의를 기울이고 구분하는 능력을 평가한 점수다. [그림 3-5]의 아동은 유동적 추론 점수가 140점(백분위 99.6)으로 상위 1% 내의 능력을 보인다.

2) 성장점수

K-Lieter-R의 성장점수는 표준화된 규준에 근거한 척도에 대한 비판, 즉 규준에

근거한 환산점수가 아동의 기술, 아동이 이룬 성장, 아동의 교육 계획에 포함되어야
할 기술과 과정 등과 관련한 세밀한 정보를 주지 않는다는 비판을 극복하기 위해 개

항목	원점수	성장점수	표준오차		연령등가 점수
			SEM-	SEM+	
전경배경	20	483	475	491	6-0
그림유추	**	**	**	**	**
형태완성	28	509	503	515	7-3
짝짓기	32	521	514	528	7-5
계기적순서추론	31	482	477	487	5-11
반복패턴찾기	23	526	518	534	7-7
그림맥락추론	18	484	477	491	6-1
범주화	13	483	475	491	6-0
접힌형태추론	**	**	**	**	**

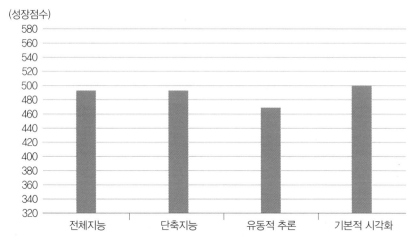

	전체지능	단축지능	유동적 추론	기본적 시각화
합산점수	147	102	54	50
성장점수	493	492	468	501
연령등가점수	6-9	6-8	4-10	7-1
신뢰구간 상한계	495	495	471	505
신뢰구간 하한계	491	489	465	497

[그림 3-6] VR 하위 검사 및 지능 성장점수의 예

발되었다. 따라서 아동의 성장 척도점수는 치료 프로그램을 계획하거나 시간에 걸친 변화를 확인하고, 결과를 이해하고 설명하는 데 유용하다. 아동의 문항 성장값 범위는 360~560점이며, K-Lieter-R의 각 과제는 361~554값을 가진다.

3) VR 복합점수 간 차이

아동이 지닌 인지능력의 강점과 약점을 평가할 때 아동 점수의 편차를 확인하는데, K-Lieter-R의 VR 검사에서는 지능과 복합점수 간 차이를 제공한다. 일반적으로 이러한 점수 차이는 통계적으로 유의미하게 나타나지만 정상집단으로 나타날 수도 있으며, 특히 .05 수준 이상으로 유의미하다면 이러한 결과는 신뢰할 수 있는 점수임을 의미한다. [그림 3-6]에 나타난 아동의 경우 앞서 [그림 3-5]에서도 확인한 바와 같이 전체지능이 높은 편이면서 동시에 유동지능이 매우 높은 것으로 나타났고, 반면 높은 유동지능에 비하여 기본적 시각화 능력은 낮은 것으로 나타났다. 이러한 결과는 [그림 3-7]에서도 확인할 수 있다. 특히 유동적 추론 대 기본적 시각화의 경우 누적 백분율 .70으로 이러한 경우는 매우 드문 것임을 알 수 있다.

	차이점수	차이 유무	누적 백분율
단축지능 대 유동적 추론	6	no	52.90
단축지능 대 기본적 시각화	38	yes	1.50
전체지능 대 유동적 추론	19	yes	8.30
전체지능 대 기본적 시각화	25	yes	6.50
유동적 추론 대 기본적 시각화	44	yes	0.70

*상단에 표시된 차이 유무는 .5 수준에서의 차이를 나타냅니다.

[그림 3-7] VR 복합점수 간 차이의 예

4) 검사자 체크리스트 평정척도 점수 결과

두 개의 평정척도는 인지/사회와 정서/조절의 2개의 복합점수를 가진다. 인지/사회에서 높은 점수를 받은 아동은 아마도 성실하고, 주의력이 우수하며, 활력이 높고, 양심적이며, 조직화 능력이 우수할 것이다. 그리고 같은 연령대의 또래보다 성숙하다고 간주될 것이다. 정서/조절 복합점수는 예민성, 자극에 대한 반응, 기분, 자존감 등 정서적 안정성을 반영하고 있다. 보통 환산점수가 7 이하이면 임상적으로 부적응적인 행동의 범위에 속하며, 성격 또는 행동에 대한 추가적인 평가가 의뢰될 수 있다. [그림 3-8]에 나타난 아동의 경우, 또래 연령대에서 평균 정도의 인지 및 사회 그리고 정서 및 조절 점수를 가지고 있으며, 환산점수 역시 모두 9점 이상으로 추가적인 의뢰가 필요하다고 사료되지는 않는다.

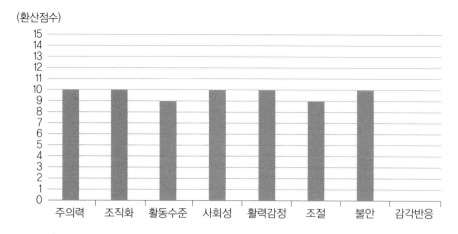

	주의력	조직화	활동수준	사회성	활력감정	조절	불안	감각반응
원점수	26	22	10	15	16	16	17	12
환산점수	10	10	9	10	10	9	10	0
백분위	50.0	50.0	37.0	30.0	30.0	37.0	50.0	0.0

항목	인지/사회 복합점수		정서/조절 복합점수	
검사자 평정척도	환산점수	백분위	환산점수	백분위
	101	53.0	101	53.0

[그림 3-8] 검사자 평정척도 결과의 예

고문헌

곽금주, 오상우, 김청택(2011). K-WISC-IV 전문가 지침서. 서울: 인싸이트.

김동민, 강태훈, 김명식, 박소연, 배주미, 선혜연, 이기정, 이수현, 최정윤(2013). 심리검사와 상담. 서울: 학지사.

박혜원, 곽금주, 박광배(1996). 한국형 웩슬러 유아지능검사(WPPSI)의 표준화: 표준화연구(I). 한국심리학회지: 발달, 9(1), 60-70.

이성진, 임진영, 여태철, 김동일, 신종호, 김동민, 김민성, 이윤주(2008). 교육심리학서설(3판). 서울: 교육과학사.

이승희(2010). 특수교육평가(2판). 서울: 학지사.

신민섭, 조수철(2010). 한국판 Leiter 비언어성 지능검사. 서울: 인싸이트.

Cattell, R. B. (1963). Theory of fluid and crystallized intelligence: A crystal experiment. *Journal of Educational Psychology. 54*, 1-22.

Gage, N. L., & Berliner, D. C. (1992) *Educational psychology* (5th ed.). Boston, MA: Houghton Mifflin.

Kaplan, R. M., & Saccuzzo, O. P. (2009). *Psychological testing: Principles, applications, and issues* (7 ed., pp. 250). Belmont, CA: Wadsworth.

Mayer, J. D., & Salovey, P. (1997). What is emotional intelligence? In P. Salovey & D. Sluyter (Eds.), *Emotional development and emotional intelligence: Implications for educators* (pp. 3-31). New York: Basic Books.

Overton, W. F. (2006). Developmental psychology: Philosophy, concepts, methodology. In R. M. Lerner (Ed.), *Theoretical models of human development: Vol, 1, Handbook of child psychology* (6th ed., pp. 18-88). Hoboken, NJ: John Wiley & Sons.

Salvia, J., & Ysseldyke, J. E. (2004). *Assessment in special and inclusive education* (9th ed.). Boston, MA: Houghton Mifflin.

Sattler, J. M. (1988). *Assessment of children* (3rd ed.). San Diego, CA: Lerome M. Sattler.

Taylor, C. (2003). *Assessment of exceptional students* (6th ed.). Needham Heights, MA: Allyn & Bacon.

Venn, J. J. (2003). *Assessing students with special needs* (3rd ed.). Upper Saddle River, NJ: Prentice-Hall.

Wechsler, D. (1944). *The measurement of adult intelligence.* Baltimore, MD: Williams & Wilkins.

제 **4** 장

발달 평가

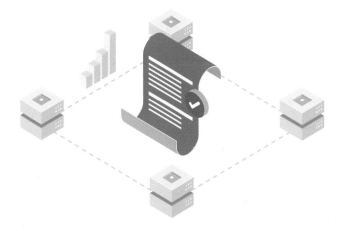

찬수의 어머니는 찬수가 어머니의 까꿍놀이에 반응을 보이지 않는다거나, 또래에 비해 말이 느리다는 생각에 걱정이 많았다. 하지만 찬수의 아버지나 할머니는 좀 늦되게 발달하는 것이 집안 내력이라며 전혀 걱정할 문제가 아니라고 하였다. 아이가 두 돌이 되면서 인사를 하거나 원하는 것을 표현하거나, 엄마 아빠를 부르는 등의 의사소통 표현을 할 것으로 기대했지만 찬수는 여전히 부모와의 상호작용을 잘 보이고 있지 않다. 특히 1년 이전에 옹알이 비슷한 것을 하는 것 같았지만, 특별히 언어로 발전하는 것 같지도 않다. 걱정이 된 찬수 어머니는 언어적 측면 이외에도 다른 운동능력에 문제가 있는지 살펴보았고, 지금까지 혼자서 있거나 무언가 잡고라도 걸으려는 시도를 잘 하지 않는 등 다른 또래에 비해 조금 느린 듯하다는 것을 발견하였다. 찬수의 어머니는 문제가 있다고 생각하여 병원에서 발달 정도를 평가하거나 의사소통 및 사회성에 문제가 있는지 확인해 봐야겠다는 결심이 들었으나, 여전히 찬수 아버지와 할머니는 괜히 아이에게 안 좋은 영향을 미칠 것이라 반대하고 있다. 어머니는 이들을 어떻게 설득해야 할 것인가?

학습목표

1. 아동발달을 이해하고 진단의 중요성을 이해한다.
2. 아동발달검사를 알고, 대표적 선별검사인 한국형 Denver 검사를 실시하고 그 결과를 해석할 수 있다.

I. 아동발달

인간은 전 생애를 통하여 지속적으로 양적·질적 변화를 맞이하며, 이러한 변화는 일반적인 순서 및 체계를 가지므로 예측 역시 가능하다. Shaffer(1999: 이소현외, 2009 재인용)는 개인에게서 나타나는 이러한 체계적이고 연속적인 변화를 발달로 정의하였다. 발달은 일반적으로 일정한 순서 및 방향으로 진행된다(김동일 외, 2003). 이러한 순서 및 방향에서는 발달의 전 단계가 다음 단계의 기초가 되며, 다음 단계로 이행한다는 것은 보다 높은 차원으로 발달이 이루어짐을 의미한다. 또한 발달은 지속적이지만 그 속도는 일정하지 않고 개인차가 있다. 신체 발달을 보더라도 어떤 사람은 초등학교 수준에서 키의 성장이 멈추며 어떤 사람은 성인이 되어서도 키가 자란다. 그리고 언어, 인지, 사회성 등의 발달 영역은 상호적으로 영향을 미치며 발달하고, 유전 및 환경의 영향을 받는다고 알려져 있으며(Hooper & Umansky, 2004), 발달의 초기 단계인 유아기는 일생에서 가장 중요한 단계로서 유아기 발달은 이후의 모든 단계의 성장과 발달을 좌우한다(Meltzer, 1967: 김동일 외, 2003 재인용).

유아 및 아동 발달이 매우 중요한 만큼 발달 과정상 장애 혹은 지체를 보이는 아동을 조기에 선별하거나 진단하여 조기 교육 및 중재를 제공하는 것은 매우 중요하다. 이를 위해서는 지속적으로 개별 아동의 현행 발달 수준과 강약점을 파악해야 한다. 「장애인 등에 대한 특수교육법」에 따르면, 일반적으로 아동의 발달 영역은 인지, 신체, 의사소통, 사회 및 정서, 적응행동 등으로 구분된다. 인지기능은 지능으로 대표되기 때문에 지능검사를 통하여 평가할 수 있으며 신체기능은 대근육 운동과 소근육 운동으로 나누어 평가할 수 있다. 영아의 경우, 만약 반사기능을 평가한다면 유아로 발달할수록 미세한 근육 사용 및 다른 신경계와의 협응 능력을 평가하게 된다. 의사소통 영역의 경우 표현 및 수용 언어를 모두 평가하며, 의사소통 환경 역시 평가한다(이소현 외, 2009). 적응행동 영역은 연령에 적합하게 환경에 적응하도록 하는 자조기술을 의미하며, 혼자 입기, 배변기술 등이 여기에 포함된다. 사회 및 정서 영역은 양육자나 또래와의 관계에서 평가되어야 하며, 아동기로 갈수록 우정 등 좀 더 질적인 영역이 평가된다.

II. 아동발달 검사

아동발달을 사정하기 위해서 실시할 수 있는 국내 검사들은 〈표 4-1〉과 같다. 이 장에서는 아동발달의 전반적인 영역을 평가할 수 있는 검사를 중심으로 소개하였으며, 적응행동의 경우 이후 지적장애 학생의 평가 부분에서 따로 언급하였다.

표 4-1 국내 주요 발달검사

검사명	대상	저자	발행처	발행 연도 (개정 연도)
한국형 Denver II 검사 (K-DDST-II)	2세~ 6세 4개월	신희선, 한경자, 오가실, 오진주, 하미나	현문사	2002
영유아발달선별검사 (KCDR-R)	0세~ 6세 11개월	김정미, 신희선	인싸이트	2011
아동발달검사(K-CDI)	15개월~ 만 6세 11개월	김정미, 신희선	인싸이트	2006
영아선별 교육진단검사(DEP) 개정판	0개월~ 36개월 영아	장혜성, 서소정, 하지영	인싸이트	2011

1. 한국형 Denver-II 검사

Denver 발달선별검사(Denver Developmental Screening Test: DDST)는 외견상 이상이 없어 보이는 아동에게 시행하여 발달장애가 있을 가능성이 높은 아동을 선별하는 검사다. 이를 우리나라 실정에 맞게 재표준화한 것이 한국형 Denver-II 검사다(신희선 외, 2002). 이 검사는 생후 2주부터 6세 4개월까지의 아동을 대상으로 한다. 외견상 특별한 이상이 없으면 발달지체 등을 확인하기 어려운데, 한국형 Denver-II 검사를 통해 발달장애 가능성이 있는 아동을 선별하거나, 주관적으로 장애가 있는 것으로 의심되는 아동을 객관적으로 확인하는 데 활용할 수 있다. 총 104개의 문항에 대해 아동 또는 부모가 답할 수 있고, 아동이 검사 항목을 해낼 수 있는지를 검사자가 관찰하고 채점하는 등의 방식으로 구성된다. 이 검사는 지능검사가 아닌 발달 수준을 평가하는 선별검사로 미래의 적응능력이나 지적능력을 예견하는 도구는 아니다. 언어 능력, 운동 능력, 사회성 발달 등이 늦다고 느껴지는 경우, 발달장애 위험이 큰 경우, 또는 현재의 발달 수준을 확인하고 싶은 경우에 도움이 되는 검사다. 1차 검사에서 이상, 의문, 검사 불능으로 평가된 경우 2~3주 내에 재검사를 하며, 재검사에서도 동일한 결과가 확인되는 경우 확실한 발육검사를 위해 다른 검사를 병행하는 등 전문가 진단이 필요하다.

① Denver-Ⅱ 검사의 구성

Denver-Ⅱ 검사는 개인-사회성, 미세운동-적응, 언어, 전체 운동 영역으로 구성되어 있으며, 각각 22, 27, 34, 27개 문항(총 110개 문항)으로 구성되어 있다. 자세한 하위 영역의 내용은 〈표 4-2〉와 같다.

표 4-2 Denver-Ⅱ 검사의 하위 영역

영역	내용	문항 수
개인-사회성	사람들과 상호작용하고 일상생활을 위한 개인적 요구를 스스로 해결할 수 있는 자가간호 능력	22
미세운동-적응	눈-손의 협응, 작은 물체의 조작, 그리고 문제해결 능력	27
언어	듣고 이해하고 언어를 사용하는 능력	34
전체 운동	앉고 걷고 뛰는 등 큰 근육운동	27
총 문항 수		110

② 검사 실시

1) 연령 계산

검사를 실시하기에 앞서 검사자는 다양한 검사도구와 검사지를 준비한다. 검사자는 피검사자의 연령을 계산하여 생활연령을 정확하게 계산한다. 2세 이하이고, 예정일보다 2주 이상 조산인 아동의 경우, 한 달은 4주, 일주일은 7일로 달과 날을 나누어 계산한 생활연령에서 다시 조산된 달과 날을 빼 준다. 예를 들어, 생활연령이 2개월 10일이면서 6주 조산(1개월 14일)일 경우 조산된 달과 날을 빼면 1개월 5일이 조정된 연령이다.

2) 연령선 그리기 및 검사지 기록하기

검사받을 아동의 정확한 연령을 계산한 후, [그림 4-1]과 같이 검사지 위에서 아래로 일직선의 '연령선'을 긋는다. 일, 주, 달수는 반올림을 하지 않고 정확하게 계산해 연령선을 긋도록 한다. 연령선을 그은 후 그 위에 검사 날짜를 기록한다.

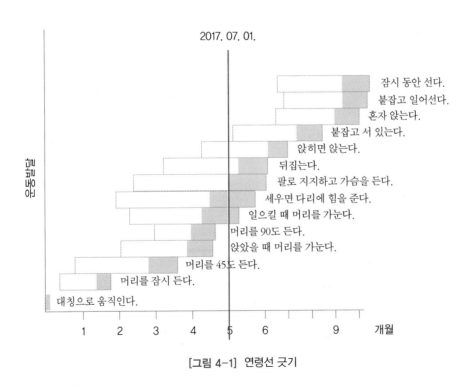

[그림 4-1] 연령선 긋기

검사는 먼저 연령선이 지나는 각각의 항목을 시행하며, 적어도 연령선의 왼쪽에서 가장 가까운 3개 항목은 전부 시행한다. 아동이 이 단계에서 특정 항목을 실행하지 못하면(실패, 거부, 기회 없음) 세 항목을 아동이 통과할 때까지 해당 영역의 왼쪽으로 항목을 추가하여 검사를 시행한다. 기록의 의미 및 내용은 〈표 4-3〉과 같다. 아동의 상대적인 최고 능력을 확인하기 위해서는 3개의 실패 항목이 나올 때까지 계속하여 오른쪽으로 항목을 시행하도록 한다. 각 항목 수행 시 실패로 결정하기 전

표 4-3 기록의 의미 및 내용

기록	의미	내용
P	Pass	아동이 항목을 성공적으로 수행한 경우 보호자가 아동이 평소 항목을 수행할 수 있다고 답함
F	Fail	아동이 항목을 성공적으로 수행하지 못한 경우 보호자가 아동이 평소 항목을 수행할 수 없다고 답함
No	No opportunity	아동이 항목을 수행할 기회가 없었을 경우 특정한 사유로 항목 수행에 제한이 가해진 경우
R	Refusal	아동이 항목 수행을 거부한 경우

에 적절하다면 3번의 기회를 준다. 각 항목의 결과는 50%의 눈금이 있는 위치에 표시한다.

③ 검사 해석

1) 각 항목의 해석

각 항목 막대에는 표준표본의 25%, 50%, 75%, 90%가 통과된 연령이 표시되어 있다([그림 4-1] 참고). 예를 들어, [그림 4-2]의 경우 '짝짜꿍을 한다'라는 항목에서 막대 왼쪽 끝이 가리키는 연령선을 보면 정상아동의 25%가 7개월 정도에서 할 수 있다는 것을 의미하며, 흰 칸의 선으로 표시된 9개월에는 정상아동의 50%가, 음영 부분의 왼쪽 끝인 11개월 반에는 아동의 75%가 할 수 있으며, 막대의 오른쪽 끝은 정상아동의 90%가 13개월 조금 지나서 할 수 있음을 의미한다.

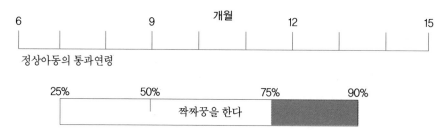

[그림 4-2] Denver-Ⅱ 검사 항목의 해석의 예

(1) 월등한 항목(advanced)

아동의 연령선보다 오른쪽으로 떨어져 있는 항목을 통과(Pass)하는 경우, 해당 항목에서의 아동의 발달 수준은 또래보다 높다는 것을 의미한다.

(2) 정상 항목(normal)

각 항목의 실패나 거절은 반드시 발달 지연을 의미하는 것은 아니다. 예를 들어, 아동이 연령선의 오른쪽에 있는 항목을 실패하거나 거부한다면 아동의 발달은 정상이다. 이는 그 항목을 수행한 표준화된 표본아동 25%의 연령보다 대상 아동이 더 어리기 때문이며, 아동은 연령이 더 증가할 때까지 그런 항목을 통과하도록 요구되지는 않는다.

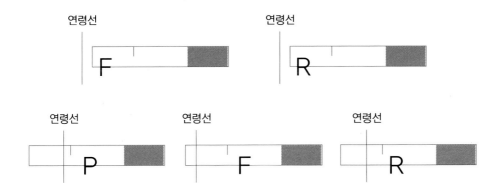

(3) 주의 항목(caution)

전체적인 검사를 해석할 때는 각 항목에서 주의 항목을 고려해야 한다. '주의'는 아동이 연령선이 지나는 항목이나 연령선이 75%와 90% 사이에 있는 항목에서 실패 혹은 거부했을 경우에 해당한다. 검사를 받은 아동보다 더 어린 연령의 표본아동 75% 이상이 이 항목을 수행했기 때문이다. '주의'는 막대의 오른쪽에 'C'라고 표시한다.

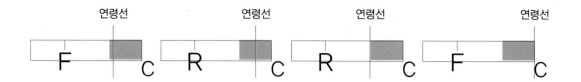

(4) 지연 항목(delay)

한 항목에서의 '주의' 및 '지연'은 전체 검사 해석 시 중요하게 고려되어야 한다. 이는 연령선에서 완전히 왼쪽에 있는 항목을 실패했거나 거부했을 때에 해당한다. 이는 더 어린 표본아동의 90%에서 통과한 항목을 이 아동이 실패했거나 거부했기 때문이다. '지연'은 막대의 오른쪽 끝에 색칠을 하여 표시한다.

(5) 기회 없음 항목(no opportunity)

보고에 의한 항목으로, 아동이 시도할 기회가 없었다고 부모가 말한 경우 'N/O'로 표시한다. 이 항목은 전체 검사 해석 시 고려되지 않는다.

2) 전체 검사 해석

각 항목 해석에 따른 전체 검사 해석은 다음과 같다.

(1) 정상(Normal) 발달

지연 항목이 없고 주의 항목이 1개 이하인 경우다. 이 경우에 재검사를 할 필요는 없다.

(2) 의심스러운(Questionable) 발달

주의 항목이 2개 이상 있거나 1개 이상의 지연 항목이 있는 경우다. 공포, 질병, 피곤함과 같은 일시적인 요소를 배제하기 위해 1~2주 내에 재검사를 실시한다. 지역에서 검사를 통해 확인하고자 하는 문제의 유형이나 심각도가 다양하므로 필요하다면 의심스러운 발달의 기준을 조정할 수 있다.

(3) 검사 불가능(Untestable)

연령선의 맨 왼쪽의 항목에서 1개 이상의 거부나 78~90% 사이에 연령선이 지나는 항목에서 2개 이상의 R 점수가 있는 경우다. 이 역시 1~2주 안에 재검사를 실시한다.

(4) 의뢰(Referral) 기준

재검사에서 결과가 다시 의심이나 검사 불능으로 나오는 경우 전문가에게 의뢰할 것인지는 주의와 지연 항목 수, 이전의 발달 정도, 다른 임상적 자료 사항에 근거하여 판단해야 한다.

2. 영아선별 · 교육진단검사

영아선별 · 교육진단검사(Developmental assessment for the Early intervention Program planing: DEP)는 2007년 제정 · 공포된 「장애인 등에 대한 특수교육법」에 따라 장애영유아의 예방지향적 조기중재를 위하여 국내 연구진에 의해 개발된 교육진단도구로, 0~36개월 영아를 대상으로 교사 및 부모가 실시한다. 이 검사의 주된 목적은 장애 위험이 있는 영아를 조기에 선별하고 이에 기초하여 개별화교육프로그램을 실행하는 데 있다(장혜성, 서소정, 하지영, 2011).

기본적으로 검사를 통해 영아의 발달 수준을 확인하고, 영아가 지닌 장점과 취약점을 파악할 수 있으며, 장애를 가질 위험이 있는 영아의 조기선별이 가능하다. 또한 이 검사는 현장 교사와 부모를 비롯하여 누구나 쉽게 영아의 발달 상태를 검사할 수 있도록 구성되었으며, 영아기의 발달적 특성을 고려하여 월령 단계를 보다 세분화하였다. 나아가 선별 및 진단 자료에 기초하여 개별화프로그램을 개발할 때 참고할 수 있는 'DEP 조기중재 교육과정'을 함께 제공하고 있다.

① 검사의 구성

DEP는 0~36개월 영아를 대상으로 하며, 영아의 대근육 운동기술, 소근육 운동
기술, 의사소통, 사회정서, 인지, 기본생활의 6개 발달 영역으로 구성되어 있다. 각
영역의 측정 내용은 〈표 4-4〉와 같다.

표 4-4 DEP 검사의 여섯 가지 영역의 측정 내용

발달 영역	발달 영역 설명	측정 내용
대근육 운동기술	• 이동할 수 있는 능력 • 자세 유지 능력	고개 들기, 앉기, 기기, 서기, 계단 오르내리기, 달리기, 점프하기, 균형 잡기 등
소근육 운동기술	• 일상생활을 독립적으로 수행하기 위한 두 손의 협응적인 활동 능력 • 필요한 도구 사용 능력	눈동자의 움직임, 손과 손가락의 사용, 눈과 손의 협응 등
의사소통	• 영아가 생활하고 있는 가정, 교육기관에서 의사소통할 때 필요한 기능적인 언어 능력 • 구어를 사용한 의사소통이 어려운 경우에는 보완대체 의사소통 방법이 필요한지 점검	발성, 옹알이, 듣기, 이해하기, 말하기, 의문어, 부정어, 시제의 사용 등
사회정서	• 다양한 환경에서 의미 있는 사람과 사회적인 행동을 형성해 나가면서 집단에서 요구되는 행동을 배우고 사회에 참여하고 변화를 이해하게 됨 • 양육자 및 또래와의 상호작용의 중요성	양육자와의 상호작용, 또래와의 상호작용, 자아개념, 다양한 감정 표현 등
인지	• 나이에 적절한 (참여) 행동 • 목적에 따른 계획, 의사결정, 의사소통, 식별, 생각하기 등의 다양한 능력 • 지각, 지식, 이해, 추론, 판단 등의 능력 • 독립적인 활동과 사회적인 상호작용을 가능하게 함	대상영속성, 인과관계, 모방, 상징, 문제해결, 수 개념, 분류 등
기본생활	• 신변처리는 영아가 독립적으로 기능하며 사는 데 필요한 능력임 • 생활연령에 적합한 기술 지도의 필요성 • 다양한 환경에서 독립적으로 생활하기 위해서 가정 및 교육기관 일과 안에서 지도	음식 먹기, 배변훈련, 손 씻기, 옷 벗고 입기 등

2 검사 실시

1) 평가자 선정

부모, 양육자, 교사가 직접 검사를 실시할 경우, 검사 문항이 평소 자연스러운 일과 안에서 빈번하게 관찰된다면 바로 검사 문항에 기록하지만 특별히 자료를 준비하여 관찰하여야 한다면 영아에게 시키고 관찰한다. 특히 영아가 자주 경험하지 못한 활동이라면 한 번 더 기회를 줄 수 있으며, 그래도 수행하지 못한다면 2주 후 재검사를 실시하여 수행 여부를 기록할 수 있다. 12개월까지는 주양육자(부모)가 주로 측정할 것을 권장하며, 이후 교육기관을 경험한 아동이라면 주교사가 측정할 수 있다.

2) 연령 계산

생활연령을 계산하기 위해서는 대상 영아의 만 나이를 개월 수로 환산하며, 생활연령은 검사 일자에서 대상 영아의 생년월일을 빼서 산출하여 개월과 날일로 환산한다.

3) 검사 시작(중지) 및 기록

발달지체가 의심되는 영아의 경우 처음(0~3개월)부터 시작하고, 그렇지 않은 경우 원래 월령에서 실시한다. 연속해서 5개 문항을 실패(아니요, 0점)하는 경우 중지하며, 처음 자신의 월령대에서 시작하자마자 중지점에 도달한다면 처음 문항(0~3개월)부터 다시 시작하도록 한다.

검사자는 모든 문항에 대해 매우 잘 수행하는 경우 "예", 전체 과제 중 50%만 수행하는 경우 "가끔", 전혀 또는 거의 수행하지 못하는 경우 "아니요"라고 기록한다. 검사 시점에는 측정되지 않지만 기간을 연장(2주 후)할 경우 측정 가능하다고 추정되는 문항이 있으면 '비고' 문항에 기록하고, 2주 후에 수행 여부를 기록한다.

③ 검사 해석

검사 해석을 위해 영역별 하위 총점을 산출하고 해석하는 방법은 다음과 같다. 모든 문항에 대하여 "예"라고 답한 경우 10점, "가끔"이라고 답한 경우 5점, "아니요"라고 답한 경우 0점을 부여하고, 영역별 문항의 점수를 합산한 값이 영역 총점(원점수)이 된다. [그림 4-3]은 점수 산출의 예다.

[그림 4-3]은 생후 35개월인 일반영아(①)와 장애영아(②)의 의사소통 영역 검사 결과다. 일반영아(①)의 경우 원래 기대 월령인 35개월령이 포함된 31~36개월 하위 영역 문항 1번부터 16개 문항을 검사하여 120점을 받았다. 즉, 일반영아의 원점수는 120점이고, 실제 본인의 월령대에 적합한 의사소통 발달 수준을 보이고 있음을 알 수 있다(0~30개월 문항 점수는 포함하지 않음).

장애영아(②)는 처음 문항(0~3개월)부터 실시하여 0~9개월 검사 항목은 모두 (20문항) 수행하였으나, 10~12개월 문항부터 어려움을 보이기 시작하여 13~18개

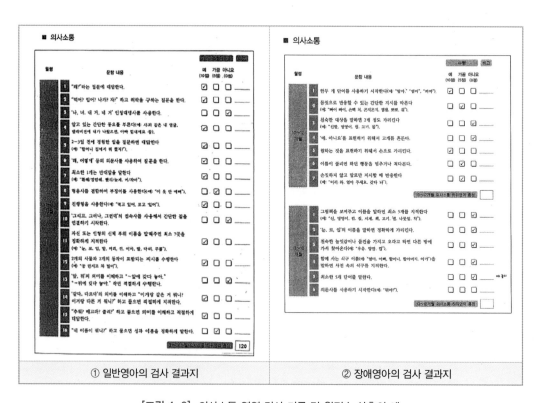

| ① 일반영아의 검사 결과지 | ② 장애영아의 검사 결과지 |

[그림 4-3] 의사소통 영역 검사 기록 및 원점수 산출의 예

월 문항에서 연속 5개 문항을 실패한 후 검사를 중지하였다. 따라서 현재 이 장애영아의 의사소통 영역 발달 수준, 즉 현재 발달 월령 수준은 10~12개월 사이이며, 본인의 원래 월령 하위 영역 점수는 받지 못했기 때문에 원점수는 0점이다.

검사 결과의 경우, 표준점수와 백분위점수가 제공되며 직접 온라인으로 실시하여 얻거나, 원점수를 인싸이트 웹사이트(http://inpsyt.co.kr)에 입력하여 얻을 수 있다. DEP에서는 백분위점수 80 이상이면 '매우 빠른 발달 정도'이며, 65~80은 '빠른 수준', 35~65는 '보통', 20~35는 '느림(관찰 요망)', 20 이하는 '매우 느림(2차 전문가 평가 필요)'으로 구분하고 있다. 특히 느림 수준일 경우 3개월 정도 후 재검사를 실시하고, 3개월 후에도 발달 정도가 '느림' 또는 '매우 느림'으로 나타나면 2차 전문가 평가를 실시하여 교육 개입 여부를 결정하기를 권고한다. 제공되는 결과표는 [그림 4-4]와 같다.

[그림 4-4] 중 일반영아의 결과(①)는 [그림 4-3]의 일반영아의 의사소통 영역 검사 결과를 비롯하여 다른 발달 영역의 검사 결과를 포함한 것이다. 이 영아의 결과는 전반적으로 해당 월령(31~36개월)에서 보통의 발달 수준(42.7%ile)임을 알 수 있다. 다른 영역에 비하여 소근육 운동기술은 백분위 7.1%ile로 매우 느림에 해당하여, 다른 발달 영역에 비해 상대적으로 느린 것으로 나타나 관심을 보일 필요가 있다.

[그림 4-4] 중 장애영아의 결과(②)는 [그림 4-3]의 장애영아의 의사소통 영역 검사 결과를 비롯하여 다른 발달 영역의 검사 결과를 포함한 것이다. 결과를 종합해 보면, 해당 월령(31~36개월)의 문항 수행이 어려워서 전 영역의 원점수가 0점이므

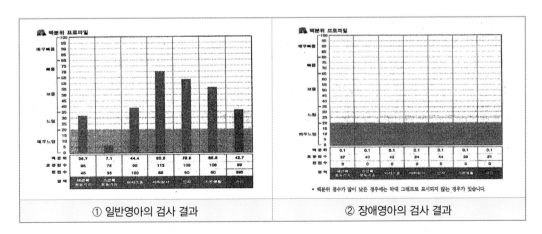

[그림 4-4] DEP 검사 결과의 예

로 백분위가 모두 매우 느림 수준으로 나타났다. 이런 경우와 같이 또래 영아와 발달 수준을 비교하게 되는 백분위점수는 장애영아에게 유익한 정보를 제공하지 않을 수 있기 때문에, 현재 발달 월령 수준을 파악하는 것이 더 효과적일 수 있다.

3. 영유아발달선별검사

영유아발달선별검사(Korean Child Development Review-Revised: KCDR-R)는 부모나 양육자가 영유아의 발달, 건강, 행동에 대한 정보를 통합하여 발달 기능과 수준을 평가하는 발달선별검사다(김정미, 신희선, 2011a). 미국판 CDR(Child Development Review)은 미국판 CDI(Child Developmental Inventory)에서 추출한 문항으로 이루어져 있다. 미국판 CDR은 부모질문지와 영유아발달표로 구성되어 있으며 부모에게서 아동의 연령별 발달 및 행동 문제에 대한 자료를 수집하고, 발달에 대한 부모의 보고 또는 아동 관찰을 통하여 5개 영역의 발달 상태를 파악하는 선별도구다. KCDR-R, 즉 영유아발달선별검사 역시 검사자가 부모에게서 획득한 정보와 검사자가 관찰한 아동에 대한 정보를 통합하여 아동의 발달 기능과 요구를 평가하는 검사도구다.

① 영유아발달선별검사의 구성

KCDR-R은 부모질문지와 영유아발달표를 포함한다. 부모질문지는 부모가 자발적으로 기술하거나 해당란에 표시하도록 구성되어 있다. 영유아발달표는 전체 113개 문항이 5개 발달 영역에 걸쳐 연령의 성숙도에 따라 나열되어 있으며, 0세에서 6세 아동을 대상으로 한다. KCDR-R의 문항은 미국판 CDR에 근거하여 K-CDI(김정미, 신희선, 2011a, 2011b)의 한국표준화 연구 결과에 따라 결정된 문항과 IDI(Infant Development Inventory) 영아발달검사 목록에서 선별한 것으로 구성되었다.

1) 부모질문지

부모질문지는 부모 보고형 6개 질문과 문제 항목으로 구성되어 있다. 이 질문지

내용은 아동과 부모의 관계 문제 유무, 문제나 염려의 원인, 주요 문제 파악에 대한 것이다. 특히 25개의 문제 항목은 아동의 건강, 발달 기능, 행동에 대한 부모의 염려 사항을 포함하여 포괄적으로 표기하도록 구성되어 있다.

2) 영유아발달표

사회성, 자조행동, 대근육운동, 소근육운동, 언어 영역의 5개 척도에 대한 0~6세 아동의 발달을 포함하고 있다. 아동의 현재 발달을 진단하기 위하여 부모와의 면담을 통해 평가하거나 검사자가 직접 아동을 관찰할 때 이 영유아발달표를 사용할 수 있다. KCDR-R 영유아발달표의 척도별 내용은 〈표 4-5〉와 같다.

표 4-5　KCDR-R 영유아발달표 척도별 내용

척도	내용
사회성 (Social)	부모나 다른 양육자와 아동이 개인적인 상호작용부터 집단 참여까지 상호작용하고 반응하는 것이다.
자조행동 (Self Help)	먹기, 옷 입기, 씻기, 화장실 가기, 독립성 그리고 책임감을 포함한다.
대근육운동 (Gross Motor)	구르기, 걷기, 달리기, 뛰어오르기 혹은 승마와 같은 움직임을 포함한다.
소근육운동 (Fine Motor)	시각적으로 물체를 따라가는 것, 낙서를 하거나 그림을 그리기 위해 손을 뻗어 대상을 집어 올리는 것과 같은 눈-손 협응을 포함한다.
언어 영역 (Language)	말하기, 명료한 언어 능력, 언어이해를 포함한다. 언어 능력은 아동이 얼마나 잘 이해하는가와 얼마나 잘 발음하는가에 대한 것이고, 언어이해는 단순한 교육에서부터 개념을 다루는 수준에 이르기까지로 볼 수 있다.

② 검사 실시

1) 부모질문지

부모질문지는 6개의 부모 보고 문항과 문제 항목으로 구성되어 있다. 부모 보고 6개 문항은 OK, ?, P 중 하나로 표시하고, 빈칸에 부가적인 기술을 한다. OK는 문제

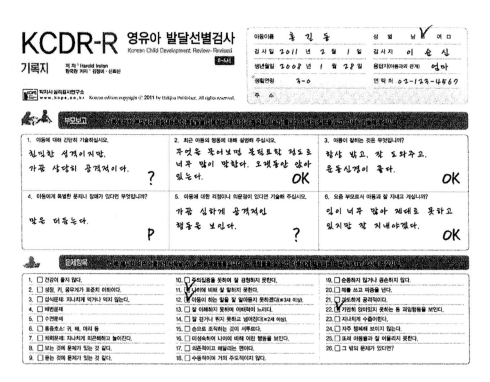

[그림 4-5] KCDR-R 부모질문지 작성의 예

가 없거나 잘하고 있는 경우, ?는 문제가 있을 수 있는 경우, P는 문제가 있어 아동에 대한 보다 심층적인 검사가 요구되며 전문가에 대한 의뢰를 고려하고 있는 경우라는 의미다. 25개의 문제 항목은 아동 건강, 발달기능 등에 대한 문장을 읽고 문제가 있다고 생각할 경우 표시하도록 한다. [그림 4-5]는 부모질문지 작성의 예다.

2) 영유아발달표

먼저 아동의 정확한 생활연령을 계산하고 연령의 70%에 해당하는 연령선(준거선)을 찾아 영유아발달표에 선을 긋는다. 이는 아동이 현재 연령 수준에 맞게 잘 발달하고 있는지 또는 연령 수준보다 지체된 발달을 보이고 있는지 평가하기 위함이며, 70% 발달 범위의 연령선을 찾기 위해서는 전문가 지침서를 활용한다.

검사는 발달척도별로 아동 나이의 바로 아래 있는 문항부터 시작한다. 문항에 따라 검사자는 아동이 이 행동을 자주 하는지 아니면 요즘 들어 하기 시작했는지 부모

KCDR-R 영유아발달표 [0~6세]

Korean Child Development Review - Revised

응답 기록방법 ▶ · √표시 : 규칙적이고 빈번히 나타내는 행동
· B 표시 : 요즘 하기 시작한 행동 또는 가끔씩 관찰되는 행동

사회성	자조행동	대근육운동	소근육운동	언어
6-0			90. 끝말잇기 놀이를 알고 3개 이상 이어간다.	**6-0**
23. 아동들과 어울릴 때 주도적으로 참여한다.	45. 도움 없이 화장실에 다녀온다.	68. 공받기 놀이를 한다. 공을 던지면 반이상은 잡는다.		113. 반(1/2)의 개념을 안다.
5-6		67. 보조바퀴가 있거나 없는 두발 자전거를 탄다.	89. 단어를 4개 이상 외워 쓴다.	112. 1부터 30까지 숫자를 외워 센다. **5-6**
22. 집단을 위해 자신이 원하는 것을 포기하기도 한다.	44. 길을 건너기 전에 양쪽방향을 모두 살핀다.	66. 혼자 그네를 탄다.	88. 선을 벗어나지 않고 색칠한다.	111. 3가지 지시를 순서대로 수행한다.
5-0			87. 눈·코·입과 사지가 포함된 완전한 사람을 그린다.	110. 오늘, 어제, 내일의 의미를 안다. **5-0**
21. 자기 생각을 이야기하고 다른 아동의 말을 경청한다.	43. 상의에 있는 모든 단추들을 올바로 끼운다.			109. 10개 단어 이상으로 이루어진 긴 문장을 말한다.
20. 놀이만을 가지고 논다.	42. 신발의 오른쪽, 왼쪽 위치를 똑바로 신는다.	65. 깡충뛰기 널이뛰기를 한다.	86. 자신의 이름을 쓴다.	108. 글자와 숫자를 2개 이상 보고 쓴다. **4-6**
4-6	41. 혼자서 옷을 입고 벗는다.	64. 잡아주지 않아도 한발로 깡충 뛰며 돌아다닌다.	85. 세 개 이상의 신체부위가 포함된 사람을 그린다.	
			84. 알아볼 수 있는 그림을 그린다.	107. 사물을 10개 이상 센다.
4-0		63. 뛰다가 길에 있는 낮은 장애물을 뛰어 넘는다.	83. 4개의 각이 있는 네모모양을 혼자서 그리거나 보고 그린다.	108. 두 개의 사물을 비교해서 말한다(예: 더 크다 등). **4-0**
19. 다른 아동과 어떤 것을 하는 방법에 대해 이야기한다.	40. 도움 없이 티셔츠를 입는다.		82. 가위로 단순한 모양의 외곽선을 자른다.	
18. 게임할 때 필요한 간단한 규칙을 따른다.	39. 거의 흘리지 않고 숟가락을 사용하여 음식을 먹는다.	62. 혼자서 한발 깡충뛰기를 한다(2회).		105. 위치를 나타내는 단어를 3개 이상 안다(예: ~안, ~위, ~아래, ~옆). **3-6**
17. 어린아동을 돌봐 주는 행동을 한다.	38. 단추를 하나 이상 끼운다.	61. 페달을 사용하여 세발자전거를 탄다.		
16. 가장놀이를 한다(예: 엄마-아빠, 선생님, 우주비행사 놀이 등).	37. 혼자 세수를 한다.	√ 60. 잡아주지 않아도 몇 초 동안 한발로 선다.	81. 가위로 종이를 한 끝에서 다른 끝까지 자른다.	104. 4가지의 색깔 이름을 정확히 구분한다.
3-0			80. 수직선(Ｉ), 수평선(─)을 혼자서 또는 보고 그린다.	103. 4개 이상의 단어로 이루어진 문장을 말한다. **3-0**
15. 다른 아동의 행동에 대해 이야기한다.	36. 밤에 오줌을 싸지 않는다.	√ 59. 혼자서 사다리를 올라가 미끄럼틀로 내려온다.	79. 동그라미를 그리거나 보고 그린다.	
√ 14. 사과한다.	35. 혼자 이를 닦는다.		78. 책장을 한 번에 한 장씩 넘긴다.	102. 한 번에 두 가지 지시를 따른다. **2-6**
13. 간단한 집안일을 돕는다.	34. 대소변을 가린다.	58. 잡지 않고 한발씩 교대로 계단을 오르내린다.		101. 2~3개 단어로 이루어진 문장을 말한다.
√ 12. ~~남을 밀고 밀치며 자신이~~	√ 33. 손을 씻고 물기를 닦는다.	√ 57. 낮은 계단에서 두발을 모아	√ 77. 6개 이상의 블록으로 탑을 쌓는다.	√ 100. ~~자기 물건에 대해 '내 것'이라고~~
~~하는 행동을 과시하기를 요청한다.~~		~~뛰어 내린다.~~		
2-0	31. 손잡이를 돌려 문을 연다.	56. 공을 찬다.		99. 사물 그림의 이름을 2개 이상 말한다. **2-0**
√ 11. 잘못을 지적하면 그 행동을 하지 않는다.		√ 55. 혼자서 계단을 오르내린다.		√ 98. 지시에 따라 신체부위를 3개 이상 가리킨다.
√ 10. 하고 있는 것을 못하게 하면 때때로 '싫어'라고 말한다.	√ 30. 포크를 사용하여 음식을 먹는다.	54. 뛴다.	√ 76. 한 손에 2개의 장난감을 잡는다.	
18개월		75. 크레용이나 연필로 낙서를 한다.		97. 간단한 지시를 따른다. **18개월**
9. 무엇을 해달라고 도움을 청한다.		53. 잡아주지 않아도 혼자 걷는다.	74. 2개의 블록으로 탑을 쌓는다.	96. '안돼'라는 말을 이해하고 행동을 멈춘다.
8. 사람들과 '안녕'과 같은 말이나 몸짓으로 인사한다.	29. 컵으로 물을 마신다.	52. 혼자 선다.		
7. 다른 아동과 함께 논다.			73. 엄지와 나머지 손가락을 사용하여 작은 물건을 집는다.	95. '음마', '먹뻐'와 같은 발성을 한다. **12개월**
12개월	28. 순가락의 손잡이를 잡는다.	51. 가구를 잡고 주위를 집어 다닌다.		94. 다양한 발성음을 낸다(예: 다, 바, 가, 마 등).
6. 일상적인 활동을 흉내낸다(예: 전화 걸기, 잠자기 등).	27. 장난감을 뺏으려면 저항한다.	50. 손과 무릎으로 긴다.	72. 한 손에 하나씩 양손에 두 개의 사물을 동시에 집고 있을 수 있다.	93. 이름을 부르면 고개를 돌리거나 쳐다본다.
5. 찌꺼꿍 놀이를 한다.	26. 장난감이 눈앞에서 사라지면 없어진 것을 알아차리고 찾는다.	49. 바닥에 누운 상태에서 뒤집는다.	71. 장난감을 한 손에서 다른 손으로 옮긴다.	
4. 까꿍놀이와 같은 사회적 놀이를 한다.		48. 엎드린 상태에서 옆으로 뒤집는다.	70. 한 손으로 장난감을 집는다.	**9개월**
3. 친근한 사람을 알아보고 다가가려 한다.	25. 물건을 가지러 팔을 뻗친다.	47. 엎드린 상태에서 머리와 가슴을 들어올린다.		92. 지발적인 발성을 한다(아 - 구). **6개월**
2. 엄마를 다른 사람과 구별한다.	24. 우유병이나 엄마젖가슴을 보고 반응한다.	46. 엎드린 상태에서 머리와 가슴을 들어올린다.	69. 사람얼굴이나 장난감을 응시한다.	91. 옹알이를 한다.
출생				**출생**

KDPS 학지사 심리검사연구소
www.kops.co.kr

[그림 4-6] 영유아발달표 작성의 예

에게 질문한다. 부모가 아동이 규칙적으로 또는 빈번하게 한다고 보고하면 검사자는 그 행동의 번호에 ∨표로 표시한다. 만약 아동이 요즘 하기 시작한 행동 또는 이 따금 보이는 행동이라면 그 행동의 번호에는 B라고 표시한다.

발달표상 아동의 현재 생활연령을 기준으로 정상발달 범위에 해당하는 연령보다 한 간격(6개월) 아래에 있는 연령의 항목에서 질문을 시작한다. 그리고 해당 연령 간격(6개월) 안에 있는 항목 모두에서 '하고 있지 않는 행동으로 응답'하거나 각 발달 영역에서 3항목에 대해 '하고 있지 않는 행동'으로 응답했을 때 질문을 종료한다. 또한 아동이 현재 연령 수준에서 적합한 발달을 하고 있음을 확인하면, 혹은 검사자의 임의적 판단에 의해 질문을 종료할 수 있다. [그림 4-6]은 영유아발달표 작성의 예를 보여 준다.

③ 결과 해석

척도별로 아동의 가장 높은 수준의 발달 기능을 진단 및 선별하기 위하여 ∨(빈번히 하는 행동) 표시된 행동을 관찰한다. 부가적으로 예후 발달에 대한 정보를 확인하기 위하여 B(하기 시작된 행동) 표시된 행동을 관찰한다. 척도별로 정상발달(전형적인 발달), 경계선발달, 지연발달로 분류할 수 있다. 결과를 해석할 때는 5개의 발달 척도 모두에서 약점뿐 아니라 강점을 고려해야 하며, 아동의 건강, 발달, 행동문제에 관한 부모의 염려사항과 연관 지어 해석해야 한다.

- 정상발달: 연령 경계선에 인접하거나 상회하는 발달
- 경계선발달: 연령 경계선상에 있는 또는 약간 위에 있는 발달
- 지연발달: 연령 경계선 이하 발달(연령 발달 수준의 70% 이하)

참고문헌

김동일, 김신호, 이근재, 정일호, 정종진(2003). 아동발달과 학습. 서울: 교육출판사.

김정미, 신희선(2011a). 영유아발달선별검사 전문가 지침서. 서울: 인싸이트.

김정미, 신희선(2011b). 아동발달검사 전문가 지침서(2판). 서울: 인싸이트.

신희선, 한경자, 오가실, 오진주, 하미나(2002). 한국형 Denver-Ⅱ 검사 지침서. 서울: 현문사.

이소현, 김수진, 박소현, 부인앵, 원종례, 윤선아, 이수정, 이은정, 조운경, 최윤희(2009). 교육
　　진단 및 교수계획을 위한 장애유아 진단 및 평가. 서울: 학지사.

장혜성, 서소정, 하지영(2011). 영아선별 · 교육진단검사 개정판. 서울: 인싸이트.

Hooper, S. R., & Umansky, W. (2004). *Young children with special needs* (4th ed.). Upper
　　Saddle River, NJ: Pearson Prentice Hall.

제 **5**장

정서 및 성격 평가

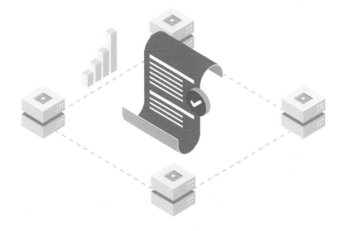

초등학교 신임 교사인 시연 씨는 학생들이 과제를 해 오지 않거나 거짓말을 하거나 약속을 지키지 않는 것을 이해하기 어렵다. 시연 씨는 신중하고 꼼꼼하며 책임감이 강한 성향으로 규칙이나 약속을 지키지 않은 적이 없이 모범생으로 살아왔기에 교사가 되기까지 한 번도 실패하지 않고 성공적으로 교사 임용까지 되었다. 그런데 막상 학교에 와 보니 학생들이 교사인 시연 씨의 말을 잘 듣지도 않고 태도도 바르지 않다. 기존의 교사들이나 같이 임용된 다른 신임 교사들도 나름으로는 잘 적응하고 지내는 것 같은데 시연 씨는 도무지 이러한 학생들을 감당하기가 힘들다. 학생들의 태도를 바르게 하려고 교실 규칙을 더 명확히 정해 보았지만 학생들의 반발만 더 심해지는 것 같고, 성실하게 하면 할수록 학생들은 답답해하는 것만 같아서 고민이 더 깊어질 뿐이다. 시연 씨가 학생들을 이해하기 어려운 것은 무엇 때문인가? 학생들과의 차이를 좁히고 그들을 이해하려면 어떻게 해야 할 것인가?

 학습목표

1. 정서 및 성격 영역을 평가하는 검사들의 종류를 안다.
2. 정서 및 성격 평가를 위한 주요 검사들의 구성, 특징, 실시 및 해석 방법을 이해한다.

I. 개관

정서 및 성격 평가 영역에서 사용되는 검사들은 크게 검사도구의 구조화 여부에 따라 객관적 검사와 투사적 검사로 분류될 수 있다. 객관적 검사(objective test)는 구조화되어 있는 검사과제로 신뢰도와 타당도가 검증되어 있다. 검사 문항과 반응 범위가 일정하게 정해져 있고, 실시와 채점이 엄격하게 표준화되어 있는 검사다. 따라서 명확한 규준을 갖고 있기에 검사자가 누구인지 혹은 어떠한 검사 상황에서 실시되는지에 따른 영향을 비교적 적게 받으며, 개인의 독특한 특징보다는 상대적인 반응을 비교·평가한다. 검사 실시와 해석이 간편하다. 주로 자기보고형 검사이기에 자신의 내적 상태를 정확하게 지각·보고할 수 있는 능력과 의도를 갖추고 있어야 한다. 우리나라의 경우 상담 및 교육 장면에서는 MBTI, NEO-PI, TCI를 주로 사용하며, 임상현장에서는 MMPI를 가장 많이 사용하고 PAI도 종종 사용한다.

투사적 검사는 모호하고 비구조화된 검사 자극을 제시하여 개인의 반응을 분석하는데, 자극이 모호할수록 개인의 고유한 내적 정신활동과 성격 특성이 투사되어 개인의 욕구, 주요 갈등, 성격, 방어 등 개인의 독특한 심리적 특성이 반영된다고 가정한다. 투사는 정신역동이론에서 제시한 방어기제의 일종으로 개인의 감정, 욕구, 갈등, 충동 등을 자신의 내부가 아닌 외부 대상이 갖고 있다고 생각하는 것을 말한다. 개인의 무의식적 내적 상태가 측정되며, 자극의 내용이 불분명하여서 수검자가 자신의 상태를 과장하거나 숨기거나 의도에 따라 방어하기 어렵다. 실시와 채점, 해석이 매우 복잡하여 검사자의 전문적 역량이 매우 중요하다. 검사-재검사 신뢰도가 낮고 객관적 검사에 비해 검사의 타당성이 충분히 입증되지 않아 주의 깊은 해석이 필요하다. 주로 사용되고 있는 투사검사로는 집-나무-그림 검사(House-Tree-Person Test: HTP), 문장완성검사(Sentence Completion Test: SCT), 주제통각검사(Thematic Appercetion Test: TAT), 로르샤흐 검사(Rorschach), 동작성가족화검사(Kinetic Family Drawing: KFD)가 있다.

Ⅱ. 객관적 검사

1. MBTI

1) 개요

MBTI(Myers-Briggs Type Indicator: MBTI)는 현재 광범위하게 상담 현장이나 인사 조직 등에서 활용되고 있는 성격검사 중 하나다. 특정 유형에 대한 개인의 선호를 측정하는 검사로 성격의 좋고 나쁨이나 특정 기술, 성취 수준을 평가하는 것은 아니다. Myers와 Briggs가 C. G. Jung의 이론을 기초로 하여 비임상적 집단에 사용할 수 있도록 만든 자기보고형 검사다. 심리적 유형에 대한 Jung의 이론은 동기, 소질, 성취, 의사소통 유형, 직업 유형에 대한 자료를 예측하고 해석하기 위한 참조 틀을 제공한다. Myers와 Briggs는 Jung의 저서들이 영어로 번역된 1923년 이래 20여 년 동안 가족과 친구들에게 Jung의 모델을 집중적으로 검증하였고, 그 가치를 확신하게 되었다. 그들은 제2차세계대전 동안 자신의 유형과 흥미가 맞지 않는 직업을 선택하는 사람들을 많이 보았고, 그들을 Jung의 모델로 기술할 지표를 만들어 낼 수 있음을 알게 되었다. MBTI는 1942년 초반에 개발되었고, 1950년대 초반에 5,355명의 의과대학생을 표본으로 수집한 후 태도, 성취, 의학전공 선택에서의 유형 차이를 결정하기 위해 추수조사를 하였다. 이후 MBTI는 1962년에 ETS에서 연구도구로 출간된 이후에도 여러 차례 수정되었다. 1975년에 MBTI는 응용 분야의 사용에 고려되기 시작했고, Myers와 McCaulley는 MBTI 연구와 훈련을 위한 비영리센터를 설립하였다. 이후 많은 학자가 저널에 연구를 발표하였고, 심리 유형 저널도 발간되기에 이르렀으며, 사용은 급속도로 증가했다. MBTI는 대인관계나 의사소통의 문제를 비롯하여 진로탐색 등 다양한 상담 장면, 학습 양식과 교수 양식, 성취, 동기에서의 개인차 이해를 위한 교육 장면 그리고 리더십 훈련, 팀워크 등을 위한 도구로 활용될 수 있는 조직 장면 등에서 유용하게 사용된다.

우리나라에서는 김정택과 심혜숙(1990)이 영어판 MBTI G형의 원문항이 의미하는 성격적 특성을 포함하면서 문화적 차이를 고려하여 번역한 뒤, 표준화 작업을 위하여 미주교포 성인 남녀 201명, 한국인 성인 남녀 200명, 한국인 남녀 대학생 141명과 고등학생 232명 등 총 774명을 대상으로 여러 차례 예비검사를 거쳤다. 한국판 MBTI의 검사-재검사 신뢰도는 EI지표 .86, SN지표 .85, TF지표 .81, JP지표 .88로 나타났다(김정택, 심혜숙, 1995).

2) 검사의 구성

MBTI는 G형(94문항), K형(131문항), M형(93문항), Q형(144문항)의 네 종류가 있는데, 이 중 자가채점 방식의 MBTI G형이 가장 널리 사용되고 있다. 외향(E)-내향(I), 판단(J)-인식(P)의 태도지표 두 가지와 감각(S)-직관(N), 사고(T)-감각(F)의 기능지표 두 가지에 대한 개인의 선호도를 밝혀서 4쌍 척도의 모든 가능한 조합인 16가지 성격 유형 중 한 유형에 속하게 된다. 검사 대상은 G형, K형은 중학교 3학년부터 성인까지 사용 가능하고, M형은 대학생부터 성인, Q형은 고등학생부터 성인까지 사용 가능하다. MBTI G형은 '나는 대체로 다른 사람들과 쉽게 어울리는 사람이다'와 같은 에너지 방향에 관한 EI지표 21문항, '만약 자신이 교사라면 실제적인 사실을 다루는 과목들을 가르치고 싶다'와 같은 인식 기능에 관한 SN지표 26문항, '나는 감정을 이성보다 더 자주 내세우는 편이다'와 같은 판단 기능에 관한 TF지표 23문항, '하루 정도 어디를 다녀오고 싶을 때, 나는 언제 무엇을 할 것인가를 계획하는 편이다'와 같은 외부세계를 향한 태도에 관한 JP지표 24문항으로 구성되어 있다.

MBTI 문항들은 4개의 양극단 선호에 대한 질문들로 구성되어 있다. 문항들은 동일선상의 양극단에 위치하며 다른 것에 비해 상대적인 선호를 결정하도록 되어 있다. 네 가지 선호지표는 다음과 같다.

표 5-1　MBTI의 네 가지 선호 지표

에너지의 방향 (주의초점)	외향성(Extraversion attitude: E)- 내향성(Introversion attitude: I)	• 외향형: 외부환경과 관련을 맺는 것을 추구하며, 그들 주위 세계에서의 사건들을 중요시함 • 내향형: 자신의 내부세계에의 몰입을 추구하며, 사건들을 이해하기 위한 개념과 생각에 가치를 둠
인식기능 (정보수집)	감각(Sensing perception: S)- 직관(Intuitive perception: N)	• 감각형: 감각에 의해서 관찰 가능한 실제적·즉각적·실용적인 것들에 흥미를 지님 • 직관형: 미래의 가능성, 암묵적 의미, 통찰에 의해 알 수 있는 상식적이거나 이론적인 패턴에 흥미를 지님
의사결정 기능 (판단기능)	사고(Thinking judgment: T)- 감정(Feeling judgement: F)	• 사고형: 원인과 결과에 대한 논리적 분석의 과정을 통해 합리적 결정을 함 • 감정형: 상대적 중요성이나 가능한 대안의 가치에 무게를 둠으로써 합리적 결정을 함
외부세계를 향한 태도 (생활양식)	판단(Judgement: J)- 인식(Perception: P)	• 판단형: 의사결정 과정의 생활양식을 더 선호하며, 결정을 빠르게 내리고, 조직화, 계획, 구조화하는 것에 흥미를 지님 • 인식형: 정보 수집 과정의 생활양식을 선호하며, 호기심이 풍부하고 변화에 개방적이고 좀 더 나은 것이 나타나는 경우의 대안을 고려하는 것을 선호함

3) 검사의 실시 및 채점

　MBTI는 개별 및 집단 검사로 모두 실시 가능하며, 온라인과 오프라인으로 검사 실시가 모두 가능하다. 검사지는 ㈜한국MBTI연구소에서 전문 자격 교육을 받은 사람에 한하여 구매 및 사용이 제한되어 있고, ㈜어세스타 온라인심리검사(www.career4u.net)에서 검사지를 구입하고 온라인검사를 실시할 수 있다. 집단으로 MBTI를 실시할 때 검사자는 지시 사항을 큰 소리로 읽어 주면서 기재 사항을 정확하게 기입하고 응답할 때 제 문항에 표시하도록 강조할 필요가 있다. 검사를 실시할 때, MBTI는 정답이 없는 검사이고 좋은 성격과 나쁜 성격은 존재하지 않으며 자신의 선천적인 성격 유형을 파악하고 자기다운 자신의 성격을 찾는 것이 검사의 목적으로서 진단을 목적으로 하지 않음을 설명한다. 빈칸을 두지 않고 조금이라도 자신과 가까운 쪽으로 응답하도록 하고, 자신이 되고 싶은 방향보다는 현재의 자신을 잘 설명하는 방향으로 응답하도록 한다. MBTI는 시간제한이 없으나 지나치게 오래 끄는 사람에게는 한 문항에 너무 오래 생각하지 말고 자연스럽고 편안하게 자주 사용하는 경향을 선택하도록 권해야 한다. 수검자가 질문을 해도 검사자가 문항이나 단어의 의미를 설명해 주어서는 안 된다. MBTI에 응답할 때 바람직한 것은 자연스러운 상태에서의 자기 모습이다. 검사 실시에는 20~30분 정도가 소요된다.

채점은 자가채점과 온라인채점이 가능하며, 자가채점의 경우 네 가지 지표의 양극에 대한 전체 가중치의 합으로 원점수를 계산하고 척도별 쌍에서 점수가 높은 것이 선호도가 높은 유형이 된다. 4개의 자리로 이루어진 문자는 선호의 방향을 나타내고, 숫자가 높을수록 선호의 강도가 뚜렷하다는 것을 나타낸다(예를 들어, S의 점수가 10이고 N이 17이면 S-N지표에서의 유형은 N이다).

온라인 검사 실시 방법은 다음과 같다. 어세스타 검사 홈페이지에서 MBTI 실시 자격을 갖춘 검사자가 인증키를 수검자의 이메일로 발송하면 수검자는 MBTI 검사 홈페이지에 검사 인증키를 인증하여 검사를 실시하고, 검사 결과는 검사자의 계정에 PDF 형식으로 생성된다.

4) 결과 해석

MBTI검사 결과 수검자는 네 가지 영문자로 이루어진 16개 유형([그림 5-1] 참조) 중 한 유형에 해당하는 검사 결과 유형을 확인하게 된다. 각 척도의 점수가 높을수록 선호가 뚜렷함을 의미하고, 낮을수록 그 유형에 대한 선호가 덜 강하거나 명확하지 않음을 의미한다. 해석 시 각 선호성의 강도가 우수함이나 유능함을 의미하지 않는다는 것을 명확하게 인지하여야 한다. 예를 들어, N 45점을 받은 사람이 N 15점을 받은 사람보다 직관을 더 잘 사용한다고 해석할 수 없다. 높은 점수는 어떤 것을 선택할 때 자신이 무엇을 선호하는지 더욱 분명히 알고 있고 일관되게 선택했다는 것을 의미한다.

	감각(S)		직관(N)		
내향(I)	ISTJ 세상의 소금형: 신용가, 절약가, 보수파, 준법자	ISFJ 임금 뒤편의 권력형: 보호자, 관리자, 공급자, 봉사자	INFJ 예언자형: 예언가, 현자, 예술가, 신비가	INTJ 과학자형: 과학자, 이론가, 발명가, 독창가	판단(J)
	ISTP 백과사전형: 낙천가, 소비가, 모험과, 개척자	ISFP 성인군자형: 예술가, 온정가, 낙천가, 연기자	INFP 잔다르크형: 탐색가, 예술가, 신념가, 이상가	INTP 아이디어뱅크형: 건축가, 철학자, 과학자, 이론가	인식(P)
외향(E)	ESTP 수완 좋은 활동가형: 활동가, 주창가, 수완가, 촉진자	ESFP 사교적인 유형: 낙천가, 현실가, 접대자, 사교가	ENFP 스파크형: 열성가, 작가, 참여가, 외교술가	ENTP 발명가형: 창의자, 활동가, 능력가, 해결사	인식(P)
	ESTJ 사업가형: 행정가, 운영자, 사업가, 추진가	ESFJ 친선도모형: 사교가, 봉사자, 친선도모자, 협조자	ENFJ 언변능숙형: 지도자, 교사, 언변가, 협조자	ENTJ 지도자형: 지도자, 통솔자, 정책자, 활동가	판단(J)
	사고(T)	감정(F)	감정(F)	사고(T)	

[그림 5-1] MBTI의 16가지 성격 유형

5) MBTI의 이해와 활용

(1) 진로 지도 및 직업 선택

• 각자 자기 성격 유형에 적합한 계열, 전공과목, 직업 및 작업 환경을 찾을 수 있는 기초 자료를 제공한다.

• 선호하는 직무와 익숙하게 잘할 수 있는 직무를 구별하여, 직무의 우선순위를 정하거나 업무의 효율성을 증대시킬 수 있다.

• 직장 내에서 상대방에 대한 이해를 바탕으로 건강한 의사소통 기술을 발달시켜 원만한 인간관계를 맺도록 도울 수 있다.

• 진로, 적성검사를 함께 실시하여 진로상담 시 수검자에 대한 종합적이고 유용한 정보를 제공할 수 있다.

(2) 교육 현장

• 각 성격 유형에 적절한 교수 방법을 개발할 수 있다.
• 학습 동기와 학습 유형에 있어서 유형마다의 개인차를 발견할 수 있다. 적합한 학습방법을 파악하여 개발할 수 있게 하고, 교사들이 개별 학생들의 유형에 맞는 효율적인 지도 방법을 찾을 수 있다.
• 각 유형에 맞는 교과과정, 교수 방법, 교육매체의 활용, 교육 내용, 학습 환경을 찾을 수 있다.
• 학생들의 성격 유형에 대한 이해를 바탕으로 교사, 학생, 부모 간의 원활한 의사소통과 협력을 가능케 한다.

(3) 상담

• 자신의 선호 경향을 파악하고 장점과 단점을 이해함으로써 자신에 대한 깊이 있는 이해와 통찰을 할 수 있다.
• 가족 구성원 혹은 대인관계에서 상대방의 성격 유형을 파악하여 서로의 유사성 및 차이점을 깨닫게 함으로써 오해와 갈등을 해소할 수 있고, 이를 통해 가족 및 대인 관계에서 성숙한 관계를 형성하도록 도울 수 있다

2. MMPI

1) 개요

미네소타 다면적 인성검사(Minnesota Multiphasic Personality Inventory: MMPI)는 세계적으로 가장 광범위하게 사용되고 활발히 연구되고 있는 객관적 성격검사로, Hathaway와 McKinley(1943)가 개발했다. MMPI는 임상 장면의 규준집단을 사용하여 어떤 문항이 개인이 속한 집단을 잘 변별하는지 검토한 후 문항을 선정하는 '경험적 방법'을 적용하여 다양한 척도를 구성하였다. 이러한 경험적 방법은 제작 당시에는 매우 혁신적인 것으로, 기존의 성격검사는 대부분 논리적인 방법, 즉 안면타당도에 근거해서 논리적으로 문항을 선택·제작하고, 그 문항을 통해 측정하려는 속성을 잘 드러낸다고 생각되는 반응이 무엇인지 검사 제작자가 주관적으로 판단하

여 채점하는 방법에 의해 개발된 것이었다. 그러나 이러한 방법이 임상적 경험과 연구 자료에 의해 수검자들이 자신을 드러내고자 선택한 방향으로 왜곡하거나 속일 수 있음이 밝혀진 후 기존의 주관적 방법이 지닌 문제점을 극복하고자 '경험적 방법' 이 등장한 것이다. 본래 일반적 성격특성을 측정하기 위한 것이 아니었으나, 진단적 · 병리적 분류의 개념이 일반인의 행동을 설명하는 데에도 어느 정도 유효하다는 전제하에 일반적 성격 특성을 유추하기 위한 용도로도 사용되고 있다.

처음 개발된 MMPI는 550개의 문항을 포함하였는데, 이 중 수검자의 일관된 반응 경향을 파악하기 위한 16개 문항이 중복되어 총 566개의 문항으로 구성되어 있다. 수검자들은 각 문항에 대해 '그렇다' '아니다'의 두 가지 답변 중 하나를 택하여 반응하도록 되어 있으며, 이들의 반응은 10가지 임상척도와 4개의 타당도척도에 의해 채점된다.

MMPI가 처음 개발된 이후 MMPI-2가 개발된 1989년까지 여러 문제제기가 있었다. 첫째, 처음 출간된 후 40여 년이 넘게 한 번도 개정되지 않았기에 연구자 편의에 의해 구성된 원판 표준화집단의 적절성에 심각한 우려가 제기되었다. 둘째, 원판 MMPI의 문항 내용에 관한 문제제기도 있었다. 문항에 사용된 단어나 표현 중 지금은 일반적으로 쓰이지 않는 것들이 있었다. 셋째, 원판 MMPI의 몇 문항에는 현재 기준으로 심리검사 사용에 부적합한 성차별적인 단어가 사용되었고, 어려운 표현 등은 이해가 힘들었다. 마지막으로, 원판 MMPI 문항 선정에 사용된 예비문항의 폭이 좁아서 자살시도, 알코올 이외의 약물 사용, 치료와 관련된 행동 등을 측정하는 문항들이 매우 적었다.

이에 따라 새로운 규준자료를 수집하고, 최종 남자 1,138명과 여자 1,462명을 포함한 전체적인 모집단을 적절하게 대표하는 대규모 규준집단을 사용하여 1989년에 MMPI-2로 재표준화되었다. MMPI-2는 총 567개의 문항으로 재구성되어 임상척도, 내용척도, 보충척도, 성격병리5요인척도(PSY-5 척도) 등이 포함되었으며, 원판 MMPI의 기본 타당도척도 및 임상척도의 틀은 그대로 유지되었다. 구시대적인 표현, 성차별적인 문구 등은 제외되고 대신 성적 표현, 자살 및 약물문제 등이 포함되었다. MMPI 원판에서 사용해 온 선형 T점수는 정규분포를 가정하고 사용하는데, 정신병리적 지표들은 정적편포를 나타내는 경향이 있으며 동일한 편포를 보이지 않는다. 또한 선형 T점수가 동일하다 해도 백분위는 다를 수 있기 때문에 백분위 비교를 하기가 어렵다. 이에 비해 동형 T점수는 같은 값의 T점수라도 분포의 모양에 따라 각기 값을 줌으로써 백분위 비교가 가능하다. 동형 T점수는 8개 임상척도, 재구성임상척도, 내용척도, 내용소척도, 성격병리5요인척도에서 사용되었다.

국내에서는 정범모, 이정균, 진위교가 1963년에 처음으로 원판 MMPI를 표준화했고, 이후 실제 활용에서 드러난 번역 문제, 오래된 규준 문제 등을 해결하기 위하여 1989년에 한국임상심리학회가 재표준화했다. 미국에서 MMPI-2가 출판된 후 번역 오류, 시대에 적합하지 않은 표현, 애매한 용어 등을 고려하여 우리나라에서는 원판 MMPI에 포함되었던 문항을 포함한 MMPI-2의 567문항을 다시 번역하였고, 지역과 교육 수준, 성별 등을 고려하여 최종 1,352명을 규준집단으로 선발하여 표준화 작업을 하였으며, 2005년 한국판 MMPI-2가 출판되었다.

2) 검사의 구성

(1) 타당도척도

MMPI-2는 기존 3개의 타당도척도(L, F, K)에 6개(VRIN, TRIN, F(P), F(B), FBS, S) 타당도척도가 추가되어 검사 수행 시의 태도를 평가하는 데서 좀 더 체계적이고 정확한 평가가 가능해졌으며, 각 타당도척도와 내용은 다음 〈표 5-2〉에 제시되어 있다.

표 5-2 MMPI-2 타당도척도

척도명	약어	문항 수	내용
무응답척도	?		응답하지 않은 문항이나 '네' '아니요' 모두에 답한 문항들의 총합
부인척도	L	15	여러 가지 사소한 결점과 성격적 결함에 대해 물어서 대부분 망설임 없이 인정할 수 있는 내용의 문항들로 구성된 척도로, 수검자가 자신을 좋은 방향으로 나타내 보이려는 세련되지 못한 시도를 측정
비전형척도	F	60	대다수의 보통 사람이 흔히 대답하지 않는 내용의 문항들로 구성된 척도
교정척도	K	30	입원한 환자이지만 정상 프로파일을 보이는 사람과 어떤 이유로 비정상적 프로파일을 보이는 정상인을 감별할 목적으로 구성된 척도

무선반응비일관성척도	VRIN	98	내용이 유사하거나 상반되는 문항쌍으로 구성된 척도
고정반응비일관성척도	TRIN	40	내용이 상반된 문항쌍으로 구성된 척도
비전형–후반부 척도	F(B)	40	검사 후반부에 보통사람들이 흔히 대답하지 않는 내용의 문항들로 구성된 척도
비전형–정신병리 척도	F(P)	27	규준집단과 정신과 외래환자 모두 매우 낮은 빈도로 반응을 보인 문항들로 구성된 척도
증상타당도	FBS	43	개인 상해 소송 장면에서 자신의 증상을 과장하는 사람들을 탐지하기 위한 목적으로 구성된 척도
과장된 자기제시 척도	S	50	인사 선발 장면에서 자신을 좀 더 긍정적으로 보이고자 하는 사람들을 가려낼 목적으로 구성된 척도

(2) 임상척도

MMPI-2의 임상척도는 본질적으로는 원판 MMPI의 임상척도와 동일하다(〈표 5-3〉 참조). 척도명으로 부르기보다는 주로 척도 번호로 지칭한다. 예를 들어서 '건강염려증척도가 높다'고 말하기보다는 '1번 척도가 높다'고 말한다.

표 5-3 MMPI-2 임상척도

척도명	척도 번호	약어	문항 수	내용
건강염려증 (Hypochondriasis)	1	Hs	32	신체적 기능, 건강에 관한 신경증적 집착과 걱정을 반영하는 문항들로 구성
우울증 (Depression)	2	D	57	슬프고 우울한 기분, 의기소침, 비관, 무력감과 관련된 신체적 증상, 불만족감, 걱정, 긴장, 적대적 충동부인, 사고과정 통제 어려움을 포함하는 내용의 문항들로 구성
히스테리 (Hysteria)	3	Hy	60	수면문제, 특정 신체 증상의 호소, 심리적 갈등 및 대인관계에서의 불편감을 부인하는 경향 등과 관련된 문항들로 구성
반사회성 (Psychopathic Deviate)	4	Pd	50	학교나 사회에서 규칙 및 법을 지키는 데서의 어려움 인정, 사회적, 도덕적 규범의 무시, 가정문제, 삶에 대한 만족감 결여를 반영하는 문항들로 구성

남성 특성– 여성 특성 (Masculinity- Feminity)	5	Mf	56	직업 및 여가에 대한 관심, 걱정과 두려움, 과민성, 가족관계 등 다양한 주제와 관련된 문항들. 전통적 남성적 성역할 또는 여성적 성역할에 대한 흥미를 반영
편집증 (Paranoia)	6	Pa	40	명백한 정신병적 행동(의심, 관계사고, 피해망상, 과대망상), 민감성, 냉소, 반사회적 행동, 과도한 도덕적 미덕, 타인에 대한 불평 등과 관련된 문항들로 구성
강박증 (Psychasthenia)	7	Pt	48	통제되지 않는 강박적 사고, 두려움과 불안, 자신의 능력에 대한 의심, 불행감, 신체적 호소, 집중력의 어려움과 관련된 문항들로 구성
정신분열증 (Schizophrenia)	8	Sc	78	명백한 정신병적 증상(기이한 정신상태, 지각의 기이함, 피해망상, 환각), 사회적 소외, 가족관계 문제, 성적 문제, 충동 통제와 집중 곤란, 두려움, 걱정, 불만족 등과 관련된 문항으로 구성
경조증 (Hypomania)	9	Ma	46	경조증적 특징(활동 수준, 흥분성, 과대지각), 가족관계, 도덕적 가치와 태도, 신체적 문제 등과 관련된 문항으로 구성
사회적 내향성 (Social Introversion)	0	Si	69	대인관계 및 사회적 상황에 대한 참여, 일반적인 신경증적 부적응 및 자기비하 등과 관련된 문항으로 구성

(3) 재구성임상척도

임상척도 간 높은 상관 문제를 해결하기 위해 Tellegen 등(2003)이 9개의 재구성임상척도(Restructured Clinical: RC)를 개발하였다(〈표 5-4〉 참조). 재구성임상척도는 임상척도에 공통적으로 반영되어 있는 일반 요인인 의기소침(demoralization: dem)을 분리해 내고 각 임상척도가 측정하는 고유한 핵심 요인을 추출한 것이다. 임상척도 각각의 고유한 특징을 명료화하여 임상척도를 해석할 때 도움이 된다.

표 5-4 MMPI-2 재구성임상척도

척도명	약어	문항 수	내용
RCd	dem	24	의기소침(Demoralization)
RC1	som	27	신체 증상 호소(somatic complaint)
RC2	lpe	17	낮은 긍정 정서(low positive emotions)
RC3	cyn	15	냉소적 태도(cynicism)
RC4	asb	22	반사회적 행동(antisocial behavior)
RC6	per	17	피해의식(ideas of persecution)
RC7	dne	24	역기능적 부정 정서(dysfunctional negative emotions)
RC8	abx	18	기태적 경험(aberrant experiences)
RC9	hpm	28	경조증적 상태(hypomanic activation)

(4) 내용척도, 보충척도 및 성격병리5요인척도

내용척도(content scales)는 경험적 접근 방식을 사용한 MMPI 척도 구성과는 다르게 논리적 접근을 통해 개발되었으며, 해당 내용 차원의 특징을 잘 반영하고 있는 명백 문항으로 주로 구성되어 있다. 따라서 임상척도의 의미를 좀 더 상세히 해석할 수 있다는 장점이 있다. 그러나 과장하려는 수검자의 경우에는 점수가 높아지고, 방어적 태도를 지닌 수검자의 경우에는 점수가 낮아지는 단점이 있기 때문에 수검자의 태도를 고려하여 해석하는 것이 필요하다. 내용척도는 부적정서(ANX, FRS, DEP, ANG) 및 이와 관련된 척도(OBS, HEA, LSE), 대인관계나 일에서 특징적인 태도나 행동(CYN, ASP, TPA, SOD), 가정과 직장에서의 갈등 및 스트레스(FAM, WRK), 정신병적 증상(BIZ)과 치료 예후(TRT)를 측정하는 15개의 척도로 이루어져 있다.

보충척도(supplementary scales)는 원판 MMPI가 개발된 이후 450개 이상 개발된 다양한 보충척도 중 신뢰도와 타당도가 확보되고 보편적으로 사용되는 15개의 특수척도로 MMPI-2에 채택되었다. 보충척도는 타당도 및 임상척도의 해석을 보완할 목적으로 부가적으로 사용되며, MMPI-2의 기본 차원을 대표하는 척도(A, R), 개인 심리치료를 받는 신경증 환자들의 반응을 예측하기 위해 만들어진 Es(자아강도)척도, 정치참여와 관련된 대규모 프로젝트 일환으로 개발된 척도(Do, Re), 대학생활, 결혼생활 및 외상적 스트레스와 관련된 척도(Mt, MDS, PK), 적대감과 관련된 척도(Ho, O-H), 물질남용과 관련된 척도(MAC-R, APS, AAS), 성역할과 관련된 척도(GM, GF)가 있다.

성격병리5요인척도(Personality Psychopathology Five Scale: PSY-5)는 정상적인 기능과 임상적 문제 모두와 관련되는 성격특질을 평가하기 위해 제작되었다. 성격장애를 정상적 성격과 구분되는 범주적 특성으로 보기보다는 정상적 성격 기능의 스펙트럼에서의 정도의 차이로 개념화하고, 정상성격이나 성격장애를 기술하는 표현을 대규모로 수집하여 다섯 가지 구성 개념(공격성, 정신증, 통제결여, 내향성/낮은 긍정적 정서성, 부정적 정서성/신경증)을 이끌어 낸 다음 MMPI-2 문항들과 구성개념 간의 일치도에 대한 평정을 바탕으로 척도를 구성하였다. 성격 특성 모델인 5요인 모델과 관련이 있다.

표 5-5 MMPI-2 내용척도, 보충척도 및 성격병리5요인척도

구분	특징	
내용척도	• 불안(ANX, 23문항) • 강박성(OBS, 16문항) • 건강 염려(HEA, 36문항) • 분노(ANG, 16문항) • 반사회적 특성(ASP, 22문항) • 낮은 자존감(LSE, 24문항) • 가정 문제(FAM, 25문항) • 부정적 치료지표(TRT, 26문항)	• 공포(FRS, 23문항) • 우울(DEP, 33문항) • 기태적 정신상태(BIZ, 24문항) • 냉소적 태도(CYN, 23문항) • A유형 행동(TPA, 19문항) • 사회적 불편감(SOD, 24문항) • 직업적 곤란(WRK, 33문항)
보충척도	• 불안(A, 39문항) • 자아강도(Es, 52문항) • 사회적 책임감(Re, 30문항) • 적대감(Ho, 50문항) • 중독 인정(AAS, 13문항) • 남성적 성 역할(GM, 47문항) • 결혼생활 부적응(MDS, 14문항) • 외상후스트레스장애(PK, 46문항) • MacAndrew의 알코올중독(MAC-R, 49문항)	• 억압(R, 37문항) • 지배성(Do, 25문항) • 대학생활부적응(Mt, 41문항) • 대감 과잉통제(O-H, 28문항) • 중독 가능성(APS, 39문항) • 여성적 역할(GF, 46문항)
성격병리 5요인척도 (PSY-5 척도)	• 공격성(AGGR, 18문항) • 정신증(PSYC, 25문항) • 통제 결여(DISC, 29문항) • 부정적 정서성/신경증(NEGE, 33문항) • 내향성/낮은 긍정적 정서성(INTR, 34문항)	

3) 검사 실시 및 채점

MMPI-2는 정신병리와 심리평가에 대한 전문적 지식을 갖춘 전문가에게 ㈜ 마음사랑(http://maumsarang.kr)에서 검사지를 구입할 수 있는 자격이 주어진다. MMPI-2는 개별 혹은 집단별로 실시 가능하다. 개별로 할 때에는 수기답안지를 사용하거나 수검자가 컴퓨터에 설치된 화면 실시 프로그램을 통해 직접 문항을 보고 들으면서 직접 입력할 수 있으며 집단용으로 실시할 때에는 OMR 용지에 작성한다. 화면 실시는 수검자가 시각적 어려움이 있거나 지필검사가 어려울 경우 유용하게 사용할 수 있고, 수기답안지를 사용하는 것보다는 검사 소요 시간이 짧고 별도의 코딩 과정이 필요하지 않다. 수기답안지를 사용할 경우에는 수검자가 종이로 된 검사지와 답지를 사용하여 답안을 표시하고, 검사자가 컴퓨터로 통합채점 프로그램을 통해 직접 입력하여 채점이 가능하다.

검사 실시 전에 검사자는 수검자와 라포(rapport)를 형성하고, MMPI-2를 실시하는 이유와 검사 결과가 어떻게 사용될지, 협조가 왜 필요한지 설명한다. 또한 검사자는 '그렇다-아니다' 형식으로 제시된 답안지에 빈칸을 두지 말고 가능하면 자신과 좀 더 가까운 쪽으로 솔직하게 응답하며 현재의 상태(혹은 기분)를 기준으로 응답하도록 지시한다. 검사자는 수검자가 지시를 충분히 이해했는지 주의 깊게 확인하며, 실시 과정을 적절히 감독한다. 검사는 조용하고 방해받지 않는 편안한 장소에서 실시하며, 때로는 집으로 가지고 가서 실시할 수도 있으나 검사 수행 시의 태도나 검사 소요 시간 등을 관찰하기 위해서는 적절한 감독이 이루어질 수 있는 장소에서 실시하는 것이 좋다.

시간제한은 없으나 실시 시간은 대체로 1시간~1시간 30분 정도 소요되며, 너무 짧은 시간의 수행은 충동적이고 무성의한 경향을 시사하고, 시간이 너무 오래 걸리는 경우는 강박적 성향이나 우울, 혹은 낮은 지능으로 인한 이해력 부족 등을 고려할 수 있기 때문에 검사 소요 시간을 기록해 두는 것이 유용하다. 검사를 수행하는 과정에서의 수검자의 태도 또한 기록해 두는 것이 좋다.

4) 결과 해석

MMPI-2 결과는 원점수와 평균 50, 표준편차 10의 T점수로 제시되며, 원판

MMPI에서 나타난 정적 편포로 인한 선형 T점수의 문제를 극복하기 위해 타당도척도 및 척도 5, 0을 제외한 임상척도는 동형 T점수로 제시된다. 즉, 어떤 두 척도의 동일한 T점수는 동일한 백분위를 나타내는 것으로 척도 간 백분위를 비교할 수 있다. 즉, 각 척도에서 65T점수는 모두 92%ile(백분위)에 해당한다. MMPI-2에서는 65T점수 이상으로 상승된 척도를 유의미하게 해석한다.

MMPI-2의 실시와 마찬가지로 검사 결과를 해석하는 데는 복잡한 정신병리와 심리평가에 대한 전문적 지식을 갖추는 것이 필요하고 슈퍼비전과 더불어 많은 훈련과 임상 경험이 요구된다. MMPI-2 결과의 해석은 수검자에 대한 잠정적 가설로 간주하고 면담, 관찰, 다른 검사 등과 함께 종합적으로 해석하는 것이 유용하다.

MMPI-2 매뉴얼에서 제시하는 6단계 결과 해석 과정은 다음과 같다. 자세한 설명은 다양한 MMPI-2 해석 지침서를 참고할 것을 권장한다.

(1) 결과 타당성 평가 단계

타당도척도를 확인한다. 먼저, 무응답 문항 수를 검토해 본다. 10개 이하이면 정상 범위에 속한다고 볼 수 있으나, 누락된 문항들이 무작위적인지 아니면 어떤 패턴을 이루고 있는지 등 누락된 항목들의 내용을 검토한 후에 10개 이상일 경우 누락 문항이 속하는 척도를 확인하여 조심스럽게 해석한다. 또 30개가 넘으면 프로파일이 무효일 가능성이 크다. 30개 이상의 무응답은 문장을 읽고 이해하는 데서의 어려움, 검사 및 검사자에 대한 강한 불신감, 반항적이고 비협조적인 태도, 지나친 강박성으로 인한 응답 곤란, 정신적 혼란이나 심한 우울증 등을 고려할 수 있다. 무응답, VRIN, TRIN척도가 상승하는 경우 성실하지 않은 검사 태도, 무선적 응답을 고려할 수 있다. F, F(B), F(P), FBS척도의 상승은 무작위로 반응하거나 고정 반응을 했을 경우, 심각한 정신병리 문제가 있거나 의학적 문제가 있을 경우, 과장하여 보고하는 경향 등을 들 수 있으며, L, K, S 척도의 상승은 자신의 문제를 과소 보고하거나 방어적 태도를 지녔음을 시사한다.

(2) 임상척도 해석 단계

성격 및 현재 감정 상태를 파악한다. 임상척도에서 75T점수 이상의 극단적으로 높은 점수 수준은 심각한 병리를 시사하고, 점수가 낮아지면 증상과 문제의 심각성은 줄어들고 독특한 성격적 특성을 나타낸다고 볼 수 있다.

(3) 재구성임상척도 및 해당 임상척도의 소척도 확인 단계

앞 단계의 임상척도의 상승 해석 시에 임상척도에 공통적으로 반영되어 있는 의기소침의 변량으로 명확한 해석에 어려움이 있을 수가 있다. 재구성임상척도와 해당 임상척도의 소척도 확인은 각 임상척도가 측정하는 고유한 요인을 파악할 수 있도록 하여 임상척도의 상승에 어떠한 요인이 기여하였는지, 수검자에게 중요한 문제가 무엇인지를 파악할 수 있다.

(4) 프로파일 코드 유형(code type) 형태 분석

두 개 혹은 세 개의 상승 척도 쌍(two-point/three-point code type)을 활용해서 해석한다. 프로파일에서 가장 높이 상승한 임상척도들을 해석하는데, 예를 들어 3-8 상승 척도 쌍은 척도3 점수가 가장 높은 점수를 받고 척도8 점수가 다음으로 높은 점수를 받았다는 의미다.

(5) 내용척도, 내용소척도, 보충척도, 성격병리5요인척도 해석 단계

각 척도를 검토하여 해석적 가설을 다듬는다. 수검자가 나타내는 증상 및 문제, 성격 특성들에 대해 일관되고 통합된 요약을 만들고, 다양한 타당도 지표를 충분히 감안해야 한다.

(6) 결정적 문항 검토 단계

어떤 특정한 문제들에 응답이 많은지, 혹시 간과된 증상이나 문제들이 있는지 판단한다.

3. NEO 성격검사

Costa와 McCrae(1992)는 여러 성격 특성 이론에 기초하여 제작된 성격검사들을 결합 요인분석하여 공통으로 추출된 5요인을 측정하는 검사인 NEO Personality Inventory(NEO-PI: 1985)를 개발하였다. 그들은 5요인의 특성이 시간이나 상황의 변화에도 일관되게 나타나고 인간의 행동을 예언해 주므로 인간생활의 실제적인 구성 개념이라고 보았다(Costa & McCrae, 1992). 이후 신경증, 외향성, 경험에 대한 개방성 외에도 친화성과 성실성의 하위 요인들을 포함하여 The Revised NEO Personality Inventory(NEO-PI-R: 1992)를 구성하였다가 NEO-PI-3(2010)로 다시 개정하였다.

특성이론은 인간 성격의 기본 단위를 특성(trait)이라는 선천적 성격기질로 보며, 인간의 성격은 타고난 선천적 요인과 환경적 요인의 상호작용 결과로 간주한다. 개인이 성장 과정에서 경험하는 환경적 영향이 대체로 본래 가지고 태어난 선천적, 유전적 성격기질을 더욱 발현 혹은 억제하는 데에 중요한 영향을 준다고 본다. 특성이론은 선천적 성격기질이 무엇인가에 중점을 두기 때문에 왜 우리의 성격이 전 생애에 걸쳐 대체로 일관되게 드러나는지 설명할 수 있다.

NEO 성격검사는 인간의 성격을 계층적 구조로 설명하는 "5개 요인구조(Five Fact Model/Big Five Model)"와 그 하위척도 구조들을 측정한다. 따라서 기존의 여러 검사보다 개인의 성격 특성을 가장 포괄적으로 설명해 주며, 개인 간의 성격 차이를 뚜렷이 밝혀줄 뿐만 아니라 아동 및 청소년의 발달적 시기에서 나타나는 부적응 행동, 즉 발달장애를 진단하고 예측하는 데 유용한 정보를 준다. 또한 MMPI나 PAI가 주로 정신병리 측정에 유용한 것과는 달리 좀 더 건강하고 적응적인 사람들의 성격을 기술하고 설명할 뿐 아니라 정신 건강, 학업 성취, 학습 방법, 진로선택, 직업에서의 성공여부, 생활에서의 만족감, 심리적 장애, 성격적 취약성에 대한 정보도 제공하기 때문에 상담 및 교육 현장에서 활용도가 높다.

한국판 NEO 성격검사는 NEO-PI 시리즈의 한국판 검사가 아니라, 5요인 특성이론이라는 동일한 성격 이론에 기반을 두고 한국 문화를 고려하여 새로이 구성한 검사다. 2016년에 인싸이트에서 안현의와 안창규가 표준화한 NEO 성격검사가 출간되었다.

1) 검사의 구성

한국판 NEO 성격검사는 초등학생용 147문항, 청소년용(중·고등학생) 211문항, 성인/대학생용 211문항으로 구성되어 있으며, 각 하위척도의 내용은 다음 〈표 5-6〉과 같다. 기존의 NEO-PI 검사들과 비교하여 NEO 성격검사는 외향성, 개방성, 친화성, 성실성 요인에서는 아동용(3개 하위척도), 청소년용, 성인/대학생용(4개

표 5-6 NEO-PI-3와 한국판 NEO 성격검사의 하위척도

5요인 성격특성	NEO-PI-3	NEO 성격검사 (아동용)	NEO 성격검사 (청소년용)	NEO 성격검사 (대학생/성인용)
E: 외향성	E1: 온정 E2: 사교성 E3: 주장 E4: 활동성 E5: 자극추구 E6: 긍정적 정서	E1: 사회성 E2: 지배성 E3: 자극추구	E1: 사회성 E2: 지배성 E3: 자극추구 E4: 활동성	E1: 사회성 E2: 지배성 E3: 자극추구 E4: 활동성
O: 개방성	O1: 상상 O2: 심미성 O3: 감정의 개방성 O4: 행동의 개방성 O5: 사고의 개방성 O6: 가치의 개방성	O1: 창의성 O2: 정서성 O3: 사고유연성	O1: 창의성 O2: 정서성 O3: 사고유연성 O4: 행동진취성	O1: 창의성 O2: 정서성 O3: 사고유연성 O4: 행동진취성
A: 친화성	A1: 신뢰성 A2: 겸손 A3: 순응 A4: 이타성 A5: 솔직성 A6: 동정	A1: 온정성 A2: 신뢰성 A3: 관용성	A1: 온정성 A2: 신뢰성 A3: 공감성 A4: 관용성	A1: 온정성 A2: 신뢰성 A3: 공감성 A4: 관용성
C: 성실성	C1: 유능감 C2: 자기 통제력 C3: 성취지향성 C4: 충실성 C5: 정연성 C6: 신중성	C1: 유능감 C2: 조직성 C3: 책임감	C1: 유능감 C2: 성취동기 C3: 조직성 C4: 책임감	C1: 유능감 C2: 성취동기 C3: 조직성 C4: 책임감
N: 신경증	N1: 불안 N2: 적대감 N3: 우울 N4: 자의식 N5: 충동성 N6: 심약성	N1: 불안 N2: 적대감 N3: 우울 N4: 충동성 N5: 사회적 위축 N6: 정서충격	N1: 불안 N2: 적대감 N3: 우울 N4: 충동성 N5: 사회적 위축 N6: 정서충격 N7: 심약 N8: 특이성 N9: 반사회성 N10: 자존감	N1: 불안 N2: 적대감 N3: 우울 N4: 충동성 N5: 사회적 위축 N6: 정서충격 N7: 심약 N8: 특이성 N9: 반사회성 N10: 자존감

하위척도), 신경증 요인에서 아동용(6개 하위척도), 청소년용, 성인/대학생용(10개 하위 척도)과 같이 대상군에 따라 하위척도의 수가 다르게 구성되어 있다.

2) 검사 실시 및 채점

개별 및 집단으로 실시할 수 있으며, 인싸이트 홈페이지에서 아동용, 청소년용 NEO 성격검사를 온라인으로 실시할 수 있다. 검사자는 수검지들이 문항의 내용을 잘 읽고, 정확하고 솔직하게 응답할 수 있도록 검사의 목적을 충분히 설명해야 한다. 각 문항에는 정답이 없으며, 너무 깊이 생각히지 말고 자신의 평소 모습을 생각하면서 떠오르는 것에 응답하도록 하고, 자신의 이상적인 모습에 응답하기보다는 현재 자신의 성격과 행동습관대로 응답하도록 지시한다.

NEO 성격검사는 5점 척도로 학생이나 수검자들은 각 문항의 내용에 대해 '매우 그렇다' '그렇다' '보통이다' '아니다' '전혀 아니다' 중 하나를 선택하도록 한다. 검사 실시에 시간제한은 없으나 대부분 30~40분 정도 소요된다.

검사 채점은 집단 실시 시 OMR 답안지는 인싸이트로 우편 발송하여 일괄적으로 전산 채점하고, 채점 결과는 인싸이트로부터 전달받을 수 있다. 개별 실시 시 인싸이트에서 온라인 코드를 구입하여 온라인 검사를 실시하고, 온라인으로 입력하여 채점할 수 있다. 채점 결과는 프로파일, 요약 해석, 척도 해석으로 구성된 결과표가 개별적으로 출력된다.

3) 결과 해석

한국판 NEO 성격검사 매뉴얼에서는 결과를 해석하기 전에 유의해야 할 사항을 다음과 같이 제시하고 있다. 첫째, NEO 성격검사에 의해 측정되는 성격은 평생 변화하지 않는 성격 특성을 의미한다. 둘째, NEO 성격검사의 5요인과 하위척도들은 연속적 차원의 특성을 측정하는 것으로 하나의 유형으로 해석되어서는 안 된다. 즉 각 연속적 차원의 상대적인 위치로 해석해야 한다. 셋째, NEO 성격검사의 5요인척도들은 백분위(%ile) 또는 T점수가 낮거나 평균 수준에 있다 하더라도 개인의 성격에 대해 의미 있는 정보를 제공해 줄 수 있다. 넷째, NEO 성격검사의 결과를 해석할 때 좋거나 나쁜 성격으로 판단하지 않도록 주의해야 한다. 다섯째, 성격 요인 점수 중 평균에서 극단적인 점수를 보이는 척도를 중심으로 프로파일 해석을 한다. 여섯째, 결과 프로파일은 내담자의 성장 배경과 가정환경, 현재 나타나는 문제점 및 다른 내담자의 정보 등을 참고하여 이루어져야 한다. 일곱째, NEO 성격검사 프로파일 해석은 잠정적이고 가설적인 것으로 보아야 하지만, 내담자와 의견을 나누어 긍정의 결과가 나오면 확정적인 결론을 내릴 수 있다. 자기보고와 관찰자 평정 모두 절대 확실한 것이 아니다. 검사 결과가 내담자와 치료자에게 부정확하게 보이면, 좀 더 심층적 상담을 하거나 다른 임상적인 검사를 해 볼 필요가 있다. 여덟째, 해석할 때 다른 척도들과의 관련성을 고려하여 결과의 타당성을 찾는 것이 필요하다. 아홉

표 5-7 한국판 NEO 성격검사 척도의 의미 해석

척도	의미	높은 점수	낮은 점수
신경증 (Neuroticism)	정서적 반응 성향	정서적으로 불안정하고 예민함. 잘 참지 못함. 일상생활에서 높은 수준의 욕구불만과 스트레스를 지님.	정서적으로 안정됨. 일상생활에서 적응을 잘함. 자신의 어려운 문제에 대한 억압 및 둔감이나 무신경을 반영할 가능성.
외향성 (Extraversion)	신체적·심리적 에너지 수준	사람들과 만나고 사귀기 좋아함. 명랑하고 쾌활함. 매사에 적극적이고 자기주장을 잘함. 열성적이고 낙천적임.	번잡하고 시끄러운 분위기를 싫어함. 조용한 곳을 선호함. 혼자 지내는 것에 편안함을 느낌. 자신을 잘 드러내지 않음. 조용한 성격.
개방성 (Openness to Experience)	새로운 경험과 변화에 대한 수용성	상상력이 풍부함. 새로운 아이디어와 가치관에 개방적임. 자신과 타인의 감정에 민감함. 지적이고 문화적으로 풍부한 삶.	자신과 타인의 감정에 둔감함. 한정되고 고정된 생각 및 가치에 머묾. 자신과 다른 경험 세계를 지닌 사람들을 이해하거나 수용하는 데 어려움을 보임.
친화성 (Agreeableness)	대인관계 성향	타인을 신뢰함. 관심이 많음. 친밀한 관계를 유지하려 함. 타인을 배려함. 갈등 상황에서 타인에게 양보함. 인간적 사랑이 풍부함.	타인을 신뢰하지 않음. 무관심함. 친밀한 관계 유지의 필요성을 느끼지 못함. 타인의 어려움에 무신경함. 배려를 못함.
성실성 (Conscientiousness)	일과 학업을 수행하는 방식	유능함. 사려 깊고 분별력이 있음. 과제에 대한 뛰어난 조직력. 강한 성취 욕구를 지님. 목표 지향적임.	스스로 유능하지 못하다고 생각함. 사려 깊지 못함. 조직력이 부족함. 해야 할 일을 잘 미룸.

째, 요인 점수의 쌍들을 고려하는 것이 필요하다.

프로파일을 해석할 때 각 척도의 의미와 높은 점수와 낮은 점수의 해석은 다음 표와 같다(〈표 5-7〉 참조).

프로파일을 해석하기 위한 절차는 다음 [그림 5-2]와 같다.

NEO 성격검사는 5개 성격 요인 점수를 확인하여 평균에서 가장 많이 벗어난 요인 2개를 개인의 주된 성격 특성으로 해석하고, 5개 성격 요인의 각 하위척도의 T점수들을 확인하여 개인 간의 차이를 분석하는 상세한 해석을 할 수 있다. 또한 대인관계 특성은 외향성 및 친화성 척도를 확인하는데, 높은 E와 A는 가장 원만한 대인관계를 맺는 사람이고 낮은 E와 A는 대인관계가 가장 힘든 사람으로서 혼자 지내며 협동적이지 못하고 경쟁적이다. 높은 E와 낮은 A는 사교적이고 자기주장적이며 활발하나 타인에 대한 배려가 부족한 사람이고, 낮은 E와 높은 A는 친밀하게 지내고 친구들이 좋아하나 조용하고 자기주장을 못하는 사람이다.

심리적 행복감은 신경증 및 외향성 척도를 확인하는데, 높은 E와 낮은 N이 가장 행복한 사람이고 낮은 E와 높은 N이 가장 불행한 사람이다. 스트레스에 대한 대처방식은 N척도는 도피적 공상, 우유부단함, 진정제 사용, 자기비난, 적대반응 등의 양식과 관계 있고, E척도는 긍정적 사고, 합리적 행동, 자제력과 관련이 있으며, 높

5개 요인에 대한 일반적 해석	* 5수준 해석: 아주 낮다(34점 이하) / 낮다(35~44점) / 평균(45~54점) / 높다(55~64점) / 아주 높다(65점 이상) • 개인의 주된 특성: 평균에서 가장 많이 떨어진 2개 요인
하위척도 T점수 해석	5수준 해석
연구 결과에 기초한 해석	• 감정양식: 신경증(N), 외향성(E) • 대인관계특성: 외향성(E), 친화성(A) • 직업흥미: 외향성(E), 개방성(O) • 치료형태: 외향성(E), 개방성(O) • 행동유형: 외향성(E), 성실성(C) • 학업성취: 개방성(O), 성실성(C) • 기본적 특질: 친화성(A), 성실성(C)

[그림 5-2] 프로파일 해석 절차

은 O척도는 스트레스 상황에서 유머를 사용하고 낮은 O척도는 어려운 상황에서 신념에 따라 행동한다.

방어기제와 관련하여 살펴보면, 높은 N척도는 왜곡, 부인, 억압 등 부적응기제를 많이 사용하고, 높은 E와 O는 적응적 행동 유형의 방어기제를 사용하고, 높은 A는 자기희생적 방어기제를 사용하며, 높은 C는 적응적 방어기제를 사용한다.

4. PAI

성격평가질문지(Personality Assessment Inventory: PAI)는 성인의 다양한 정신병리를 측정하기 위해 구성된 성격검사로 성격과 부적응의 평가, 정신병리의 선별(screening), 임상진단, 치료 계획 및 치료 결과 평가에 유용한 정보를 제공해 줄 수 있다. 또한 과거 정신장애 진단분류에서 중요하게 다루어진 임상증후군들을 중요성과 실제 판별 비중을 고려하여 선별하여 측정할 수 있도록 하였다. 임상 현장에서 가장 많이 사용되는 MMPI가 갖고 있는 낮은 구성타당도, 진단집단 간의 낮은 변별력 등의 문제점에 극복하기 위하여 심리검사의 이론적, 방법론적 측면을 고려하여 Morey(1991)가 개발하였다(홍상황, 김영환, 2002). PAI는 합리적, 경험적인 접근을 강조하는 구성타당도에 바탕을 두고 개발되었고, 잠정적 변별문제를 감소시키기 위하여 문항중복을 피하였다. PAI는 MMPI와는 달리 척도명이 의미하는 구성 개념과 실제 척도 내용 간 직접적 관련성이 있고, 약물, 알코올사용장애, 알코올문제, 약물문제, 자살가능성에 대한 척도가 포함되어 있다. 또한, 4점 평정척도로 응답하게 되어 있어서 행동의 손상 정도, 주관적 불편감 수준을 좀 더 세밀하게 측정할 수 있고, 중복문항이 없어서 변별타당도가 높으며, 임상 장면에서 반드시 확인해야 할 잠재적 위기 상황과 자살가능성을 확인할 수 있어서 유용하게 활용할 수 있다는 장점이 있다.

우리나라에서는 김영환, 김지혜, 오상우, 임영란, 홍상황(2001)이 한국판 PAI를 출간하였고, 김영환, 김지혜, 오상우, 이수정, 조은경, 홍상황(2006)은 청소년 성격평가질문지(PAI-A)를 출판하였다. 원래의 PAI는 18세 이상 성인을 대상으로 임상적 문제 평가를 위해 개발되었으나 한국판 PAI는 표준화 과정에 고등학생을 포함시키고 있어서 15세 이상 고등학생부터 성인까지 실시 가능하고, 환자집단을 비롯하여 정상 성인의 성격평가에 유용하다. 한국판 PAI-A는 별도의 비행청소년 규준이 있어서 비행청소년의 행동문제 평가, 학교폭력, 자살가능성, 공격성의 평가를 비롯하여 청소년 범죄 예방, 청소년 범죄자 교정치료의 보충자료로도 활용 가능하다.

1) 검사의 구성

총 344문항의 자기보고형 질문지다. '전혀 그렇지 않다(0)' '약간 그렇다(1)' '대체로 그렇다(2)' '매우 그렇다(4)'의 4점 척도로 자신과 가장 가깝다고 생각하는 반응을 선택하도록 되어 있다. 4개의 타당성척도, 11개의 임상척도, 5개의 치료고려척도, 2개

표 5-8 PAI 전체척도와 하위척도

척도(척도명/문항 수)	내용
타당성척도	
비일관성 (ICN/10개의 문항쌍)	문항 반응 과정에서의 일관성 있는 반응 태도를 알아보기 위한 정적 또는 부적 상관이 높은 문항쌍
저빈도(INF/8)	부주의하거나 무선적 반응 태도를 확인하기 위한, 정신병적 측면에서 중립적이고 대부분의 사람이 극단적으로 인정하거나 인정하지 않는 문항들
부정적 인상(NIM/9)	지나치게 나쁜 인상을 주거나 꾀병을 부리는 태도와 관련이 있으나 임상집단에서는 반응 비율이 매우 낮음
긍정적 인상(PIM/9)	지나치게 좋게 보이려 하고 사소한 결점도 부인하려는 태도
임상척도	
신체적 호소(SOM/24)	• 건강과 관련된 문제에 대한 집착과 신체화장애 및 전환증상 등의 구체적인 신체적 불편감을 의미하는 문항들 • 하위척도: 전환(SOM-C/8), 신체화(SOM-S/8), 건강염려(SOM-H/8)
불안(ANX/24)	• 불안의 상이한 여러 특징을 평가하기 위해 불안현상과 객관적인 징후에 초점을 둔 문항들 • 하위척도: 인지적 불안(ANX-C/8), 정서적 불안(ANX-A/8), 생리적 불안(ANX-P/8)
불안관련장애 (ARD/24)	• 구체적인 불안과 관련이 있는 증상과 행동에 초점을 둔 문항들 • 하위척도: 강박증(ARD-O/8), 공포증(ARD-P/8), 외상적 스트레스(ARD-T/8)
우울(DEP/24)	• 우울의 증상과 현상에 초점을 둔 문항들 • 하위척도: 인지적 우울(DEP-C/8), 정서적 우울(DEP-A/8), 생리적 우울(DEP-P/8)
조증(MAN/24)	• 조증과 경조증의 정서적, 인지적, 행동적 증상에 초점을 둔 문항들 • 하위척도: 활동수준(MAN-A/8), 과대성(MAN-G/8), 초조성(MAN-I/8)

망상(PAR/24)	• 망상의 증상과 망상형 성격장애에 초점을 둔 문항들 • 하위척도: 과경계(PAR-H/8) , 피해망상(PAR-P/8), 원한(PAR-R/8)
정신분열병(SCZ/24)	• 광범위한 정신분열병의 증상에 초점을 둔 문항들 • 하위척도: 정신병적 경험(SCZ-P/8), 사회적 위축(SCZ-S/8), 사고장애 (SCZ-T/8)
경계선적 특징 (BOR/24)	• 불안정하고 유동적인 대인관계, 충동성, 정서적 가변성과 불안정, 통제할 수 없는 분노 등 경계선적 성격장애의 특징에 관한 문항들 • 하위척도: 정서적 불안정(BOR-A/6), 정체성문제(BOR-I/6), 부정적 관계 (BOR-N/6), 자기손상(BOR-S/6)
반사회적 특징 (ANT/24)	• 범죄행위, 권위적 인물과의 갈등, 자기중심성, 공감과 성실성 부족, 불안 정, 자극추구 등에 초점을 둔 문항들 • 하위척도: 반사회적 행동(ANT-A/8), 자기중심성(ANT-E/8), 자극추구 (ANT-S/8)
알코올문제(ALC/12)	문제적 음주와 알코올 의존적 특징에 초점을 둔 문항들
약물문제(DRG/12)	약물사용에 따른 문제와 약물 의존적 특징에 초점을 둔 문항들
치료고려척도	
공격성(AGG/18)	• 언어적 및 신체적 공격행동이나 공격적 행동을 자극하려는 태도와 관련된 분노, 적대감 및 공격성과 관련된 특징과 태도에 관한 문항들 • 하위척도: 공격적 태도(AGG-A/6), 언어적 공격(AGG-V/6), 신체적 공격 (AGG-P/6)
자살관념(SUI/12)	무력감과 자살에 대한 일반적이고 모호한 생각에서부터 자살에 관한 구체적 인 계획에 이르기까지 자살하려는 관념에 초점을 둔 문항들
스트레스(STR/8)	가족, 건강, 직장, 경제 및 다른 중요한 일상생활에서 현재 또는 최근에 경험 하는 스트레스와 관련된 문항들
비지지(NON/8)	접근이 가능한 지지의 수준과 질을 고려해서 지각된 사회적 지지의 부족에 관한 내용
치료 거부(RXR/8)	심리적 · 정서적 측면의 변화에 대한 관심과 동기를 예언하기 위한 척도로 불편감과 불만감, 치료에 참여하려는 동기, 변화의 필요성에 대한 인식, 새 로운 아이디어에 대한 개방성 및 책임을 수용하려는 의지 등에 관한 문항들
대인관계척도	
지배성(DOM/12)	• 대인관계에서 개인적 통제와 독립성을 유지하는 정도를 평가하기 위한 대인 관계 척도로 대인관계적 행동 방식을 지배와 복종이라는 차원으로 개념화 • 높은 점수: 지배적 / 낮은 점수: 복종적
온정성(WRM/12)	• 대인관계에서 지지적이고 공감적인 정도를 평가하기 위한 척도. 대인관계 를 온정과 냉담차원으로 개념화 • 높은 점수: 온정적, 외향적 / 낮은 점수: 냉정, 거절적

출처: 김영환, 김지혜, 오상우, 홍상황(2001a).

의 대인관계척도로 구성되어 있으며, 임상 장면에서 반드시 확인해야 할 27개의 결정문항(critical items)을 포함하고 있다. 모든 척도는 평균 50, 표준편차 10의 T점수로 환산하여 제시된다.

2) 검사 실시 및 채점

검사는 개별 및 단체로 실시 가능하며, 답안지는 컴퓨터채점을 위한 OMR 답안지와 수기채점을 위한 답안지 두 종류가 있고 필요에 따라 선택할 수 있다. 수기채점(hand scoring)용 답안지는 2장으로 구성되어 있는데, 양쪽 테두리를 접착해 놓았고 앞장은 반응이 기록되며 뒷장에는 척도명과 채점을 위한 칸이 있다. 검사를 실시할 때는 수검자에게 검사지와 답안지를 주고 먼저 신상정보를 기입한 후 지시문을 잘 읽어 보도록 하며, 답안지는 문항번호가 세로로 배열되어 있는 것을 확인하도록 한다. 가능한 한 빈칸을 두지 말고 자신과 가장 가깝다고 생각하는 정도를 선택하도록 하고, 문항에 대해 잘 이해가 되지 않을 경우 문항에 포함되어 있는 단어에 대해서는 간단히 설명해 줄 수 있다. 검사 실시 시간은 대체로 40~50분 정도 소요된다.

채점을 하기 전에 먼저 답안지를 검토하여 응답하지 않은 문항 수를 검토한다. 그 수가 17개 이상일 경우 수검자에게 다시 응답하도록 하고, 응답하지 않은 문항이 20% 이상일 경우에는 해석하지 말아야 한다. 자동채점 방식으로는 인싸이트 홈페이지에서 온라인코드를 구입하여 자동채점프로그램을 이용하여 입력하여 채점한다. 수기채점방식으로는 수기채점용 답안지의 오른쪽 점선 부분을 찢어서 떼어 내고 표기되어 있는 척도와 하위척도별로 응답한 문항의 점수를 더하여 계산한다. 프로파일의 작성은 프로파일 기록지에서 척도별로 수검자의 원점수를 기록하고 선을 이으면 프로파일이 완성된다.

3) 검사 해석

(1) 검사 결과 해석

수기채점은 별도의 채점판 없이 손쉽게 할 수 있는데, 양쪽 점선 부분을 찢어 윗장을 떼어 내어 음영 처리가 되어 있는 척도와 하위척도별로 수검자가 응답한 문항의 점수를 간단히 더하기만 하면 된다. 검사자가 온라인사이트의 자동채점프로그램을 이용하면 타당성척도 4개, 임상척도 11개, 치료고려척도 5개, 대인관계척도 2개의 원점수, T점수, 연령별 백분위, 전체척도 프로파일, 하위척도 프로파일과 27개 결정 문항 점수와 내용 및 결과에 대한 평정 수준을 기술한 내용이 제공된다. PAI 프로파일 기록지에 정상표본의 원점수 및 2표준편차에 해당되는 임상표본의 점수 분포가 실선으로 제시되어 있어서 수검자의 점수를 정상표본에서의 상대적 위치 및 임상표본의 점수와 비교하여 해석할 수 있다.

PAI 결과 해석을 위한 과정은 다음의 4단계로 이루어지고, 그 과정은 다음 [그림 5-3]과 같다. 첫째, **누락된 문항 수를 확인하는 단계**로 응답하지 않은 문항 수가 17개가 넘으면 해석에 제한이 따르며, 95% 이상의 문항에 응답하여야 유의한 해석을 할 수 있다고 본다. 둘째, **타당성척도를 검토하는 단계**로 어느 한 척도라도 상승되어 있으면 해석에 유의해야 한다. 4개의 타당성척도는 검사 결과를 왜곡할 수 있는 요인이 있는지를 평가할 수 있으며, 어떠한 요인이 수검자의 반응에 영향을 주었는지를 확인할 수 있다. 비일관성척도(ICN)과 저빈도척도(INF)가 상승되어 있으면, 검

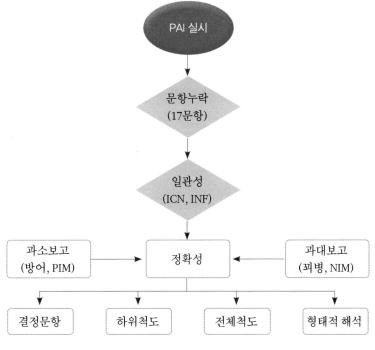

[**그림 5-3**] PAI의 기본적 해석 전략

사 수행 시의 부주의나 정신적 혼란, 낮은 독해력으로 인한 문항 이해의 어려움, 무선반응 등을 고려할 수 있다. 부정적 인상척도(NIM)의 상승은 증상을 과장하려는 태도나 꾀병을 반영할 수 있으며, 긍정적 인상척도(PIM)의 상승은 사소한 결함, 문제도 인정하지 않고 외부로 나타내기 어려워하고 긍정적 인상을 주려 하거나 도움을 거절하려고 하는 경향성을 고려해야 한다. 셋째, **결정문항을 검토**하는 단계로, 즉각적 관심을 둘 필요가 있는 행동이나 정신병리가 있는지를 확인한다. 결정문항은 망상과 환각(5문항), 자해가능성(5문항), 공격가능성(4문항), 물질남용(2문항), 꾀병가능성(4문항), 비신뢰성과 저항(3문항), 외상적 스트레스 요인(4문항)의 7개 영역으로 이루어져 있다. 정상집단에서는 각 문항의 평균 시인율이 0.5점 이하로 정상인이 시인하는 비율이 낮아서 1점이상일 경우에는 수검자에게 즉각적으로 개입이 필요한 위기상황임을 시사한다. 넷째, **개별척도에 대한 해석 및 프로파일 형태 분석**을 한다. 일반적으로 전체 척도 수준, 하위척도 수준, 개별 척도문항 수준의 순으로 해석을 한다. 가장 두드러진 척도 상승을 확인하고, 하위척도를 확인하여 상위척도에서의 높은 점수의 의미를 평가하며, 이후 개별 척도 문항을 검토하고, 척도들의 조합을 고려하는 프로파일 형태적 해석을 한다. PAI의 각 척도는 구체적인 구성개념을 평가하고 있기 때문에 비교적 해석이 용이하다. 예를 들어, PAR척도가 상승하면 수검자가 편집증인 사람들이 가지고 있는 다양한 증상 및 성격적 요소와 관련된 문제를 경험하고 있다고 해석할 수 있다. 한편, 수검자의 검사 수행 태도가 임상척도의 상승에 영향을 미치기 때문에 임상척도를 해석할 때는 반드시 타당성척도의 점수를 고려해야 한다.

PAI 결과를 해석할 때는 단순히 PAI 결과만을 근거로 진단적 결정을 내리기 어려우며, 검사자의 정신병리에 대한 지식을 바탕으로 수검자의 배경정보, 면접, 투사검사, 신경심리검사, 지능검사 등 다양한 정보를 종합하여 잠정적 가설을 설정하여 수검자와 함께 결과의 의미를 이야기하는 상담 과정이 필요하다는 것을 주지하는 것이 중요하다.

단위 : T점수

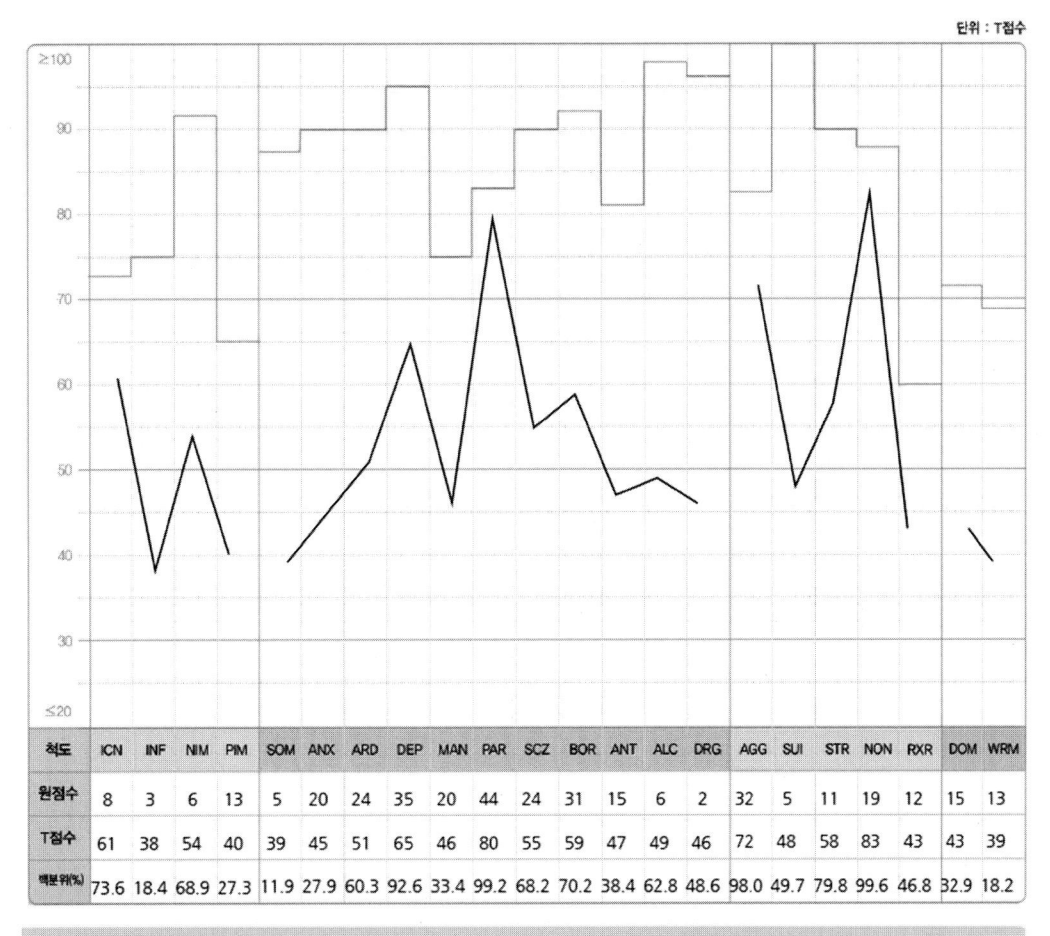

척도	ICN	INF	NIM	PIM	SOM	ANX	ARD	DEP	MAN	PAR	SCZ	BOR	ANT	ALC	DRG	AGG	SUI	STR	NON	RXR	DOM	WRM
원점수	8	3	6	13	5	20	24	35	20	44	24	31	15	6	2	32	5	11	19	12	15	13
T점수	61	38	54	40	39	45	51	65	46	80	55	59	47	49	46	72	48	58	83	43	43	39
백분위(%)	73.6	18.4	68.9	27.3	11.9	27.9	60.3	92.6	33.4	99.2	68.2	70.2	38.4	62.8	48.6	98.0	49.7	79.8	99.6	46.8	32.9	18.2

ICN (비일관성, Inconsistency)	INF (저빈도, Infrequency)	NIM (부정적 인상, Negative Impression)
PIM (긍정적 인상, Positive Impression)	SOM (신체적 호소, Somatic Complaints)	ANX (불안, Anxiety)
ARD (불안관련 장애, Anxiety-Related Disorder)	DEP (우울, Depression)	MAN (조증, Mania)
PAR (망상, Paranoia)	SCZ (정신분열병, Schizophrenia)	BOR (경계선적 특징, Borderline Features)
ANT (반사회적 특징, Antisocial Feature)	ALC (알코올문제, Alcohol Problems)	DRG (약물문제, Drug Problems)
AGG (공격성, Aggression)	SUI (자살관념, Suicide Ideation)	STR (스트레스, Stress)
NON (비지지, Nonsurpport)	RXR (치료거부, Treatment Rejection)	DOM (지배성, Dominance)
WRM (온정성, Warmth)		

[그림 5-4] PAI 전체척도 프로파일 예

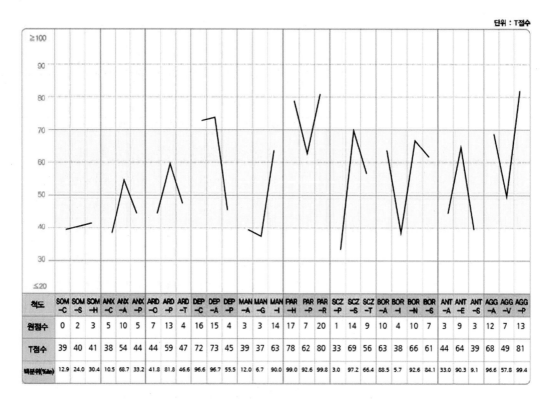

[그림 5-5] PAI 하위척도 프로파일 예

5. 그 밖의 객관적 검사

앞서 제시한 검사들 외에도 정서 및 성격을 평가하는 객관적 검사로는 MMTIC, MMPI-A, TCI 등이 있다. 이 검사들의 특징은 〈표 5-9〉와 같다.

종류	MMTIC	MMPI-A	TCI
대상	만 8~13세 아동 및 청소년	14~18세 청소년	만 3세~성인
목적	• 아동 및 청소년의 성격 유형을 이해하여 부모, 교사, 대인관계 등에서 나타나는 갈등이나 상호작용 유형을 이해함	• 성인용 MMPI를 청소년에게 적용할 때의 문제점을 개선하기 위해 제작됨	• 한 개인의 기질과 성격을 구분하여 종합적으로 측정함. 인성 발달에 미친 유전적 영향과 환경적 영향을 구분하여 인성의 발달 과정을 이해함 • 한 개인의 사고방식, 감정 양식, 행동 패턴, 대인관계 양상, 선호 경향 등을 폭넓고 정교하게 이해함
구성	• 외향(E)–내향(I) • 감각(S)–직관(N) • 사고(T)–감정(F) • 판단(J)–인식(P)	• 총 478개 문항 • 6개 타당도척도와 10개 임상척도로 구성 • 내용척도는 총 15개, 보충척도는 총 6개	• 연령대별로 4개의 버전(성인용, 청소년용, 아동용, 유아용) • 4개의 기질척도(자극추구, 위험회피, 사회적 민감성, 인내력) • 3개의 성격척도(자율성, 연대감, 자기초월) • 하위척도: 성인용 TCI-RS: 29개 / JTCI 청소년용: 24개/ JTCI 유아용: 19개
실시	• 검사 실시: 개인별 및 집단별 실시 가능 • 검사 시간: 제한 없으나 대략 30분 • 채점: 자가채점 및 컴퓨터 채점	• 검사 실시: 개인별 및 집단별 실시 가능 • 검사 시간: 제한 없으나 대략 40~90분 • 채점: 컴퓨터 채점프로그램	• 유아용/아동용: 양육자 보고식 • 청소년용/성인용: 자기보고식 • 검사 시간: 제한 없음 • 채점: 컴퓨터 채점프로그램
결과 해석	• 선호도 점수: 선호도의 방향만을 표시, 점수의 크기가 선호도의 발달 정도나 능력을 설명해 주지는 않음 • U:(undeternined): 선호도가 결정되지 않았을 경우	• 표준점수 • 타당도척도 • 임상척도프로파일 • 내용척도 • 보충척도 • 성격병리5요인척도 등	• 표준점수 • 성격척도: 자율성 및 연대감. 성격의 특성뿐 아니라 성격의 성숙도 파악 가능 • 기질척도: 모든 기질적 특성에는 장점과 단점이 모두 존재함
준거	• 검사–재검사신뢰도: 전체검사 .67 / .63~.76	• 검사–재검사신뢰도: .59~.88 • 내적합치도: .55~.87	• 성인용 TCI-RS –내적합치도: 일반 성인 집단 .77~.88 / 대학생 .83~.90 –재검사신뢰도: 대학생집단 .76~.90
출판사	한국MBTI연구소	마음사랑	마음사랑

표 5-9 그 밖의 객관적 검사

III. 투사검사

1. 집-나무-사람 검사

1) 개요

그림이 개인의 정서적 측면과 성격을 평가하는 도구로 사용될 수 있다는 주장이 나타나면서 "투사적 그림"이라는 용어가 등장하였고, 투사적 그림검사가 발전하게 되었다.

Buck(1948, 1969)에 의해 개발된 집-나무-사람 그림검사(House-Tree-Person Test: HTP)는 초기에는 참전군인병원에서 통상적으로(routine) 실시된 검사배터리 중 일부분으로, 전체 성격구조를 평가하기 위한 목표로 투사검사도구로 고안되었다. 지능검사도구로 의도된 것은 아니었지만 Buck은 '일반지능'을 측정할 수 있다고 주장하였다. 이후 Rubin(1953)은 최종 108명의 지능검사와 HTP 자료를 분석하여 HTP가 지능을 효율적으로 평가하는 수단임을 밝히기도 하였다. 이후 HTP는 지능검사의 보조적 수단으로 사용되었고, 지능과 성격 모두를 측정하는 수단으로 발전하였다.

집-나무-사람 그림검사(이후 HTP)는 투사적 성격검사로 수검자는 집, 나무, 사람을 그리도록 지시받으며, 그림들은 가족, 성격, 자기-지각 및 태도 등을 반영하는 것으로 해석된다. HTP의 일차적인 목적은 그림과 질문에 대한 반응의 해석을 통해 개인의 성격을 측정하기 위함이지만 또한 때로는 뇌손상이나 전반적인 신경학적 기능의 평가의 일부분으로 사용된다.

2) 실시

HTP는 비교적 손쉽게 실시할 수 있는 검사이지만 해석에 어려움이 있기 때문에 HTP를 사용하는 평가자는 적절히 훈련을 받아야 한다. HTP는 3세 이상 아동부터 실시할 수 있다. 그림을 그리는 것을 요구하기 때문에 종종 아동 및 청소년에게 실시되며, 두뇌 손상이나 다른 신경학적 손상이 의심되는 사람들에게 사용된다. 비장애인에게는 실시에 시간이 좀 더 짧게 걸리고, 신경학적으로 손상된 사람들은 좀 더 많은 시간이 소요된다.

　검사 실시 첫 단계에서 수검자는 연필로 집, 나무, 사람 그림을 A4 용지에 각각 그리도록 요청받는다. 다른 물건들이 없이 깨끗하게 치워진 책상에 마주 앉아 검사자는 수검자에게 A4 용지, 연필, 지우개를 제시한다. 시간제한은 없으나 검사자는 초시계를 갖고 수검자의 수행 시간을 측정하면서 그림을 다 그리는 데 걸린 시간을 기록한다.

(1) 집 그림

　집을 그리도록 지시하고, 용지는 가로 방향으로 제시한다. 완성 후 초시계로 시간을 측정하고 "누구의 집이죠?" "누가 살고 있나요?" "어디에 있는 집인가요?" "무엇으로 만들어진 집인가요?" "누가 살고 있을 것 같나요?" "집의 분위기는 어떨 것 같은가요?" "앞으로 이 집은 어떻게 될 것 같나요?"와 같이 질문한 후 검사자는 수검자의 말을 그대로 기록한다.

(2) 나무 그림

　나무를 그리도록 지시하고, 용지는 세로 방향으로 제시한다. 완성 후 초시계로 시간을 측정하고 "이 나무는 어떤 나무인가요?" "몇 살인 것 같은가요?" "나무가 죽었나요, 살았나요?" "나무의 건강은 어떤 것 같나요?" "나무는 어디에 있는 것 같나요?" "나무의 소원이 있다면 무엇일까요?" "나중에 이 나무는 어떻게 되나요?"와 같이 질문한 후 검사자는 수검자의 말을 그대로 기록한다.

(3) 사람 그림

　사람을 그리도록 지시하고, 용지는 세로 방향으로 제시한다. "사람 전체 모습을 그리세요. 어떤 모습을 그려도 좋지만 막대기처럼 그리거나 만화 주인공을 그려서는 안 돼요."라고 덧붙이면 좋다. 그림 그리기가 끝나면 반대 성(性)의 사람을 그리도록 다시 지시한다. 완성 후 초시계로 시간을 측정하고 "이 사람은 누구인가요?" "몇 살인가요?" "무엇을 하고 있나요?" "직업은 무엇인가요?" "기분은 어떤가요?" "성격은 어떤가요?" "어떤 생각을 하나요?" "이 사람이 좋아하는 것 혹은 싫어하는 것은 무엇인가요?" "성격은 어떤가요?" "소원이 있다면 무엇인가요?" "앞으로 이 사람은 어떻게 될까요?"와 같이 질문한다.

3) 해석

(1) 수행 시간 및 수검 태도

수행 시간이 지나치게 짧은 경우에는 무성의히거나 회피적인 대도, 성급하고 충동적인 행동 경향 등을 고려해 볼 수 있다. 반대로 수행 시간이 지나치게 오래 걸렸을 경우에는 수검자에게 특별한 의미가 있거나 갈등을 유발하고 있는지, 불안, 초조, 지나치게 정확성을 기하려는 강박적 태도, 무력감, 낮은 동기 수준, 정신운동속도의 저하 가능성을 고려해 보아야 한다.

(2) 순서

사람 그림을 그릴 때 일반적으로 머리부터 그리는데 발부터 그리는 등 비전형적인 순서로 그렸다면 현실검증력 저하나 사고 장애의 가능성을 고려해 볼 수 있다. 또한 대부분은 자신과 동성의 사람을 먼저 그리는데 이성의 사람을 먼저 그렸다면 성정체감이나 성역할에 대한 갈등을 경험하거나 특정 이성에 대한 심리적 비중이 큰 상태를 고려해 볼 수 있다.

그림을 그리는 동안 수행의 질, 수행 속도, 그림을 묘사하는 정교함의 정도에 변화가 있는지, 그림 종류에 따라 수행의 질이나 수행 방식에 변화가 있는지 등을 살펴볼 필요가 있다.

(3) 크기

그림의 크기는 심신 에너지 수준, 충동성, 자신감, 자기상, 자기 지각 등에 대한 단서가 된다. 지나치게 큰 그림은 심신 에너지의 항진, 충동성, 행동화 경향, 과도한 자신감, 자아 팽창적인 과대 사고 등을 시사한다. 또는 자신에 대한 열등감, 부적절감에 대한 보상, 반동 형성 등 일종의 방어를 반영할 수도 있다. 임상적으로는 조중/경조중 삽화, 반사회적 성격, 뇌손상이나 지적 장애 등을 고려해 볼 수 있다.

반대로 지나치게 작은 그림은 위축감, 무력감, 지나친 자기 억제, 불안감, 열등감,

부적절감, 자신감의 저하 등을 반영한다. 혹은 검사 상황에 대한 회피적, 방어적 태도일 수도 있다. 흔히 우울한 사람들에게서는 지나치게 작은 그림이 관찰된다.

(4) 위치

용지 중앙에 그림을 그리는 것은 흔한 것으로 적정 수준의 안정감을 유지하고 있음을 반영한다. 용지의 우측에 치우친 그림은 욕구지연능력을 갖추고 있고 자신을 잘 통제해 나가는 비교적 안정된 성향을, 좌측에 치우친 그림은 즉각적인 만족 추구, 행동화 경향 충동성 등을 반영한다고 본다. 한편, 용지 상단에 치우친 그림은 정서적 불안정성, 현실과의 괴리 등을 시사한다고 보며, 하단에 치우친 그림은 안정감을 강조하고 있음을 시사하는데 심한 수준의 부적절감, 불안감이 내재되어 있으며 이로 인해 과도한 지지 추구, 의존적 경향 혹은 우울한 상태일 가능성이나 지나치게 구체적이고 현실적인 사고 경향을 반영한다. 용지의 한 귀퉁이에 치우친 그림은 일반적으로 자신감 저하나 위축감, 두려움 등을 시사하며, 좌측 상단에 치우친 그림은 심리적 퇴행이나 공상, 미숙함, 철수적 태도, 불안정감 등을 반영한다.

(5) 선

선의 강도(필압)는 심신 에너지 수준, 긴장된 정도, 충동성 등에 대한 정보를 제공한다. 지나치게 진하고 강한 선은 강한 자신감, 충동성, 공격성, 높은 수준의 심신 에너지 혹은 극도의 긴장감, 불안감을 반영한다. 지나치게 흐리고 약한 선은 낮은 에너지 수준, 무력감, 위축감, 부적절감, 불안, 억제된 상태 등을 반영한다.

한 번에 직선의 긴 획을 많이 사용한 경우는 단호함, 안정감, 야심에 차 있고, 높은 포부 수준을 반영하며, 행동을 통제하거나 억제하는 성향을 나타내기도 한다. 이에 비해 획을 짧게 끊어서 그리는 그림은 쉽게 흥분하거나 충동적인 성향과 관련 있다. 선을 스케치하듯 이어 가는 그림은 정확함이나 신중함을 추구하는 경향, 우유부단함, 소심함, 불안정감 등을 반영한다.

2. 그 밖의 투사검사

앞서의 집-나무-사람 검사 외에도 정서 및 성격 영역의 투사검사로는 SCT, TAT, CAT, Rorschach, KFD 등이 있다. 간단히 특징을 정리하면 〈표 5-10〉과 같다.

표 5-10 그 밖의 투사검사

종류	SCT	TAT	CAT	Rorschach	KFD
대상	• 5세 이상	• 중학생 이상	• 3~10세 아동	• 5세 이상	• 5세 이상
목적	• 인식하거나 표현할 수 없는, 또는 표현하기 꺼려지는 잠재된 욕구, 감정, 태도, 야망 등을 파악하기 위함	• 무의식적 주제와 공상을 파악하기 위함 • 성격에 대한 포괄적인 평가	• TAT의 적용 연령을 보다 어린 아동에게 확대 적용하기 위해 아동에게 맞는 그림인 동물 주인공으로 변경	• 개인 성격의 여러 차원(인지, 정서, 자기상, 대인관계 등)에 대한 종합적이고 다각적인 정보 제공 • 무의식에 대한 깊이 있는 통찰 제공	• 아동이 주관적·심리적으로 느끼는 가족 구성원에 대한 내적인 상 및 가족 구성원 내 역동성 파악
구성	• 일련의 미완성된 문장 • 성인용 4~15가지 주제와 40~100문항으로 구성 • 아동용 33문항으로 구성	• 흑백 그림카드 30장 • 백지카드 한 장	• 표준판 카드 9장과 보충판 카드 9장	• 잉크반점카드 10장 (5장: 검은색/회색, 5장: 부분/전체적으로 유채색 포함)	• 빈 용지에 가족이 무언가를 하고 있는 것을 그림
실시	• 개별 및 집단 실시 가능 • 시간제한 없음 • 20~30분 정도	• 성, 연령을 고려하여 선정된 20개의 카드를 2회에 걸쳐서 실시 혹은 선별하여 10~12장 제시 • 개별 및 집단 실시 가능 • 그림을 보고 과거, 현재, 미래의 이야기를 만들어 냄	• 실시: 개인 및 집단 실시 가능 • 반응단계 – 질문단계	• 숙련된 전문가에 의한 개별 실시 • 다른 검사들과 함께 실시될 경우 가장 마지막에 실시 • 반응단계 – 질문단계	• 개별 실시 • 반응단계 – 질문단계
결과 해석	• 정신역동적 해석 지향 • 객관적 범주(가족, 성, 대인관계, 자기개념)별로 분류 후 표현 강도에 따라 점수를 부여하여 수량적 해석	• 정신역동적 해석 지향 • 주제 및 주인공의 주요 욕구와 추동, 주변 인물들에 대한 자각, 주요 갈등, 불안, 주요 방어기제 등에 대해 해석(인지양식, 상상력, 가족 역동, 내적 적응, 정서적 반응성, 방어구조, 주요 인물에 대한 내적 대상 표상, 일반 지능, 성적 적응 능력 등)	• 정신역동적 해석 지향 • 주제 및 주인공의 주요 욕구와 추동, 주변 인물들에 대한 자각, 주요 갈등, 불안, 주요 방어기제 등에 대해 해석	• 정신역동적 해석 지향 • 구조적 요약 결과를 토대로 성격 특성 및 병리상태 해석	• 각 가족 구성원의 활동·위치·묘사 순서·크기·거리 등에 따른 구조적 해석 혹은 내용 및 주제 해석

🔍 각해 볼 문제

1. MMPI의 6번 척도에서 T점수가 72점인 경우 임상적으로 어떠한 의미가 있는지 다섯 가지를 기술하시오. (산업공단 임상심리사 2급 2003년, 2005년 기출)
2. 투사적 그림검사인 집−나무−사람 그림검사(HTP)에서 그림의 크기와 위치가 나타내는 의미를 두 가지씩 제시하시오. (산업공단 임상심리사 2급 2007년 기출)

참고문헌

김영환, 김지혜, 오상우, 이수정, 조은경, 홍상황(2006). 청소년 성격평가 질문지. 서울: 인싸이트.

김영환, 김지혜, 오상우, 임영란, 홍상황(2001a). PAI 성격평가 질문지 실시요강. 서울: 학지사.

김영환, 김지혜, 오상우, 임영란, 홍상황(2001b). PAI 표준화연구: 신뢰도와 타당도. 한국심리학회지: 임상, 20(2), 311-329.

김정택, 심혜숙(1990). 성격유형검사(MBTI)의 한국표준화에 관한 일 연구. 한국심리학회지: 상담과 심리치료, 3(1), 44-72

김정택, 심혜숙(1995). MBTI 안내서. 서울: 어세스타.

박영숙, 박기환, 오현숙, 하은혜, 최윤경(2010). 최신 심리 평가. 서울: 하나의학사.

신민섭, 김수경, 김용희, 김진영, 박혜근, 이혜란, 전선영, 한수정(2002). 그림을 통한 아동의 진단과 이해: HTP와 KFD를 중심으로. 서울: 학지사.

최정윤(2016). 심리검사의 이해(3판). 서울: 시그마프레스.

한경희, 김중술, 임지영, 이정흠, 민병배, 문경주(2011). MMPI-2 다면적 인성검사 II 매뉴얼(개정판). 서울: 마음사랑.

홍상황, 김영환(2002). PAI 임상척도의 진단변별기능. 한국심리학회지: 임상, 21(3), 609-630.

Buck, J. N. (1948). The H-T-P Test. *Journal of Clinical Psychology, 4*, 151-159.

Buck, J. N., & Hammer, E. F. (1969). *Advanced in the House-Tree-Person Technique: Variations and applications.* Los Angeles, CA: Western Psychological Services.

Costa, P. T. Jr., & McCrae, R. R. (1992). Four ways five factors are basic. *Personality and Individual, Differences, 13*(6), 635-665.

Hathaway, S. R., & McKinley, J. C. (1943). *Manual for the Minnesota Multiphasic Personality Inventory.* New York: Psychological Corporation.

Parker, K. C. H., Hanson, R. K., Hunsley, J. (1988). MMPI, Rorschach, and WAIS: A meta-analytic comparison of reliability, stability, and validity. Psychological Bulletin, 103(3),

367-373.

Rubin, H. (1953). A quantitative study of the H-T-P and its relationship to the Wechsler-Bellevue Scale. *American Psychologist, 8*(1), 426-427.

Tellegen, A., Ben-Porath, Y. S., McNulty, J. L., Arbisi, P. A., Graham, J. R., & Kaemmer, B. (2003). *MMPI-2 Restructured Clinical (RC) Scales: Development, Validation, and Interpretation*. Minneapolis, MN: University of Minnesota Press.

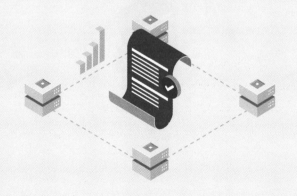

제 **6** 장

학업평가

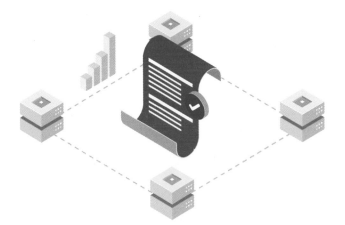

초등학교 3학년인 철수는 유난히 읽기에 어려움을 겪고 있다. 초등학교에 갓 입학한 아이처럼은 아니지만 교과서를 읽을 때 속도가 매우 느리고 가끔 멈춰서 읽은 단어를 다시 읽어 바로잡기를 자주 한다. 본문을 읽고 난 다음에 주인공이 무슨 일을 했느냐고 물으면 대답을 못 하는 경우도 많다. 또한 철수가 숙제로 써 온 일기장을 보면 소리 나는 대로 적어서 틀린 어휘가 아직도 많다. 말하기 및 듣기 능력 자체에는 문제가 없어 보이지만, 같은 반 친구들은 철수가 대화할 때 눈을 맞추지 않을 뿐만 아니라, 가끔 맥락에 맞지 않는 말을 해서 같은 모둠으로 학습 활동을 하기를 꺼린다. 혹시 지적 능력이 뒤처지는지를 알아보기 위하여 학급 담임교사가 특수교사에게 의뢰하여 A지능검사(평균 100, 표준편차 15)를 실시한 결과 지능지수(IQ)는 95로 보통 수준은 되는 것으로 나타났다. 철수가 겪고 있는 학업적 어려움은 구체적으로 어떻게 진단하고 해석해야 할까? 철수에게는 어떤 교육적 지원이 제공되어야 할까?

학업평가 영역에서 많이 사용되는 국내 검사로는 기초학습기능 수행평가체제(BASA), 국립특수교육원 기초학력검사(NISE-BACT), 기초학습기능검사, 읽기진단검사, 학습준비도검사, 한국판 학습장애평가척도(K-LDES) 등을 꼽을 수 있다. 이들 검사는 대체로 읽기, 쓰기, 셈하기(혹은 수학) 등의 영역에 대해 전반적으로 또는 특정 영역만을 분리하여 피검사자의 학습능력을 측정하거나, 학습준비도를 확인하여 교육(중재) 프로그램을 계획하는 데 활용하거나, 학습장애 선별 및 진단에 필요한 정보를 제공한다. 이 장에서는 특히 학업에 어려움을 겪는 학생들의 기초학습기능을 평가한다. 또한 대상 학생에게 제공된 교육(중재) 프로그램의 효과성을 지속적인 점검 과정을 통해 확인하는 데 평가 정보를 활용함으로써 평가와 중재를 긴밀하게 연계시키는 기초학습기능 수행평가체제(BASA)에 대해 살펴본다. 더불어 유·초·중등학생에 걸친 비교적 넓은 연령 범위의 학생들을 대상으로 비교적 최근에 개발되어 특수교육 분야에서 활용도가 높아지고 있는 국립특수교육원 기초학력검사(NISE-BACT)에 대해서도 상세하게 살펴본다.

 학습목표

1. 학업평가 영역의 주요 검사들의 구성, 특징, 실시 및 해석 방법을 안다.
2. 기초학습기능 수행평가체제(BASA)를 실시하고, 결과를 해석할 수 있다.
3. 국립특수교육원 기초학력검사(KNISE-BAAT)를 실시하고, 결과를 해석할 수 있다.

I. 기초학습기능 수행평가체제

1. 기초학습기능 수행평가체제의 구성과 특징

① 기초학습기능 수행평가체제의 구성

기초학습기능 수행평가체제(Basic Academic Skills Assessment: BASA)는 학습의 기초가 되는 기능 3R, 즉 읽기, 수학, 쓰기 영역과 관련한 기초학습기능의 수행 수준을 파악하는 것은 물론, 중재에 따른 진전도를 모니터링할 수 있도록 개발된 일련의 선별·진단 평가 체제이다. 읽기, 수학, 쓰기의 발달을 다음과 같이 각각 3단계로 나누어 본다면, 기초학습기능 수행평가체제(BASA)는 기초부터 심화과정의 능력 및 진전도 평가 체제이다. 각 하위 검사별 간략한 소개는 다음과 같다.

표 6-1 기초학습기능의 발달단계와 기초학습기능 수행평가체제(BASA)의 연계

구분	읽기(Reading)	수학(Arithmetic)	쓰기(Writing)
심화	BASA-V(어휘검사) BASA-RC(이해검사) (*어휘와 이해)	BASA-MP(문장제검사) (*수학문장제)	BASA-쓰기검사 (*작문/생각쓰기 및 작문의 질)
유창성	BASA-R(읽기검사) (*음독유창성)	BASA-M(수학 연산검사) (*연산유창성)	BASA-쓰기검사 (*작문/쓰기유창성)
기초	BASA-EL(초기읽기) (*음운인식)	BASA-EN(초기수학) (*수감각, Number Sense)	– (*철자/듣고쓰기) (*습자/보고쓰기)

l) BASA-R (읽기 유창성 검사)

초등학교 1학년~성인을 대상으로 읽기학습부진학생의 선별, 읽기장애의 진단을 위한 읽기 유창성 검사이다.

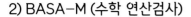
2) BASA-M (수학 연산검사)

초등학교 1학년~성인을 대상으로 수학 학습부진학생의 선별, 특수교육대상자의 수학 수행 수준을 진단·평가하기 위한 연산 유창성 검사이다. 검사의 구성과 검사 실시 방법 중 특징적인 점에 대하여 간략히 제시하면 다음과 같다.

- 이 검사는 네 가지 검사로 구성되어 있다. I단계 검사는 1학년 수준, II단계 검사는 2학년 수준, III단계 검사는 3학년 수준, 통합단계는 1, 2, 3학년의 내용을 모두 다루는 문제를 담고 있다. 초등 1학년 학생에게는 I단계와 통합단계, 초등 2학년 학생에게는 II단계와 통합단계, 초등 3학년 이상 학생에게는 III단계와 통합단계 검사를 실시한다. 그 결과 백분위가 15% 이하인 경우에는 아래 학년 단계의 검사를 실시하여 백분위를 확인한다.
- 이 검사는 채점할 때 계산 과정을 포함하여 맞은 숫자의 수, 즉 자릿수만큼을 점수화하는 CD(Correct Digits) 방식을 채택한 점이 특징이다. 이러한 채점 방식은 풀이 과정까지 점수화함으로써 대상 학생의 학습 수행 진전을 보다 민감하게 파악할 수 있고, 보다 상세한 오류분석이 가능하여 중재 계획을 수립하는 데 유용한 정보를 얻을 수 있다는 장점이 있다.

3) BASA-WE (쓰기 검사)

초등학교 1학년~성인을 대상으로 쓰기문제를 가진 학생을 지도하기 위한 쓰기 능력의 발달 수준을 측정하고 평가하기 위한 검사도구이다. 제시된 이야기 서두를 읽고, 1분 동안 구상한 다음 3분 동안 생각나는 바를 이어서 쓰도록 하는 방식으로 검사를 실시하고, 채점은 정량적 평가(정확한 음절의 수)와 정성적 평가['글의 형식' '글의 조직' '글의 문체' '글의 표현' '글의 내용' '글의 주제' 영역에 대하여 평가기준표(rubric)에 따라 각각 1~5점으로 평가]를 병행하는데, 형성평가를 통한 쓰기(작문) 유창성의 진전도 모니터링은 정량적 평가 결과를 활용한다.

4) BASA-EL 초기문해(Early Literacy) 검사

만 4세 이상의 아동에게 실시하고, 아동의 초기문해 수행 수준과 읽기장애를 조기에 판별하여 문제를 예방할 수 있으며 아동의 성장과 진전도 측정에 유용하다.

이 검사는 기초평가와 형성평가로 이루어져 있으며, 기초평가[음운인식, 음운적 작업기억, 음운적 정보회상, 단어인지, 읽기유창성(선택)]를 통해 아동의 기초선을 확인한 후, 목표선을 설정할 수 있고, 형성평가(*음운인식)를 통해 아동의 발달을 모니터링할 수 있다.

5) BASA-EN 초기수학(Early Numeracy) 검사

만 4세 이상의 아동에게 실시하고, 수 감각 능력 발달과 성장을 측정하여 초기수학부진아동의 진단 및 평가, 수학학습장애 혹은 학습장애위험군 아동의 조기판별 및 초기수학 준비기술을 평가하는 데 활용할 수 있는 검사도구이다.

이 검사는 크게 기초평가와 형성평가 두 가지로 구성되어 있고, 각 검사는 4가지 하위 영역, 즉 수 인식, 빠진 수 찾기, 수량 변별, 추정과 관련한 180문항으로 구성되어 있다. 기초평가를 통해 아동의 현재 수준을 점검하고, 기초선을 확인하여 그를 기준으로 한 목표치를 설정한다. 후에 형성평가를 이용하여 지속적으로 유아의 초기수학 학습능력을 확인함으로써 발달 정도를 파악, 궁극적으로 수학학습에 필요한 능력을 증진시킬 수 있다.

6) 심화과정 검사

BASA: RC(읽기 이해), BASA: V(어휘), BASA: MP(수학문장제) 검사가 개발되어 피험자의 능력 진단과 향상률을 점검할 수 있다.

표 6-2 학령별 바사 적용

만 4세 이상	목적
BASA: EL 초기문해	초기문해 및 읽기 학습 수준의 진단, 아동의 초기읽기 영역에서의 학습부진 예방 및 평가
BASA: EN 초기수학	수 감각 능력 발달과 성장을 측정, 초기수학부진아동의 진단 및 평가
초등학교 1학년 이상	**목적**
BASA: R 읽기	특수아동을 위한 학습부진 및 학습장애 영역에서의 읽기장애 진단
BASA: WE 쓰기	쓰기능력 발달과 성장을 측정, 쓰기부진아동의 진단 및 평가
BASA: M 수학	수학 학습 수준의 발달과 성장을 측정하고 학습부진, 특수교육 아동을 위한 진단 및 평가
초등학교 3학년 이상	**목적**
BASA: RC 읽기 이해	읽기 이해 영역에서 학습자의 수준을 진단하고 평가 결과에 따른 적절한 중재 프로그램을 제공
BASA: V 어휘	어휘능력을 조기에 진단하고 모니터링을 통해 교육적 중재에 필요한 구체적인 평가정보를 제공
BASA: MP 수학문장제	아동의 문제해결력 진단 및 수학능력 향상

② 기초학습기능 수행평가체제의 특징

BASA의 특징은 크게 다음의 네 가지로 설명할 수 있다.

첫째, 교육과정중심측정(Curriculum-Based Measurement: CBM) 절차에 근거하여 개발되었다. 학생이 실제로 배운 내용을 평가하고 그 결과(정보)를 중재 계획의 수립 및 변경에 활용함으로써, 표준화검사 위주의 전통적 평가 방식이 중재 계획 수립에 그다지 유용한 평가 결과(정보)를 제공하지 못하는 약점을 보완할 수 있는 대안적 평가 접근이다.

둘째, 실시가 간편하고 시간이나 비용이 적게 든다. 한 개의 검사를 실시하는 데 읽기검사는 1분, 수학검사는 2분, 쓰기검사는 구상 시간 1분을 포함하여 4분이면 실시가 가능하여 검사를 자주 실시할 수 있기 때문에, 중재에 따른 수행 수준의 변화를 점검하기 위한 형성평가로 활용할 수 있다.

셋째, 학습 효과 확인 및 진도 · 교수 · 중재 계획 수립에 유용하다. 기초선 측정 및 목표선 설정 후 중재에 따른 진전도 모니터링을 통한 목표 또는 중재 방법의 수정을 결정하는 것 등에 검사 결과를 활용할 수 있다. BASA는 명명('판별')을 위한 평가라기보다는 오히려 '중재'를 위한 (형성)평가의 성격이 더욱 강조되는 검사 체제다.

넷째, (읽기·쓰기·수학) 기초학습기능과 관련하여 집단에서의 상대적 위치(백분위)뿐만 아니라 오류유형 및 강·약 부분을 직접적으로 확인할 수 있다. 이를 바탕으로 (읽기·쓰기·수학) 곤란이나 (읽기·쓰기·수학) 장애 진단 또는 예측 도구로도 활용 가능하다.

2. 기초학습기능 수행평가체제의 이해와 활용: 읽기검사를 중심으로

① 이론적 배경: 읽기의 중요성과 읽기 발달단계

1) 읽기의 성격과 중요성

읽기는 그 자체가 일상생활을 원만하게 영위하기 위한 기본 능력인 동시에, 학업활동을 통하여 보다 다양한 학문 분야의 지식과 기술을 배우고 익히기 위한 도구로서도 중대한 의미를 갖는다.

우리는 흔히 사람의 생각(사고, 메시지)을 실어 나르는 매체가 말인지, 글인지에 따라 음성언어와 문자언어로 나눈다. 그리고 매체가 무엇인지에 관계없이, 타인의 생각을 받아들이고 이해하는 기능을 한다는 측면에서 듣기와 읽기를 수용언어(receptive language), 자신의 생각을 타인에게 전달한다는 측면에서 말하기와 쓰기를 표현언어(expressive language)로 구분한다. 그리고 특수교육대상 학생들은 〈표 6-3〉과 같은 언어의 네 가지 기능의 수행과 관련하여 학업 또는 일상생활 상황에서 다양한 어려움을 겪게 되므로 이를 보상하거나 고려하여 지도하여야 한다(최종근, 2008).

특수교육대상 학생들이 언어의 네 가지 기능 수행에서 겪는 어려움을 말-글-사고의 관계 속에서 좀 더 구체적으로 살펴보면 다음과 같다. 우선 〈표 6-3〉에 표현되어 있는 바와 같이, 음성언어든 문자언어든 그것은 그러한 매체를 통하여 화자(또는 필자)의 생각을 청자(또는 독자)에게 전달(표현)하고, 상대편의 관점에서 이해(수용)하는 과정이다. 말이라는 청각적 지각 과정을 요구하는 것이 곧 음성언어이고,

표 6-3 언어의 네 가지 기능과 읽기의 성격

구분 기능	음성언어(口語, 말)	문자언어(文語, 글)
수용언어 (이해)	듣기 (聽者)	읽기 (讀者)
표현언어 (표현)	말하기 (話者)	쓰기 (筆者)

글이라는 시각적 지각 과정을 요구하는 것이 곧 문자언어다. 그리고 말이든 글이든 의사소통 과정에는 항상 거기에 담긴 메시지를 이해하고 처리하는 사고의 과정이 전제되어 있다(최종근, 2008).

2) 읽기의 정의

읽기의 정의는 매우 다양하지만, 크게 두 가지로 나눈다면 '해독'으로 보는 견해와 '독해'로 보는 견해를 들 수 있다. 〈표 6-3〉에서와 같이 글자(시각적 정보)를 소리(청각적 정보)로 바꾸는 것도 읽기이고, 글자(시각적 정보)에 담긴 메시지(생각)를 읽어 내는 것도 읽기다. 이 두 가지를 각각 단어 인지(word recognition)와 내용 이해(comprehension)로 구분하여 말하기도 한다.

읽기를 '해독'으로 보는 견해는 읽기의 본질적 특성이 문자의 해독이라고 보는 견해로, 읽기란 쓰인 단어들을 말과 같은 형태로 번역(언어화)하는 것을 의미하고, 이런 의미의 읽기는 주로 음운론적 인식 능력(기술)에 의존한다. 한편, 읽기를 '사고'로 보는 입장은 읽기가 지식이나 의미를 파악해 내는 사고(독해)의 과정이라는 견해로, 이런 의미의 읽기는 주로 어의적 · 문법적 단서 체계를 강조한다(김동일, 2000).

그러나 읽기 능력 안에는 해독과 사고의 두 가지 능력이 모두 포함되어 있다고 볼 수 있다. 즉, 읽기는 시각을 통하여 문자를 지각하고, 지각한 문자를 음성기호로 옮기며, 의미를 이해하고, 이해한 것을 분석, 비판, 수용, 적용하는 행동이다. 요컨대, 읽기에는 문자를 소리로 바꾸어 읽는 과정과 글을 읽고 의미를 파악하는 과정이 모두 포함되고, 읽기 초기 단계에서는 전자가, 이후에는 후자의 과정이 주로 강조된다(김동일, 2000).

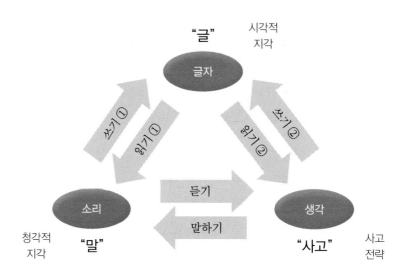

[그림 6-1] 말-글-사고의 관계

3) 읽기장애와 읽기곤란

읽기장애란 단어해독, 읽기 유창성, 독해력 등의 기능을 제대로 발휘하지 못하여 문자매체를 읽고 의미를 파악하는 데 곤란을 겪는 것을 말한다. 읽기장애는 학습장애 영역에서 가장 큰 비율을 차지하는 장애 유형으로 대개 학업상 학습장애의 60~70%를 차지한다(강위영, 정대영, 1986; 김동일, 2000에서 재인용). 읽기장애는 누락, 삽입, 대치, 반복, 반전, 속독과 부정확한 읽기, 한 단어씩 느리게 읽기 등과 같은 오류를 범할 수 있다. DSM-5의 특정학습장애 진단 기준 중 읽기장애는 다음과 같다.

A. 학습 기술을 배우고 사용하는 데 있어서의 어려움. 이러한 어려움에 대한 적절한 개입을 제공함에도 불구하고 아래에 열거된 증상 중 적어도 한 가지 이상이 최소 6개월 이상 지속된다.
  1. 부정확하거나 느리고 힘겨운 단어 읽기(예: 단어를 부정확하거나 느리며 더듬더듬 소리 내어 읽기, 자주 추측하며 읽기, 단어를 소리 내어 읽는 데 어려움이 있음).
  2. 읽은 것의 의미를 이해하기 어려움(예: 본문을 정확하게 읽을 수 있으나 읽은 내용의 순서, 관계, 추론 또는 깊은 의미를 이해하지 못함).

… (중략) …

B. 보유한 학습 기술이 개별적으로 실시한 표준화된 성취도 검사와 종합적인 임상평가를 통해 생활연령에 기대되는 수준보다 현저하게 양적으로 낮으며, 학업적·직업적 수행이나 일상생활의 활동을 현저하게 방해한다는 것이 확인되어야 한다. 17세 이상인 경우 학습의 어려움에 대한 과거 병력이 표준화된 평가를 대신할 수 있다.

C. 학습의 어려움은 학령기에 시작되나 해당 학습 기술을 요구하는 정도가 개인의 능력을 넘어서는 시기가 되어야 분명히 드러날 수도 있다(예: 주어진 시간 안에 시험 보기, 길고 복잡한 과제를 촉박한 마감 기한 내에 읽고 쓰기, 과중한 학업 부담).

D. 학습의 어려움은 지적장애, 교정되지 않은 시력이나 청력 문제, 다른 정신적 또는 신경학적 장애, 정신사회적 불행, 학습 지도사가 해당 언어에 능숙하지 못한 경우, 불충분한 교육적 지도로 더 잘 설명되지 않는다.

〈주의점〉 난독증(dyslexia)은 정확하거나 유창한 단어 인지의 어려움, 해독 및 철자 능력의 부진을 특징으로 하는 학습장애의 한 종류를 일컫는 또 다른 용어다. 이러한 특정한 패턴의 어려움을 난독증이라고 명명한다면, 독해나 수학적 추론과 같은 부수적인 어려움이 동반되었는지 살펴보고 명시하는 것이 중요하다.

참고로, 읽기곤란은 읽기장애보다 광범위한 개념으로 경미한 곤란까지 포함하는 상식적 개념이다. 그리고 읽기 유창성과 독해력은 LaBerge와 Samuels(1974), Sternberg(1985) 등의 연구를 통해 매우 밀접한 관련성이 있음이 밝혀졌다. 글자를 소리로 바꾸는 해독(유창성)이 자동화(automatization)되면 과제의 신기성(novelty)을 다룰 인지적 자원을 활성화시킬 여유가 있어 글의 의미를 이해(독해)하는 데 보다 집중할 수 있기 때문이라고 설명한다.

4) 읽기능력의 발달단계

읽기능력이 어떤 단계를 거쳐 발달하는지에 대해서는 많은 학자의 다양한 견해가 있다. Ehri(1996)는 상징단계 → 알파벳단계 → 글자단계로 발달한다고 보았고, Heinz Werner(1957)는 전반적·총체적(global) 단계 → 분석적(analytic) 단계 → 통합 단계로 발달한다고 보았다.

또 다른 참고할 만한 읽기발달이론으로 Jeanne S. Chall의 그것을 들 수 있는데, Chall은 읽기를 흉내 내는 수준의 읽기에서부터 매우 창조적인 읽기에 이르는 여섯 단계의 읽기 발달 과정을 가정하였다(김동일, 2000).

- 0단계: 읽기 전 단계(생후~학령 전)
  - 문자, 단어, 책 등에 관한 일련의 지식을 축적
    (예: 단어를 부분들로 나누고, 부분들이 모여 전체 단어를 형성함을 앎)
- 1단계: 초기 읽기 및 문자해독 단계(초등학교 1~2학년)
  - 문자 체계를 습득하여 각 문자에 대응하는 음성단어의 부분을 연결할 수 있음
- 2단계: 유창성 단계(초등학교 2~3학년)
  - 친숙한 자료를 읽음으로써 1단계에서 습득한 문자해독 능력의 속도와 정확성을 증진시켜 유창성을 향상시키는 단계
- 3단계: 새로운 것을 배우기 위해 읽는 단계(초등학교 고학년)
  - 초등학교 저학년이 읽기 자체를 배우는 데 비해(2단계), 특정한 교과를 배우기 위해 읽음
  - 지식을 축적하는 것에 중점을 둠(단어의 의미와 선행지식의 중요성이 증가)
- 4단계: 다양한 관점이 생기는 시기(중등학교 이후)
  - 읽기에서 한 가지 이상의 관점을 지니게 되는 시기
- 5단계: 구성과 재구성 및 세계관 형성의 시기(대학, 18세 이후)
  - 목적에 따라 읽을 자료를 선택하고, 구성적(constructive) 읽기가 완성되는 단계

② BASA-읽기검사의 구성

1) 목적 및 대상

BASA-읽기검사는 아동, 초등학생, 중학생, 고등학생, 대학생, 성인, 특수아동의 읽기곤란/장애 진단(기초선) 및 변화 점검(형성평가)을 목적으로 개발된 검사다. 규준(norm)은 초등학교 1~3학년까지 학년별로 각각 2개씩(1학기: 5월 규준, 2학기: 10월 규준) 갖춰져 있으며, 읽기(음독) 유창성 발달이 초등학교 3학년 이후에는 미미해지기 때문에 4학년 이상의 초등학생, 중·고등학생, 성인 등을 대상으로 한 경우에는 초등학교 3학년 2학기 규준에 비추어 수행 수준을 해석하면 된다.

2) 구성

다른 영역의 기초학습기능 수행평가체제(BASA)와 마찬가지로, BASA-읽기검사는 크게 기초평가와 형성평가로 구성되어 있다. 기초평가는 3회의 읽기검사(읽기검사 자료 1)를 실시하여 아동의 중재 이전의 수행 수준, 즉 기초선(baseline)을 확인하기 위한 것인데, 참고 자료로 아동의 독해력을 간접적으로 측정할 수 있는 읽기검사 자료 2(빈칸 채우기 검사)를 포함한다. 형성평가는 중재에 따른 아동의 성장(변화) 추세를 지속적으로 점검하고 중재 계획을 수립하는 데 참고할 정보를 수집하기 위한 것이다.

③ BASA-읽기검사의 실시, 채점, 결과 해석

1) 실시

(1) 기초평가

기초평가는 대상 학생의 중재 이전의 읽기(음독) 유창성을 3회의 검사를 통해 측정하여 기초선 점수로 삼기 위한 읽기검사 자료 1과 대상 학생의 독해력을 간접적으로 측정하여 읽기 중재 계획 수립에 참고 자료로 활용하기 위한 읽기검사 자료

2(빈칸 채우기 검사)로 구성되어 있다.

읽기검사 자료 1은 개인검사로 각각 학생용과 검사자용 자료가 따로 있는데, 검사자용 자료에는 우측 끝에 해당 줄까지의 누적 음절 수를 의미하는 숫자가 기록되어 채점하기 쉽도록 되어 있다. 읽기(음독) 유창성 검사는 자료1-(1) '토끼야 토끼야', 자료1-(2) '분명히 내 동생인데', 자료1-(1) '토끼야 토끼야'의 순서로 각각 1분씩 3회 실시하면 된다.

읽기검사 자료 2(빈칸 채우기 검사)는 '남자와 여자'라는 글에서 발췌한 본문을 읽다가 문장 가운데 삽입된 괄호 안에 제시된 3개의 단어 중 문맥에 맞는 적절한 단어를 선택하도록 되어 있고, 검사 시간은 3분이다.

(2) 형성평가

형성평가는 중재에 따른 아동의 읽기(음독) 유창성의 변화(성장) 추세를 지속적으로 점검하고 중재 계획을 수립하는 데 참고할 정보를 수집하기 위하여 실시한다. 일주일에 2~3회 정도 실시할 것을 권장하고, 동형검사의 성격이 있는 총 22개의 읽기검사 자료 중 매 회기에 무선적으로 하나를 선택하여 기초평가의 읽기검사 자료 1과 같은 요령으로 실시한다. 검사 자료 한 개만 실시하면 되므로 1분이면 검사를 마칠 수 있다.

2) 채점 방법

BASA-읽기검사는 대상 학생이 맞게 읽은 음절 수를 점수로 한다. 따라서 검사자용 검사지 옆에 표시된 글자 수를 보고 학생이 읽은 전체 음절 수에서 틀리게 읽은 음절 수를 빼서 계산한다. 읽기검사가 진행되는 동안 대상 학생이 틀리게 읽은 음절에는 사선(/) 표시를 해 두면 좋다. 읽기에 어려움을 겪는 아동이 자주 범하는 오류에는 대체, 누락, 잘못된 발음, 삽입, 반복 등이 있다.

3) 결과 해석

기초평가 결과에 대한 해석은 대상 학생에게 실시하여 얻은 3개의 원점수로부터 시작한다. 이들 3개의 원점수 중에서 중앙치(median)를 대상 학생의 대푯값으로 삼아 해당 학생의 읽기(음독) 유창성 수행 수준에 대한 상대적 및 절대적 해석을 한다. T점수, 백분위점수 및 백분위점수 단계, 학년점수 등은 검사 요강에 제시된 규준표를 참고하면 된다. 어느 규준표에 비추어 해석해야 하는지는 대상 학생의 현재 학년(1학년, 2학년, 3학년 이상), 검사 실시 시기(8월 이전/1학기 → 5월 규준, 9월 이후/2학기 → 10월 규준), 그리고 중앙치를 얻은 검사 자료가 무엇인지[자료1−(1) '토끼야 토끼야', 자료1−(2) '분명히 내 동생인데']에 따라 달리해야 한다. 빈칸 채우기 검사(읽기검사 자료 2) 결과에 대한 해석도 검사 요강을 참고하면 된다. 실제로 [그림 6−2]와 같은 예시 자료를 가지고 기초평가 결과를 해석해 보면 기초학습기능 수행평가체

이름		송 달 빛	검사자	최 면 숲
학교명		샛별초등학교	검사실시일	2019년 9월 28일
성별		여	출생일	2012년 3월 29일
학반		1학년 8반 **번	검사 시 연령	7년 5월 29일
읽기검사 1회	①	원점수		120
읽기검사 2회	②	원점수		125
읽기검사 3회	③	원점수		138
읽기 수행 수준	④	원점수(중앙치)		
	⑤	T점수(중앙치)		
	⑥	백분위점수(중앙치)		
	⑦	백분위점수 단계		
	⑧	현재 수준 설명		
	⑨	현재 학년		
	⑩	학년점수(중앙치)		
	⑪	학년 차이(학년점수−현재 학년)		
	⑫	월 진전도		
빈칸 채우기	⑬	원점수		7
	⑭	백분위점수		
	⑮	T점수		
		학년점수		

[그림 6−2] BASA 읽기검사 결과표 (기초평가) (연습)

제(BASA)-읽기검사를 이해하는 데 많은 도움이 될 것이다.

④ BASA-읽기검사의 활용

BASA의 진가는 기초평가보다도 형성평가에서 드러난다고 해도 과언이 아니다. 앞서 설명한 바와 같이, 형성평가는 중재에 따른 아동의 읽기(음독) 유창성의 변화 (성장) 추세를 지속적으로 점검하고 중재 계획을 수립하는 데 참고할 정보를 수집하기 위하여 실시하는데, 일주일에 2~3회 정도 실시할 것을 권장한다.

l) 그래프 작성

BASA에서는 아동의 읽기, 쓰기, 수학과 관련한 기초학습기능의 수행 수준을 향상시키기 위한 중재에 따른 효과를 시각적으로 쉽게 판단할 수 있도록 그래프를 작성하여 활용한다. 가장 먼저 기초평가에서 얻은 3개의 원점수 중 중앙치를 대상 학생의 기초선 점수로 결정한다.

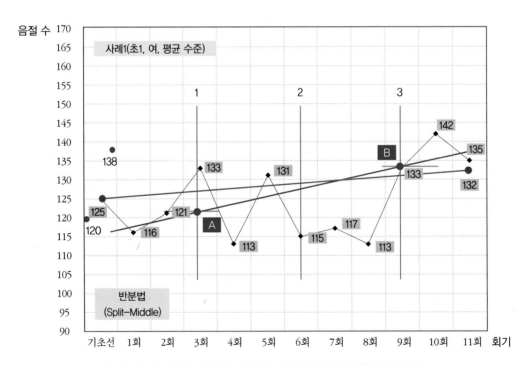

[그림 6-3] BASA-읽기검사의 활용: 읽기발달선을 활용한 진전도 분석

2) 목표 설정 및 목표선 긋기

개별화 교육 계획을 수립할 때 목표를 설정하는 방법으로는 다음 세 가지를 고려할 수 있다.

- 월 진전도를 이용한 목표치 설정(규준표 활용):
기초선값 + 월 진전도 × 목표 기간(월)
- 또래들의 평균 수행 수준을 목표선(goal line)으로 설정하는 방법:
학급 내 중간 수행 수준의 아동 3명에게 검사를 실시하여 그 평균점을 목표로 설정
- 교사의 판단:
교사가 전문적 식견에 의거하여 아동에게 적합한 목표를 설정

3) 진전도 분석

3주에 한 번씩 또는 검사 점수가 9~12개 이상이 되면 진전도 분석을 하고, 이에 따른 교수 수정 여부를 결정해야 한다. Data Points를 이용하는 방법과 읽기 발달선(trend line)을 이용하는 방법 중 하나를 선택하여 현재 아동의 학습 진전도를 교사가 설정한 목표선과 비교한다. 그 결과에 따라 현재의 교수법을 계속 사용하거나, 교수법을 수정하거나, 목표를 수정한다(김동일, 2000).

- Data Points를 이용하는 방법
대상 학생의 검사 점수가 4회 이상 연속하여 목표선 아래로 떨어지면 교수법을 변경할 수 있다. 또는 아동의 검사 점수가 3회 이상 연속하여 목표선 위로 올라가면 목표를 상향 조정할 수 있다.
- 읽기 발달선을 이용하는 방법
읽기 발달선은 아동의 학습 진전도를 시각적으로 요약해 주어 아동에 대한 교수 프로그램의 효과성을 한눈에 알아볼 수 있게 해 준다. 읽기 발달선의 기울기가 목표선보다 훨씬 작으면 중재 전략 변경을 고려하고, 기울기가 같으면 현재의 교수법을 계속 사용하며, 읽기 발달선의 기울기가 목표선보다 크면 목표(점수)를 상향 조정할

수 있다. [그림 6-3]은 기초선 점수 결정, 목표 설정, 반분(split-middle) 방법을 활용한 읽기 발달선을 추정하는 절차 등 BASA-읽기검사를 중재 계획 수립 및 수정 등에 활용하는 일련의 과정을 예시한 것이다.

II. 국립특수교육원 기초학력검사

1. 목적 및 대상

국립특수교육원 기초학습능력검사(National Institute for Special Education-Basic Academic Competence Test: NISE-B·ACT)는 유치원에서 중학교에 재학하고 있는 학생(만 5세 0개월에서 만 14세 11개월 30일까지)의 읽기, 수학, 쓰기 기초학습능력을 평가하고, 이를 통해 특수교육대상 학생을 선별하며, 특수교육대상 학생의 기초학습능력을 진단하기 위하여 개발된 검사이다. 이 검사는 학생의 적격성 결정과 함께 향후의 교육 프로그램을 개발하는 데 필요한 기초 정보를 제공한다. 일반적으로 기초학습능력검사는 학습자의 현재 학업성취 수준을 파악하고, 학습자의 잠재된 능력을 최대한 계발할 수 있는 정보를 제공한다는 점에서 의의를 찾을 수 있다. NISE-B·ACT의 주요 특징을 요약하여 제시하면 다음과 같다.

① NISE-B·ACT는 규준참조검사(norm-referenced test)로 구성되어 있다. 사용자의 편리성과 교육적 의사결정을 명료하게 할 수 있도록 학년-학기 규준을 개발하였다.

② NISE-B·ACT 종합적인 검사도구이다. 현재 특수교육 분야에서 읽기, 쓰기, 수학 기초학습 영역을 종합적으로 평가할 수 있는 검사도구가 부족하기에 NISE-B·ACT는 학생들의 기초학습을 검사할 수 있는 종합적인 검사도구로 개발되었다.

③ NISE-B·ACT 개인용 검사로 구성되어 있다. 개인용 검사이기에 보다 신뢰롭고 타당하게 특수교육대상 학생에 대한 적격성과 교육 계획을 수립할 수 있는 정보를 얻을 수 있다. 또한 표준화 과정에서 집단검사가 아닌 개별검사로 표

준화를 진행함으로써 개인용 검사로서의 적합성을 높였다.

④ NISE−B·ACT 수행 능력을 평가하는 검사로 구성되어 있다. 기초학습능력은 그 자체로 목적적 영역일 뿐만 아니라 다른 교과를 학습하기 위한 도구적 속성을 가지고 있다. 따라서 아동의 수행 능력 평가를 통해 잠재능력 파악 및 교육 계획 수립에 도움을 줄 수 있다.

2. 구성

NISE−B·ACT는 학습에 가장 필요한 기초학습능력인 읽기와 쓰기, 수학이라는 하위 영역으로 구성되었다.

NISE−B·ACT		
읽기	**쓰기**	**수학**
음운 처리 글자·단어 인지 유창성 어휘 읽기 이해	글씨쓰기 철자하기 글쓰기	수와 연산 도형 측정 규칙성 자료와 가능성

[그림 6-4] NISE−B·ACT의 구성

① 읽기

표 6-4 NISE−B·ACT(읽기)의 구성

소검사	하위 검사	문항(개)
음운 처리 검사	음절합성	8
	음절탈락	8
	음절변별	8
	음절대치	8
	음소변별	10
	빠른 자동 이름대기(사물)	1
	빠른 자동 이름대기(색깔)	1

글자 · 단어 인지 검사	글자 인지 검사	20
	단어 인지 검사(규칙단어)	40
	단어 인지 검사(불규칙단어)	40
유창성 검사	글 읽기 유창성(비문학)	1
	글 읽기 유창성(문학)	1
어휘 검사	단어가 뜻하는 그림 찾기	9
	반대말	14
	비슷한말	13
	유추	10
	빈칸 채우기	13
읽기 이해	문장 이해	10
	짧은 글 이해	7
	긴 글 이해	10

② 쓰기

표 6-5 NISE-B·ACT(쓰기)의 구성

소검사	하위 검사	문항(개)
글씨 쓰기	쓰기 준비도	7
	글씨의 질	5
철자하기	받아쓰기	11
	옳은 철자 찾기	9
	기억해서 쓰기	8
글쓰기	문장 완성하기	10
	문법 지식	9
	이야기 구성하기 및 짧은 글짓기	5
	쓰기 유창성	4

③ 수학

표 6-6　NISE-B·ACT(수학)의 구성

소검사	구분	하위 검사	문항(개)
수와 연산	산술	'네 자리 이하의 수' '두 자리 수의 덧셈과 뺄셈' '곱셈구구'	53
		'다섯 자리 이상의 수' '세 자리 수의 덧셈과 뺄셈' '곱셈' '나눗셈' '자연수의 혼합 계산' '분수' '소수' '분수와 소수의 덧셈과 뺄셈'	
		'약수와 배수' '분수의 덧셈과 뺄셈' '분수의 곱셈과 나눗셈' '소수의 곱셈과 나눗셈' '분수와 소수' '소인수분해'	
	유창성	'덧셈' '뺄셈'	30
		'곱셈' '나눗셈'	22
도형	기본 수준	'입체도형의 모양' '평면도형의 모양' '평면도형과 그 구성요소'	16
	중간 수준	'도형의 기초' '평면도형의 이동' '원의 구성요소' '여러 가지 삼각형' '여러 가지 사각형' '다각형'	
	상위 수준	'합동과 대칭' '직육면체와 정육면체' '각기둥과 각뿔' '원기둥과 원뿔' '입체도형의 공간 감각'	
측정	기본 수준	'양의 비교' '시각 읽기' '시각과 시간' '길이'	20
	중간 수준	'시간' '길이' '들이' '무게' '각도' '어림하기(반올림, 올림, 버림)'	
	상위 수준	'평면도형의 둘레와 넓이' '무게와 넓이의 여러 가지 단위' '원주율과 원의 넓이' '겉넓이와 부피'	
규칙성	기본 수준	'규칙찾기'	15
	중간 수준	'규칙찾기' '규칙과 대응'	
	상위 수준	'비와 비율' '비례식과 비례 배분' '정비례와 반비례' '문자의 사용과 식의 계산' '일차방정식' '좌표 평면과 그래프' '일차 함수와 그래프'	
자료와 가능성	기본 수준	'분류하기' '표 만들기' '그래프 그리기'	14
	중간 수준	'자료의 정리' '막대 그래프와 꺾은선 그래프'	
	상위 수준	'가능성과 평균' '자료의 표현' '비율 그래프(띠 그래프, 원그래프)' '자료의 정리와 해석'	

3. 실시

검사별로 소요시간이 다르지만 약 40~60분 정도 소요될 수 있다. 피검자의 수검 양식에 따라 시간은 단축되거나 늘어날 수 있다. 검사자는 한 번의 회기 내에 전체 검사를 실시하고자 노력하여야 하지만, 피검자의 상태나 부적절한 상황 등으로 인해 전체 검사를 실시하지 못한 경우에 하위 영역별로 분리해서 검사를 실시할 수 있다. 나누어서 하는 경우에 두 번째 검사는 첫 번째 검사 회기로부디 1주일 이내에 실시하여야 한다.

4. 결과 해석 및 보고

NISE-B · ACT 검사 결과 처리 및 해석은 웹사이트에서 자동적으로 이루어진다. 각 영역별로 소검사 총합 점수를 입력하면 환산점수 및 표준점수로 변환이 자동적으로 이뤄지고 검사 결과가 자동으로 산출된다. 검사 결과는 백분위 점수, 학력지수(평균 100, 표준편차 15), 환산점수(평균 10, 표준편차 3), 학년 규준이 산출된다.

III. 그 밖의 학업 영역 검사

2010년 이후 학습장애를 지닌 특수교육대상자의 수는 다음 〈표 6-7〉과 같이 매년 감소하고 있는 추세다. 그 이유로는, 첫째, 제1조건 '선별 및 중재'에서 최소 3개월 이상의 중재를 권장하고 있으나 현재 각급학교의 여건상 이를 시행하는 학교는 거의 없고, 둘째, 이로 인해 학습장애를 지니고 있음에도 학습장애로 선정되지 않거

표 6-7 학습장애를 지닌 특수교육대상자 감소 추이

구분 \ 학년도	2010	2011	2012	2013	2014	2015	2016
특수교육대상자(명)	79,711	82,665	85,012	86,633	87,278	88,067	87,950
학습장애학생(명)	6,320	5,606	4,724	4,060	3,362	2,770	2,327
비율(%)	7.9	6.8	5.6	4.7	3.9	3.1	2.7

국립특수교육원 기초학력검사
NISE-BAAT(읽기)
Korea Institute for Special Education-Basic Academic Achievement Tests(Reading)

이 름		성 별	
주 소			
학 교		학 년	
검사자			
검사일		년 월	일

검사영역		원점수	백분위점수	환산점수
선수기능				
음독능력				
독해능력	낱말이해			
	문장완성			
	어휘선택			
	문장배열			
	짧은글이해			
합 계				

구 분	점 수
백분위점수	
학력지수	

백분위점수 프로파일

검사영역	선수기능	음독능력	독해능력					검사영역
			낱말이해	문장완성	어휘선택	문장배열	짧은글이해	
백분위점수								백분위점수
100								100
90								90
80								80
70								70
60								60
50								50
40								40
30								30
20								20
10								10
0								0

환산점수 프로파일

검사영역	선수기능	음독능력	독해능력					검사영역
			낱말이해	문장완성	어휘선택	문장배열	짧은글이해	
환산점수								환산점수
20	·	·	·	·	·	·	·	20
19	·	·	·	·	·	·	·	19
18	·	·	·	·	·	·	·	18
17	·	·	·	·	·	·	·	17
16	·	·	·	·	·	·	·	16
15	·	·	·	·	·	·	·	15
14	·	·	·	·	·	·	·	14
13	·	·	·	·	·	·	·	13
12	·	·	·	·	·	·	·	12
11	·	·	·	·	·	·	·	11
10	·	·	·	·	·	·	·	10
9	·	·	·	·	·	·	·	9
8	·	·	·	·	·	·	·	8
7	·	·	·	·	·	·	·	7
6	·	·	·	·	·	·	·	6
5	·	·	·	·	·	·	·	5
4	·	·	·	·	·	·	·	4
3	·	·	·	·	·	·	·	3
2	·	·	·	·	·	·	·	2
1	·	·	·	·	·	·	·	1
0	·	·	·	·	·	·	·	0

의 견 란

[그림 6-5] 국립특수교육원 기초학력검사 결과표-읽기(예시)

나 다른 장애로 선정되는 경우가 있기 때문이다.

이에 한국학습장애학회(KLDA)에서는 관련 전문가의 심도 있는 논의를 거쳐 제1조 건의 '선별 및 중재'를 '선별 및 의뢰'로 변경하고, 현실에 맞도록 현재 각급학교에서 시행하고 있는 학습장애를 지닌 특수교육대상자 선정을 위한 「학습장애 선정 조건 및 절차」(2010년 제정 및 시행)를 다음 〈표 6-8〉과 같이 개정(2014. 3. 28.)하여 교육 부와 각 시도 교육청에 제안하였다.

표 6-8 학습장애 학생 선정 조건 및 절차(한국학습장애학회, 2014)

기준안	비고
• 학습장애를 지닌 특수교육대상자로 선정하기 위해서는 다음의 네 가지 조건을 만족시켜야 한다. -1조건: (선별 및 의뢰) 각급학교의 장 또는 보호자는 아래의 1) 또는 2) 중 하나의 경로로 교육장 또는 교육감에게 진단 · 평가를 의뢰함. 단, 보호자가 진단 · 평가를 의뢰할 경우 진단 · 평가 의뢰서를 작성하여 교육장 또는 교육감에게 직접 의뢰할 수 있음. 1) ①기초학력 진단평가, 교과학습 진단평가 또는 국가수준 학업성취도 평가에서 부진학생으로 선별된 결과, ②학습장애 선별검사(〈붙임〉 참고)에서 학습장애 위험군으로 선별된 결과, ③ 학생의 학업 수행이 또래에 비해 낮다는 것을 증명할 수 있는 교사의 관찰 결과 중 하나 제출 2) 외부 전문기관(의료기관, 상담실, 아동센터, 클리닉 등)의 학습장애 관련 검사 결과 제출 ※ 기존 지침의 중재반응(3개월 이상의 집중적이고 효과적인 소집단 규모의 보충학습이나 방과 후 학습)과 최소 3회 이상의 중재반응 평가 결과는 요구하지 않음 ※ 각급학교의 장이 의뢰하는 경우에는 보호자의 사전 동의를 받아야 함	– 학습장애 선정 절차 – • 1단계: 선별 및 의뢰 〈각급학교의 장 및 보호자〉 ※①, ②, ③, ④, ⑤, ⑥, ⑦ 중 하나를 제출함 ① 기초학력 진단평가에서 부진학생으로 선별된 결과 ② 교과학습 진단평가에서 부진학생으로 선별된 결과 ③ 국가수준학업성취도 평가에서 부진학생으로 선별된 결과 ④ 학습장애 선별검사에서 학습장애 위험군으로 선별된 결과 ⑤ 학생의 학업 수행이 또래에 비해 낮다는 것을 증명할 수 있는 교사의 관찰 결과 ⑥ 외부 전문기관의 학습장애 관련 검사 결과 ⑦ 부모가 직접 의뢰할 경우, 진단평가 의뢰서를 작성하여 제출

-2조건: (지능) 표준화된 개인별 지능검사 결과에서 전체 지능지수가 70 이상인 자

-3조건: (학력) 표준화된 개인별 학업성취도 검사 결과에서 하위 16%ile(백분위 16) 혹은 −1SD에 해당하는 자

-4조건: (배제요인) 다른 장애(예: 감각장애, 정서·행동장애)나 외적 요인(예: 가정환경, 문화적 기회 결핍)이 학습 문제의 직접적인 원인이 되는 경우는 제외(단, 학습의 문제가 다른 장애나 외적 요인의 직접적인 결과인 것으로 명확하게 밝혀지지 않은 경우, 위의 <u>1~3조건을 만족시키면 학습장애로 진단하여야 함</u>)

• 2단계: 진단·평가 실시 및 결과 보고
  〈특수교육지원센터〉

※ ① + ② + ③을 <u>모두 제출함</u>
① 지능검사 결과
② 학력진단검사 결과
③ 배제요인 검토 결과

• 3단계: 특수교육대상 학생 선정
  〈교육장 또는 교육감〉

교육장 또는 교육감은 해당 특수교육운영위원회의 심사(검사 결과 및 제출자료 등 검토)를 거쳐 학습장애를 지닌 특수교육대상자로 최종 선정

〈붙임〉 [학습장애 학생 선정 조건 및 절차] 적용 시 사용할 수 있는 검사도구

선별검사 (1조건)	학습장애 선별검사		국립특수교육원
	학습장애 선별검사(LDST)		김동일
	학습장애 선별검사(LDSS)		김애화 등
	한국판 학습장애 평가척도(K-LDES)		신민섭 등

진단 검사도구	지능검사 (2조건)	한국 Wechsler 아동 지능검사(K-WISC)	곽금주 등
		한국판 Kauffman 아동용 지능검사(K-ABC)	문수백 등
		NISE 한국형 개인지능검사(NISE-KIT)	박경숙 등
	학력검사 (3조건)	NISE 기초학력검사(NISE-BAAT)	박경숙 등
		BASA 기초학습기능 수행평가체제: 읽기검사	김동일
		BASA 기초학습기능 수행평가체제: 수학검사	김동일
		BASA 기초학습기능 수행평가체제: 쓰기검사	김동일
		읽기진단검사	김윤옥
		읽기 성취 및 읽기 인지처리 검사	김애화 등
		쓰기 성취 및 쓰기 인지처리 검사	김애화 등

그 밖의 학업 영역 검사들로는 기초학습기능검사, 읽기진단검사, 학습준비도검사, 한국판 학습장애평가척도(K-LDES) 등을 꼽을 수 있는데, 이들 각 검사의 대상, 구성, 실시 방법, 결과 해석 방법 등 주요 사항을 정리하여 제시하면 〈표 6-9〉와 같다.

표 6-9 학업평가 영역의 다양한 검사

종류	기초학습기능검사	읽기진단검사	학습준비도검사	한국판 학습장애 평가척도 (K-LDES)
개발자 (연도)	박경숙, 윤점룡, 박효정 (1989)	김윤옥 등 (2001)	김정권, 여광응 (1987)	신민섭, 조수철, 홍강의 (2007)
대상	만 5세 0개월~12세 11개월(유치원~초등학교 6학년)	초등학교 1학년~고등학교 1학년까지의 학생	유치원 졸업생~초등학교 1학년 초기	만 6~11세
구성	• 정보처리(정보처리), • 언어기능(읽기I, 읽기II, 쓰기), • 수기능(셈하기)	• 20단계: 10개 학년의 학기별 읽기수준을 파악할 수 있게 위계화 • 4개 영역: 입으로 읽기, 눈으로 읽기, 듣기 이해, 단어 파악 • 읽기수준: 독립·교수·좌절 수준	• 총 27개 문항: 각각 10, 1, 2, 2, 4, 3, 3, 2문항 • 8개 요인: 지식, 신체개념, 정서적 지각, 부모상 지각, 놀이지각, 시각-운동 협응, 지시순종, 기억	• 총 88개 문항: 하위 척도별 7~20개 문항 • 7개 하위 척도: 주의력, 생각하기, 말하기, 읽기, 쓰기, 철자법, 수학적 계산
실시 방법	• 정보처리, 셈하기, 읽기 I , 읽기 II , 쓰기의 순서로 실시 • 소검사는 학년에 따른 시작문항 번호에서 시작함	• 검사 실시: 입으로 읽기→눈으로 읽기→듣기이해→단어 파악의 순서에 따라 영역별 읽기수준 파악 • 검사 종료: 독립적/좌절적 수준일 경우에는 교수적 수준 파악할 때까지 검사 진행	• 집단검사: 적정 인원은 25~30명 • 검사 시간: 제한되어 있지 않음(초등 1학년은 약 40분, 유치원 졸업생은 약 50분 걸림)	• 부모/교사 평정: 부모나 교사가 평정해서 각 하위 척도별 원점수를 산출 • 평가 기록: 관련기관에서 제공하는 자동채점 프로그램으로 기록
결과 해석	• 학년점수 • 연령점수 • 학년별 백분위점수 • 연령별 백분위점수	• 수행 수준: 학습장애, 학습부진, 교수적 수준, 완전학습 중 하나로 진단	• 백분위점수: 남/여, 전체별 • 표준점수: 지역(도시·지방·전국)에 따른 남/여, 전체별 (100, 15)	• 표준점수: 하위 척도별 (10, 3) • 학습지수(LQ): 하위 척도 표준점수의 합(100, 15)

각해 볼 문제

1. 다음은 읽기 학습장애가 의심되는 만 13세의 중학생 A군에게 「장애인 등에 대한 특수 교육법」의 특수교육대상자 선별검사 및 진단평가 영역, 한국학습장애학회(2014)의 권고에 근거하여 해당 학교와 특수교육지원센터에서 실시를 검토하고 있는 검사도구다. 해당 특성에 대한 설명으로 바른 것만 골라 그 번호를 쓰시오.

구분	검사도구명	검사도구의 특성
(가)	K-WISC-IV	• 언어이해지표, 지각추론지표, 작업기억지표, 처리속도지표로 구성된다. • 영역별 합산 점수와 전체적인 인지능력을 나타내는 IQ를 알 수 있다.
(나)	기초학습기능검사	• 만 5~15세 아동의 읽기, 쓰기, 수학의 기초학력을 측정하기 위한 표준화검사다. • 가형과 나형 2종의 동형검사로 구성되어 있어 교육 프로그램의 시행 전후의 전이 효과나 일반화 효과를 측정할 수 있다. • 읽기 소검사는 선수기능, 음독능력, 독해능력(낱말이해, 문장완성, 어휘선택 등)의 360문항으로 구성되어 있다.
(다)	기초학력검사 (NISE-BAAT)	• 정보처리, 언어기능, 수기능 영역으로 구성된다. • 읽기I, 읽기II, 쓰기, 정보처리, 셈하기 순서로 소검사를 실시한다.
(라)	기초학습기능수행 평가체제(BASA)	• 교육과정중심측정(CBM) 절차에 근거하여 개발되어 학습(중재) 효과 확인 및 중재 계획 수립에 유용하다. • 기초평가와 형성평가로 구성되고, 읽기검사의 경우 기초평가는 읽기(음독) 유창성 기초선 점수로 삼기 위해 3회의 검사를 실시하여 중앙값을 구한다.
(마)	읽기진단검사	• 입으로 읽기, 눈으로 읽기, 듣기이해, 단어파악의 4개 영역으로 구성되어 있다. • 초등학교 1~4학년까지 학생을 대상으로 한다.

2. 다음은 중학교 2학년에 재학 중인 특수교육대상 학생 A에게 실시한 기초학력검사(NISE-BAAT)-쓰기검사 결과(가) 및 이 검사 결과에 대한 특수교육지원센터 진단·평가 팀장과 특수교사의 대화 내용(나)이다. 괄호 안의 ①과 ②에 해당하는 평가 용어를 각각 쓰시오. [2014학년도 중등특수교사 임용시험 기출문제 참고]

(가) 학생 A의 기초학력검사-쓰기검사 결과

원점수	백분위점수	학력지수	95% 신뢰수준 (①)
47	6	72	68~76

(나) 대화 내용

특수교사: 이 학생의 학력 지수는 72점으로 나왔어요. 그러면 68~76은 어떻게 해석해야 할까요?

팀장: 이번에 이 학생이 획득한 점수는 72점이지만, 이는 이 학생의 (②)이(가) 68점과 76점 사이에 있을 확률이 95%라는 뜻입니다. (①)을(를) 구하기 위해서는 학생 A의 획득점수, 95% 신뢰 수준에 해당하는 z점수, 이 검사의 측정의 표준오차(standard error of mean)가 필요합니다.

① : _____   ② : _____

3. 다음 (가)는 반복읽기(repeated reading) 전략에 대한 설명이고, (나)는 읽기장애 학생 영수를 위해 반복읽기 전략과 교육과정중심측정(Curriculum-Based Measurement: CBM)을 적용한 사례다. 물음에 답하시오. [2013학년도 초등특수교사 임용시험 기출문제 참고]

(가) 반복읽기 전략

> ㉠ 반복읽기 전략을 통해 글 읽기 속도를 증진시킬 수 있다.
> ㉡ 반복읽기 전략의 주목적은 단어재인 능력을 향상시키는 데 있다.
> ㉢ 반복읽기 전략을 통해 해독(decoding) 활동에 더욱 집중할 수 있게 된다.
> ㉣ 반복읽기를 지도할 때 잘못 읽은 단어가 있다면 교사는 즉시 피드백을 제공하여 교정한다.

(나) 영수의 사례

〈반복읽기 전략의 실시 및 평가 절차〉

① 반복읽기 전략을 활용한 중재를 주 2회 10분씩 실시한다.

② 매주 1회 1분간 CBM 구두 읽기검사를 실시한다.

③ 또래의 성장 속도를 고려하여 영수의 목표선을 설정한다.

④ 영수의 점수가 3주 연속으로 목표선의 점수보다 낮을 경우 전략을 교체한다.

⑤ 반복읽기 전략을 적용하기 전에 영수에게 실시한 3회의 CBM 구두 읽기검사 점수의 중앙치를 찾는다.

〈반복읽기 전략을 통한 영수의 읽기 진전도〉

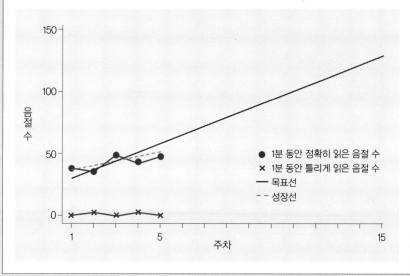

1) (가)의 ㉠~㉣ 중 틀린 것 2개를 찾아 기호와 그 이유를 각각 쓰시오.

　① 기호와 이유1: _____

　② 기호와 이유2: _____

2) (나)에서 사용된 '반복읽기 전략의 실시 및 평가 절차' ①~⑤를 순서대로 나열하시오.

　• 바른 순서: (　　) → (　　) → (　　) → (　　) → (④)

3) 김 교사는 (나)에 나타난 5주차까지의 중재 결과를 바탕으로 반복읽기 전략을 교체하지 않고 수정하기로 결정하였다. 김 교사가 반복읽기 전략을 교체하지 않은 이유와 이 전략의 효과를 높이기 위하여 김 교사가 취할 수 있는 수정 방법 한 가지를 쓰시오.

① 이유:
_____

② 수정 방법:
_____

4. 다음은 읽기학습장애로 의심되는 학생들이 있어서 실시한 '인지처리과정' 변인들에 대한 검사 결과의 일부를 T점수로 환산한 것이다. 이 결과에 대한 설명으로 맞으면 ○, 틀리면 ×표 하세요. [2013학년도 중등특수교사 임용시험 기출문제 참고]

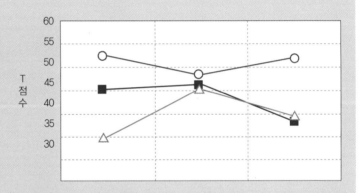

	A 영역	B 영역	C 영역
—○— 일반학생 집단	52.3	48.5	51.9
—■— IQ 75 이상 읽기부진 집단	45.3	46.3	38.5
—△— IQ 70~75 미만 읽기부진 집단	34.8	46.1	39.1

① _____ 일반학생들의 T점수는 A, B, C 영역 모두에서 평균 이상이다.

② _____ IQ 70 이상 75 미만 읽기부진학생들의 A영역 결과는 하위 2%ile에 해당한다.

③ _____ C 영역은 읽기 학습에 영향을 미치는 인지처리과정 변인 중의 하나로 보인다.

④ _____ 만약 읽기학습과 관련된 인지처리과정 변인들이 명확히 밝혀진다면, 중등 과정에서 읽기학습장애 선별을 위해 읽기 중재에 대한 반응 결과를 계속 기다릴 필요는 없을 것이다.

5. 다음 〈보기〉는 기초학습기능 수행평가체제(BASA)-수학검사에 관한 진술이다. 옳은 것만 골라 그 번호를 쓰시오.

> **보기**
>
> 가. 초등학교 1학년~성인을 대상으로 수학 학습부진학생을 선별하고, 특수교육 대상자의 수학 수행 수준을 진단·평가하기 위한 연산 유창성 검사다.
>
> 나. I단계 검사는 초등학교 3학년 수준, II단계 검사는 2학년 수준, III단계 검사는 1학년 수준, 통합단계는 1, 2, 3학년의 내용을 모두 다루는 문제를 담고 있다.
>
> 다. 초등학교 1학년 학생에게는 I단계와 통합단계, 초등학교 2학년 학생에게는 II단계와 통합단계, 초등학교 3학년 이상 학생에게는 III단계와 통합단계 검사를 실시하는 것을 원칙으로 한다.
>
> 라. 해당 학년 단계의 검사 결과 백분위가 15% 이하인 경우에는 아래 학년 단계의 검사를 실시하여 백분위를 확인한다.
>
> 마. 채점할 때는 풀이 과정과 관계없이 맞으면 1점, 틀리면 0점으로 처리한다.

모 범 답 안

1. 가, 라

2. ① 신뢰구간, ② 진점수

3. 1) ① ⓒ–반복읽기 전략의 주목적은 읽기 유창성을 향상시키는 데 있다.

    ② ⓒ–반복읽기 전략을 통해 읽기 이해(또는 독해, 내용 이해) 활동에 더욱 집중할 수 있게 된다.

2) (⑤) → (③) → (①) → (②) → ④

3) ① 이유: 영수가 1분 동안 틀리게 읽은 음절 수는 거의 없어 정확도 면에서 큰 문제가 없고, 읽기 속도 면에서도 중재 전략 교체 기준으로 설정한 '3주 연속으로 목표선 점수보다 낮은 경우'에 해당하지 않는다는 점에서, 현재 적용하고 있는 반복읽기 전략이 영수의 읽기 유창성 향상에 어느 정도 효과가 있는 편이라고 할 수 있기 때문이다.

    ② 수정 방법: 반복읽기 중재의 빈도를 주 3회로 늘리거나, 중재 시간을 10분에서 20분으로 늘리는 등 현재(주 2회 10분씩)보다 중재의 강도를 높여 본다.

4. ① ×, ② ×, ③ ○, ④ ○

5. 가, 다, 라

참 고문헌

국립특수교육원(2005). 국립특수교육원 기초학력검사 NISE-BAAT 검사요강(읽기). 충남: 국립특수교육원.

김남진, 김정은, 최희승(2013). 장애아 진단 및 평가. 경기: 양서원.

김동일(2000). 기초학습기능 수행평가체제: 읽기검사 검사요강. 서울: 학지사.

김동일(2006). 기초학습기능 수행평가체제: 수학검사 검사요강. 서울: 학지사.

김동일(2008). 기초학습기능 수행평가체제: 쓰기검사 검사요강. 서울: 학지사.

김동일(2010). 기초학습기능 수행평가체제: 초기문해검사 검사요강. 서울: 학지사.

김동일(2011). 기초학습기능 수행평가체제: 기초수학검사 검사요강. 서울: 학지사.

박경숙, 김계옥, 송영준, 정동영, 정인숙(2005). NISE-BAAT(읽기)의 신뢰도와 타당도에 관한 연구. 정서·행동장애연구, 21(3), 1-23.

이소현(2009). 교육진단 및 교수계획을 위한 장애 유아 진단 및 평가. 서울: 이화여자대학교 특수교육연구소.

이승희(2010). 특수교육평가(2판). 서울: 학지사.

최종근(2008). 특수교육에서 쓰기의 중요성과 지도방안. 인문논총, 13(1), 161-188.

최종근(2013). BASA(기초학습기능 수행평가체제): 읽기검사, 쓰기검사, 수학검사. 한국정서행동장애아교육학회 제45회 행동치료사 자격연수 미간행 자료집, 237-248.

한국학습장애학회(2014. 3. 28). 학습장애를 지닌 특수교육대상자 선정 조건 및 절차 안내. 미간행 보도자료.

Alper, S., Ryndak, D. L., & Schloss, C. N. (2009). 장애 아동 진단 및 평가[Alternate assessment of students with disabilities in inclusive settings]. 권요한, 이만영, 이말련 공역. 서울: 시그마프레스. (원저는 2001년에 출판).

American Psychiatric Association. (2013). 정신질환의 진단 및 통계 편람(제5판)[Diagnostic and statistical manual of mental disorders: DSM-5 (5th eds.).]. 권준수, 김재진, 남궁기, 박원명, 신민섭, 유범희, 윤진상, 이상익, 이승환, 이영식, 이헌정, 임효덕, 강도형, 최수희 공역. 서울: 학지사. (원저는 2013년에 출판).

Ehri, L. C. (1996). Researching how children learn to read: Controversies in science are not like controversies in practice. In G. Brannigan (Ed.), *The enlightened educator: Research adventures in the schools* (pp. 178-204). New York: McGraw-Hill.

LaBerge, D., & Samuels, S. J. (1974). Toward a theory of automatic information processing in reading. *Cognitive Psychology, 6*, 293-323.

Matson, J. L., Andrasik, F., & Matson, M. L. (2012). 아동기 심리장애와 발달장애의 평가

[*Assessing childhood psychopathology and developmental disabilities*]. 하은혜, 진미경, 김서윤 공역. 서울: 시그마프레스. (원저는 2008년에 출판).

Taylor, R. L. (2007). 교육적 · 심리적 절차에 따른 특수아동의 사정[*Assessment of exceptional students: educational and psychological procedures*]. 여광응, 이영철, 문병상, 이점조, 추연구, 김정선, 박현옥 공역. 경기: 양서원. (원저는 2000년에 출판).

Werner, H. (1957). The concept of development from a comparative and organismic point of view. In D. B. Harris (Ed.), *The concept of development* (pp. 125-148). Minneapolis, MN: University of Minnesota Press.

제**7**장

의사소통 능력 평가

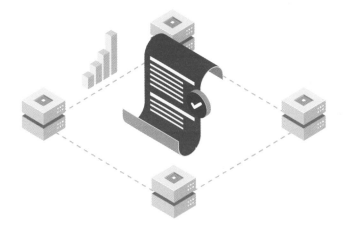

사가 학급에서 만나게 되는 모든 아동은 말·언어 능력에 있어서 일반적으로 다음과 같은 네 가지 유형으로 나뉜다. ① 앞으로의 교육적·사회적·직업적 필요를 충족시키기 위한 적절한 말·언어를 지닌 아동, ② 잘못된 말이나 언어 기술을 보이지만 성장함에 따라 점차 교정되는 아동, ③ 언어적 자극이 필요한 아동, ④ 언어병리학적 치료를 필요로 하는 좀 더 심각한 결함을 지닌 아동이다. 이 중에서 ③, ④의 아동은 교사와 언어치료사의 협력적인 접근을 통한 효율적인 언어교육을 필요로 하는 아동이다.

물론 의사소통 문제를 지닌 모든 아동이 임상적인 치료를 필요로 하는 말장애나 언어장애를 보이는 것은 아니다. 교사는 지역에 따른 발음 또는 언어 사용에서의 차이를 보이는 아동도 있음을 인식해야 하며, 이들이 보이는 의사소통상의 어려움이 진정한 의미에서의 장애로 인한 것이 아님을 또한 고려해야 한다. 그러나 단순한 언어의 차이로 인한 것이라고 할지라도 아동의 정상적인 의사소통 기술을 방해하거나 미래 환경에서의 적응을 방해한다면 기능적인 사용의 측면에서 언어 경험을 충분히 할 수 있도록 배려해 주어야 한다. 따라서 이들에 대한 정확한 평가를 통해 특수교육 서비스 전달체계를 구축하는 것이 중요하다.

학습목표

1. 의사소통 능력을 평가하기 위한 검사들의 종류를 안다.
2. 의사소통 능력을 평가하기 위한 주요 검사들의 구성, 특징, 실시 및 해석 방법을 이해한다.

I. 한국어 표준 그림 조음 · 음운 검사

1. 검사의 개요

① 검사의 목적

이 검사는 우리나라 아동과 성인의 자음과 모음 산출에서의 문제를 선별하여 정밀 진단을 하기 위해 개발되었다. 이 검사는 조음 · 음운장애가 의심되는 아동을 선별하여 음절 수와 음운의 위치를 고려한 정밀 진단을 함으로써 아동의 조음 · 음운 문제를 체계적으로 분석할 수 있도록 제작되었다. 아동의 조음 · 음운 오류는 자음 정확도와 음운변동으로 분석할 수 있도록 하였다.

② 검사의 대상

이 검사의 대상은 조음 · 음운장애가 의심되는 3세부터 성인까지이며, 3세부터 6세까지 아동을 대상으로 표준화하였다. 이 검사는 명명하기로 이루어져 있으므로 그림 명명하기가 가능한 아동에게 적합하지만 그림 어휘력이 부족하여 자발적인 그림 명명이 되지 않을 때에는 모방을 통한 검사가 가능하다. 따라서 이 검사는 기질적 조음 · 음운장애(예: 구개파열, 청각장애, 마비말장애)와 기능적 조음 · 음운장애의 경우 모두에 실시할 수 있다.

③ 검사의 내용

이 검사는 선별검사와 정밀검사로 나뉘어 있다. 선별검사는 자음과 모음에 대해서, 특히 자음은 음소 출현 위치를 고려하여 간편하게 조음 · 음운장애를 선별할 수 있도록 제작되었다. 정밀검사는 각 음소의 위치를 어두, 어중초성, 어중종성, 어말로 나누고 음절 수를 고려하여 검사할 수 있도록 구성하였다. 모음은 단모음 7개를 검사하도록 구성되었다.

1) 선별검사

선별검사는 조음 · 음운장애가 의심되는 아동에게 실시하는 검사로 우리말 자음 19개의 어두, 어중초성, 어중종성, 어말의 위치에 대해서 총 30개의 어휘로 검사한다. 우리말 자음은 음소의 위치에 따라서 난이도가 다르다. 우리말 자음을 네 가지 위치로 고려하면 어휘가 총 50개이지만 50개의 어휘를 선별검사로 활용하기에는 비효율적이므로 한 단어에서 여러 개의 위치를 볼 수 있도록 제작하여 30개의 어휘로 검사하도록 하였다. 모음검사는 단모음 7개로 실시하며, 모음검사도 자음검사에서 실시하는 어휘 내에서 검사함으로써 효율적인 선별검사를 실시할 수 있도록 하였다. 선별검사에 사용하는 어휘는 3세 어휘에서 선정하여 어휘의 난이도에 따라 영향을 받는 것을 최대한 배제하였다.

2) 정밀검사

정밀진단검사는 우리말 자음의 음소 출현 위치를 네 가지 위치로 하여 음절 수를 1음절, 2음절, 다음절로 고려한 검사도구로 조음의 평가를 보다 정밀하게 실시할 수 있도록 구성되어 있다. 모음은 단모음 7개를 검사하며, 검사 어휘는 총 75개다.

2. 검사도구의 개발

① 자료 수집 및 분석

전체 자료 수집은 어휘발달과 음운발달로 나뉘어 이루어졌다.

1) 어휘발달 자료

어휘 선정을 위해서 선행연구(석동일, 2001; 이인섭, 1986; 최성규, 1999)를 근거로 하여 어휘 수집 작업부터 시작하였다. 수집한 어휘는 명사와 비(非)명사로 나누고, 명사는 그림으로 그릴 수 있는 것과 그림으로 그릴 수 없는 것으로 분류하였다. 여기에서 비(非)명사는 명사를 제외한 모든 품사를 비(非)명사라고 하였는데 동사, 형용사, 관형사, 수사, 조사 등이 포함된다. 이렇게 선정한 어휘에 대해서 국어의 자음은 어두초성, 어중초성, 어중종성, 어말 종성에서 산출될 수 있으므로 이에 근거하여 음절수별로 다시 나누었으며, 음절 수는 1음절, 2음절, 다음절로 나누었다.

2) 음운발달 자료

음운발달은 김영태와 신문자(1992), 김영태(1992a, 1992b), 배소영(1994), 권경안, 이연섭, 손미령(1979), 권경안(1981), 권순희(1982), 김민정(1997), 엄정희(1986)의 자료를 근거로 하여 자음발달에 대한 기준을 마련하였다. 음운발달의 기본 틀은 김영태(1996)의 연구를 토대로 하였다. 이 연구에서는 음소 습득 연령을 4단계로 나누었는데 그중 완전 습득 연령을 기준으로 하여 음운발달표를 작성하였다.

② 1차 예비 어휘 선정

어휘발달 자료에 근거하여 1차 예비 어휘를 선정하였다. 1차 예비 어휘는 어휘발달에 근거하여 추출한 어휘에서 음소 위치별, 음절 수별로 각각 2~3개의 어휘를 선택하여 총 244개의 어휘를 선정하였다. 어휘 선정 기준은 다음과 같다.

① 아동에게 친숙한 어휘를 우선적으로 선정하였다.
② 모든 대상 연령(3~6세)대 아동에게 적절한 어휘를 선정하였다.
③ 가능한 한 합성명사를 제외하였다(예: 각설탕, 가게 놀이).
④ 한 개의 어휘로 범주화할 수 있는 것은 대표어휘를 선정하였다(예: 가로수는 나무로).
⑤ 이중모음과 결합된 어휘는 난이도가 높기 때문에 제외하고, 기본 5모음(ㅏ, ㅓ, ㅗ, ㅜ, ㅣ)과 결합된 어휘를 우선적으로 선정하였다.
⑥ 종성의 경우 우리말의 평폐쇄음화를 적용하였다.
⑦ 가능한 한 연음, 경음화, 구개음화, 비음동화, 격음화 등이 되지 않는 어휘를 선정하였다. 선정된 어휘 중 음운 규칙이 발생한 음소는 목표음소에서 제외하

였다.

⑧ 대부분 물질명사를 선택하고, 추상명사는 제외하였다.

⑨ 의미적으로 중복되는 어휘들은 제외하였다.

③ 1차 예비 선정된 어휘의 적절성 검증 및 2차 예비 어휘 선정

1차로 선정된 244개의 어휘를 아동이 수용하고 있는지 확인하는 실험을 실시하였다.

1) 실험 대상

4개의 어린이집에서 3~5세 연령집단 중 연령별로 20명의 아동을 실험 대상으로 하여 실시하였고, 6세 연령집단은 초등학교에서 실시하였다. 대상 아동은 어린이집 교사나 부모를 통해 정상발달 범주에 있다고 판단되는 아동으로서, 청각적 · 시각적 · 정서적 · 지적 · 언어적 장애가 없는 아동을 선정하였다. 각 연령에 대해서는 3세 0개월에서 3세 11개월까지는 3세로 정하였고, 4세 0개월에서 4세 11개월은 4세, 5세 0개월에서 5세 11개월까지는 5세, 6세 0개월에서 6세 11개월까지는 6세로 하였다. 대상 아동의 연령별 구성은 다음 〈표 7-1〉과 같다.

표 7-1 2차 예비 어휘 선정을 위한 대상 아동의 연령별 구성

	3세	4세	5세	6세
인원	20명	20명	20명	20명
평균 나이	3세 6개월	4세 5개월	5세 7개월	6세 7개월

2) 그림어휘 제작

그림어휘는 Visual Ret에 의뢰하여 제작하였으며, 한 페이지에 한 개의 그림이 배치되도록 구성하였다. 그림은 평균 가로 8cm×세로 10cm의 크기로, 컬러로 제작하였다.

3) 실험 방법

실험 방법은 각 어휘의 그림 및 사진을 가지고 검사자는 "가방을 짚어 보세요."와 같은 지시를 하였고, 아동은 4개의 그림 중에서 하나를 선택하도록 하였다. 검사를 실시할 때는 지시를 하는 검사자와 정답을 기록하는 기록자가 함께 실험에 참여하였다. 기록은 해당 항목에 대해서 ○, ×로 표시하였다.

4) 실험 결과 및 2차 예비 어휘 선정

244개의 1차 예비 선정 어휘를 대상으로 검사를 실시하여 80% 이상 수용되는 어휘를 기준으로 음소 배치를 한 후 153개의 2차 예비 어휘를 선정하였다.

④ 2차로 선정된 예비 어휘의 적절성 검증 및 3차 예비 어휘 선정

1) 실험 대상

4개의 어린이집에서 3~5세 연령집단 중 연령별로 20명의 아동을 대상으로 하여 실험을 실시하였다. 6세는 초등학교에서 17명, 어린이집에서 3명을 선정하여 실시하였다. 대상 아동은 어린이집 교사, 초등학교 교사, 부모를 통해 정상발달 범주에 있다고 판단되는 아동으로서 청각적·시각적·정서적·지적·언어적 장애가 없는 아동을 선정하였다. 각 연령에 대해서는 3세 0개월에서 3세 11개월까지는 3세로 정하였고, 4세 0개월에서 4세 11개월은 4세, 5세 0개월에서 5세 11개월까지는 5세, 6세 0개월에서 6세 11개월까지는 6세로 하였다. 대상 아동의 연령별 구성은 〈표 7-2〉와 같다.

표 7-2 3차 예비 어휘 선정을 위한 대상 아동의 연령별 구성

	3세	4세	5세	6세
인원	20명	20명	20명	20명
평균 나이	3세 6개월	4세 5개월	5세 7개월	6세 7개월

2) 그림어휘 제작

그림어휘는 Visual Ret에 의뢰하여 제작하였으며, 한 페이지에 한 개의 그림이 배치되도록 구성하였다. 그림은 평균 가로 8cm×세로 10cm의 크기로, 컬러로 제작하였다.

3) 실험 방법

실험 방법은 모든 대상 아동에게 연구자가 카드를 제시하였고, 마이크를 아동의 입에서 20cm 이내의 위치에 고정하고 아동이 발음하는 것을 검사자가 직접 기록하였다. 각 아동에게 제시한 카드를 지적하면서 "이것은 무엇인가요?"라고 질문하였다. 아동이 대답하는 데 어려움을 보이면 연구자는 "○○을 하기 위해 사용하는 것이지요?"라고 단서를 제시하였다. 그래도 아동이 대답하지 못하는 경우에는 "선생님을 따라 해 보세요, ○○."이라고 모방을 하도록 하였다. 아동이 각 단계의 질문에 대답을 하면 정반응으로 처리하였고, 치료사와 아동이 1:1로 마주 앉아서 실시하였으며, 모든 반응을 녹음기로 녹음하였다.

4) 실험 결과 및 3차 예비 어휘 선정

153개의 2차 예비 선정 어휘를 가지고 최종 어휘를 선정하기 위하여 자발−단서−모방으로 나누어 3, 4, 5, 6세 아동에게 표현언어 능력을 실시한 결과, 153개 예비 어휘 중 80% 이상 자발적인 반응과 단서를 주었을 때 아동이 대답한 경우는 총 67개의 어휘였다. 따라서 3차로 67개의 어휘를 선정하였다.

⑤ 3차로 선정된 예비 어휘의 적절성 검증 및 최종 검사 어휘 선정

3차로 선정된 예비 어휘에 대한 연령별, 음소별 선정을 위하여 표현력에 대해서 80%와 70%로 기준을 두고 153개의 어휘를 분석하였다. 먼저 80%를 기준으로 하여 3차로 선정된 예비 어휘를 연령별 음소발달 정도에 준해서 배치하였다. 그 결과, 해당 연령에서 발달해야 하는 음소임에도 표현이 80%에 도달하지 못하여 연령과 발달음소에 적절한 어휘가 아닌 경우가 있었다. 따라서 2차 예비 어휘 적절성 검증에서 수용이 80% 이상 되는 것을 선정하였으므로 표현력은 70% 이상 되는 어휘로 다시 음소별로 배치하였다. 표현언어 70%를 기준으로 하여 어휘를 선정하였을 때, 선정 기준에 도달하지 못한 음소에 대해서는 다음으로 빈도가 높은 음소를 선정하였다. 이러한 음소를 기준 외 음소라 하였고, 기준 외 음소에 대해서 검사를 실시할 때 단서의 조항도 두 개를 두어 단서로써 표현할 수 있는 기회를 부여하였다. 선정된 어휘 중 'ㄹ(어두초성 1음절)' 'ㅃ(어두초성 다음절 어두)' 'ㅉ(어두초성 1음절)' 음소는 제외되었다. 그 이유는 한국어에서의 사용 빈도가 낮기 때문이다. 67개의 어휘에 대해서 각각 연령별로 음소를 배치한 후, 음소와 어휘의 표현 능력을 재분석하였다. 그 결과 해당하는 어휘 내의 음소 중 표현이 70% 기준에 달하지 못하는 어휘들이 있어서 8개의 어휘를 추가하여 연령별, 음절 수별, 음소 위치별로 총 75개의 어휘를 최종 선정하였다.

3. 표준화검사

1 검사도구의 제작

1) 어휘 선정

3차에 걸친 어휘 적절성 검증 후 정상아동들이 70% 이상 표현·수용할 수 있는 어휘 75개를 선정하였다.

2) 그림 제작

그림은 아동이 그림을 보고 목표단어를 산출할 수 있도록 배경을 그리지 않고 목표어휘만 나타나도록 제작하였다. 한 페이지에 한 개의 그림이 배치되도록 하였으며 컬러로 제작하였다.

3) 기록지 제작

정밀검사와 선별검사에 대해서 각각 기록지를 제작하였으며 검사 시 피검사자의 반응을 쉽게 기록하고 그 결과를 요약 정리하기 용이하도록 현장 전문가와 1급 언어치료사들의 조언을 받아 제작하였다.

② 표준화검사 실시

표준화검사에 참여한 일반아동은 총 60명이었다. 3~5세는 대구 지역의 4개 어린이집과 3개 유치원에서 연령별로 20명의 아동을 대상으로 하여 실시하였다. 6세는 초등학교에서 15명, 어린이집에서 5명을 선정하여 실시하였다. 대상 아동은 어린이집 교사, 유치원 교사, 초등학교 교사, 부모를 통해 청각적·시각적·정서적·지적·언어적 장애가 없는 것으로 확인된 정상발달 범주에 있는 아동을 선정하였다. 각 연령에 대해서는 3세 0개월에서 3세 11개월까지는 3세로 정하였고, 4세 0개월에서 4세 11개월은 4세, 5세 0개월에서 5세 11개월까지는 5세, 6세 0개월에서 6세 11개월까지는 6세로 하였다. 각 연령집단은 12개월 단위로 하였다. 연령별 인원은 〈표 7-3〉과 같다.

표 7-3	표준화검사 실시를 위한 대상 아동의 연령별 인원			
	3세	4세	5세	6세
인원	20명	20명	20명	20명
평균 나이	3세 7개월	4세 6개월	5세 4개월	6세 5개월

③ 분석 방법

1급 언어치료사 자격증을 소지한 언어치료사가 표준화에 직접 참여하여 대상 아동 60명의 발화 내용을 전사하고 생략, 대치, 왜곡으로 분석하였다.

4. 검사도구의 타당도 및 신뢰도

① 타당도

이 검사도구의 타당도를 검증하기 위하여 공인타당도와 내용타당도 검증을 실시하였다. 공인타당도 검증을 위하여 이전에 개발된 김영태(1995)의 그림자음검사를 실시하여 분석한 결과 .78로서 높은 상관관계가 나타났으며 이 검사도구가 아동에게 실시할 수 있는 타당한 검사임을 확인하였다. 내용타당도 검증을 위해서 1급 언어치료사 자격증과 언어치료 박사학위를 소지한 연구진이 어휘의 구성과 검사 방법의 적절성에 대해서 분석하였다. 그 결과 어휘 및 검사 방법이 적절하여 타당한 검사임이 확인되었다.

② 신뢰도

이 검사에서는 검사 문항의 내적일관성 신뢰도와 재검사 신뢰도를 측정하였다. 문항의 내적일관성 신뢰도는 각 문항을 하나의 검사로 간주하여 문항들 간의 유사성 및 일관성을 검증하는 방법이다. 이 검사에서는 Cronbach α 계수로 문항 간 내적일관성을 측정하였으며 전체 α .90으로 매우 높게 나타났다. 재검사 신뢰도는 4명의 3~6세 아동에게 1차 검사를 실시하고 1주 후에 재검사를 실시하여 1차 검사 결과와 2차 검사 결과의 상관계수를 측정하였고, 그 결과 .92로 높게 나타났다.

5. 검사의 실시 및 채점

① 준비 과정

검사자는 검사 방법을 충분히 숙지하고 있어야 한다. 검사자는 기록지와 그림을 준비한다. 그리고 검사 실시 내용을 녹음기로 녹음하거나 비디오로 녹화할 수 있도록 사전에 준비해 놓는다. 검사는 조용하고 아동이 집중할 수 있는 곳에서 실시하며, 검사 전에 아동과 충분히 유대관계를 형성하고 난 뒤에 실시한다. 검사자는 피검사자가 기록지를 볼 수 없도록 하고, 피검사자가 그림을 잘 볼 수 있도록 자리를 배치한다. 검사자는 피검사자의 입 모양을 잘 볼 수 있는 곳에 앉는다.

② 검사 준비물

기록지, 그림, 필기구, 녹음 및 녹화를 위한 도구(녹음기, MP3, 디지털 카메라, 캠코더 등)

③ 검사 실시

1) 목표음소 유도 방법

선별검사와 정밀검사 모두 실시 방법은 동일하다. 피검사자에게 검사의 실시 목적을 간단하게 이야기해 주고 다음의 방법으로 실시한다.

① 결과지 위에 있는 피검사자의 일반적인 정보(이름, 생년월일)를 기재한다.
② 검사자는 "여기에 있는 그림들을 잘 보세요."라고 말하면서 피검사자에게 그림을 보여 준다. 다음에는 "이제 선생님이 손가락으로 가리키는 그림의 이름을 말하세요. 이것은 무엇입니까?"라고 물으며 손가락으로 하나의 그림을 지적한다. 피검사자가 질문에 대답하지 못하면 검사자는 해당 어휘의 단서(예: "추울 때 손에 끼는 것은 무엇입니까?")를 제시한다. 표현이 70%에 도달하지 못한 어휘는 단서를 두 번 제시할 수 있다. '낙타'를 예로 들어, 검사자의 질문에 피검사자가 대답하지 못하면, 첫 번째 단서인 "사막에 살고, 등에 혹이 달린 동물은 무엇입니까?"를 제시한다. 그런 후에도 피검사자가 대답하지 못하면 두 번째 단서인 "사막에서는 말을 타지 않고 이 동물을 타고 다녀요. 무엇입니까?"를 제시한다. 피검사자가 단서 제시 후에도 명명하지 못하면 검사자가 검사 어휘를 발화한 다음 피검사자가 모방할 수 있도록 유도한다(예: "따라해 보세요, 낙타.").
③ '거미'와 같은 어휘는 검사하고자 하는 어휘 그림을 지적하면서 질문한다.
④ 검사를 실시한 후 오반응한 어휘는 자극반응도를 알아보기 위해서 다양한 자

극으로 모방검사를 실시한다.

2) 기록하기

① 검사자는 피검사자의 발화를 발음기록지에 있는 '발음'란에 간략표기를 사용하여 모두 기록한다. 간략표기에 의한 자음 기록은 〈표 7-4〉에 제시되어 있다. 피검사자의 자발적인 수정이 있다면 수정된 발음을 기록한다.

② 피검사자의 발화를 '발음'란에 모두 기록한 후 검사음소(진하게 표시된 음소)에 해당하는 오조음(틀린 음소)이 있으면 해당 오류분석지에 기록한다. 오류분석지에 생략은 '-'로 해당 음소란에 기록하고, 대치는 대치된 음소를 해당란에 기록하고, 왜곡은 해당 음소 위에 D로 표기한다. 정조음은 '+'로 표기한다. I는

표 7-4 간략표기에 의한 자음 기록표

위치＼방법	파열음	마찰음	파찰음	유음	비음
양순음	• ㅂ /P/ (I, F) 　/P˥/ (F, MF) /b/ (MI) • ㅍ /P□/ (I, MI) • ㅃ /P'/ (I, MI)				• ㅁ /m/ 　(I, MI, MF, F)
치조음	• ㄷ /t/ (I) 　/t˥/ (F, MF) 　/d/ (MI) • ㄸ /t˥/ (F, MF) • ㅌ /t□/ (I, MI)	• ㅅ /s/ (I, MI) • ㅆ /s'/ (I, MI)		• ㄹ /r/ (I, MI) 　/l/ (F, MF)	• ㄴ /n/ 　(I, MI, MF, F)
경구개음			• ㅈ /□/ (I) 　/□/ (MI) • ㅉ /□'/ (I, MI) • ㅊ /□□/ (I, MI)		
연구개음	• ㄱ /k/ (I) 　/k˥/ (F, MF) 　/g/ (MI) • ㄲ /k'/ (I, MI) • ㅋ /k□/ (I, MI)				• ㅇ /ŋ/ (MF, F)
성문음		• ㅎ /h/ (I) 　/□/ (MI)			

어두초성, MI는 어중초성, MF는 어중종성, F는 어말종성을 나타낸다.

③ 검사 결과는 결과요약지에 기록한다. 자음 정확도는 정확하게 산출한 자음 수를 전체 자음 수로 나누고 곱하기 100을 하여 정조음률로 산출하고 백분위점수를 산출한다. 선별검사 결과에는 자음을 조음 방법별로 분석하여 기록하고 모음검사 결과, 음소 위치별 결과에 대해서 기록한다. 정밀검사 결과는 결과요약지에 자음검사 결과를 조음 방법과 조음 위치별로 요약하여 기록하고 음소 위치별, 모음검사 결과, 음절 유형별로 기록한다. 선별검사와 정밀검사의 프로파일은 검사 결과에 대해서 그래프를 그린다.

$$
\text{자음 정확도(\%)} = \frac{\text{정조한 자음 수}}{\text{전체 자음 수}} \times 100
$$

④ 피검사자가 분석하는 음소가 아닌 다른 음소에서 나타나는 특이할 만한 발화는 결과요약지 아래에 있는 '요약 및 권고'에 기록한다. 최종적으로 결과 요약지는 발음기록지, 오류분석지를 토대로 작성한다.

⑤ 음운변동은 음운변동분석지에 기록한다. 음운변동 분석지에 목표 어휘에서 일어날 수 없는 변동은 음영 처리되어 있고 일어날 수 있는 변동은 빈칸으로 되어 있다. 목표 어휘의 오류로 출현한 변동에 대해서 해당 빈칸에 'V'로 표기한다. 음운변동 분석 기준은 〈표 7-5〉와 같다.

표 7-5 음운변동 분석 기준

음운변동			정의
생략 및 첨가 변동	음절 구조	음절생략	음절이 생략되는 경우 예: /헬리콥터/ → /헬리터/ 　　/해바라기/ → /해라기/
		초성생략	음절의 초성(첫 자음)이 생략되는 경우 예: /물개/ → /울개/ 　　/도깨비/ → /도깨이/
		종성생략	음절의 종성(받침소리)이 생략되는 경우 예: /거미줄/ → /거미주/ 　　/눈사람/ → /누사람/

		첨가		음소나 음절이 첨가되는 경우 예: /우산/ → /두산/, /라면/ → /라이면/
	조음 위치	양순음생략		양순음(ㅂ계열, ㅁ)이 생략되는 경우 예: /컴퓨터/ →/커퓨터/
		치조음생략		치조음(ㄷ계열, ㅅ계열, ㄴ, ㄹ)이 생략되는 경우 예: /우산/ → /우안/
		경구개음생략		경구개음(ㅈ계열)이 생략되는 경우 예: /반지/ → /반이/, /거미줄/ → /거미울/
		연구개음생략		연구개음(ㄱ계열, 종성ㅇ)이 생략되는 경우 예: /개미/ → /애미/, /꼬리/ → /오리/
		성문음생략		성문음(ㅎ)이 생략되는 경우 예:/ 어항/ → /어앙/
	조음 방법	파열음생략		파열음(ㅂ계열, ㄷ계열, ㄱ계열)이 생략되는 경우 예: /톱/ → /옵/, /비행기/ →/이행기/
		마찰음생략		마찰음(ㅅ, ㅆ, ㅎ)이 생략되는 경우 예: 씨름/ → /이름/, /혀/ → /여/
		파찰음생략		파찰음(ㅈ, ㅉ, ㅊ)이 생략되는 경우 예: /주사위/ → /우사위/
		비음생략		비음(ㅁ, ㄴ, 종성ㅇ)이 생략되는 경우 예: /나비/ → /아비/, /빵/ → /빠/
		유음생략		유음(ㄹ)이 생략되는 경우 예: /거울/ → /거우/, /할머니/ → /하머니/
대치변동	조음 위치	전 방 화	치조음의 전방화	치조음이 양순음으로 대치되는 경우 예: /눈사람/ → /문사람/
			경구개음의 전방화	경구개음이 양순음과 치조음으로 대치되는 경우 예: /초콜릿/ → /도콜릿/
			연구개음의 전방화	연구개음이 양순음, 치조음, 경구개음으로 대치되는 경우 예: /거울/ → /더울/
			성문음의 전방화	성문음이 양순음, 치조음, 경구개음, 연구개음으로 대치되는 경우 예: /할머니/ → /갈머니/
		후 방 화	양순음의 후방화	양순음이 치조음, 경구개음, 연구개음, 성문음으로 대치되는 경우 예: /반지/ → /단지/
			치조음의 후방화	치조음이 경구개음, 연구개음, 성문음으로 대치되는 경우 예: /돈/ → /곤/

		경구개음의 후방화	경구개음이 연구개음, 성문음으로 대치되는 경우 예: /접시/ → /겁시/
대치변동		연구개음의 후방화	연구개음이 성문음으로 대치되는 경우 예: /거울/ → /허울/
		양순음화	양순음이 아닌 다른 음소가 양순음(ㅁ, ㅂ, ㅃ, ㅍ)으로 대치되는 경우 예: /발/ → /밥/, /가지/ → /바지/
		치조음화	치조음이 아닌 다른 음소가 치조음(ㄴ, ㄷ, ㄸ, ㅌ, ㄹ, ㅅ, ㅆ)으로 대치되는 경우 예: /딸기/ → /딸디/
		경구개음화	경구개음이 아닌 다른 음소가 경구개음(ㅈ, ㅉ, ㅊ)으로 대치되는 경우 예: /거울/ → /저울/
		연구개음화	연구개음이 아닌 음소가 연구개음(ㄱ, ㄲ, ㅋ, ㅇ)으로 대치되는 경우 예: /종/ → /공/
		성문음화	성문음이 아닌 음소가 성문음(ㅎ)으로 대치되는 경우 예: /파/ → /하/
		치간음화	치간음이 아닌 음소가 치간음으로 대치되는 경우
		순치음화	순치음이 아닌 음소가 순치음으로 대치되는 경우
	조음 방법	파열음화	파열음이 아닌 음소가 파열음(ㅂ, ㅃ, ㅍ, ㄷ, ㄸ, ㅌ, ㄱ, ㄲ, ㅋ)으로 대치되는 경우 예: /수박/ → /부박/
		마찰음화	마찰음이 아닌 음소가 마찰음(ㅅ, ㅆ, ㅎ)으로 대치되는 경우 예: /낙타/ → /학타/
		파찰음화	파찰음이 아닌 음소가 파찰음(ㅈ, ㅉ, ㅊ)으로 대치되는 경우 예: /리모콘/ → /지모콘/
		비음화	비음이 아닌 음소가 비음(ㅁ, ㄴ, ㅇ)으로 대치되는 경우 예: /비해기/ → /미행기/
		유음화	유음이 아닌 음소가 유음(ㄹ)으로 대치되는 경우 예: /개미/ → /래미/
	동화	양순음동화	양순음이 아닌 음소가 주변의 양순음에 영향을 받아 양순음으로 대치되는 경우 예: /빨대/ → /빨배/
		치조음동화	치조음이 아닌 음소가 주변의 치조음에 영향을 받아 치조음으로 대치되는 경우 예: /수박/ → /수닥/

		경구개음동화	경구개음이 아닌 음소가 주변의 경구개음에 영향을 받아 경구개음으로 대치되는 경우 예: /배추/ → /재추/
		연구개음동화	연구개음이 아닌 음소가 주변의 연구개음에 영향을 받아 연구개음으로 대치되는 경우 예: /숟가락/ → /국가락/
		성문음동화	성문음이 아닌 음소가 주변의 성문음에 영향을 받아 성문음으로 대치되는 경우 예: /할머니/ → /할허니/
		파열음동화	파열음이 아닌 음소가 주변의 파열음에 영향을 받아 파열음으로 대치되는 경우 예: /나비/ → /바비/
		마찰음동화	마찰음이 아닌 음소가 주변의 마찰음에 영향을 받아 마찰음으로 대치되는 경우 예: /수박/ → /수학/
		파찰음동화	파찰음이 아닌 음소가 주변의 파찰음에 영향을 받아 파찰음으로 대치되는 경우 예: /반지/ → /찬지/
		비음동화	비음이 아닌 음소가 주변의 비음에 영향을 받아 비음으로 대치되는 경우 예: /똥/ → /농/
		유음동화	유음이 아닌 음소가 주변의 유음에 영향을 받아 유음으로 대치되는 경우 예: /거울/ → /러울/
		긴장음동화	긴장음이 아닌 음소가 주변의 긴장음에 영향을 받아 긴장음으로 대치되는 경우 예: /도깨비/ → /뽀깨비/
		기식음동화	기식음이 아닌 음소가 주변의 기식음에 영향을 받아 기식음으로 대치되는 경우 예: /피아노/ → /피아호/
대치변동	긴장도 변화	긴장음화	긴장음이 아닌 음소에 긴장도를 첨가하였을 경우 예: /거울/ → /꺼울/
		이완음화	긴장음들(ㅃ, ㄸ, ㄲ, ㅆ, ㅉ)의 긴장성이 상실되는 경우 예: /코뿔소/ → /코굴소/
	기식도 변화	탈기식음화	기식음들(ㅍ, ㅌ, ㅋ, ㅊ)의 기식성이 상실되는 경우 예: /축구공/ → /죽구공/
		기식음화	기식음이 아닌 음소에 기식성을 첨가하였을 경우 예: /거울/ → /커울/

④ 채점

이 검사도구는 우리말 음소의 출현 위치를 고려하여 총 4개의 위치를 검사할 수 있도록 제작하였다. 채점을 할 때 정조음한 것에 대해서는 1점, 오조음한 것에 대해서는 0점을 부여한다. 오조음에 해당하는 것은 생략, 대치, 왜곡된 음소다. 오조음을 분석할 때 유의할 사항은 어중종성의 /ㄷ/과 어중초성의 /ㅎ/이다.

① 표준발음법에서는 활용에서 나타나는 필수적인 /ㅎ/ 탈락만을 대상으로 하고, 수의적인 /ㅎ/ 탈락은 다루지 않고 있으나, 공명음 사이에서의 /ㅎ/ 탈락 역시 일상발화에서 흔히 나타난다. 따라서 어중초성 /ㅎ/도 음운현상 때문에 생략한 채 발음될 수 있다. 따라서 10번 /비행기/와 75번 /어항/을 산출할 때 아동이 어중초성 /ㅎ/을 생략하여 산출하였다면 한 번 더 모방하여 확인할 필요가 있고 아동의 발화 패턴을 고려하여 점수 부여를 할 수도 또는 하지 않을 수도 있다.
② 어중종성 /ㄷ/ 역시 생략하여 발음될 수 있으므로 25번의 /숟가락/과 53번의 /촛불/에 대해서 아동이 어중종성 /ㄷ/을 생략하여 발음하더라도 오조음하였다고 체크할 수 없다. 따라서 어중종성 /ㄷ/을 산출하는 것을 보고자 할 때는 한번 더 모방하여 확인할 필요가 있다.

⑤ 검사의 특징과 활용

이 검사는 다음과 같은 특징이 있다.

첫째, 선별검사와 정밀검사로 나뉘어 있어서 아동의 오류를 간단하게 선별한 뒤, 정밀진단검사를 실시할 수 있다.

둘째, 단어수준에서 음절 수를 고려하여 1음절, 2음절, 다음절로 구성한 뒤 음절의 난이도에 따라 정밀진단을 할 수 있다.

셋째, 음소의 위치를 기존의 3개 위치(어두, 어중, 어말)가 아닌 4개 위치(어두초성, 어중초성, 어중종성, 어말종성)로 제작하여 어중을 둘로 나누어 분석함으로써 단어수준에서 정밀분석이 가능하다.

넷째, 조음 정확도 분석뿐만 아니라 음운변동 분석까지 할 수 있도록 제작하여 아동의 조음·음운에 대한 다각도 분석이 가능하다.

따라서 이 검사는 우리말 자음과 모음 산출에 문제가 있는 조음·음운장애 아동을 선별하고, 선별된 조음·음운장애아동을 정밀진단하는 데 사용할 수 있다.

II. 조음기관 구조·기능 선별검사

1. 검사 개요 및 개발 배경

현재 국내에서 주로 사용되고 있는 OSMSE-R(St. Louis & Ruscello, 1995)은 안정 상태에서의 조음기관 구조와 발성이나 조음 시의 조음기관 기능을 간단하게 평가하고 있다. 이 검사는 입술, 혀, 턱, 경구개, 연구개, 인두 및 호흡의 구조와 운동과 관련된 26항목으로 구성되어 있으며, 각 항목은 1~3점의 3점 척도로 구성되어 있다. 그러나 이 검사에 대한 표준화된 자료가 부족하여 외국의 문헌에 준하여 조음기관의 구조 및 기능의 정상 범위를 사용하고 있다.

또한 국외에서도 기능 영역으로 구분된 80개의 항목으로 이루어진 The Oral Speech Motor Protocol을 사용하여 2세 6개월부터 6세 11개월의 정상발달 아동 90명의 조음기관 구조와 기능을 점수화하여 표준화된 점수를 제시한 Robbins와 Klee(1987)의 연구가 주로 언급되고 있다. 그러나 이 연구는 취학 전 아동들을 대상으로 한 연구이므로 학령기 아동이나 성인에 관한 조음기관 구조·기능의 표준화를 제시할 필요가 있다.

이에 국내 실정에 맞는 조음기관의 구조 및 기능을 수량화하여 평가할 수 있는 표준화된 선별검사도구와 이를 통해 평가한 자료를 수량화하는 작업이 요구되며, 정상 한국 성인을 대상으로 한 자료가 필요한 상황이다. 이에 호흡, 발성, 조음기관의 구조 및 기능을 수량화하여 평가할 수 있는 선별검사도구를 제작하고, 적절한 검사도구의 체제를 마련하여 국내 임상장면에서 보편적으로 사용할 수 있도록 하기 위해 정상 성인의 조음기관의 구조 및 기능의 정상 범위를 제시하는「조음기관 구조·기능 선별검사: SMST」를 개발하게 되었다.

2. 검사의 표준화 과정

① 검사 문항 개발

이 연구의 검사 문항을 개발하기 위하여 국내에서 현재 사용되고 있는 구강조음 기관의 기능선별검사(OSMSE-R)와 그 외 병원이나 언어치료실에서 사용되고 있는 검사도구들을 취합하였고, 국외의 자료 중 Dworkin-Culatta Oral Mechanism Examination(Dworkin & Culatta, 1996), OSMSE-R(St. Louis & Ruscello, 1987) 및 The Oral Speech Motor Protocol(Robbins & Klee, 1987)을 통해 문항들을 분석하였다.

취합된 검사도구를 분석한 결과, 공통적으로 검사하고 있는 조음기관(여기서 조음 기관이라 함은 호흡기관, 발성기관 및 조음기관을 총칭한 것이다)으로는 얼굴, 입술, 혀, 하악, 상악, 치아, 경구개, 연구개, 인두, 후두, 호흡기관이었으며, 검사에 따라 조음 교대운동속도 또는 초당 반복횟수를 평가하기도 하였다. 이를 토대로 이 검사도구 에서는 크게 ① 조음기관의 구조 및 기능 영역, ② 발성, 음성 및 조음선별, ③ 조음 교대운동 영역의 세 영역으로 구분하였다.

조음기관의 구조 및 기능 영역에서 선별검사에 포함된 조음기관으로 7개 부분(얼 굴, 입술, 혀, 턱과 치아, 경구개 및 연구개, 인두, 호흡)을 선정하였다. 조음기관 분야별 로 구조와 기능으로 구분하였으며, 조음에 미치는 영향력의 정도에 따라 문항 수를 배치하였다. 여러 차례의 문항 수정을 통해 일차조음기관(음소산출에 중요한 역할을 하는 기관)인 「입술」과 「혀」에 13문항을 배치하였고, 이차조음기관(일차기관을 제외한 나머지 기관)으로 「얼굴」 「턱과 치아」 「경구개 및 연구개」 「인두」를 포함하였으며, 이 에 덧붙여 소리 산출의 원동력인 「호흡」을 포함시켜 17문항을 배치하였다. 그 결과, 「얼굴」은 구조 1문항과 기능 1문항, 「입술」은 구조 1문항과 기능 4문항, 「혀」는 구조 2문항과 기능 6문항, 「턱과 치아」는 구조 3문항과 기능 1문항, 「경구개 및 연구개」는 구조 4문항과 기능 2문항, 「인두」는 구조 1문항과 기능 1문항 그리고 「호흡」은 구조 1문항과 기능 2문항으로 구조는 총 13문항, 기능은 총 17문항으로 구성하였다.

발성, 음성 및 조음 기능 선별검사는 기존의 검사도구에서는 평가되지 않은 발성 기관의 구조 및 기능의 이상 유무를 선별할 수 있는 3문항으로 구성되었다. 이 문항 들은 /아/모음발성, '자발화'(이름과 주소대기) 및 '문장읽기'를 시행하는 동안 음성의 세 특징인 음의 높이(pitch), 음의 강도(loudness), 음질(voice quality)의 이상을 선별한다. '문장읽기'의 문장은 한글의 자음을 모두 포함하도록 구성하였다. 또한, '문장읽기'를 시행하는 동안 조음장애 선별, 말속도를 측정할 수 있다.

최대발성시간(Maximum Phonation Time: MPT)은 한 숨에 최대한 길게 지속하는 시간을 측정하는 것으로, /아/ 모음을 발성할 때 최대한 지속할 수 있는 시간을 측정하도록 하였다. 이는 발성 시 호흡과 성대의 협응 상태를 파악할 수 있는 지표로 사용된다.

마지막으로 조음교대운동 영역에서는 5개의 '자음＋모음' 구조(/퍼/, /터/, /커/, /긍/, /러/)와 1개의 모음(/아/)으로 교대운동속도(Alternating Motion Rate: AMR)를 측정하고, /퍼터커/를 통해 일련운동속도(Sequential Motion Rate: SMR)를 측정하도록 하였다. /퍼/, /터/, /커/는 선행연구에서 많이 사용된 일음절들로 모두 조음 방법에 있어서는 파열음이며, 조음 위치에 따라 /퍼/는 두입술소리, /터/는 잇몸소리, /커/는 여린입천장소리다. 그 외에 /긍/은 구강음과 비강음이 함께 결합된 음절로 이를 빠르게 반복할 때 구강음과 비강음을 연속적으로 산출하기 위한 목젖 움직임 속도의 정상 유무를 살펴볼 수 있고, /아/ 모음을 짧게 끊어서 연속적인 반복 산출을 할 때 성대의 수축과 이완의 협응성을 평가하여 후두의 교대운동을 검사할 수 있다(한지연, 이옥분, 박희준, 임혜진, 2007; Mysak, 1980). /러/는 치경설측음으로 설소대가 짧을 경우 부정확한 발음을 산출하는지를 볼 수 있다. AMR 수행과제를 평가하기 위해 각 조음 위치에서 가장 편안하게 산출될 수 있는 음절인 /퍼/, /터/, /커/, /러/는 중성 모음을, /긍/에서는 무표성 모음을 사용하였으며, 후두교대운동 관찰을 위해서는 가장 용이하게 산출될 수 있는 /아/ 모음을 사용하였다. 그 결과, 조음교대운동 영역은 AMR을 측정하는 총 6개의 일음절 무의미 단어와 SMR을 측정하는 1개의 3음절 무의미 단어와 이들을 각각 시행할 때 '규칙성'과 '조음정확도'를 평가하는 총 14개 항목으로 구성하였다.

검사문항의 타당도는 언어병리학 박사 2명과 최소 2년 이상의 임상경력을 지닌 언어치료사 2명이 선행연구들(Robbins & Klee, 1987; St. Louis & Ruscello, 1987)을 바탕으로 간단하면서도 선별적으로 조음기관의 구조 및 기능을 평가할 수 있는 「조음기관 구조·기능 선별검사」를 제작하였고 2명의 다른 언어병리학 박사에게 각 항목의 내용타당도를 검증받았다.

② 검사 문항의 점수 구성

1)「조음기관 구조 · 기능 선별검사」의 총점수

「조음기관 구조 · 기능 선별검사」의 총점수는 조음기관의 구조와 기능을 평가하는 30문항(구조 13문항, 기능 17문항), 발성 영역을 평가하는 3문항 그리고 조음교대운동의 규칙성과 조음정확도를 평가하는 14문항에서 얻어진 점수의 합인 조음교대운동 총합을 산출한 값이다. 각 문항은 3점 척도(0~2점; 0점 = 심각한 비정상, 1 = 약간 비정상, 2점 = 정상)로 조음기관의 구조 점수는 0~26점, 기능 점수는 0~34점, 발성 점수는 0~12점 그리고 조음교대운동의 규칙성과 조음정확도는 0~28점이다. 발성 점수의 경우는 전체점수의 비율에 비해 낮아 산출된 원점수 2배의 가중치를 두었다. 결과적으로 산출될 수 있는「조음기관 구조 · 기능 선별검사」의 총점수는 0~100점이다. 점수가 높을수록 조음기관의 구조 및 기능이 정상적이라고 할 수 있다.

2) 최대발성시간 점수

최대발성시간은 /아/ 모음의 연장발성시간을 측정한 점수(초)다. 최대발성시간은「조음기관 구조 · 기능 선별검사」총점수에 포함되지 않지만 검사지에 기록한다.

3) 조음장애 선별 및 말속도 측정

'문장 읽기'를 시행하는 동안 조음장애 선별 및 말속도를 측정한 점수다. 〈읽기카드 1〉을 읽는 동안 /ㄹ, ㅅ, ㅈ/ 소리의 정확도를 3점 척도(0~2점; 0점 = 심각한 비정상, 1 = 중정도의 비정상, 2점 = 정상)로 평가한다. 조음선별검사 결과 6세 이상 아동의 점수가 0~1점인 경우 별도의 조음검사를 실시해야 한다. 〈읽기카드 2〉는 60음절(글자)을 몇 초 동안 읽는지 말속도를 측정한다.

조음장애 선별, 말속도 점수는「조음기관 구조 · 기능 선별검사」총점수에 포함되지 않지만 검사지에 기록한다.

③ 검사의 표준화

1) 연구 대상

조음기관 구조 및 다른 신체적 · 정신적인 결함이 없고, 언어 및 조음의 이상이 없는 남녀 성인 160명을 대상으로「조음기관 구조 · 기능 선별검사」의 표준화를 실시하였다. 이들은 남녀 만 18~29세, 30~39세, 40~49세, 50~59세로 나뉜 여덟 집단에 각 20명씩 포함되었다.「조음기관 구조 · 기능 선별검사」를 실시하기 전 과거력을 확인하여 신경학적 질환, 심혈관계 질환, 최근 2주 이내에 호흡기 질환을 경험하거나 혹은 말 · 언어장애로 진단받은 경험이 있는 대상자는 제외하였다. 조음기관 구조 및 기능 그리고 언어 및 조음의 이상 유무는「조음기관 구조 · 기능 선별검사」에서 제시된 자발화와 '문장 읽기'를 시행하는 동안 훈련된 언어치료사(한국언어치료전문가협회 1급 자격증 소지자)가 이를 듣고 판단하였다.

2) 조음기관의 구조와 기능 검사

검사에는 임상경력이 최소한 2년 이상인 1급언어치료사(한국언어치료전문가협회 1급 자격증 소지자) 3명이 참여하였다. 검사자는 편안한 자세로 앉은 피검사자와 각 일대일로 마주 본 상태에서「조음기관 구조 · 기능 선별검사」중 조음기관의 구조와 기능 영역, 발성, 음성 및 조음선별, 조음교대운동의 규칙성 및 조음정확도 영역에서 한 항목씩 적힌 순서대로 검사를 시행하였다. 각 항목을 검사하는 과정에서 구조는 정상이지만 기능에서 우성유전법칙으로 인해 시행할 수 없는 경우, 예를 들어 '혀를 내밀고 말아서 좁히기'와 같은 항목에서 이를 시행하지 못할 경우에 0~2점 중 1점으로 처리하였다.

3) 발성 · 음성 및 조음선별검사

발성은 /아/ 모음 최대발성시간(MPT), 이름과 주소 대기의 자발화 및 주어진 문장 읽기를 할 때 음의 높이, 음의 강도, 음질을 평가하였다.

최대발성시간(MPT)은 /아/ 모음을 발성할 때의 발성을 최대로 지속하는 시간을 측정하는 것으로 "최대한 숨을 크게 들이쉬고 /아/ 소리를 최대한 길게 발성하세요. 이 때 편안한 음 높이와 크기로 내세요."라고 지시하였다. 자료 수집을 위해 검사자가 시범을 보이고 대상자가 1회의 연습을 시행한 후에 실시되었으며, 대상자가 모음을 최대한 길게 발성하는 동안 검사자는 초시계를 이용하여 최대발성시간을 측정하였다. 일반적으로 최대발성시간 과제 측정 방법으로 여러 번 반복 후 평균을 내기도 하고 반복한 결과 중 최대의 결과를 측정하기도 한다. 최대발성시간의 특성상 최대치를 측정하는 것이 목적이므로 이 연구에서는 2회 반복 측정치 중 최대 측정치를 사용하였다.

'자발화(이름과 주소 대기)' 및 '문장 읽기'를 시행하는 동안 음성의 세 특징인 음의 높이, 음의 강도, 음질을 평가하였다. 또한 '문장 읽기'를 시행하는 동안 조음장애 선별, 말속도를 측정할 수 있다. '문장 읽기'의 〈읽기카드 1〉은 한국어 발음 중 오류가 많은 /ㄹ, ㅈ, ㅅ/ 소리가 포함되도록 하였으며, 〈읽기카드 2〉는 말속도를 측정하도록 구성하였다.

이에 대한 표준 점수는 제시되지 않았으므로 문제가 있다고 판별이 되는 경우, 심화검사를 진행하는 것이 필요하다.

4) 조음교대운동 검사

조음교대운동속도를 측정하기 위해 AMR과 SMR을 측정하였다. AMR은 최대한 빠른 속도로 /퍼/, /커/, /터/, /긍/, /아/, /러/의 1음절을 5초 동안 빠르고 정확하게 반복하여 조음하는 횟수를 측정하여 1초 동안의 평균을 계산하였고, SMR은 최대한 빠른 속도로 /퍼커터/를 5초 동안 정확하게 반복적으로 교대하여 조음하는 횟수로 1초 동안 평균을 계산하였다. 검사의 표준화를 위해 AMR과 SMR을 3회씩 반복 측정한 후 평균값을 산출하였다.

조음교대운동 영역의 자료 수집을 위해 검사자가 각 시범을 보이고 대상자가 2회의 연습을 시행한 후에 실시하였다.

3. 검사 내용 및 실시 방법

① 검사의 목적 및 내용

1) 검사 목적

이 검사는 정상 성인의 조음기관 구조 및 기능의 정상 범위를 파악하고자 개발되었다. 언어치료사들이 임상현장에서 언어 및 말과 관련된 검사를 시행하기 전에 이 검사도구를 사용하여 조음기관의 문제를 평가 · 진단함으로써 문제의 진전을 예방하고 치료 계획을 수립할 수 있으며 나아가 재평가를 통해 재활이나 치료 효과를 검증할 수 있다.

2) 검사 대상

이 검사는 조음기관 구조 및 기능의 문제를 선별하기 위하여 남녀 성인 및 아동에게 실시할 수 있다. 다만 이 검사 지침서에 제시된 표준화 점수는 만 18~59세까지 제시되어 있다. 점수가 제시되지 않은 경우는 정상 기준 자료를 참고하여야 한다.

3) 검사 내용

이 검사는 조음기관(얼굴, 입술, 혀, 턱과 치아, 구개, 인두 및 호흡, 발성)의 구조를 평가하는 13문항, 조음기관의 기능을 평가하는 17문항, 발성기관의 구조 ac 기능 이상 유무를 청지각적으로 평가하는 3문항 그리고 조음교대운동을 할 때 조음기관의 상호적 움직임의 규칙성 및 조음정확도의 14문항을 측정한다.

그다음 최대발성시간과 조음교대운동속도를 측정한다. 최대발성시간은 /아/ 모음을 발성할 때의 최대발성지속시간을 측정하는 것이다. 조음교대운동속도는 5초 동안 최대한 빠른 속도로 /퍼/, /커/, /터/, /긍/, /러/, /아/의 1음절을 각각 빠르고 정확하게 반복하여 조음하는 횟수를 측정하여 1초 동안의 평균 AMR을 측정한다. 그다음 5초 동안 최대한 빠른 속도로 /퍼커터/를 정확하게 반복적으로 교대하여 조음하는 횟수를 측정함으로써 1초 동안의 평균 SMR을 측정한다.

② 검사의 실시 및 채점

1) 검사 준비

검사를 준비하기 전에 평가 장면을 녹화할 수 있도록 기자재를 준비하고 상태를 확인한다.

검사기록지에 대상자의 이름 및 성별, 연락처, 검사자, 검사일, 생년월일 및 생활 연령 등의 기초 정보를 정확하게 기록한다.

2) 필요한 준비물

제품 구성물에는 전문가 지침서, 기록지, 읽기카드 1 · 2, 타이머, 라이트, 일회용 설압자가 포함되어 있다. 제품 구성물에는 포함되어 있지 않지만 원활한 검사를 위해 전자계산기, 캠코더와 비디오테이프(또는 녹음기과 카세트테이프) 등의 준비물이 필요하다.

3) 검사 시 유의사항

① 보호자나 본인에게 녹화 또는 녹음에 대한 취지를 설명하고 양해를 구한다.
② 녹화 또는 녹음하여, 정확한 결과 분석과 치료와 치료 후 변화 확인 등을 위하여 사용한다.
③ 검사도구, 검사기록지 등을 확인한다.
④ 검사 지침에 따라 검사를 실시하며 대상자가 알아듣기 쉽게 검사 방법을 설명한다.
⑤ 평가 시 수행 정도를 즉시 기록하도록 한다.
⑥ 검사자는 감염 문제를 방지하기 위해 일회용 장갑을 착용하고 검사를 실시해야 하며 검사 전후에 손을 씻어야 한다.

⑦ 이 검사는 다양한 과제를 실시하므로 검사자가 실시 지침을 숙지하여 원활하게 진행하는 것이 필요하다.

⑧ 어린 아동에게 실시할 때에는 다른 활동을 통해 친밀감을 형성한 후에 이 검사를 실시하는 것이 적절하다.

4) 검사의 실시

(1) 사례면담지

사례력을 수집하기 위한 검사지에는 이름, 연락처, 생년월일, 검사자, 검사일 등의 정보들을 기록한다.

(2) 조음기관의 구조와 기능

대상자가 편안하게 말할 수 있고 검사자가 측정하는 데 방해가 되지 않게 마주한 상태에서 얼굴, 입술, 혀, 턱, 치아, 경구개, 연구개, 인두, 호흡 등 조음기관의 구조 및 기능을 평가한다.

조음기관의 구조 및 기능에 대한 정상과 비정상의 점수뿐 아니라 구조 특성에 따른 기술이 더 필요할 수 있으므로 별도의 기록을 한다. 예를 들면, 치아 구조에서 치열의 불균형 혹은 상악돌출이나 하악돌출 등의 특징을 기록하고 경구개나 연구개 구조에서는 파열(cleft)이나 교정(repaired)을 받은 흔적이 있는지 등을 기록한다.

만약 대상자가 검사 항목에(예: 설압자로 혀 누르기 등) 대한 거부감을 보이면 해당 항목을 제외하거나 순서를 바꾸어 실시하고, 제외되었을 경우 NT(Not Tested)로 기록하고 0점으로 처리한다. 또한 구조는 정상이지만 기능에서 우성유전법칙으로 인해 시행할 수 없는 경우, 예를 들어 "혀를 내밀고 말아서 좁히기"와 같은 항목에서 이를 시행하지 못할 경우에 0~2점 중 1점으로 처리한다.

(3) 발성, 음성 및 조음선별검사

발성은 /아/ 모음 최대발성시간(MPT), 이름과 주소 대기의 자발화 및 주어진 문장 읽기를 할 때 음의 높이, 음의 강도 및 음질, 말속도 등을 평가한다.

/아/ 모음 최대발성시간은 /아/ 모음을 최대로 지속하는 시간을 측정하는 것으로

"최대한 숨을 크게 들이쉬고 /아/ 소리를 최대한 길게 발성하세요. 이때 편안한 음높이와 크기로 내세요."라고 지시한다. 자료 수집을 위해 검사자가 시범을 보이고 대상자가 1회의 연습을 시행한 후, 대상자가 모음을 최대한 길게 발성하는 동안 검사자는 초시계를 이용하여 MPT를 2차례 측정한다.

'자발화(이름과 주소 대기)' 및 '문장 읽기'를 시행하는 동안 음성의 세 특징인 음의 높이, 음의 강도, 음질을 평가한다. 또한 /ㄹ, ㅅ, ㅈ/ 발음 문제 선별과 말속도를 평가할 수 있다.

글을 읽지 못하는 아동이나 성인의 경우는 /아/ 모음 발성, 이름과 주소 대기 시 자발화에서 발성의 특징을 평가하고 문장 읽기 대신 검사자가 한 문장씩 읽은 후 대상자가 따라 말하기를 실시하도록 한다.

(4) 조음교대운동 평가

일음절 /퍼/, /터/, /커/, /러/, /긍/, /아/, /퍼터커/ 각 음절을 5초 동안 빠르고 정확하게 반복 조음하여 1초당 반복 횟수, 규칙성 및 조음정확도를 평가한다. 각 음절을 3회씩 수행하고 일관성이 결여되어 문제가 있을 경우 1회 추가 실시한다.

각 음절의 1초당 반복 횟수는 초시계와 카운터를 세팅한 후, 대상자에게 "5초 동안 빠르고 정확하게 ○을 반복하여 조음해 주세요."라고 지시한다. 카운터는 계산기를 활용하여 사용할 수 있다. 계산기의 숫자 '1'과 '+' 버튼을 누른 후, '=' 버튼을 누를 때마다 숫자가 증가하므로 횟수 측정에 사용할 수 있다.

또한 각 항목의 규칙성과 조음정확도는 3점 척도(0~2점; 0점 = 심각한 비정상, 1점 = 약간 비정상, 2 = 정상)로 평가하며, 각각 0~14점이다.

4. 검사 결과 처리 및 해석

☐ 검사 결과 분석

이 검사의 실시에 익숙해지면 검사를 실시하면서 동시에 조음기관의 구조와 기능, 발성, 음성 및 조음선별, 조음교대운동 수치를 파악하는 것이 가능할 것이다. 하지만 처음에는 검사를 원활하게 실시하는 데 주력하고, 검사를 끝낸 후에 녹화나 녹음한 자료를 이용하여 평가 내용을 분석하여 정확한 수치를 산출할 것을 권한다.

1) 검사자의 청지각적 관찰에 따른 과제(조음기관의 구조와 기능)

조음기관(얼굴, 입술, 혀, 턱과 치아, 구개, 인두 및 호흡, 발성)의 구조를 평가하는 13문항과 조음기관의 기능을 평가하는 17문항의 점수를 산출한다.

2) 대상자의 수행 정도에 따른 과제(발성, 음성 및 조음선별, 조음교대운동)

발성(/아/ 모음 최대발성지속시간, 음성, 말속도 등)과 조음교대운동(속도, 규칙성, 정확성) 정도를 산출한다.

② 검사 결과의 해석

① 검사 결과를 해석하기 위해서는 검사기록지에 각 과제들의 원점수를 기록하여야 한다.
② 조음기관의 구조, 기능, 음성, 조음 규칙성·정확성 점수를 기재하고, 검사의 〈부록 2〉~〈부록 5〉를 참고하여 대상자의 연령에 해당하는 기준점수를 기재한다.
③ 검사의 〈부록 6〉을 참고하여 /아/ 최대발성지속시간과 연령에 해당하는 기준점수를 기재한다.
④ 검사의 〈부록 7〉~〈 부록 13〉을 참고하여 조음교대운동의 기준점수 통과 항목 수를 파악하여 대상자의 문제의 정도를 파악한다.

③ 검사의 예

다음의 검사기록지 작성 예를 참고하면서, 검사 결과를 분석하는 방법을 익혀 보기로 한다. 28세 남성의 수행 결과 분석의 예다.

1) 검사자의 청지각적 관찰에 따른 과제(조음기관의 구조와 기능)

만약 조음기관의 구조 중 윗니가 아랫니 뒤에 있으며, 기능상 혀 내밀기는 가능하나 말아서 좁히기가 안 되는 경우

- 구조 점수: $12 \times 2(점) + 1 \times 1(점) = 25(점)$
- 기능 점수: $16 \times 2(점) + 1 \times 1(점) = 33(점)$

2) 대상자의 수행 정도에 따른 과제(발성, 음성 및 조음선별, 조음교대운동)

만약 발성, 음성, 조음에 문제가 없으며, 조음교대운동 수행 시 규칙성, 정확성에 문제가 없는 경우

- 발성
  - /아/ 모음 최대발성지속시간: 1차 18초, 2차 16초 산출 시 18초로 기재

- 음성
  - 음성 점수: $3 \times 2(점) \times 2((가중치)) = 12(점)$

- 조음선별
  - /ㄹ, ㅅ, ㅈ/ 소리의 정확도 점수: $3 \times 2(점) = 6(점)$
  - 말속도: 16초

- 조음교대운동
  - 조음규칙성: $7 \times 2(점) = 14(점)$
  - 조음정확성: $7 \times 2(점) = 14(점)$
  - 기준점수 통과 항목 수 기재: 7개

예를 든 검사의 기록지는 [자료 7-1]에 제시되어 있다.

자료 7-1 검사기록지 작성 예

SMST | 조음기관 구조 · 기능 선별검사 기록지
Speech Mechanism Screening Test

저자: 신문자, 김재옥, 이수복, 이소연

No. 1

검 사 자 | 이○○

검 사 일 | 2010년 5월 10일

이 름 | 강○○ (남)· 여)

생년월일 | 1982년 3월 1일(28세 2개월)

연 락 처 | 010-○○○○-○○○○

| 지시사항 | 본 검사의 기록지는 I. 조음기관의 구조 및 기능 II. 발성, 음성 및 조음선별 III. 조음교대운동에 대한 검사로 총 세 파트로 구성되어 있으며, 각 파트별로 지시내용을 잘 읽어보고 실시해 주시기 바랍니다.
모든 문항을 실시하도록 하며, 대상자에 따라 필요한 문항들만 선별하여 실시할 수도 있습니다.

문항별 표기방법은 다음과 같습니다. 문항별 표기가 없는 검사는 지시사항에 따라 수치를 기재하도록 합니다.

표기 예

2: 정상   0   1   ②   NT

1: 약간 비정상   0   ①   2   NT

0: 심각한 비정상   ⓪   1   2   NT

NT: 실시 안 함   0   1   2   ㎏

비정상 혹은 이상이 있는 경우 '비고'란에 특징을 서술하여 참고 자료로 이용하도록 합니다.

| 결과기록표 |

구분	원점수	기준점수(cut-off score)
구조(0~26점)	25	(부록 2 참조) 25.05
기능(0~34점)	33	(부록 3 참조) 33.75
음성(0~12점)	12	(부록 4 참조) 11
조음 규칙성 · 정확성(0~28점)	28	(부록 5 참조) 24.60
총점(100점)	98	(부록 1 참조) 94.40

구분	원점수			기준점수(cut-off score)
최대발성시간	18초			(부록 6 참조) 21/68
조음선별검사 (읽기카드 1)	ㄹ 2	ㄴ 2	ㅈ 2	한 음소라도 0~1이 있으면 조음검사 요망(6세 이상)
말속도 (읽기카드 2)	16초			정상기준 참조
조음교대운동	퍼 / 퍼터커 / 아	터 / 러 / 총 통과 항목 수 6	커 / 긍	통과항목 수 • 정상: 5개 이상 • 경계선: 3~4개 • 비정상: 2개 이하 (부록 7~13 참조)

임상적 요약 및 추천 사항

최대발성시간은 기준점수보다 낮지만 정상범위에 포함됨.

I. 조음기관의 구조와 기능

조음기관의 구조 및 기능에 관한 검사입니다. 각 항목의 내용을 읽고 점수에 표시하십시오.
비정상 혹은 이상이 있는 경우 '비고'란에 특징을 서술하십시오.

※ 0~2점: 0=심각한 비정상, 1=약간 비정상, 2=정상, NT=실시 안 함

조음기관	지시 사항	과제	구조	기능	비고 (다른 이상 소견)
얼굴	얼굴에 힘을 주지 말고 편안하게 하세요.	• 휴식 상태에서의 모양/좌 · 우 대칭성/구순 여부	0 1 ② NT		
	눈을 감았다 떠 보세요. 눈썹을 위로 올려 보세요. 얼굴을 찌푸려 보세요.	• 움직임		0 1 ② NT	
입술	입을 다물고 앞을 보세요.	• 휴식 상태에서의 모양/좌 · 우 대칭성/구순 여부	0 1 ② NT		
	뽀뽀하는 흉내를 내세요.	• 입술을 앞으로 내밀며 둥글게 하기		0 1 ② NT	
	입을 다물고 볼을 부풀려 보세요(풍선 부는 흉내를 내 보세요).	• 입술을 닫고 양볼을 부풀게 하기		0 1 ② NT	
	입술을 다물고 입술의 양끝을 뒤쪽으로 당겨 보세요.	• 입술의 양끝을 뒤쪽으로 잡아당기기		0 1 ② NT	
	윗니로 아랫입술을 물어 보세요.	• 아랫입술 물기		0 1 ② NT	
혀	혀를 최대한 밖으로 내미세요.	• 표면 색깔 및 크기	0 1 ② NT		
	혀를 내밀어 왼쪽-오른쪽으로 왔다 갔다 움직여 보세요.	• 혀끝을 내밀어 왼쪽-오른쪽으로 하기		0 1 ② NT	
	입을 최대한 크게 벌리고 혀끝을 입천장에 대세요.	• 설소대 길이	0 1 ② NT		
	혀끝을 위로 올려 윗니 뒤에 붙이세요.	• 혀끝을 내밀어 위로 올리기 혹은 혀끝을 위로 올려 치조에 대기 (둘 중 적합한 것으로 택일)		0 1 ② NT	
	입을 벌리고 혀끝을 윗니 뒤에서부터 목젖을 따라 뒤쪽으로 당겨 보세요.	• 혀끝을 경구개를 따라 뒤쪽으로 끌어당기기		0 1 ② NT	
	혀끝으로 아랫니 뒤를 밀어 보세요.	• 혀끝으로 아랫니 뒤를 밀기		0 1 ② NT	
	혀로 앞에서 뒤로 말아 보세요.	• 혀를 뒤로 말기		0 1 ② NT	
	혀의 양쪽을 말아서 좁혀 보세요.	• 혀를 내밀고 말아서 좁히기		0 ① 2 NT	말아서 좁히기가 안 됨
턱과 치아	어금니를 물고 /으/, /이/ 소리를 내세요.	• 중앙 앞니의 교합 (open bite, closed bite, overjet, underjet)	0 1 ② NT		후방 ←→ 전방
		• 치아의 맞물림(Class I, II, III) Class I　Class II　Class III	0 ① 2 NT	앞니가 아랫니 뒤에 있음	
	어금니에서 딱딱 소리가 나도록 어금니를 부딪쳐 보세요.	• 어금니 부딪히기(교근운동)		0 1 ② NT	
	입을 크게 벌려 보세요.	• 치아 및 치열 상태	0 1 ② NT		
경구개 및 연구개	입을 크게 벌려 보세요.	• 경구개의 색깔 및 주름 상태	0 1 ② NT		
		• 입천장 높이 및 넓이	0 1 ② NT		
		• 구개편도의 여부 및 크기	0 1 ② NT		
		• 연구개와 목젖의 휴식 상태에서의 모양 / 좌 · 우 대칭성	0 1 ② NT		
	치료사가 설압자로 혀를 누를 것입니다(혀를 누르거나 연구개 누르기).	• 구개반사(gag reflex)		0 1 ② NT	
	/아/ 소리를 짧게 내세요.	• /아/ 발성 시 연구개의 상승		0 1 ② NT	
인두	입을 크게 벌려 보세요.	• 인두벽과 인두협부의 색깔 및 크기	0 1 ② NT		
	/우/ 소리를 계속 내면서 손가락 등으로 양쪽 콧구멍을 막았다 열었다 반복하세요.	• /우/를 길게 발성하는 동안 손가락으로 콧구멍을 열었다 막았다를 반복할 때 음질의 변화		0 1 ② NT	
호흡	똑바로 앉으세요.	• 올바른 상체 자세 또는 지체장애 여부	0 1 ② NT		
		• 휴식 상태에서의 호흡 양상		0 1 ② NT	
	지금 드리는 문장을 편안한 속도와 음 높이 및 크기로 읽으세요.	• 문장 읽기/자발화 시 전반적인 호흡 양상		0 1 ② NT	
조음기관 구조 · 기능 총계			25/26	33/34	

II. 발성, 음성 및 조음선별

· 발성검사

발성에 관한 검사입니다. 1회 연습을 한 후, 2회 수행하고 그 결과를 적어 주십시오.

(2회 수행하여 일관성이 결여되거나 문제가 있는 경우에는 1회를 추가로 실시합니다)

* 2회 실시하여 최대 측정치를 기록합니다.

	지시 사항	과제	결과
연장발성	최대한 숨을 크게 들이쉬고 /아/ 소리를 최대한 길게 내세요. 이때 편안한 음 높이와 크기로 내세요.	· /아/ 최대발성시간	18초
		· /아/ 최대발성시간	16초

· 음성검사

음성에 관한 검사입니다. 다음의 내용을 읽고 점수에 표기하십시오.

※ 0~2점: 0=심각한 비정상, 1=약간 비정상, 2=정상, NT=실시 안 함

	지시 사항	과제	결과
음성	자발화: 이름과 주소를 대 보세요. · 이름대기: · 주소대기: * 조음선별검사를 위한 문장읽기(읽기카드 1, 2) 과제를 수행하면서 음성에 이상이 있는지를 확인하세요.	· 음의 강도	0 1 ② NT
		· 음의 높이	0 1 ② NT
		· 음색	0 1 ② NT
		음성 총계	(3×2)×2=12

· 조음선별검사

읽기카드 1, 2의 문장을 읽고 /ㄹ, ㄴ, ㅈ/ 조음선별과 말속도를 측정하십시오.

단, 읽지 못하는 아동의 경우는 검사자가 한 문장씩 읽어 준 후 따라말하기를 실시하십시오.

※ 0~2점: 0=심각한 비정상, 1=약간 비정상, 2=정상, NT=실시 안 함

*/ㄹ, ㄴ, ㅈ/ 조음선별검사 점수가 0~1인 경우, 별도의 조음검사가 요망됩니다(6세 이상).

				결과
문장읽기	읽기카드 1 (ㄹ, ㅅ, ㅈ 조음선별)	· 숲속 작은 집 창가에 작은 아이가 살았는데 날아라 새들아 푸른 하늘을, 달려라 냇물아 넓은 들판을 (39 음절)	ㄹ	0 1 ② NT
			ㅅ	0 1 ② NT
			ㅈ	0 1 ② NT
	읽기카드 2 (음성선별 및 속도 측정)	· 지구를 행복하게 하는 물건 중에 자전거가 있다. 이동하면서 연료를 사용하지 않아 대기 오염을 일으키지 않는다. 자전거를 타며 상쾌한 바람은 덤이다. 말 속도 16 (초) (60음절)		

III. 조음교대운동

조음교대운동검사입니다.

❶ 각 해당 음절을 5초 동안 빠르고 정확하게 반복 조음합니다. 반복 횟수를 5로 나누어 1초당 횟수를 계산합니다.

해당 과제를 3회씩 수행하고 그 결과를 써 주십시오(3회 수행하여 일관성이 결여되거나 문제가 있는 경우에는 1회를 추가로 실시합니다).

❷ 전문가 지침서의 〈부록7〉~〈부록13〉을 참조하여 기준점수를 통과한 항목이 몇 개인지 확인합니다.

❸ 규칙성 및 조음정확도에 해당하는 점수에 표시하십시오.

※ 0~2점: 0=심각한 비정상, 1=약간 비정상, 2=정상, NT=실시 안 함

과제	1초당 반복횟수			평균	기준점수 (cut-off score)	정상수준	조음규칙성				조음정확성			
	1차	2차	3차				⇦ 심각	약간	정상	⇨ NT	⇦ 심각	약간	정상	⇨ NT
/퍼/	6	7	7	7	〈부록 7 참조〉 584	· 정상: 기준점수보다 높은 항목 수가 5개 이상인 경우 · 경계선: 기준점수보다 높은 항목 수가 3~4개인 경우 · 비정상: 기준점수보다 높은 항목 수가 2개 이하인 경우	0	1	②	NT	0	1	②	NT
/터/	7	6	8	7	〈부록 8 참조〉 592		0	1	②	NT	0	1	②	NT
/커/	7	7	6	7	〈부록 9 참조〉 567		0	1	②	NT	0	1	②	NT
/퍼터커/	4	5	4	4	〈부록 10 참조〉 259		0	1	②	NT	0	1	②	NT
/러/	6	7	6	6	〈부록 11 참조〉 569		0	1	②	NT	0	1	②	NT
/궁/	7	8	8	8	〈부록 12 참조〉 537		0	1	②	NT	0	1	②	NT
/아/	7	6	7	7	〈부록 13 참조〉 518		0	1	②	NT	0	1	②	NT
기준점수 통과 항목 수				7		조음 규칙성 · 정확성 총계	14/14				14/14			

Ⅲ. 우리말 조음 · 음운 평가

1. 검사 개요 및 개발 과정

☐ 검사의 목적

우리말 조음 · 음운 평가(김영태, 신문자, 2004)는 우리나라 자음 또는 모음 말소리에 문제를 보이는 조음 · 음운장애 아동 및 성인이 단어와 문장에서 산출하는 발음을 체계적으로 평가하기 위해 고안되었다. 특히 이 검사는 생활연령에 비해 조음발달이 늦거나 조음이 명료하지 않아 조음장애가 의심되는 아동의 조음평가에 적합하다. 아동의 조음(발음) 오류는 조음 위치, 조음 방법 그리고 기식성 및 긴장도에 따라 순서적으로 기록하여 분석하고, 자음정확도를 산출하여 정상 조음발달과 비교할 수 있게 하였다. 또한 음운변동 기록표를 통해 음운 오류 패턴의 분석이 가능하도록 제작되었다.

② 검사의 개발 과정

우리말 조음 · 음운검사(U-TAP: Unimal Test of Articulation Phonology)는 1994년 제작된 조음 문제 평가와 학습 소프트웨어인 「바른발음」을 바탕으로 하였다. 「바른발음」은 신 · 언어임상연구소와 (재)파라다이스복지재단 부설연구소가 공동으로 제작하였고, 이번 책자의 저자들인 김영태와 신문자가 함께 참여하였다. 그리고 이 자료들은 그동안 실제 언어치료 현장에서 사용하여 수정 · 보완하였고, 교사나 언어치료사들이 현장에서 편리하게 사용할 수 있도록 책자로 제작하게 되었다. 검사 결과를 정상 아동 자료들과 비교할 수 있도록 아동 조음 · 음운 발달연구 결과를 부록에 제시하였다. 아동의 자료를 통해 조음정확도(자음 음소 정확도), 개별음소의 발달연령 그리고 음운변동의 출현율을 측정하여 정상 아동 자료와의 비교가 가능하게 하였다. 연구 자료들은 이론적 배경에 설명되어 있으며, 출처는 참고문헌에 수록되어 있다.

③ 검사의 대상

　　이 검사의 주 대상은 2~12세의 아동이지만, 그림을 이용하여 명명하거나 설명하는 과제를 사용하기 때문에 취학 전(3~6세) 아동들에게 가장 적합하다. 그러므로 표현어휘가 부족한 유아나 그림을 사용하기에 적합하지 않은 성인에게는 모방이나 읽기를 통한 검사를 실시할 수 있다. 이 검사는 유아나 아동이 정상적인 조음발달 과정에 있는지 검사할 수 있고, 조음발달의 결함이 우려되는 사람들(예: 언어발달지체, 기능적 조음·음운장애 등)이나 말·언어기관에 기질적인 결함이 있는 사람들(예: 구개파열, 마비말장애, 뇌성마비 등)이 조음문제가 있는지, 어느 정도인지 또는 어떤 음소에 결함이 있는지를 검사할 수 있도록 해 준다. 그림낱말검사는 이름말하기 또는 따라말하기가 가능한 아동이면 정상 아동은 물론 지적장애, 청각장애, 행동장애, 뇌성마비 아동들의 조음평가에 활용될 수 있다. 그림문장검사는 이야기 구성이나 문장 따라말하기가 가능한 아동에게 실시할 수 있다.

2. 검사 내용

　　이 검사는 ① 낱말 수준에서의 자음 및 단모음 검사(이하 '그림낱말검사')와 ② 문장 수준에서의 자음 및 단모음 검사(이하 '그림문장검사')로 구성되어 있다. 그림낱말검사는 아동들이 목표단어를 쉽게 산출할 수 있는 그림들로 구성되어 있으며, 각 단어는 자음검사 부분과 단모음검사 부분으로 구성되어 자음 19개와 단모음 10개의 조음을 유도할 수 있다.

　　그림문장검사는 하나의 그림에서 1~3개의 문장을 유도할 수 있으며, 그림 내의 각 사물을 보면서 문장을 산출할 수 있도록 구성되어 있다. 즉, 아동이 그림을 보여 주면서 하나의 이야기로 말하거나 검사자가 그림을 보여 주면서 목표문장을 들려주면 아동이 이를 재구성해서 말하게 하여 조음을 평가한다.

① 그림낱말검사

　　우선 자음검사 부분에서는 우리말 19개 음소들이 어두초성(이하 초성으로 함), 어중초성, 종성에 올 때 그 난이도가 달라지는 점을 감안하여 각 위치의 음소를 독립적인 것으로 간주함으로써, 총 43개의 음소를 검사하도록 하였다. 그러나 각 음소에 따른 43개의 낱말을 이용하면 검사 소요시간이 너무 길어져 지루하고 비효율적인 검사가 될 수 있다. 따라서 한 낱말에서 최대 2개의 음소를 검사하여, 총 23개의 낱말을 그림판에서 검사하도록 고안하였다. 예를 들어, 검사목록 3번의 '책상'은 초성 /ㅊ/과 종성 /ㄱ/을 평가한다.

　모음검사 부분에서는 우리말 단모음 10개를 검사하도록 하였다. 모음검사 또한 효율성을 고려하여 한 낱말 속에서 최대 2개의 단모음을 검사할 수 있도록 하여, 총 7개의 낱말을 그림판에서 검사할 수 있게 하였다. 2개의 단모음을 한 낱말에서 검사할 수 있는 예로, 검사목록 8번의 '동물원'은 모음 /ㅗ/와 /ㅜ/를 평가한다(검사목록은 [자료 7-2]의 '낱말 개별음소 분석표'를 참조할 수 있다).

② 그림문장검사

　그림문장검사는 그림낱말검사에서 사용하고 있는 30개의 목표낱말(자음검사 23개, 모음검사 7개)을 16개의 문장 속에 포함시켜서 검사하도록 하였다. 이 검사의 주요 대상이 아동이므로 너무 긴 문장이 되지 않도록 평균 5개의 어절(범위: 3~6개), 음절 수로는 평균 15.5개(범위: 11~23개)의 음절로 된 문장들로 구성하였다. 예를 들어, 그림 5의 "나는 코끼리에게 땅콩을 줍니다."라는 문장에서는 '코끼리'에서 초성/ㅋ/과 어중초성 /ㄲ/을, '땅콩'에서 초성 /ㄸ/과 어중초성 /ㅋ/을 평가한다(검사목록은 [자료 7-3]에 제시되어 있다).

자료 7-2

낱말 개별음소 분석표

```
┌─────────────────────┐
│        낱말          │
│   개별음소 분석표     │
└─────────────────────┘
```

┌──────────────────────────────┐
│ 이 름　　　　　　　(남/여)   │
│ 검사일   │
│ 생년월일   │
│ 연 령   │
│ 검사자   │
└──────────────────────────────┘

※ 오류분석 기록법

정조음 + 대치: 대치음소기록　왜곡: D　생략: Ø

음소 정확도

	자음정확도	모음정확도
낱말수준	/43	/10
	* 　　%	%
문장수준	/43	/10
	%	%

생활연령 자음정확도(%) 비교(낱말수준)

대상아동	자음정확도(〈표 7-13〉 참조)		
	평균	-1SD	-2SD
*	%	%	%

추천사항

	낱말 발음전사		오류분석				
번호	목표 단어	발음 전사	번호	자음	어두 초성 ⓞ	어중 초성 ❶	종성 ⓪
1	① ⑯ 바 지		1	ㅂ			
2	⑩ ⑱ 단 추		2	ㅃ			
3	⑱⑦ 책 상		3	ㅍ			
4	❶⑬ 가 방		4	ㅁ			
5	⑭ ⑫ 사 탕		5	ㄴ			
6	❸⑲ 연 필		6	ㅎ			
7	⑯ ⑩ 자 동 차		7	ㄱ			
8	3 4 동 물 원		8	ㄲ			
9	1 2 엄 마		9	ㅋ			
10	❷② 뽀 뽀		10	ㄷ			
11	⑥ 호 랑 이		11	ㄸ			
12	⑧ ⑲ 꼬 리		12	ㅌ			
13	⑨ ❽ 코 끼 리		13	ㅇ			
14	⑪ ❾ 땅 콩		14	ㅅ			
15	9 귀		15	ㅆ			
16	⑦ ❺ 그 네		16	ㅈ			
17	⑫ 토 끼		17	ㅉ			
18	③ ⑭ 풍 선		18	ㅊ			
19	⑲ 로 봇		19	ㄹ			
20	5 6 그 림		번호	모음	발음 전사		
21	④⑩ 못		1	ㅓ			
22	⑮❶ 눈 썹		2	ㅏ			
23	10 괴 물		3	ㅗ			
24	⑮④ 싸 움		4	ㅜ			
25	7 참 새		5	ㅡ			
26	8 세 마 리		6	ㅣ			
27	⑰⑰ 짹 짹		7	ㅐ			
28	⑤ ❹ 나 무		8	ㅔ			
29	⑪ ❼ 메 뚜 기		9	ㅟ			
30	⑤ ⑥ 전 화		10	ㅚ			
정확도		자음 /43			모음 /10		

자료 7-3　문장 개별음소 분석표

문장 개별음소 분석표

문장수준에서의 검사		
* (검사 시작문장) 오늘 아빠와 동물원에 가기로 했습니다.		
그림번호	문장번호	목표문장
1	1	나는 **바지**¹를 입고 **단추**²를 채웁니다.
2	2	**책상**³ 위에 **가방**⁴이 있습니다.
	3	가방에 **사탕**⁵과 **연필**⁶을 넣을 거예요.
3	4	아빠와 **자동차**⁷를 타고 **동물원**⁸에 갑니다.
	5	"잘 다녀와." 하면서 **엄마**⁹가 **뽀뽀**¹⁰를 해 줍니다.
4	6	동물원에는 **호랑이**¹¹가 **꼬리**¹²를 늘어뜨리고 있습니다.
5	7	나는 **코끼리**¹³에게 **땅콩**¹⁴을 줍니다.
	8	코끼리는 **귀**¹⁵가 아주 큽니다.
6	9	나는 동물원 놀이터에서 **그네**¹⁶를 탑니다.
	10	아빠가 **토끼**¹⁷ **풍선**¹⁸을 사 왔습니다.
7	11	**로봇**¹⁹ **그림**²⁰을 구경합니다.
	12	그림은 **못**²¹ 두 개에 걸려 있습니다.
	13	로봇은 긴 **눈썹**²² **괴물**²³과 **싸움**²⁴을 합니다.
8	14	나무에는 **참새**²⁵ **세 마리**²⁶가 **짹짹**²⁷거리고,
	15	**나무**²⁸ 아래(풀밭에는) **메뚜기**²⁹가 있습니다.
9	16	엄마에게 **전화**³⁰를 합니다. "엄마, 동물원 재미있어요."

낱말 발음전사			오류분석				
번호	목표단어	발음전사	번호	자음	어두초성 ⓪	어중초성 ●	종성 ☐
1	①⑯ 바지		1	ㅂ			
2	⑩⑱ 단추		2	ㅃ			
3	⑱⑦ 책상		3	ㅍ			
4	❶⑬ 가방		4	ㅁ			
5	⑭⑫ 사탕		5	ㄴ			
6	❸⑲ 연필		6	ㅎ			
7	⑯⑩ 자동차		7	ㄱ			
8	3 4 동물원		8	ㄲ			
9	1 2 엄마		9	ㅋ			
10	②❷ 뽀뽀		10	ㄷ			
11	⑥ 호랑이		11	ㄸ			
12	⑧⑨ 꼬리		12	ㅌ			
13	⑨❽ 코끼리		13	ㅇ			
14	⑪❾ 땅콩		14	ㅅ			
15	9 귀		15	ㅆ			
16	⑦❺ 그네		16	ㅈ			
17	⑫ 토끼		17	ㅉ			
18	③⑭ 풍선		18	ㅊ			
19	⑲ 로봇		19	ㄹ			
20	5 6 그림		번호	모음	발음전사		
21	④⑩ 못		1	ㅓ			
22	⑮① 눈썹		2	ㅏ			
23	10 괴물		3	ㅗ			
24	⑮④ 싸움		4	ㅜ			
25	7 참새		5	ㅡ			
26	8 세 마리		6	ㅣ			
27	⑰⑰ 짹짹		7	ㅐ			
28	⑤④ 나무		8	ㅔ			
29	⑪❼ 메뚜기		9	ㅟ			
30	⑤⑥ 전화		10	ㅚ			
정확도		자음　/43				모음　/10	

3. 검사 실시 및 해석

① 검사 준비물 및 준비 과정

검사자는 검사의 개요를 충분히 숙지하고 있어야 한다. 검사 환경은 조용하고 아동이 집중하는 데 어려움이 없도록 잘 정리되어 있어야 한다. 아동에게 잘 맞고 편안한 의자와 책상에서 실시하되 적절한 밝기의 조명과 적절한 온도, 습도를 유지하도록 한다. 검사 전에 그림 자료 파일을 책상 위에 준비해 놓고 검사지, 필기도구, 비디오 또는 녹음기, 계산기 등 필요한 사항을 완벽하게 준비한다. 아동과는 적절한 유대관계를 형성하고 검사를 시작한다. 검사자와 피검사자 간에 적절한 거리를 유지하되, 앉는 위치는 검사자의 반응 기록을 피검사자가 볼 수 없도록 마주 보거나 검사자가 오른손잡이인 경우 피검사자가 검사자의 왼쪽에 위치하는 것 모두 무방하다. 단 검사자는 피검사자가 조음 시 입 모양을 충분히 관찰할 수 있어야 하고, 피검사자는 제시되는 그림을 잘 볼 수 있어야 함을 염두에 두어야 한다.

② 검사의 실시

1) 목표음소 유도 방법

그림낱말검사부터 먼저 실시하며, 준비된 비디오나 녹음기로 녹화 또는 녹음을 하면서 검사를 시작한다.

(1) 그림낱말검사
피검사자에게 간단한 설명과 함께 다음의 방법에 따라 실시한다.

① 첫 번째 그림 자료를 보여 주며 "이건 뭐죠?"라고 질문한다.
　→ 아동이 정반응을 한 경우에는 "응, 그렇구나." 등과 같은 반응을 해 준다.
　→ 아동이 그림의 이름을 모르는 경우 또는 다른 단어를 말하는 경우, 검사자는 그림 자료 뒷면에 있는 반응유도문장을 그대로 말해 주고 아동의 반응

을 기다린다(예: 검사 제시어가 '바지'이면, "아빠가 무얼 입으시죠?"). 제시된 자극지시문 이외의 다른 유도문장을 사용해도 된다. 반응유도문장을 들려준 뒤에도 아동이 틀린 단어를 말하는 등 오반응을 보이거나 무반응인 경우, 검사자가 단어를 말해 주고 모방하게 한다(예: 검사어가 '바지'인 경우, "날 따라서 하세요, '바지'.").

② 아동의 반응을 검사지(낱말발음전사란)에 표시한다.

③ 이와 같이 아동이 검사 방식을 이해한 것을 확인한 후, 이어서 두 번째 검사문항으로 넘어간다. 방법은 위의 ①, ②와 같은 과정을 되풀이한다.

④ 전 항목에 걸친 검사낱말을 조음한 후 마친다.

(2) 그림문장검사

목표음소를 연속되는 발화에서 유도해야 하므로 그림낱말검사 후 실시한다.

① 검사자는 아동에게 이야기 그림 자료를 보여 주면서 제목과 이야기 상황을 들려준다.

※ 예시: "선생님이 동물원에 가는 그림을 보여 줄 거야. 한 친구가 아빠랑 동물원에 놀러가는 이야기거든. 어떤 재미난 일들이 있었는지 같이 그림을 보면서 이야기해 보자. 먼저 선생님이 말해 주면 ○○이가 듣고 나서 선생님처럼 얘기해 줘."

② 검사자는 먼저 첫 번째 그림 자료를 보여 주면서 제시된 문장들을 말해 준다. 목표문장들을 모두 들려준 후, 검사자는 아동이 그림 자료를 보고 그 그림 속에 있는 여러 가지 사물과 동물을 이용한 문장을 만들도록 이끈다. 목표낱말이 포함된 문장을 발화하면 아동의 반응을 검사지(문장발음전사란)에 표시한다. 한 그림은 2~3문장으로 구성되어 있으므로 한 그림에서 목표낱말이 들어간 문장이 모두 유도되었을 때 다음 그림으로 넘어간다.

　→ 자발화 유도가 어려운 경우에는 검사자가 목표낱말을 포함한 문장을 하나씩 들려주면서(예: "가방에 사탕을 넣어요.") 아동이 이야기하거나 문장을 모방하도록 이끈다.

※ 주의(tip): 검사자는 자연스러운 발화 모델을 주기 위하여 목표문장에 익숙해 있거나 문장을 외워 두도록 한다.

−검사자는 목표발화를 포함한 그림을 지적함으로써, 아동이 문장 발화 시 스스로 목표낱말을 말할 수 있도록 유도한다. 어말종성이 목표음소인 경우에는 이완음에 주의하여 단어의 순서에 신경을 써서 아동의 발화를 유도한다.

③ 위와 같은 방법으로 그림 2∼9까지 실시한 후 검사를 마친다.

2) 기록하기

(1) 개별음소 기록하기

① 발음전사하기

• 그림낱말검사: 검사자는 그 자리에서 아동이 그림 자료를 보고 조음하면 목표음소에 대한 조음을 낱말 개별음소 분석표의 '발음전사'란에 전사한다. 낱말 전체를 정조음한 경우는 '+'로 기록한다. 그러나 목표음소 또는 목표가 아닌 다른 음소를 오조음한 경우는 발음한 대로 음소 표기한다. 검사자가 단어를 말해 주고 모방 산출한 경우에는 괄호( )를 써서 구분한다. 어떠한 방식으로든 반응하지 않으면 해당 칸에 무반응(NR)이라 기록한다. '발음전사'란에는 검사낱말 목표음소 위에 자음의 경우 위치별로 어두초성은 ○, 어중초성은 ●, 종성은 □ 안에 숫자를 표시하였고, 모음은 위치에 관계없이 숫자만으로 표시하였다. [자료 7-4]에 '낱말 개별음소 분석표'가 제시되어 있다.

• 그림문장검사: 아동이 목표낱말을 포함하여 문장으로 말하면 낱말에서와 같이 발화음소를 문장 개별음소 분석표의 '발음전사'란에 전사한다. [자료 7-5]에 '문장 개별음소 분석표'가 제시되어 있다.

자료 7-4 최길수의 U-TAP 낱말 수준 검사 결과

낱말 개별음소 분석표

이 름 최길수 (남)

검사일 201✕. 3. 13.

생년월일 200✕. 1. 15.

연 령 6세 2개월

검사자 박○○

※ 오류분석 기록법

정조음 + 대치: 대치음소기록 왜곡: D 생략: Ø

음소 정확도

	자음정확도	모음정확도
낱말수준	33/42	9/10
*	76.7%	90%
문장수준	30/43	10/10
	69.7%	100%

생활연령 자음정확도(%) 비교(낱말수준)

대상아동	자음정확도(〈표 7-13〉 참조)		
	평균	-1SD	-2SD
* 76.7%	98.43%	96.18%	93.93%

추천사항

번호	목표단어	발음전사	번호	자음	어두초성 ⓞ	어중초성 ●	종성 ⓞ
		낱말 발음전사			오류분석		
1	①⑯ 바지	+	1	ㅂ	+	+	+
2	⑩⑱ 단추	다추	2	ㅃ	+	+	
3	⑱⑦ 책상	채차	3	ㅍ	+	+	
4	❶⑬ 가방	가바	4	ㅁ	+	+	+
5	⑭⑫ 사탕	챠창	5	ㄴ	+	+	+
6	❸⑲ 연필	+	6	ㅎ	+	+	
7	⑯⑩ 자동차	자동챠	7	ㄱ	+	+	Ø
8	3 4 동물원	+	8	ㄲ	+		
9	1 2 엄마	+	9	ㅋ	+	ㄲ	
10	❷② 뽀뽀	+	10	ㄷ	+	+	+
11	⑥ 호랑이	호앙이	11	ㄸ			
12	⑧⑲ 꼬리	꼬디	12	ㅌ	+	ㅊ	
13	⑨❽ 코끼리	코끼디	13	ㅇ			Ø
14	⑪❾ 땅콩	땅꼬	14	ㅅ	ㅊ	D	
15	9 귀	+	15	ㅆ	+	ㅊ	
16	⑦❺ 그네	+	16	ㅈ			
17	⑫ 토끼	+	17	ㅉ	ㅊ	ㅊ	
18	❸⑭ 풍선	풍서(D)	18	ㅊ	ㅊ	+	
19	⑲ 로봇	(로보츠)	19	ㄹ	+	ㄷ	
20	5 6 그림	+	번호	모음	발음전사		
21	④⑩ 못	+	1	ㅓ	+		
22	⑮❶ 눈썹	누첩	2	ㅏ	+		
23	10 괴물	+	3	ㅗ	+		
24	⑮④ 싸움	쌰윰	4	ㅜ	+		
25	7 참새	참치	5	ㅡ	+		
26	8 세마리	테마리	6	ㅣ	+		
27	⑰⑰ 짹짹	채챌	7	ㅐ	ㅚ		
28	⑤ 나무	+	8	ㅔ	+		
29	⑪❼ 메뚜기	메뚝기	9	ㅟ	+		
30	⑤❻ 전화	+	10	ㅚ	+		
정확도		자음 **33**/43			모음 **9**/10		

자료 7-5 최길수의 U-TAP 문장 수준 검사 결과

문장
개별음소 분석표

문장수준에서의 검사

* (검사 시작문장) 오늘 아빠와 동물원에 가기로 했습니다.

그림번호	문장번호	목표문장
1	1	1 2 나는 **바지**를 입고 **단추**를 채웁니다. 나는 바지를 입고 다추를 채워요
2	2	3 4 **책상** 위에 **가방**이 있습니다. 채짜 위에 가방이 있어요
	3	5 6 가방에 **사탕**과 **연필**을 넣을 거예요. 가방에 차차랑 여피 넣을 거예요
3	4	7 8 아빠와 **자동차**를 타고 **동물원**에 갑니다. 아빠와 자통챠를 타고 동물언에 갑니다
	5	9 10 "잘 다녀와." 하면서 **엄마**가 **뽀뽀**를 해 줍니다. 잘 다녀와 하면서 엄마가 뽀뽀를 해 줍니다
4	6	11 12 동물원에는 **호랑이**가 **꼬리**를 늘어뜨리고 있습니다. 동물원에 호앙이가 꼬디를 늘어뜨리고 있어
5	7	13 14 나는 **코끼리**에게 **땅콩**을 줍니다. 나는 코끼리에게 땅컹을 줍니다
	8	15 코끼리는 **귀**가 아주 큽니다. 코끼리는 귀가 아주 큽니다
6	9	16 나는 동물원 놀이터에서 **그네**를 탑니다. 나는 놀이터에서 그네를 탑니다
	10	17 18 아빠가 **토끼 풍선**을 사 왔습니다. 아빠가 토끼 풍서를 사 왔습니다
7	11	19 20 **로봇 그림**을 구경합니다. 로봇 그리 구경합니다
	12	21 그림은 **못** 두 개에 걸려 있습니다. 그림은 몯 두 개에 걸려써
	13	22 23 24 로봇은 긴 **눈썹 괴물**과 **싸움**을 합니다. 로봇은 긴 누첩 괴무이랑 쨔움을 해
8	14	25 26 27 나무에는 **참새 세 마리**가 **짹짹**거리고, 나무에는 참대 테 마리가 채채거리스
	15	28 29 **나무** 아래(풀밭에는) **메뚜기**가 있습니다. 나무 아래 메뚜기가 있어요
9	16	30 엄마에게 **전화**를 합니다. "엄마, 동물원 재미있어요." 엄마에게 저나를 해여.엄마 동물언 재미있어요

낱말 발음전사 / 오류분석

번호	목표단어	발음전사	번호	자음	어두초성 ○	어중초성 ○	종성 ○
1	① ⑯ 바지	✓	1	ㅂ	✓	✓	✓
2	⑩ ⑱ 단추	다추	2	ㅃ	✓	✓	
3	⑱⑦ 책상	채짜	3	ㅍ	✓	✓	
4	❶⑬ 가방	✓	4	ㅁ	✓	✓	✓
5	⑭ ⑫ 사탕	차차	5	ㄴ	✓	✓	Ø
6	❸⑲ 연필	연피	6	ㅎ	✓	ㄴ	
7	⑯ ⑩ 자동차	자통챠	7	ㄱ	✓	✓	Ø
8	3 4 동물원	✓	8	ㄲ	✓	✓	
9	1 2 엄마	✓	9	ㅋ	✓	✓	
10	② ❷ 뽀뽀	✓	10	ㄷ	✓	ㅌ	✓
11	⑥ 호랑이	호앙이	11	ㄸ	✓	✓	
12	⑧ ⑲ 꼬리	꼬디	12	ㅌ	✓	ㅊ	
13	⑧ ⑧ 코끼리	✓	13	ㅇ			✓
14	⑪ ⑨ 땅콩	(땅컹)	14	ㅅ	ㅊ	D	
15	9 귀	✓	15	ㅆ	ㅉ	ㅊ	
16	⑦ ❺ 그네	✓	16	ㅈ	✓	✓	
17	⑫ 토끼	✓	17	ㅉ	ㅊ	ㅊ	
18	③ ⑭ 풍선	풍셔(D)	18	ㅊ	✓	✓	
19	⑲ 로봇	✓	19	ㄹ	✓	ㄷ	Ø
20	5 6 그림	그리	번호	모음	발음전사		
21	④⑩ 못	✓	1	ㅓ	✓		
22	⑮❶ 눈썹	누첩	2	ㅏ	✓		
23	10 괴물	괴무	3	ㅗ	✓		
24	⑮ ④ 싸움	쨔움	4	ㅜ	✓		
25	7 참새	참대	5	ㅡ	✓		
26	8 세 마리	테마리	6	ㅣ	✓		
27	⑰ ⑰ 짹짹	채채	7	ㅐ	✓		
28	⑤ ❹ 나무	✓	8	ㅔ	✓		
29	⑪ ❼ 메뚜기	✓	9	ㅟ	✓		
30	⑤ ⑥ 전화	저나	10	ㅚ	✓		
정확도			자음	**33**/43		모음	**10**/10

② 오류분석 기록하기

　그림낱말검사와 그림문장검사 각각의 개별음소 분석표의 발음전사란을 완성한 후에는 음소별로 오른쪽의 오류분석란에 기록한다. 음소별 목표자음의 음운 환경, 즉 어두초성, 어중초성, 종성 그리고 목표모음에 따라 오류를 표시하게 되어 있다. 목표음소를 대치한 경우에는 대치한 음소를 그대로 기록하고, 왜곡한 경우에는 오류분석란에 'D'라고 표기한다. 또한 목표음소를 생략한 경우에는 오류분석란에 'Ø'로 기록한다. 모든 오류가 표시된 오류분석란을 이용하여 목표음소에 대한 위치별 오류를 정리한다.

(2) 음운변동 기록표 기록하기

　목표낱말에서 나타날 수 있는 음운변동과 목표낱말의 구조상 나타날 수 없는 음운변동이 표시되어 있는 음운변동 기록표를 사용하여 음운변동을 기록한다. 아동의 음운변동은 음절 구조, 동화, 자질 비교와 같은 과정을 분석하기 위함이다. 음운변동 기록표에는 생략 및 첨가 음운변동(음절 구조에 따른 음운변동, 조음 방법에 따른 생략, 조음 위치에 따른 생략), 대치음운변동(조음 위치변동, 조음 방법변동, 동화, 긴장도변동, 기식도변동)으로 나뉘어 있다. 음운변동에 대한 내용은 '제2장 이론적 배경'을 참고할 수 있다.

　각 낱말에서 나타날 수 없는 음운변동은 검은색으로 채워져 있으므로, '발음전사'란과 '오류분석'란을 참고하여 낱말마다 출현한 음운변동이 있으면 해당 빈칸에 × 표시한다. 예를 들어 '자동차'를 '자종차'로 발음했다면, 대치음운변동 중 조음 위치변동에서 치조음의 추설음화와 경구개음화, 동화에서 폐찰음동화가 나타난 것이며, 해당 칸에 × 표시를 한다. [자료 7-6]에 '음운변동 기록표'가 제시되어 있다.

③ **자료 분석 및 해석하기**

　개별음소 분석표와 음운변동 기록표를 모두 기록한 후 정상발달 연구자료에 근거하여 아동의 조음발달 수준이 어느 정도인지 살펴보도록 한다. 개별음소 분석표는 단어와 문장 수준에서의 오류를 비교할 수 있도록 제시된 점선에 따라 접을 수 있게 되어 있다. 개별음소의 발달 연령, 음소정확도 및 음운변동 측면에서의 결과

자료 7-6 최강수의 U-TAP 문장 수준 검사 결과

음운변동 기록표

이름: 최강수 (남·여) 생년월일: 199X. 1. 15. (6;2)

항목목록:

1. 바지
2. 단추
3. 책상
4. 가방
5. 사탕
6. 연필
7. 자동차
8. 동물원
9. 엄마
10. 뽀뽀
11. 호랑이
12. 꼬리
13. 코끼리
14. 땅콩
15. 귀
16. 그네
17. 토끼
18. 동생
19. 로봇
20. 그림
21. 못
22. 눈썹
23. 괴물
24. 싸움
25. 참새
26. 세마리
27. 책책
28. 나무
29. 메뚜기
30. 전화

해석은 다음과 같다.

1) 개별음소의 발달 연령

그림낱말검사와 그림문장검사를 모두 실시하고 기록을 마친 후 대상 아동이 조음할 수 있는 개별음소를 정상 아동들의 발달 연령과 비교해 본다. 정상 아동들의 발달 연령과 비교하는 방법으로 문헌에서는 흔히 습득연령과 관습적 연령과 같은 조음발달 연령들을 언급하고 있다(Sander, 1972). [자료 7-7]의 음소발달 연령 그림과 표는 아동이 각 음소를 습득하는 연령을 나타내고 있다. 이를 보면 완전습득연령은 특정 음소에 대하여 95~100%의 아동들이 바르게 발음하는 발달시기를 나타낸다. 숙달연령은 75~94%, 관습적 연령은 50~74% 그리고 출현연령은 25~49%의 아동들이 바르게 발음하는 발달시기를 의미한다. 예를 들어, [자료 7-7]에 따르면 /ㅅ/의 관습적 연령은 3세이고 완전습득연령은 6세다. 이는 3세 아동들의 50~74% 정도는 /ㅅ/을 바르게 발음하고, 6세 아동들의 경우는 95~100%가 바르게 발음한다는 뜻이다. 즉 정상 아동들도 5~6세에 이르러서야 /ㅅ/을 완전히 발음할 수 있다는 것이다.

기록한 낱말 개별음소 분석표를 보고 [자료 7-7]의 음소발달 연령도 또는 음소발달 연령표의 각 음소의 습득, 숙달, 관습 그리고 출현연령 단계와 비교하여 아동의 조음이 정상 발달 연령보다 지체되는지 살펴본다. 만일 아동이 4세라면 /ㅁ/, /ㅇ/, /ㄴ/ 음소와 /ㅂ/ 계열음과 /ㄷ/ 계열음은 완전습득연령 단계이고 /ㄱ/ 계열음, /ㅈ/ 계열음, /ㅅ/ 계열음과 /ㅎ/ 음소는 숙달연령 단계이며, /ㄹ/은 관습적 연령 단계에 해당한다. 따라서 검사한 4세 아동이 완전습득연령 단계에 있는 음소, 즉 정상 아동들의 95% 이상이 바르게 조음하는 음소 중 오조음한 음소가 있는지 등을 확인하여 대상 아동들의 조음 수준이 정상 발달에 비해 얼마나 지체되는지 비교해 볼 수 있다.

자료 7-7 개별음소의 발달 연령

1) 음소발달 연령 그림

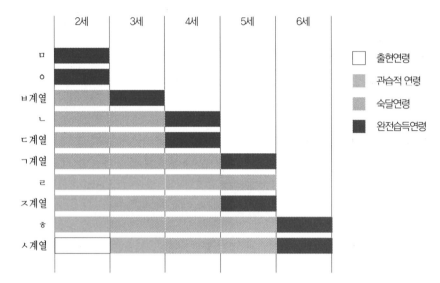

* 김영태(1996) 연구자료를 기초로 한 것임.

2) 음소발달 연령표

연령	음소발달 단계			
	완전습득연령 단계 (95~100%)	숙달연령 단계 (75~94%)	관습적 연령 단계 (50~74%)	출현연령 단계 (25~49%)
2:0~2:11세	ㅍ, ㅁ, ㅇ	ㅂ, ㅃ, ㄴ, ㄷ, ㄸ, ㅌ, ㄱ, ㄲ, ㅋ, ㅎ	ㅈ, ㅉ, ㅊ, ㄹ	ㅅ, ㅆ
3:0~3:11세	+ㅂ, ㅃ, ㄸ, ㅌ	+ㅈ, ㅉ, ㅊ, ㅆ	+ㅅ	
4:0~4:11세	+ㄴ, ㄲ, ㄷ	+ㅅ		
5:0~5:11세	+ㄱ, ㅋ, ㅈ, ㅉ	+ㄹ		
6:0~6:11세	+ㅅ			

2) 음소정확도

음소정확도는 바르게 조음된 음소의 수를 음소의 위치를 고려한 전체 음소의 수로 나누어 100을 곱한 것이다. 이 중 자음정확도는 자음을 정확하게 발음한 백분율을 말하며, 모음정확도는 모음을 얼마나 정확하게 발음하는지를 백분율로 나타낸 것이다.

우리말의 19개 음소(자음)를 어두초성(initial position), 어중초성(medial position), 종성(final position) 세 자리에서 올 가능성을 모두 합치면 43개의 경우가 된다. 어중종성은 유성음 사이에 오지 않는 한 거의 같은 음가를 나타내므로 어말종성과 구분하지 않았다. 그러므로 어떤 아동이 43개 음소 중 15개를 잘못 발음하였다면 이 아동의 자음정확도는 65.1%[(28/43)×100]가 된다. 자음정확도와 모음정확도의 자세한 산출 방법은 다음과 같다.

(1) 자음정확도 구하기

낱말 수준(그림낱말검사)의 낱말 개별음소 분석표에 있는 오류분석란에서 43개 자음 중 오류음소 수를 센다. 43에서 오류음소 수를 뺀 후 이를 43으로 나누고 100을 곱해서 자음정확도를 구한다. 문장 수준(그림문장검사)도 단어 수준과 같은 방식으로 문장 개별음소 분석표의 오류분석란에서 자음정확도를 구한다. 이러한 방식으로 우리말 조음 · 음운검사 자음정확도(%)를 구한다. 〈표 7-6〉의 생활연령 자음정확도표에서 연령에 해당하는 평균 자음정확도와 −1SD 및 −2SD의 자음정확도를 찾아 기록한다. 〈표 7-6〉의 자음정확도는 낱말 수준에서 구해진 것이므로 앞서 산출한 아동의 낱말 자음정확도와 생활연령 자음정확도를 비교한다.

(2) 모음정확도 구하기

자음정확도와 마찬가지로 낱말 개별음소분석표상의 오류분석란에서 모음 10개의 오류음소 수를 센다. 그다음 10에서 오류음소 수를 빼서 얻은 수를 10으로 나누어 100을 곱하면 낱말 수준의 모음정확도가 계산된다. 문장 수준(그림문장검사)도 낱말 수준과 같은 방식으로 모음정확도를 구한다.

표 7-6 생활연령 자음정확도

	평균자음정확도(SD)			−1SD			−2SD		
	남	여	전체	남	여	전체	남	여	전체
2세	80.34 (10.31)	86.84 (8.07)	94.61 (9.28)	70.03	78.77	75.33	59.72	70.70	66.05
3세	91.75 (7.56)	92.58 (4.70)	92.25 (5.86)	84.19	87.88	86.39	76.63	83.18	80.53
4세	94.16 (4.98)	96.17 (3.88)	95.23 (4.47)	89.18	92.29	90.76	84.20	88.41	86.29
5세	98.26 (2.55)	96.27 (3.85)	97.46 (3.23)	95.71	92.42	94.23	93.16	88.57	91.00
6세	98.43 (2.25)	97.50 (2.10)	97.90 (2.18)	96.18	95.40	95.72	93.93	93.30	93.54

* 김영태(1998) 연구 결과.
주) 괄호 안은 표준편차

> −1SD 이상 : 정상판정 또는 모니터링
> −1SD ~ −2SD: 조음치료 고려
> −2SD 이하 : 조음치료 요망

(3) 결과 해석하기

① 자음 조음검사 결과

낱말 수준에서의 자음정확도가 대상 아동의 생활연령 자음정확도에 비해 어떤 수준에 있는지를 살펴본다(〈표 7-6〉 참조). 피검사자의 자음정확도가 −1SD 이하인 경우 조음치료의 고려가 필요하다. 또한 이보다 심한 경우, 예를 들어 4세 남아의 낱말 수준 자음정확도가 85%라면 남녀 전체를 기준으로 −2SD(86.29%) 이하에 해당하며, 이는 또래 아동에 비해 심하게 지체된 것으로 조음치료가 반드시 요구된다. 생활연령 자음정확도는 성별에 따른 것과 전체에서의 정확도를 모두 비교할 수 있으며, 아동의 구강운동성 등 기타 능력을 고려하여 치료 여부를 결정한다.

문장 수준의 자음정확도는 정상발달 연구자료가 현재 없으므로 아동의 현재 수준을 가늠해 보고, 치료할 때의 예후나 기간의 경과한 후 이전 검사 결과와 비교 시에 참고 자료로 이용 가능하다.

다음으로 각 낱말 내의 조음 위치에 따른 오류와 조음 방법에 따른 오류로 세분하고 오류의 형태를 분석한다.

② 모음 조음검사 결과

모음정확도 자료는 정상발달 규준이 제시되어 있지 않으나, 모음은 6～12개월에 다양해진 모음이 산출되기 시작하고 3세까지 단모음의 대부분을 산출할 수 있다. 모음정확도가 심하게 떨어진다면 아동의 현재 수준을 일정 기간 이상 경과한 후에 추후검사에서 참고 자료로 이용함으로써 치료 예후를 확인할 수 있다. 낱말 수준, 문장 수준에서의 오류 음소와 오류 유형을 중심으로 분석하여 검사를 요약한다.

3) 음운변동 출현율

앞에서 작성한 음운변동 기록표에서 음운변동 발생빈도 및 출현율을 산출할 수 있다. 발생빈도는 특정 음운변동이 몇 번이나 나타났는지, 출현율은 나타날 기회에 대하여 몇 %나 나타났는지를 보여 준다. 오류음운변동의 분석은 음소정확도로는 찾아내기 어려운 아동의 잘못된 조음 패턴을 찾을 수 있다는 장점이 있다. 예를 들어 어떤 아동이 연구개음이나 경구개음을 앞쪽에서 발음하는 경향, 즉 전설음화를 자주 한다고 할 때 아동의 개별적인 조음 오류는 ㄷ/ㄱ, ㄸ/ㅊ, ㅈ/ㅋ 등의 대치이기 때문에 그 속에서 패턴을 찾기는 어렵다. 그러나 음운변동으로 분석해 보면, 'ㄷ/ㄱ'에서는 치조음화와 전설음화, 'ㄸ/ㅊ'에서 보면 치조음화, 전설음화, 긴장음화 그리고 파열음화, 'ㅈ/ㅋ'에서 보면 경구개음화, 전설음화, 폐찰음화 그리고 탈기식음화가 나타난다. 즉 전설음화가 이 아동에게 가장 자주 나타나는 오류음운변동이라는 것을 알 수 있다.

음운변동 기록표 아래에는 각 음운변동의 출현율을 구할 수 있도록 되어 있다. 각 음운변동에 따라 × 표시된 개수, 즉 모든 검사낱말에서 해당 음운변동이 나타난 빈도를 세어 음운변동출현 기회 수로 나눈 후 100을 곱하면 해당 음운변동의 출현율을 계산할 수 있다. 나타날 수 있는 음운변동이 낱말마다 차이가 나기 때문에 음운변동 유형에 따라 출현 기회 수는 다르다.

자료 7-8 음운변동 출현율

1) 생략 및 첨가변동의 출현율

2) 대치변동의 출현율

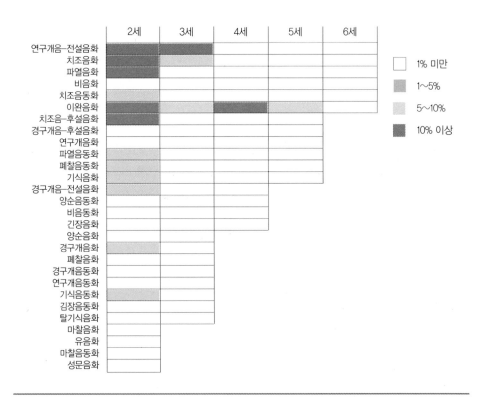

각각의 음운변동 유형에 따른 출현율을 비교하여 가장 출현율이 높은 음운변동을 살펴보도록 한다. 연령별 정상 아동의 음운변동 출현율은 [자료 7-8]의 각 생략 및 첨가변동의 출현율과 각 대치변동의 출현율에 나타나 있으며, 피검사자의 음운변동 출현율과 비교해 본다. 예를 들어, 4세 아동의 검사 결과 경구개음의 전설음화 출현율이 23%였다면, 또래의 정상 아동은 1~5%의 출현율을 보이는 데 비해 경구개음의 전설음화가 매우 빈번하게 나타남을 알 수 있다. 따라서 대상 아동은 정상 발달에 비해 음운변동 면에서 발달이 지체된다고 할 수 있다. 이처럼 빈번한 음운변동을 보인 경우, 검사 결과를 요약할 때 중요하게 분석되어야 한다.

4. 조음장애 아동의 평가 사례

이름: 최길수(가명)	성별: 남	검사일자: 2010년 3월 13일
생년월일: 2004년 1월 15일	연령: 6세 2개월	

① 사례력

길수는 발음이 정확하지 않고 언어이해력이 부족하다는 문제로 언어치료실을 방문하였다. 길수는 부모님의 학업 때문에 만 18개월경부터 중국에서 지냈으며, 4세 8개월에 귀국했다고 한다.

어머니의 보고에 따르면 중국에서 지낼 당시 길수는 주로 중국인 보모가 돌보았고, 별로 언어적인 자극을 받을 기회가 없었다고 한다. 만 5세경에 임파선염으로 일주일 동안 입원한 적이 있고, 분리불안이 심한 편이다. 현재 6개월 정도 놀이치료를 받고 있는 중이며, 4개월째 언어 그룹 프로그램에 참여하고 있다. 타 언어치료기관에서 1년 정도 치료를 받은 적이 있으며, 현재 일반 유치원에 다니고 있으나 매우 산만한 편이고 집중 시간이 짧다고 한다.

② 검사 태도

길수는 매우 산만하였고, 착석하는 데 어려움을 보였다. 검사자와 어머니가 상담

하는 동안 계속해서 검사실 안을 여기저기 돌아다녔다. 낯선 검사자나 검사실에 대한 거부감은 별로 없는 듯 보였으나 자리에 앉아서 검사자의 말에 집중하지 못하였으며, 눈 마주침도 별로 없었다. 그러나 검사가 진행되자 집중 시간이 길지는 않았지만 비교적 집중하고 검사자에게 협조하는 태도를 보이기도 하였다.

③ 검사 결과

길수의 U-TAP 검사 결과는 다음과 같다. 이 예시에서는 다른 언어검사 결과는 싣지 않았다.

1) 개별음소의 발달 연령

길수는 낱말 수준에서 /ㅌ/을 /ㅊ/으로 오조음하였으며, /ㄹ/을 /ㄷ/, /ㅅ, ㅆ/을 /ㅊ/으로 오조음하거나 왜곡하는 것이 관찰되었다. 문장 수준에서는 /ㅎ/을 /ㄴ/으로, /ㅌ/을 /ㅊ/으로, /ㅅ, ㅆ/을 /ㅊ/으로 왜곡하거나, /ㄹ/을 /ㄷ/으로 오조음하는 것이 관찰되었다. 연령대조표에 의하면 정상 6세 아동의 경우 /ㄷ/ 계열, /ㄹ/ 계열을 완전히 습득해야 하며, /ㅅ/ 계열과 /ㅎ/ 계열 음소가 완전히 습득되고 있는 시기다. 이를 감안하였을 때, 길수는 /ㅂ/ 계열 음소는 완전히 습득하였으나 /ㄱ/, /ㄷ/, /ㅈ/ 계열은 숙달연령에 있으므로 4세가량의 조음발달 연령을 나타내고 있다. 그리고 종성 /ㄴ/, /ㄱ/, /ㄹ/, /ㅇ/의 생략이 관찰되었다([자료 7-4] 참조). 즉, 본 아동의 개별음소 발달은 정상에 비해 2세 정도 지체되어 있음을 알 수 있다.

2) 음소정확도(자음, 모음)

자음은 낱말 수준에서 76.7%, 문장 수준에서 69.7%의 정확도를 나타내었다. 6세 남자 아동의 평균 자음정확도가 98.43%이므로 아동의 자음정확도가 또래의 정상 아동에 비해 $-2SD$ 이상 지체되어 있음을 알 수 있다. 모음은 낱말 수준에서 90%, 문장수준에서 100%의 정확도를 나타내었다.

3) 음운변동분석

 가장 빈번한 변동은 종성생략(36.8%), 경구개음동화(28.5%), 폐찰음동화(28.5%), 비음생략(27.2%), 기식음동화(27.2%), 연구개음생략(23.5%), 치조음의 후설음화(20.8%), 기식음화(20%)였다. 생략의 경우, 6세 정상 아동의 종성생략 출현율은 5.1~10% 정도이며, 비음생략, 연구개음생략은 1~5%의 출현율을 나타내고 있다. 동화에 의한 음운변동의 경우 경구개음동화, 폐찰음동화, 기식음동화는 정상 아동의 경우 3세 이후에 사라지며, 기식음화와 치조음의 후설음화는 5세 이후에 사라지게 된다. 본 아동은 정상 아동의 음운변동과 비교 시 심하게 지체되어 있음을 알 수 있다.

④ 검사 요약

 최길수는 6세 2개월 된 남자 아동으로 발음의 문제와 언어이해력 문제를 이유로 방문하였다. U-TAP검사 결과 마찰음을 폐찰음으로 대치하며 유음을 파열음으로 대치하는 오류를 나타냈다. 조음정확도(자음, 모음) 측정 결과, 자음정확도는 낱말 수준 76.7%, 문장 수준 69.7%였고, 모음정확도는 낱말 수준 90%, 문장 수준 100%를 나타내었다. 길수의 자음정확도는 또래 정상 아동과 비교하면 −2SD 이상 지체되어 있었다. 음운변동분석에서는 종성생략과 동화가 주된 음운변동의 양상으로 나타났다.

⑤ 언어적 진단

- 조음·음운발달지체
- 언어발달지체(Developmental Language Delay)

⑥ 권고사항

 조음·음운치료 및 언어치료가 필요한 것으로 판정됨.

참고문헌

권경안(1981). 한국유아의 음운발달(II). 서울: 한국교육개발원.

권경안, 이연섭, 손미령(1979). 한국유아의 음운발달(I). 서울: 한국교육개발원.

권순희(1982). 어린이의 음운발달에 관하여. 人文學硏究, 17(1), 157-170.

김민정(1997). 기능적 조음장애아동의 음운변동에 관한 연구. 말-언어장애연구, 2, 155-169.

김영태(1992a). 2-6세 아동의 음운변동에 관한 연구(I): 생략 및 첨가 변동을 중심으로. 재활 과학연구, 10(1), 49-58.

김영태(1992b). 서울-경기 지역의 2-6세 아동의 발달기적 음운변동에 관한 연구. 말소리, 21, 3-24.

김영태(1995). 그림자음검사. 구어-언어진단. 대구: 한국언어치료학회.

김영태(1996). 그림자음검사를 이용한 취학 전 아동의 자음정확도 연구. 말-언어장애 연구, 1, 7-34.

김영태, 신문자(1992). 아동의 음운변동에 관한 연구(II): 대치 변동을 중심으로. 언어치료연구, 2(1), 29-51.

김영태, 신문자(2004). 우리말 조음·음운 평가. 서울: 인싸이트.

배소영(1994). 정상 말소리의 발달(I): 1;4-3;11세의 아동. 한국언어병리학회 편. 아동의 조음 장애치료. 서울: 군자출판사.

석동일(2001). 조음 및 음운장애치료. 대구: 대구대학교 출판부.

석동일, 박상희, 신혜정, 박희정(2008). 한국어 표준 그림조음·음운 검사. 서울: 인싸이트.

신문자, 김재옥, 이수복, 이소연(2010). 조음기관 구조·기능 선별검사. 서울: 인싸이트.

엄정희(1986). 3, 4, 5세 아동의 말소리 발달에 관한 연구: 자음을 중심으로 이화여자대학교 대학원 석사학위 논문.

이인섭(1986). 아동의 언어발달: 한국유아의 단계별 위상. 서울: 개문사.

최성규(1999). 정신지체 아동과 일반아동의 기초어휘수용에 대한 비교 분석. 특수교육연구, 6, 53-72.

한지연, 이옥분, 박희준, 임혜진(2007). 비유창성 화자의 후두 교호운동 특성. 음성과학, 14(2), 55-64.

Dworkin, J. P., & Culatta, R. A. (1996). *Dworkin-Culatta oral mechanism examination & treatment system*. Nicholasville, KY: Edgewood Press.

Mysak, E. D. (1980). *Neurospeech therapy for the cerebral palsied: A neuroevoluation approach* (3rd edn.). New York: Teachers College Press.

Robbins, J., & Klee, T. (1987). Clinical assessment of oropharyngeal motor development in young children. *Journal of Speech and Hearing Disorders, 52,* 271-277.

Sander, E. (1972). When are speech sounds learned? *Journal of Speech and Hearing Disorders, 37,* 55-63.

St. Louis, K. O., & Ruscello, D. M. (1987). *Oral speech mechanism screening examination-revised* (OSMSE-R). Austin, TX: Pro Ed.

제 **8** 장

시 · 청지각 능력 평가

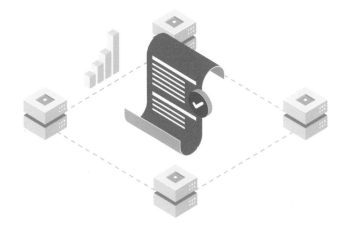

4세에 접어든 현재는 처음 유치원에 다니기 시작하면서 다른 아이들에 비하여 학습이나 운동 기능에서 어려움을 보이는 듯하였다. 어릴 때부터 자주 어딘가에 걸려 넘어지거나 물건에 부딪히는 경우가 있었으나, 현재의 어머니는 아이가 워낙 평소에도 정신없이 뛰어다니고 주의를 잘 기울이지 않으니 그런 것이라고 생각했다. 그러나 유치원에 들어가면서는 다른 또래에 비해 그런 행동이 유독 많이 보인다는 것을 알았고, 담임교사가 학습에서도 어려움이 있는 것 같다고 이야기하였다. 평소에 애어른이라는 소리를 들을 정도로 똑똑하게 말을 잘하는 편이나, 글을 배우기 시작하면서부터는 철자하기 등 간단하게 따라 쓰는 것도 다른 친구들에 비해 느리거나 못하는 편이다. 숫자 역시 뒤집어서 쓰는 등 마음대로 써 놓고는 대신 설명을 정확하게 하면서 설명이 맞았으니 정답이라고 우기는 경우도 많았다. 듣고 말하는 것에는 부족함이 없으나 쓰거나 운동기능에서 문제가 있는 것 같은 현재를 위해서 어떤 검사가 가능한가? 현재는 어떤 방법으로 공부하고 활동하는 것이 더 좋은가?

학습목표

1. 정보처리과정에서 정보를 수용, 조직, 기억하는 방법으로서의 감각양식을 이해하고, 이를 평가하기 위한 지각평가의 목적을 이해한다.
2. 시지각 발달검사의 목적을 이해하고, 이 검사를 실시·해석할 수 있다.
3. 청지각 검사의 목적을 이해하고, 이 검사를 실시·해석할 수 있다.
4. 종합적 지각 검사의 목적을 이해하고, 이 검사를 실시·해석할 수 있다.

I. 지각 능력과 학습

지각 능력 평가는 아동의 학습과 움직임을 통해 정보를 인지하는 방식에서의 강점 및 약점을 동시에 평가하는 데 목적이 있다. 인지처리과정 영역에서 살펴보면, 정보는 여러 방법으로 수용되고 내적 심리과정에서 조직되며, 다양한 방법으로 표현된다. 정보는 청각, 시각, 촉각, 운동, 미각, 후각의 감각양식을 통하여 수용되며, 수용된 정보는 정보저장고(감각기억, 작업기억, 장기기억), 인지과정(주의집중, 지각, 시연, 부호화와 인출)을 거친다(이성진 외, 2000). 정보가 수용되면 의미를 부여하기 위하여 일련의 처리과정을 거치는데, 학습과정을 구성하는 몇 가지 처리과정을 정리한 내용은 〈표 8-1〉과 같다(Pierangelo & Giuliani, 2006).

표 8-1 학습과 관련된 감각양식 및 정보처리 과정

감각 양식	정보처리과정				
	수용	지각	연합	기억	표현
청각	청각수용	청각지각	청각연합	청각기억	청각언어/운동
시각	시각수용	시각지각	시각연합	시각기억	시각언어/운동
촉각	촉각수용	촉각지각	촉각연합	촉각기억	촉각언어/운동
운동	운동수용	운동지각	운동연합	운동기억	운동언어/운동
미각	미각수용	미각지각	미각연합	미각기억	미각언어/운동
후각	후각수용	후각지각	후각연합	후각기억	후각언어/운동

지각능력을 평가하는 것은 다양한 목적이 있다. 단순하게 시력, 청력 그리고 다양한 운동기능의 결함에 초점을 맞추기보다 정보처리과정에서 아동의 강점 및 약점을 확인하고, 학습양식에서 강점과 약점을 확인하여 이에 기초한 정보 전달 방식의 변화를 추구하기 위함이다. 따라서 교사는 학습 프로파일을 만들고 필요한 교수 자료 등을 개발하는 데 이러한 자료를 활용할 수 있다.

II. 지각검사

지각검사에는 시지각, 청지각, 운동능력, 통합적 지각 검사 등이 있으며, 필요에 의하여 선택·사용할 수 있다. 현재 국내에서 지각능력을 평가하기 위한 주요 개인 검사는 다음 〈표 8-2〉와 같다.

표 8-2 국내 주요 지각검사

검사명	대상	저자	발행처	발행 연도 (개정 연도)
한국판 시지각 발달검사 (K-DTVP-2)	만 4~8세	문수백, 여광응, 조용태	인싸이트	2003
아동 색 선로검사	만 5~15세	신민섭, 구훈정	인싸이트	2006
어음청각검사	만 5세~성인	이정학, 조수진, 김진숙, 장현숙, 임덕환, 이경원, 김형종	인싸이트	2010
한국 아동토큰 검사	만 3~12세	신문자, 김여태, 정부자, 김재옥	인싸이트	2010

1. 한국판 시지각 발달검사

한국판 시지각 발달검사(Korean Developmental Test of Visual Perception: K-DTVP-2)는 아동의 시지각 및 시각-운동통합능력 수준을 진단하기 위한 검사다(문수백, 여광응, 조용태, 2003). 대부분의 교육매체가 시각적인 형태로 제공되기 때문에 학습에 있어 시지각력은 매우 중요하다. K-DTVP-2는 이러한 시지각 기능의 발달 수준을 측정하는 검사로서 학습장애 등 문제를 보이는 유아 및 아동들의 실제 시지각 기관상의 장애 여부를 진단할 수 있으며, 특수교육 관련 프로그램의 효과성을 검증하는 데 사용할 수도 있다. 특히 이 검사의 결과는 시지각과 시각-운동 문제를 교정하도록 설계된 훈련 프로그램의 효과를 검증하는 데 효과적이다.

① 검사의 구성

검사 대상은 만 4~8세의 아동으로, 각각의 하위 검사는 공간위치, 형태항상성, 공간관계, 도형–배경으로 쉽게 분류되는 시지각 능력을 측정한다. 또한 각 하위 검사는 운동개입이 최소화된 검사 또는 운동개입이 뚜렷한 검사로 분류된다. 이후 검사하는 운동기능 개입을 통하여 시지각 능력을 측정하는 데에 혼합 변인이 개입되는 결과가 생길 수 있기 때문에 이러한 부분을 조심하여 해석해야 한다.

표 8–3 DTVP–2 하위 검사의 구성

DTVP–2 하위 검사	측정되는 시지각 유형	하위 검사에 포함된 운동	
		운동개입 감소	운동개입 향상
눈–손 협응	공간관계		○
공간위치	공간위치	○	
따라그리기	형태항상성		○
도형–배경	도형–배경	○	
공간관계	공간관계		○
시각통합	형태항상성	○	
시각–운동 속도	형태항상성		○
형태항상성	형태항상성	○	

② 검사 실시 및 채점 기록

검사는 항상 개별적으로 실시해야 하며, 검사 제시 순서 그대로 실시해야 한다. 이 검사는 아동이 검사 문항에 대하여 언어적 반응을 거의 하지 않기 때문에 청각장애 아동에게 실시 가능하나, 수화나 제스처의 사용이 필요하고 부가적인 예를 제시해야 한다. 또한 지체장애 등 운동장애를 가진 학생에게 실시할 경우 검사자는 운동–통합 시지각 하위 검사를 실시할 것인지 결정해야 한다. 정서행동장애 및 지적장애 학생에게 사용하는 경우에는 표준화검사 실시 과정을 반드시 따르고, 채점 기준도 바꿔서는 안 되지만 많은 격려를 하고 자주 휴식을 취하게 하는 등의 검사 조정 수준이라면 가능하다.

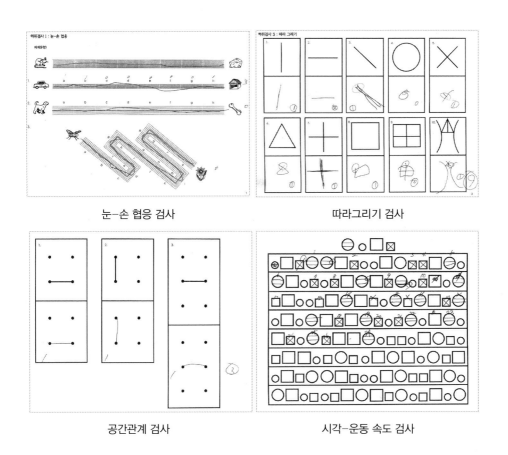

눈-손 협응 검사　　　　　　　　따라그리기 검사

공간관계 검사　　　　　　　　시각-운동 속도 검사

[그림 8-1] K-DTVP-2 아동 반응기록의 예

　이 검사는 피검사자의 연령과 상관없이 모든 하위 검사를 1번부터 시작하고, 눈-손 협응 검사를 제외한 다른 모든 검사는 특별히 정해진 중단규칙에 따라 검사를 중단한다. 반응기록지의 예는 [그림 8-1]과 같다.

③ 검사 해석

1) 검사 결과 해석

　검사자는 채점기록표를 활용하여 채점기록용지를 작성한 후, 온라인 채점 프로그램을 이용하여 각 하위 검사의 원점수 및 원점수에 해당하는 시각연령점수, 표준점수, 백분위 결과를 볼 수 있다. 채점기록용지 작성의 예는 [그림 8-2]와 같다.

채점기록표

하위검사 1 | 눈-손 협응 (중단조건 없음)

1. 1 1 1 1 1 1 1 ────────────────── 8
2. 4 4 4 3 2 3 4 ────────────────── 24
3. 4 2 2 4 4 4 3 3 3 4 4 4 3 4 4 3 3 4 ── 68
4. 4 2 0 3 4 3 4 3 3 2 3 3 3 2 3 2 3 ── 47
a b c d e f g h i j k l m n o p q r s

원점수 = 150

하위검사 2 | 공간위치 (연속된 5개 문항 반응 중 오답이 3개 이상 포함된 경우 검사 중단)

1	2	3	4	5	6	7	8	9	10	11	12	13	14	15	16	17	18	19	20	21	22	23	24	25
1	1	1	0	1	0	1	0	1	1	1	0	1	0	1	1	0	1	1	0	1	0	0		
c	b	b	d	b	d	c	b	a	a	b	c	e	d	c	b	d	e	a	e	d	a	c	b	d

원점수 = 16

하위검사 3 | 따라그리기 (3개 문항에서 연속적으로 0점 반응을 한 경우 검사 중단)

1	2	3	4	5	6	7	8	9	10	11	12	13	14	15	16	17	18	19	20
2	2	2	2	1	1	2	1	2	1	2	2	1	1	1	1	1	0	0	

원점수 = 26

하위검사 4 | 도형-배경 (연속된 5개 문항 반응 중 오답이 3개 이상 포함된 경우 검사 중단)

1	2	3	4	5	6	7	8	9	10	11	12	13	14	15	16	17	18
1	1	1	0	1	1	1	0	1	1	1	0	1	1	0	1	0	
ae	cd	ad	bd	bd	ad	bc	cgi	bgi	abf	eg	ceh	ehij	acdj	cdh	dgij	bfg	acdf

원점수 = 13

하위검사 5 | 공간관계 (3개 문항에서 연속적으로 0점 반응을 한 경우에는 검사 중단)

1	2	3	4	5	6	7	8	9	10
2	2	2	2	4	5	5	4	3	2

원점수 = 31

하위검사 6 | 시각통합 (연속된 5개 문항 반응 중 오답이 3개 이상 포함된 경우 검사 중단)

1	2	3	4	5	6	7	8	9	10	11	12	13	14	15	16	17	18	19	20
1	0	1	1	1	0	1	1	1	1	1	0	1	0	1	0	1	0	0	
c	a	c	b	a	c	e	b	d	b	a	c	d	e	d	b	a	e	c	a

원점수 = 14

하위검사 7 | 시각-운동 속도 (제한시간 1분이 지나면 검사중단)

	1	2	3	4	5	6	7	8
사각형	4	4	2	1	0	0	0	
원	4	4	2	2	1	0	0	0

14 / 13 = 원점수 27

하위검사 8 | 형태항상성 (연속된 5개 문항 반응 중 오답이 3개 이상 포함된 경우 검사 중단)

1	2	3	4	5	6	7	8	9	10	11	12	13	14	15	16	17	18	19	20
1	1	0	1	1	0	1	1	0	1	1	0	1	0	0					
ac	ab	bc	ab	bc	ad	bd	ac	ae	bd	ce	ac	ad	be	ab	cd	ac	de	bc	ad

원점수 = 10

[그림 8-2] K-DTVP-2 채점 기록의 예

검사자가 온라인 사이트에 원점수를 입력하면 먼저 DTVP-2의 하위 검사 결과 그래프와 표준점수, 백분위점수, 연령점수, 원점수 및 결과에 대한 평정 수준이 제공된다. 그 예는 [그림 8-3]과 같다. [그림 8-3]에 따르면 이 학생의 눈-손 협응검사의 원점수 150은 연령규준 점수로 변환할 때 8-6이 된다. 즉, 이 학생은 실제 만 5세 6개월

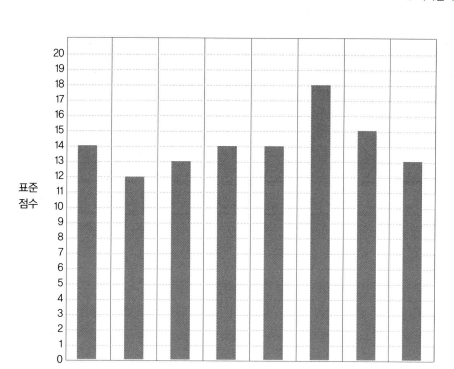

표준점수	14	12	13	14	14	18	15	13
백분위점수	91	75	84	91	91	>99	95	84
연령점수	8-6	5-10	6-7	8-0	6-4	8-7	7-9	7-2
원점수	150	16	26	13	31	14	27	10
기술평정	평균이상	평균	평균이상	평균이상	평균이상	매우우수	우수	평균이상
	눈-손 협응	공간위치	따라 그리기	도형-배경	공간관계	시각통합	시각-운동 속도	형태 항상성

[그림 8-3] K-DTVP-2 하위 검사별 결과 제시의 예

이지만 눈-손 협응 능력은 만 8세 6개월 수준이며, 또래가 100명이 있다고 가정한다면 이 아동은 상위 9위에 위치하는 능력(백분위점수 91점)을 가지고 있음을 의미한다.

이렇게 하위 검사에 대한 표준점수는 하위 검사별로 마련된 표준점수 칸에 자동 산출되며, 각 하위 검사는 '운동-감소 시지각'과 '시각-운동 통합' 중 한 척도로 분류된다. 이 두 하위 검사 분류 척도의 표준점수 합산 점수가 '일반적 시지각' 표준점수이며 그 예가 [그림 8-4]에 제시되어 있다. 이 아동의 표준점수 총합은 111점이며([그림 8-3] 참조), 이에 상응하는 일반적 시각 능력의 지수점수 129, 백분위 98이 자동으로 산출된다. 이 검사에서는 표준점수 4 이하 및 지수점수 70 이하는 열등한 것

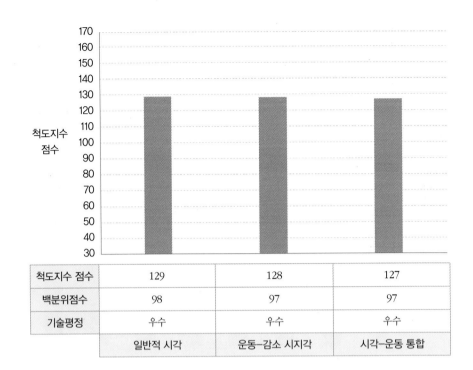

척도지수 점수	129	128	127
백분위점수	98	97	97
기술평정	우수	우수	우수
	일반적 시지각	운동–감소 시지각	시각–운동 통합

[그림 8-4] K–DTVP–2 종합척도 결과 제시의 예

으로, 표준점수 15 이상 및 지수점수 121 이상은 우수한 것으로 해석하고 있다.

연령점수의 경우, 검사 결과에서는 하위 검사별 연령점수만 제시되고 있다([그림 8-3] 참조). 만약 검사자가 일반적 시지각, 운동–감소 시지각, 시각–운동 통합 척도의 연령 규준점수를 얻고 싶다면, 각 척도를 구성하는 하위 검사 점수들의 중앙치를 제시하면 된다. 예를 들어, 시각–운동 통합 척도의 경우 이를 이루는 하위 검사는 눈–손 협응, 따라그리기, 공간관계, 시각–운동 속도로 각각의 연령점수는 8–6, 6–7, 6–4, 7–9다. 이 세 점수의 중앙치는 6–7과 7–9의 가운데다. 이 두 연령의 차이는 14개월로 이를 2로 나누어 얻은 값 7개월을 낮은 연령점수인 6–7에 더한다. 즉, 이 아동의 경우 시각–운동 통합 척도의 시지각 연령 규준점수는 7–2가 된다.

아동이 검사를 거부하거나 검사를 잘못 시행 혹은 채점하여 검사의 타당도에 문제가 생겨서 8개의 하위 검사 점수를 다 사용하지 못하는 경우에는 일반 시지각 점수를 계산하기 위해 누락된 하위 검사의 점수를 보간법으로 추정해 산출한다. 보간법으로 추정한 표준점수는 한 개를 초과하지 않아야 한다. 이 과정은 실시된 하위 검사들의 표준점수를 합하여 얻은 총점을 하위 검사의 수로 나누어 평균점수를 계산하고, 이후 추정한 검사 결과임을 보여 준다. 추정한 하위 검사의 표준점수는 인위적으로 얻은 것으로 아동의 실제적인 시지각 능력을 나타내기 위한 목적이 아니라, 단지 척도의 지수나 백분위를 산출하기 위한 통계적 목적으로만 사용할 수 있다.

2) 척도 해석

일반 시지각 지수란 일반적인 시지각 능력을 가장 잘 측정해 주는 것으로, 운동-감소 시지각 지수와 시각-운동 통합 지수에서 얻은 시지각 능력에 대한 정보를 모두 포함한다. 이 척도에서 높은 수행 능력을 보이는 아동은 시지각이나 시각-소근육 운동이 요구되는 광범위한 활동에서 뛰어난 수행을 나타낼 가능성이 있다. 이러한 활동에는 많은 게임(예: 조각 그림 맞추기), 적응행동(지퍼 및 단추의 조작), 유치원과 초등학교 기능(반죽, 색칠하기, 그리기 등)이 포함된다. 반면, 시지각의 문제, 소근육 운동장애, 손과 시각의 협응 문제를 가진 아동은 일반 시지각 지수가 낮으며, 결과적으로 게임기능, 적응행동, 학교 관련 활동에서 낮은 수행을 보인다. 일반적으로 이 지수가 90 이하일 경우 관심을 가질 필요가 있다.

운동-감소 시지각 지수는 운동기능이 최소한으로 배제된 조건에서 측정된 시지각 능력지수다. 반면, 시각-운동 통합 지수는 시지각 능력과 운동능력이 통합된 능력을 나타내는 지수다. 이 척도에서 높은 점수를 얻기 위해서는 복잡한 눈-손 협응 과제를 잘 해결해야 하고, 시지각 능력이 좋다 하더라도 서툰 손 움직임이나 눈-손 운동 협응의 어려움이 있을 경우 낮은 점수를 보일 수 있다.

운동-감소 시지각 지수와 시각-운동 통합 지수 사이에 유의미한 차이가 존재할 경우 그 차이는 아동의 시지각 능력에서 중요한 의미를 가질 수 있다. '운동-감소 시지각 지수 〉 시각-운동 통합 지수'인 경우 상대적으로 낮은 시각-운동 통합 지수가 시지각에 기인한 것이 아니라는 증거를 가지게 되는 것이다. 이런 경우 검사자는 아동의 시지각 능력을 가늠하기 위하여 일반 시지각 지수보다는 운동-감소 시지각 지수를 선택하여 해석해야 한다. 반면, 이론적으로 자극을 조작하기 전에 자극을 먼저 지각할 수 있어야 하기 때문에 '시각-운동 통합 지수 〉 운동-감소 시지각 지수'인 경우는 거의 없지만 이런 경우가 실제 나타난다면 검사 및 상황 오류(주의산만, 소음 수준, 검사실 분위기), 피검사자 오류(부주의, 낮은 에너지 수준, 태도, 동기) 때문으로 볼 수 있다. 대부분의 아동은 두 지수 사이의 차이가 비교적 작게 나타나며, 1표준편차 이상 차이가 나는 경우는 거의 없다. 두 지수 모두 90 이하인 경우 어느 정도 지적장애, 시지각장애 혹은 낮은 시력을 의심할 수 있으며, 인지적 능력과 시력에 대한 추가적인 평가가 필요하다.

2. 아동 색 선로검사

아동 색 선로검사(Children's Color Trails Test: CCTT)는 지각 추적 능력, 정신운동 속도, 순차적 처리 능력 및 분할 시각 주의력과 지속적 시각 주의력을 측정하는 전두엽 관련 검사로 만 5~15세 아동과 청소년을 대상으로 실시할 수 있다(신민섭, 구훈정, 2007). 이 검사는 글자 대신 색과 숫자를 활용하여 글자 읽기 능력과 같이 잠재적으로 수행에 영향을 미치는 오염 요소들을 제거하였고, 글자 대신 전 세계적으로 보편적 개념인 색과 수를 사용하여 문화의 영향을 제거하였으며, 이중문화 연구에 대한 의견 교환이 용이하다. 또한 글자를 읽어야 할 필요가 없기 때문에 언어적 능력이나 상징화 능력이 손상되어 있는 언어 및 특정 읽기장애 아동들에게도 실시가 가능하다. 마지막으로 이 검사를 통하여 주의력이나 초기 집행기능 장애와 같은 미세한 신경학적 기능장애를 평가할 수 있다.

① 검사의 구성

아동 색 선로검사는 CCTT-1과 CCTT-2로 구성되어 있다. CCTT-1은 인지적 융통성, 정신운동 속도, 순차처리 능력과 지속적 시각주의력을 요구하며, CCTT-2는 인지적 융통성과 그 외에 다른 실행기능, 정신운동 속도와 순차적 처리능력, 지속적

표 8-4 CCTT-2 하위 검사의 내용

하위 검사	검사의 내용
CCTT-1	• 특정 숫자가 적힌 원들을 가능한 한 빨리 순서대로 연결 • 인지적 융통성, 정신운동 속도, 순차처리 능력, 지속적 시각주의력 요구
CCTT-2	• 숫자가 적힌 원을 순서대로 연결하되 원 안의 색(분홍색, 노란색)을 번갈아 가며 연결 • 인지적 융통성, 실행기능, 정신운동 속도와 순차적 처리능력, 지속적 분할주의력 요구

분할주의력을 요구한다.

② 검사 실시

CCTT-1은 손 표시가 있는 수(1)부터 시작하여 색과 상관없이 가능한 한 빨리 숫자의 순서대로 원을 선으로 연결하는 과제이며, CCTT-2는 손 표시가 있는 수(1)부터 시작하여 색을 번갈아가며 원을 선으로 연결하는 과제다. 두 과제 모두 이 검사 전 연습을 통하여 완벽하게 지시를 이해할 수 있도록 해야 하며 필요한 경우 반복연습도 가능하다. 이 검사를 실시할 때에는 움직임이 포착되는 순간부터 시간을 재기 시작해야 하며 필요한 경우 수정할 수 있다. 기록용지에는 검사 완성 시간을 초

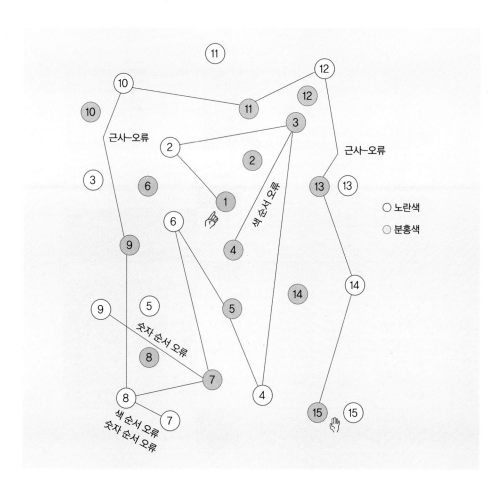

[그림 8-5] CCTT-2 아동 기록 및 오류와 근사-오류 표기의 예

로 기록하며, 촉진, 근사오류 및 오류 반응 수도 함께 기록하고 필요한 경우 강화를 제공한다. 아동의 검사 기록 및 교사의 오류 표기의 예는 [그림 8-5]와 같다.

③ 검사 해석

1) 검사 채점 및 결과 기록

CCTT-1과 CCTT-2의 기록용지는 [그림 8-6]과 같으며, 총 완성 시간, 촉진점수,

아동 색 선로 검사

기록용지

한국판 표준화: 신민섭·구훈정(서울대학교병원)

이 름	홍길동 (남/여)	등록번호	001
연 령	10세 1개월	검사일	06년 10월 22일
학 년	초등학교 4학년	생년월일	96년 09월 07일
손잡이	왼손/오른손	검사자	

	원점수	%ile 범위	표준점수	T 점수	%ile 점수
CCTT-1 완성 시간(초)	16		109	56	73
CCTT-1 숫자 순서 오류	0	>16			
CCTT-1 근사 오류	0	>16			
CCTT-1 촉진	1	≤1			
CCTT-2 완성 시간(초)	50		93	45	31
CCTT-2 색 순서 오류	3	≤1			
CCTT-2 숫자 순서 오류	1	2~5			
CCTT-2 근사 오류	0	>16			
CCTT-2 촉진	3	≤1			
비율 간섭 지표 (CCTT-2 완성 시간 원점수−CCTT-1 완성 시간 원점수)÷CCTT-1 완성 시간 원점수	2.13	>16			
차이 간섭 지표 (CCTT-2 완성 시간 원점수−CCTT-1 완성 시간 원점수)	34		90	43	24

[그림 8-6] CCTT 기록용지의 예

근사-오류점수, 오류점수, 간섭지표를 계산하여 기록한다. 촉진점수란 한 원에서 다른 원으로 연결되는 시간(10초)을 초과했음에도 이동하지 못할 때 다음 원을 가리 키는 비언어적 촉진을 제공한 총 횟수다. 근사-오류점수란 잘못된 원으로 이동 중 스스로 수정하는 부정확한 반응의 횟수이고, 오류점수는 숫자오류와 색오류의 횟 수이며 CCTT-2의 경우 잘못된 숫자 및 색의 원으로 이동했을 때 2점으로 계산한 다. 간섭지표는 검사가 가지는 간섭효과를 확인하기 위한 지표로 보다 복잡한 또 다 른 과제를 수행하는 데 걸리는 처리시간에 대한 정보를 제공한다.

2) 결과 해석

CCTT 자료를 해석하기 위해서 아동 색 선로검사 실시요강(신민섭, 구훈정, 2006) 에 제시된 규준표를 활용하여 또래와 비교함으로써 아동의 수준을 추론할 수 있다. 실시요강에서 제시하고 있는 규준점수는 완성시간, 촉진시간과 근사오류, 간섭지 표 영역에서 백분위점수, 표준점수, T점수다. 이뿐만 아니라 CCTT에 대한 다른 임 상집단, 즉 ADHD(약물복용, 비복용, 타 공존장애) 집단 등과의 기저율 비교 역시 가능 하다. 이러한 비교를 통하여 검사 점수의 해석뿐 아니라 대뇌장애와 뇌기능장애를 포함한 진단적 추론도 가능하다고 제언하고 있다.

완성시간에 대한 해석 시 CCTT-2의 수행이 CCTT-1의 수행보다 신경학적 기능 장애에 민감한 지표임을 고려해야 하며, CCTT-2의 기능이 저조하다면 CCTT-1의 수행 수준과 상관없이 대뇌기능장애의 증거로 간주할 수도 있다. 또한 근사오류 점 수는 경도의 인지적 손상 혹은 경미한 뇌기능장애(예: ADHD) 아동에게서 관찰되는 특성을 특히 잘 반영하나, 완성시간을 고려하여 해석해야 한다.

간섭지표는 두 가지로 이루어져 있다. 먼저 비율간섭지표는 간섭에 대한 상대 적으로 순수한 측정치이며, 간섭효과가 적다는 것은 복합적인 분할주의력 변경 및 순차적 처리능력이 양호하게 유지된다는 것이다. 즉, 간섭점수가 0이라는 것은 CCTT-1과 CCTT-2의 완성 시간이 같다는 것(간섭효과 없음)이며, 이 점수가 또래 에 비해 높게 나온다는 것은 인지적 간섭에 취약성이 있다는 것을 의미한다. 차이간 섭지표는 CCTT-2를 완성하는 데 추가적으로 소요되는 시간을 의미한다. CCTT-1 에서의 과도하게 낮은 점수(완성시간 원점수)와 CCTT-2의 높은 점수(완성시간 원점수) 사이의 차이 때문에 비율간섭지표가 높게 나와 분할주의력이 변경되고 순차적 처리능력이 낮게 추정되는 것을 막기 위하여 활용되는 지표로, 비율간섭지표와 함께 해석할 수 있다.

3. 어음청각검사

어음청각검사(Korea Speech Audiometry: KSA)란 청각장애인의 언어인지력과 이해력을 측정함으로써 일상생활에서의 의사소통 능력을 파악하기 위한 검사로 어음인지역치검사, 단어인지도검사, 문장인지도검사로 구성되어 있다. 이 세 검사는 각각 일반용(만 13세 이상), 학령기용(만 6~12세). 학령기전용(만 3~5세)으로 실시할 수 있으며, 단음절, 이음절, 문장 등을 이용하여 어음인지역치, 단어인지도, 문장인지도를 측정하고 중추청각장애를 평가하는 데 유용하다(이정학 외, 2010). 보청기, 인공와우 등 청각보조장치의 착용 효과 및 청능재활의 평가도구로 사용할 수 있으며, 단순한 청력검사를 넘어서 청각장애인의 종합적인 청각 능력을 판단하는 데 도움을 주고, 청각장애인의 청력손실 정도와 의사소통에 영향을 미치는 정도를 정확히 평가하여 적절한 증폭 및 청능재활을 가능하게 하는 데 그 목적이 있다.

① 검사의 구성

어음청각검사는 어음인지역치 검사, 단어인지도 검사, 문장인지도 검사로 구성되어 있다. 어음인지역치 검사는 제시된 이음절 단어를 정확하게 50% 확인할 수 있는 가장 작은 강도(dB HL)를 측정하는 검사로 순음청각검사와의 일치 여부를 확인함으로써 검사의 신뢰도를 확인하고 어음청취의 민감도를 측정하기 위한 검사다. 단어인지도 검사는 듣기에 가장 적절한 강도로 단어를 제시했을 때 정확하게 이해하는 정도(%)를 측정하여 의사소통장애의 정도, 청력 손실 병변 부위에 대한 정보, 보청기의 적응 및 선택, 보장구의 적합 및 재활, 재활평가 및 계획, 중추 청각처리장애 판별 및 재활 등에 필요한 정보를 제공한다. 마지막으로 문장인지도 검사는 듣기에 가장 적절한 강도로 문장을 제시했을 때 정확하게 확인하는 정도(%)로 측정하며, 실제 생활에서 사용하는 문장을 활용하여 검사한다. 이 모든 검사는 학령기 전

아동을 위한 그림판을 포함하여 CD로 그 음원이 제공된다.

② 검사 실시 및 결과 보고

1) 어음인지역치 검사

CD의 음원을 활용하여 검사를 실시하며, 피검사자가 검사어음에 친숙해질 수 있도록 이음절어표의 목록을 선택하여 평균순음역치 +30~40dB HL이나 쾌적음량수준(MCL)에서 단어를 미리 제시한다. 이 검사가 시작되면 검사음의 제시 강도는 회화 영역의 평균순음역치 +20~25dB HL이며, 청력이 좋은 귀를 먼저 검사하도록 한다. 일반용 및 학령기용의 경우 2 혹은 5dB, 학령기전용은 5dB 간격으로 자극 강도를 조절하면서 제시된 이음절 단어의 50%를 정확하게 맞출 수 있는 최소의 강도를 어음인지역치로 결정한다. 결정된 어음인지역치의 결과는 이후 실시되는 단어인지도 검사 등의 기초 자료로 사용될 수 있다.

2) 단어인지도 검사

단어인지도 검사는 제시되는 단어를 듣고 따라 말하거나(받아쓰기 가능) 들은 단어가 설명하는 그림을 찾는 검사로, CD 음원 혹은 검사자의 육성 모두 활용 가능하다. CD 음원은 일반용과 학령기용의 경우 남성 화자의 목소리로 제시되고 단어 간 간격은 4초이며, 학령기전용은 여성 화자의 목소리로 제시되고 단어 간 간격은 6초이지만 필요하다면 정지 버튼을 사용할 수 있다. 검사 실시 전 어음인지역치에 30~40dB HL을 더한 수치 또는 쾌적음량수준(MCL)으로 검사 강도를 조정하며 청력이 좋은 귀를 먼저 검사한다. 학령기전용 검사를 할 때는 제2검사자가 동행하여 아동에게 단어 그림판을 제시하도록 하며, 만약 아동이 단어를 말하면 그 단어를 음성으로 따라 말하여 제1검사자에게 정확한 반응을 알려 주도록 한다.

검사를 실시한 후 모든 결과는 백분율로 보고된다. 일반용은 단어 목록이 총 50개이나 시간상 25개의 항목을 실시한 후 이미 2개를 틀린 경우 종료하고, 100점 만점으로 계산하여 백분율을 계산한다. 학령기 및 학령기전용의 경우 25개 항목이며 이를 100점 만점으로 계산하여 백분율을 계산한다. 아동이 너무 어리거나 집중에 어려움을 가진 경우, 처음 10개의 항목만으로 검사를 실시하고 이를 100점으로 환산하여 백분율을 계산한다. 80% 이상은 정상, 60~79%는 주파수별 청각손실에 따라 보통이나 낮음, 59% 이하는 일반적으로 낮음으로 판정한다.

3) 문장인지도 검사

문장인지도 검사는 일상생활에서 자주 사용되는 문장을 활용한 검사로, 제시되는 문장을 듣고 따라 말하거나(받아쓰기 가능), 학령전기 아동의 경우 문장이 설명하는 그림을 찾는 검사다. CD 음원으로 문장이 제시되며 문장 간 제시 간격은 일반용과 학령기용은 문장 길이의 2배에 4초를 더한 시간이고, 학령기전용은 10초다. 필요하다면 정지버튼을 사용할 수 있으며, 제시되는 문장을 모두 쓰지 않더라도 일부를 말하거나 추측을 해도 좋다고 알려 주어야 한다. 검사는 어음인지역치에 30~40dB HL을 더한 수치 또는 쾌적음량수준(MCL)으로 강도를 조정하며 청력이 좋은 귀를 먼저 검사한다.

문장인지도검사의 점수 산출 방법은 다음과 같다. 피검사자의 쾌적역치수준으로 문장을 들려주고 정반응을 백분율로 보고한다. 일반용 및 학령기용의 경우 따라 말하게 하거나 받아쓰게 한 다음 정확하게 반응하는 목표단어 수와 문장 수를 백분율

표 8-5 문장인지도검사를 위한 한국표준 문장표 일반용

일반용 문장표 – 목록 1
1. 백화점에 가서 목걸이와 반지를 샀습니다.
2. 휴지를 버려 주세요.
3. 우체국은 병원 앞에 있어요.
4. 약은 하루에 두 번씩 드세요.
5. 감기에 걸리지 않도록 조심해라.
6. 내가 퇴근하는 시간은 항상 같다.
7. 물이 차다.
8. 오늘처럼 눈이 오는 날은 조심해서 운전해야 한다.
9. 당신이 만든 작품을 설명해 보세요.
10. 당근은 무슨 색입니까?

(%)로 점수화한다. 목표단어를 기준으로 하는 문장인지도는 각 목록의 목표단어가 40개로 정확히 반응한 목표단어 수에 2.5를 곱하고 정반응 문장 수에 따른 문장인지도는 정반응 문장 수에 10을 곱하여 구한다. 〈표 8-5〉는 문장인지도검사에서 제공하는 일반용 문장표 중 하나로, 10개의 문장과 밑줄 그은 단어들이 목표단어(40개)다. 문장의 정반응과 목표단어의 정반응으로 결과를 계산한다.

표 8-6	문장인지도검사를 위한 한국표준 문장표 학령기전용

학령기전용 문장표 - 목록 1
연습 1. 토끼가 잠을 자.
연습 2. 새가 앉아 있다.
1. 자전거 그려.
2. 우산을 펴요.
3. 차에 타.
4. 운동장에서 달리기 할 거야.
5. 형은 복숭아를 먹는다.
6. 냉장고에 주스 넣자.
7. 엄마가 머리를 만져요.
8. 강아지가 놀이터에 나오네.
9. 신발을 던진다.
10. 코끼리와 곰이 있다.

　　학령기전용의 경우 아동이 들은 문장의 그림을 정확하게 지적하는 반응을 백분율(%)로 점수화한다. 문장인지도는 10개의 문장 중 정확히 반응한 문장 수에 10을 곱하여 점수를 계산한다. 〈표 8-6〉은 학령기전용 검사를 위한 문장 목록의 예이며, [그림 8-7]은 학령기 전 아동에게 제시되는 그림판이다.

연습용 그림판

그림판 1

그림판 2

그림판 3   그림판 4   그림판 5

그림판 6   그림판 7   그림판 8

그림판 9   그림판 10

[그림 8-7] 문장인지도검사를 위한 학령기전용 그림판

　이 장에서는 지각 능력 평가를 다루었다. 정보처리과정 영역에서 정보는 여러 방법으로 수용되고 내적 심리과정에서 조직되며, 다양한 방법으로 표현된다. 지각 능력 평가는 이러한 정보를 가장 잘 인지하는 방식을 알고 약점을 평가하는 데 목적이 있다. 지각검사에는 시지각, 청지각, 운동능력, 통합적 지각 검사 등이 있으며, 필요에 의하여 선택해서 사용할 수 있다. 이 장에서는 특히 지각 능력을 평가하는 주요 개인검사를 중심으로 시지각 발달검사 및 청지각검사의 목적, 실시 방법, 해석 방향을 제시하였다.

참고문헌

문수백, 여광응, 조용태(2003). 한국판 시지각 발달검사 사용자 매뉴얼. 서울: 학지사.

신민섭, 구훈정(2007). 아동 색 선로검사 실시요강. 서울: 인싸이트.

이성진, 임진영, 여태철, 김동일, 신종호, 김동민, 김민성, 이윤주(2000). 교육심리학서설(3판). 서울: 교육과학사.

이정학, 조수진, 김진숙, 장현숙, 임덕환, 이경원, 김형종(2010). 어음청각검사 전문가 지침서. 서울: 인싸이트.

Pierangelo, R., & Giuliani, G. (2006). 109가지 진단검사: 선정, 해석 및 활용법[*Special educator's complete guide to 109 diagnostic tests*]. 한국발달장애학회 역. 서울: 학지사. (원저는 1998년에 출판).

제 9 장

진로 및 적성 평가

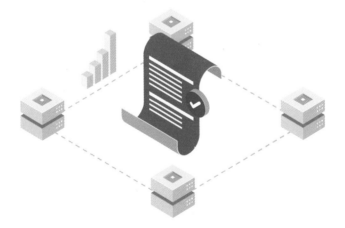

초등학교에 갓 부임한 신임 교사인 영이 씨는 학생들의 적성과 관심에 따라 교육을 시키 겠다는 포부가 있다. 반 학생들을 조사해 보니 대부분의 학생이 교사, 의사, 연예인 등 몇 개 의 직업만을 손꼽았으며, 되고 싶은 이유도 부모님의 권유가 대부분으로 다양한 흥미나 관 심이 없다는 것을 알게 되었다. 앞으로 학생들이 자신의 흥미와 관심사를 파악하고 스스로 진로를 탐색하도록 하려면 어떻게 해야 할까? 빨리 미래의 구체적인 진로를 선택하여 결정 하는 것이 필요한 것일까?

남녀공학 중학교 교사인 민영 씨는 학생들의 진로 지도에 어려움이 많다. 좀 더 전문적인 진로 지도를 위해 적성검사 결과를 활용하여 진로상담을 하기로 마음을 먹었다. 얼마 전에 반 학생들이 단체로 진로적성검사를 받았는데, 그 결과를 확인하니 학업성취가 낮은 데 비 해 전반적으로 모든 분야의 적성이 높은 것으로 나오거나 성취가 높은데도 특정 분야의 적 성이 낮게 나오는 경우 어떻게 해석해야 할지 고민이다. 평상시 학생이 생각하던 목표와 검 사 결과가 다른 경우에는 어떻게 해야 할까? 진로 지도를 위해 진로 및 적성평가를 어떻게 활용할 수 있을까? 발달단계에 따라 진로 지도는 다르게 이루어져야 하는 것일까?

 학습목표

1. 진로이론을 학습한다.
2. 진로 및 적성검사의 종류를 안다.
3. 진로 및 적성검사의 구성, 특징, 실시 및 해석 방법을 이해한다.

I. 진로이론

진로란 한 개인이 일생에서 하는 일의 총체로, 일과 관련해서 경험하고 거쳐 가는 모든 체험을 의미하는 것으로 볼 수 있다. 개인의 생애직업발달과 그 과정 내용을 가리키는 포괄적인 용어로서 과거에는 한 직업을 평생 고수하는 경우가 많았기에 진로를 직업과 동일시하였다. 그러나 현대에 와서는 직업의 종류가 다양해지고 그 기능도 많이 변화되어 진로와 직업의 구별이 필요해졌다. 즉, 진로는 개인이 종사하는 직업의 계열을 의미하며, 이러한 진로에 대한 관심과 중요성은 인간의 성장 및 발달 측면과 밀접한 관련을 맺고 있다.

진로이론은 크게 진로발달의 '내용'을 강조하는 이론과 진로발달의 '과정'을 강조하는 이론으로 구별할 수 있다. 내용을 강조하는 이론은 '선택적 관점'으로 부를 수 있으며, 이것은 특질–요인이론, 욕구이론, 유형학적 접근이론, 사회학습이론, 직업적응 이론 등으로 나뉜다. 진로발달의 과정을 강조하는 이론들은 인간발달의 개념을 진로에 도입한 것으로서 진로발달을 개인의 전체 발달의 한 측면으로 보고자 하는 관점이다. 이 이론들은 '발달적 관점'으로 지칭할 수 있다. 보다 최근의 진로이론으로는 인지적 정보처리이론과 자아효능감을 강조하는 이론 등이 있다.

진로선택이론으로는 Parsons의 특성–요인이론, Roe의 욕구이론, Holland의 성격 유형이론, Krumbolz의 사회학습이론 등이 있으며, 진로발달이론은 Ginzberg의 발달이론, Super의 생애발달이론, Tiedeman과 O'Hara의 발달이론, Tuckman의 발달이론, Gottfredson의 직업포부발달이론 등이 있다. 이 책에서는 Holland의 성격 유형이론과 Super의 발달이론을 대표적으로 소개하고자 한다.

1. Holland 이론: 유형학적 접근

여러 직업에 종사하는 사람들에 대한 정보와 다양한 직무 환경에 관한 정보를 통합함으로써 개인의 성격 유형과 이에 적합한 직무 환경에 초점을 두었다. Holland에 의하면, 개인의 성격 유형은 그 사람의 직업선택 및 진로발달에 중요한 영향을 미친다. 특정 직업에 종사하는 구성원들은 서로 유사한 성격 및 발달사를 가지고 있

표 9-1 | 진로선택이론과 진로발달이론

구분		이론가	진로	주요 개념
진로선택이론	특성이론	Parsons	개인이 소지한 특성과 직업이 요구하는 제 요인을 분석하여 개인의 특성에 적합한 직업을 선택하게 하는 것	• 특성(trait) • 요인(factor)
	욕구이론	Roe	직업의 선택은 부모의 자녀양육태도에 의해 형성된 개인의 욕구체계에 의해 결정	• 부모양육태도 • 자녀 직업지향성
	성격 유형이론	Holland	개인은 자신이 선호하는 성격 유형을 충족시키기 위한 진로를 선택함	• 직업성격 유형(RIASEC)
	사회학습이론	Krumbolz	진로결정은 유전적 재능, 환경적 조건과 사건, 학습경험, 과제접근기술의 상호작용. 개인은 과거 학습한 경험을 통해서 미래의 교육적-직업적 의사결정에 영향을 받음	• 진로의사결정 • 과제접근기술
진로발달이론	생애발달이론	Super	자아개념은 학업성취와 진로선택은 물론 인생전반에 영향. 직업발달과정은 자아개념을 발달시키고 실천하는 과정	• 자아개념 • 생애역할 • 진로성숙
	발달이론	Ginzberg	직업선택은 가치관, 정서적 요인, 교육의 양과 종류, 실제 상황적 여건의 상호작용으로 결정되며, 시간의 흐름에 따른 발달적 현상	• 진로선택과정 (환상기/잠정기/현실기)
	발달이론	Tiedeman, O'Hara	진로발달은 직업자아정체감을 형성해 나가는 계속적 과정	• 직업자아정체감 • 진로의사결정
	발달이론	Tuckman	자아인식이 유치원에서 고등학교단계까지 발달함에 따라 진로 인식 및 진로의사결정의 진로발달이 이루어짐	• 자아인식 • 진로인식 • 진로의사결정
	직업포부 발달이론	Gottfredson	자신이 자아이미지에 알맞은 직업을 원하기 때문에 자아개념은 진로선택의 중요한 요인. 자아개념발달의 중요 결정요인은 사회계층, 지능 수준 및 다양한 경험	• 진로포부 • 생애단계

으며, 다양한 상황에서도 유사한 방식으로 반응할 것으로 가정한다.

1) Holland의 성격 분류(RIASEC)

Holland는 여섯 가지의 직업환경 유형과 여섯 가지의 성격 유형을 분류하고, R(실재형, realistic occupation), I(탐구형, investigative), A(예술형, artistic), S(사회형, social), E(기업형, enterprise), C(관습형, conventional) 등과 같은 부호체계로 정리하였다. 성격 유형은 이들의 우세한 조합에 따라 정리될 수 있다. 유형 간의 거리는 영역 간 상호 관련 정도를 나타내는데, 육각형의 인접 영역은 유사하며, 맞은편 영역은 유사성이 매우 적다. 예를 들어, 탐구형(I)을 기준으로 예술형(A)은 인접하고, 기업형(E)은 가장 먼 위치에 있으므로 탐구형(I)은 기업형(E)보다는 예술형(A)과 더 유사한 특징을 갖는다.

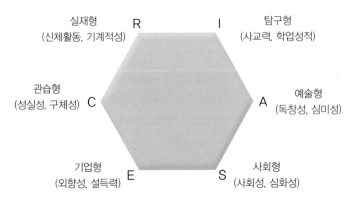

[그림 9-1] Holland의 육각형 모형

2) 기본 가정

Holland 이론은 다음과 같은 네 가지 가정을 기초로 하고 있다(Holland, 1985).

첫째, 대부분의 사람은 여섯 가지 유형, 즉 실재형(realistic type, R), 탐구형(investigative type, I), 예술형(artistic type, A), 사회형(social type, S), 기업형(enterprising type, E), 관습형(conventional type, C)으로 분류될 수 있다. 사람들은 성장하면서 부모, 사회계층, 문화, 물리적 환경 등의 영향을 받아 각자의 독특한 성격을 형성한다.

둘째, 직업이나 생활환경도 여섯 가지 유형, 즉 실재형(R), 탐구형(I), 예술형(A), 사회형(S), 기업형(E), 관습형(C)으로 분류할 수 있다. 직업이나 생활환경은 그 직업에서 요구하는 성격 유형을 가진 사람들에 의해 지배되는 경향이 있다. 예를 들면, 기업적 환경(E)은 주로 지도·관리하고 통솔하는 일을 하며 리더십을 요구하므로 그러한 성격 특성을 가진 기업형(E)의 사람들이 그 환경에 가장 많다.

셋째, 사람들은 자신의 기술과 능력을 발휘하고, 자신의 태도와 가치를 표현하며, 자신에게 어울리는 문제와 역할을 담당할 수 있는 환경을 찾는 경향이 있다. 개인의 성격 유형은 곧 특정한 문화에서 살아온 결과라고 할 수 있으며, 이는 사람들이 어떻게 자신의 목표를 설정하고, 직업을 선택하며, 이직을 해 왔는지 설명해 준다.

넷째, 개인의 행동은 그 사람의 성격 특성과 환경 특성 간 상호작용에 의해 결정된다. 이러한 상호작용의 결과는 직업 선택, 이직, 직업적 성취, 유능감, 교육적·사회적 행동으로 나타난다.

3) Holland의 육각형 모델의 다섯 가지 기본 개념

Holland의 육각형 모델의 기본 개념을 정리하면 다음 〈표 9-2〉와 같다.

표 9-2 Holland의 육각형 모델의 다섯 가지 기본 개념

주요 개념	내용
일관성	① 높은 일관성: 첫 두 문자가 육각형에 인접할 때(예: RI 또는 SE) ② 중간 정도의 일관성: 한 칸 떨어진 문자와 있을 때(예: RA 또는 SC) ③ 낮은 일관성: 두 칸 떨어짐(예: RS 또는 AC)
차별성 (분화도)	어떤 사람은 하나의 유형에만 많은 유사성을 갖고, 어떤 사람은 비슷한 정도로 각 유형에 유사성을 가짐
정체성	개인적 측면의 정체성: 개인의 목표, 흥미, 지능에 대한 명확하고 견고한 청사진 환경적 측면의 정체성: 조직의 투명성, 안정성, 목표나 일·보상의 통합
일치성	자신의 유형과 비슷하거나 정체성이 있는 환경 유형에서 일하거나 생활할 때 일치성이 높아짐(예: 현실적 환경에 현실적 유형)
계측성	육각형 모델에서 유형들 간의 거리는 그것들 사이의 이론적인 관계에 반비례

4) Holland의 육각형 모델(RIASEC)의 이해

Holland의 육각형 모델에 의한 직업적 성격 유형은 다음 〈표 9-3〉과 같다.

표 9–3 | Holland의 육각형 모델에 의한 직업적 성격 유형

유형	대표적 직업	직업인의 성격적성	가치	생의 목표
R (실재형)	기술자, 자동차 정비사, 전기기사, IT 전문기사, 농업, 어업, 축산업자, 운동선수, 기술, 생산직 종사자	• 물건이나 기계를 잘 다루며, 솔직하고 소박한 성격 • 말을 잘 하지 않고 운동하고 행동하는 스타일 • 감정 표현 적고, 공감능력 및 예술적 감상 능력 적음 • 구체적 · 실제적이며, 추상적 · 관념적인 것을 싫어함 • 사회성, 대인관계 능력이 부족하다고 생각함	기술, 기증, 전문성, 유능성, 생산성	기계나 장치의 발견 및 기술자, 전문인, 뛰어난 운동선수
I (탐구형)	과학자, 교수, 생물학자, 의사, 한의사, 약사, 공학자, 엔지니어, 역사학자, 사회학자, 심리학자, 연구원	• 지능이 높고, 과학, 수학 등 우수한 학업성적 • 학구적, 지적호기심 많고, 독서 좋아함 • 논리적, 분석적, 비판적, 합리적, 과학적, 신중하고 정확함 • 집중력이 높고, 연구 탐구활동에 열중하기 좋아함 • 인간관계가 적고 개인주의적, 내향적 성격	탐구, 지식, 학문, 지혜, 합리성	사물이나 현상의 발견 및 과학에 대한 이론적 기여
A (예술형)	예술가, 음악가, 화가, 배우, 가수, 연극인, 작가, 소설가, 시인, 도예가, 산업디자이너, 그래픽디자이너	• 심미적, 아름다움, 독창적 예술 추구 • 튀고 별난 행동을 하고 얽매이기 싫어함 • 감수성이 강하고 감정이 풍부하며, 감정 우선, 기분파 • 창의성, 상상력이 풍부, 반복하는 것을 싫어함 • 체계성, 계획성, 계획성 부족	예술, 창의성, 재능, 변화, 자유, 개성	예술계의 유명인, 독창적인 작품 활동
S (사회형)	사회복지사, 상담심리사, 교사, 유아원 교사, 간호사, 물리치료사, 종교인, 언어치료사, 임상심리사	• 사람을 좋아하고, 친한 사람과 늘 함께 지내려 함 • 인정이 많고 친절하며, 헌신적 사랑이 많은 사람 • 남의 심정을 잘 이해하고, 너그럽고 인간관계 중심 • 공감하고, 또 공감하기 위해 말을 많이 함 • 남을 도와주길 좋아하며, 남의 부탁을 거절 못 함	사랑, 평등, 헌신, 공익, 용서, 봉사	타인을 돕고 희생함, 존경받는 스승, 치료전문가
E (기업형)	정치가, 법조인, 기업경영인, 영업사업, 판매원, 상품구매인, 보험회사원, 관리자, 연출가	• 리더십, 지도관리, 통솔하는 일을 하며, 권위적 • 이해관계에 민감, 지위, 권력, 명예, 재산과 부 추구 • 목표를 정해서 몰두, 추진력, 성취지향적 • 말을 가장 잘하는 설득력 있고 사교성 있는 사람 • 모험적, 경쟁적, 열성적, 외향적 성격	권력, 야망, 명예, 모험, 자유, 보상	사회의 영향력 있는 지도자, 금융과 상업 분야의 전문가

C (관습형)	공인회계사, 은행원, 세무사, 경리사원, 감사원, 사서, 법무사, 사무행정직원	• 단순하고 반복적인 일을 잘하고, 창의성은 낮음 • 꼼꼼, 정확, 빈틈없고 조심하며 신중한 성격 • 계획대로 실행을 고집, 철저한 준비, 책임감 강함 • 규정이나 법, 규칙을 잘 지키고, 시키는 것을 잘함 • 사무적, 능률적, 질서정연, 정리정돈 잘함	능률, 체계, 안전, 안정	금융과 회계전문가, 사무행정전문가

2. Super의 생애발달이론

Super의 생애발달이론(Life-span, Life-space theory)은 20세기 직업 이론 가운데 가장 영향력 있는 이론 중 하나다. Super 이론은 진로발달을 전 생애적 발달 과정으로 보고, '자아' 개념과 '진로성숙' 개념을 처음으로 도입하였다. 진로발달을 진로에 대한 자아 개념의 발달로 보았는데, 자아 개념은 개인적 요인(관심 분야, 가치, 적성, 흥미 등)과 환경적 요인(가족, 이웃, 취업, 경제 상황 등) 간의 상호작용을 통해 형성된다. 자아 개념은 생애 단계를 거치면서 끊임없이 변화하며 개인은 자아 개념에 바탕을 둔 의사결정을 하게 된다. 즉, 진로는 자아 개념의 영향을 받으며, 직업의 선택은 자신의 자아 개념을 실현하는 것이다. 진로성숙도(career maturity)는 한 개인이 속해 있는 연령 단계에서 이루어져야 할 직업적 발달과업에 대한 준비도(Super, 1955)로 진로발달 과정에서 마주하게 되는 발달과업에 성공적으로 대처할 수 있게 해 주는, 진로와 관련된 개인의 발달 정도 및 수준의 지표가 되는 개념이다.

Super는 진로발달을 생애 전체를 포함하는 일련의 단계로 설명하고자 하였다(〈표 9-4〉 참조). 각 단계는 필요한 발달과업이 있고, 각 단계에서의 과업을 성공적으로 수행할 때 개개인이 자신을 효율적으로 사용할 수 있으며, 다음 단계를 적절히 준비할 수 있게 된다. 진로발달 5단계는 일과 관련된 기본적 자기이해가 성장하는 '성장기', 진로에 대한 탐색이 구체화되는 '탐색기', 직업역할 속에서 자아 개념을 실행해 나가는 시도와 안정화가 특징인 '확립기', 지속적 적응 과정이 특징인 '유지기', 일의 효율이 감소하고 은퇴를 준비하는 '쇠퇴기'로 구분된다.

표 9-4 진로 발달 5단계

단계(연령)	세부단계	내용
성장기 (0~14세)	환상기(4~10세)	아동의 본능적 욕구가 지배적, 역할 수행 중시
	흥미기(11~12세)	진로의 목표와 내용 결정에 있어 아동의 흥미 중시
	능력기(12~14세)	진로선택에 있어서 능력 중시, 직업에서 훈련 조건 중시
탐색기 (15~25세)	잠정기(15~17세)	자신의 욕구, 흥미, 능력 가치와 취업 기회를 고려하기 시작. 토론이나 일의 경험 등을 통해 잠정적으로 진로 선택
	전환기(18~21세)	장래 직업세계에 들어갈 때 필요한 교육이나 훈련을 받으며 자신의 자아 개념을 확립하기 시작. 현실적 요인 중시
	시행기(22~25세)	자기에게 적합하다고 판단되는 직업을 선택하여 종사하기 시작
확립기 (26~45세)	변화기(26~30세)	자신이 선택한 일의 세계가 적합하지 않을 경우에 적합한 일을 발견할 때까지 한두 차례 변화 시도
	안정기(31~45세)	진로 유형이 안정되는 시기, 개인은 그의 직업세계에서 안정과 만족감, 소속감, 지위 등을 얻게 됨
유지기 (46~66세)		지위와 상황을 향상시키기 위해서 지속적인 적응 과정, 비교적 만족스러운 삶을 살아감
쇠퇴기 (67세 이후)		정신적·육체적으로 그 기능이 쇠퇴함에 따라 직업일선에서 은퇴하게 되므로 다른 새로운 역할과 활동을 찾게 됨

II. 진로 및 적성 검사

학생들의 진로 지도 및 상담을 위해서는 학생들에 대한 정확한 이해가 필수적이기 때문에 다양한 진로 및 적성 관련 검사들이 활용되고 있다. 진로 지도를 위해 알아야 할 진로 결정에 영향을 미치는 요인인 가치관, 흥미, 성격, 적성과 관련된 국내의 검사 현황은 다음과 같다(〈표 9-5〉 참조).

표 9-5	**국내 주요 진로검사**			*온라인검사 가능(워크넷: www.work.go.kr)	
	검사명	대상	저자	발행처	발행 연도 (개정 연도)
가치관 검사	개인가치관검사	고, 대, 일반	황응연, 이경혜	K. T. C	1987
	대인가치관검사	고, 대, 일반	황응연, 이경혜	K. T. C	1987
	가치관검사	대, 일반	김인자, 황응연	서강대학교 사회문제연구소	1974
	직업가치관검사*	중, 고	한국고용정보원	한국고용정보원	2001
흥미 검사	Strong 직업흥미검사	대, 일반	김정택 외 2인	한국심리검사연구소	2001
	직업흥미검사	중2~고	노동부	노동부	1994
	흥미검사	중, 고	행동과학연구소	행동과학연구소	1992
	KIB 흥미검사	중, 고	행동과학연구소	한국가이던스	1992 (1995)
	표준흥미검사	중	서울대학교 사범대학	교학사	1982
	직업흥미검사*	중, 고	한국고용정보원	한국고용정보원	2000
	직업선호도검사*	만 18세 이상	한국고용정보원	한국고용정보원	1998 (2008)
	대학전공(학과) 흥미검사	고	한국고용정보원	한국고용정보원	2011
	진로흥미검사	중, 고	임인재	중앙교육진흥연구소	1994 (1998)
	STRONG® 직업흥미검사 II	고, 대, 일반	김정택, 김명준, 심혜숙	어세스타	2001
	STRONG™ 진로발달검사	초등	김명준, 김은주	어세스타	2011
	STRONG™ 진로탐색검사 II	중, 고	김정택, 김명준, 심혜숙	어세스타	2012
	Strong 진로탐색검사	중, 고	김정택, 심혜숙, 김명준	한국심리검사연구소	1999
	U&I 진로탐색검사	중, 고, 대	김만권, 이기학, 한종철	연우심리연구소	2005
	중앙진로탐색검사	중, 고	이종승	중앙교육진흥연구소	2001
	진로탐색검사	중2~고2	안창규	한국가이던스	1995

성격 검사	KPTI 일반인성검사	중, 고	김인수	한국심리검사연구소	1993
	KPI 성격검사	대	행동과학연구소	행동과학연구소	1993
	MMTIC	8~13세	김정택, 심혜숙	한국심리검사연구소	1993
	KPI 성격검사	중, 고	행동과학연구소	행동과학연구소	1992
	KIPA 인성검사	중, 고	염태호, 김정규	한국심리적성연구소	1990
	MBTI	고~성인	김정택 외 2인	한국심리적성연구소	1990
	JTCI-유아용	유아	민병배, 오현숙, 이주영	마음사랑	2007
	JTCI-아동용	아동	민병배, 오현숙, 이주영	마음사랑	2007
	JTCI	청소년	민병배, 오현숙, 이주영	마음사랑	2004
	TCI	성인	민병배, 오현숙, 이주영	마음사랑	2007
	청소년직업인성검사*	중	한국고용정보원	한국고용정보원	2006
적성 검사	청소년적성검사	중, 고	한국고용정보원	한국고용정보원	2006
	Holland 진로적성검사	중, 고	안현의, 안창규	인싸이트	2017
	Holland 전공적성검사	고	안현의, 안창규	인싸이트	2017
	Holland 계열적성검사	고	안현의, 안창규	인싸이트	2017
	종합적성 및 진로검사	유아~중	문용린	대교교육과학연구소	1996
	종합진로적성검사	고	박도순, 성태제, 하대현	대한사립중고등학교 장학회	2000
	진로 및 적성탐색검사	13세 이상	안창규	한국가이던스	1995
	일반직업적성검사	중, 고	노동부	노동부	1994
	KAT-M 적성검사	중	행동과학연구소	한국가이던스	1994
	진로흥미·적성검사	초등~고	김충기, 정채기	한국적성연구소	1993
	직업적성진단검사	중~일반	김재은	한국심리적성연구소	1990
	진로적성진단검사	고	김재은	한국심리적성연구소	2000
	기초적성검사	중	서울대학교 사범대학	교학사	1982
	진로적성검사	중, 고	임인재	사립중고등학교장회	1982

이 책에서는 진로 및 적성 검사 중 가장 현장에서 많이 활용되는 검사인 Holland 검사와 Strong 검사를 중심으로 제시하였다.

1. Holland 진로 및 적성탐색검사

미국의 진로심리학자인 John L. Holland의 성격 유형이론(1973, 1985)에 따른 직업적 성격적성인 RIASEC 유형을 변별도 높게 측정한다. 즉, Holland 실재형, 탐구형, 예술형, 사회형, 기업형, 관습형의 6개 직업적 성격 유형을 두 자리로 조합한 RI, RA, SA 등과 같은 진로코드를 찾아내는 검사다. 이러한 진로코드는 각 개인의 독특한 성격 유형으로서 성격 특징이 어떠한지, 대인관계 양상은 어떠한지, 과제 수행방식, 삶에서의 가치 및 목표 등에서의 특성을 잘 설명하고 예언한다. 따라서 검사를 통해 개인의 성격 적성을 파악하고, 이에 부합하는 진로를 결정하거나 직종 및 직무를 선택하고, 장래 자신의 적성에 맞는 라이프스타일을 개발할 수 있으며, 진로지도 및 상담에서 유용하게 활용될 수 있다.

우리나라에서는 안현의와 안창규(1995)가 Holland가 제작한 진로흥미검사인 Self Directed Search-R(SDS-R)의 저작권을 받아 출판하였다. 이후 기존 진로검사들의 제한점을 보완하고 Holland 유형의 성격적성적 접근을 더욱 강화해서 흥미 영역의 문항을 제거하고 다시 RIASEC 진로 유형의 개념을 측정하는 등 문항을 대폭 개선하여 Holland 적성검사를 새로이 개발하였다. 이 검사는 진로성숙도가 낮은 사람들의 흥미를 측정하는 것은 타당성과 신뢰성이 낮다고 보고 흥미 영역의 측정을 제거하였는데, 이는 이전의 Holland 진로 및 적성 탐색 검사와 Strong 직업흥미검사 등 다른 검사와의 차이점이다.

Holland 적성검사는 집단 및 전산용으로 각 발달 시기에 있는 연령 집단과 진로의사결정의 필요성에 따라서 크게 일곱 가지로 구분되어 있다. 연령에 따라 Holland 진로발달검사(초등학교 4~6학년), Holland 진로성숙검사(중학교 1학년), Holland 진로적성검사(중학교 2~3학년), Holland 계열적성검사(고등학교 1학년), Holland 전공적성검사(고등학교 2~3학년), Holland 진로적성검사(특성화고등학교), Holland 직업적성검사(대학생 및 성인)로 정리할 수 있다. 그리고 자가채점용으로는 Holland 진로적성검사(초등학교 4학년~고등학교 1학년)와 Holland 직업적성검사(고등학교 2학년 ~ 대학생 및 성인) 두 가지 검사로 이루어져 있다. 이 검사들은 검사 영역, 문항 내용 및 결과지의 내용이 각 학령의 시기별 진로 지도의 필요성에 따라 다르게 구성되어 있다.

표 9-6 연령별 Holland 적성검사

검사 성격	Holland 진로발달검사	Holland 진로성숙검사	Holland 진로적성검사	Holland 계열적성검사	Holland 진로적성검사	Holland 전공적성검사	Holland 직업적성검사
적용 대상	초4~6	중1	중2~3	고1 (인문계고)	특성화고	고2~3	대학, 성인
검사 방법	집단, 인터넷	집단, 인터넷	집단, 인터넷	집단, 인터넷	집단, 인터넷	집단, 인터넷	집단, 인터넷
측정 내용	Holland 진로코드 진로성숙	Holland 진로코드 진로성숙	Holland 진로코드	Holland 진로코드	Holland 진로코드	Holland 진로코드	Holland 진로코드
하위 척도	진로 포부, 성격, 능력, 직업, 직업 분야, 진로 성숙	진로 포부, 성격, 능력, 직업, 직업 분야, 학업 성적	진로 포부, 성격, 능력, 직업, 직업 분야, 학업 성적	진로 포부, 성격, 능력, 직업, 직업 분야, 학업 성적	진로 포부, 성격, 능력, 직업, 직업 분야	진로 포부, 성격, 능력, 직업, 직업 분야, 학업 성적	진로 포부, 성격, 능력, 직업, 직업 분야
문항 수	204	222	192	209	204	330	328
특징	조기 적성 개발	진로교육 효과	고교진학 계열	문과·이과 계열 구별	직업 선택, 취업 준비	대학 진학 전공 선택	직업 선택, 취업 준비

1) 하위척도

(1) 성격적성

Holland는 여러 직업인 집단을 대상으로 그들의 직업생활에서 나타내는 성격적 특징을 조사한 결과, 실재형, 탐구형, 예술형, 사회형, 기업형, 관습형의 여섯 가지 유형으로 구분할 수 있고, 이는 일반 성격검사의 특징과 유사하며, 그 유형은 타고날 때부터 나타내는 기질적 성격과 같다는 것을 알았다. 성격적성은 이러한 집단의 여섯 가지 성격 특징을 말한다. 성격적성은 지능이나 지능에 기반을 둔 언어적성, 수리적성, 기계적성 등으로 기술되는 능력적성보다도 직업적 성공이나 만족도를 더 잘 예언해 준다고 알려져 있다.

(2) 능력적성

원래 적성(aptitude)이라는 말은 지능에 기반을 둔 정확성과 속도를 재는 인지적

능력적성을 말한다. 그러나 Holland 적성검사에서의 능력은 Gardner의 다요인 지능과 같은 능력으로, 직업 수행에 필요한 능력, 즉 사회복지사에게는 공감적 이해 능력, 사랑의 능력이 필요하고, 기업가에게는 리더십 능력이 필요하듯이 이러한 직업적 능력을 말한다. 인지적 능력적성으로서의 직업적성검사가 갖는 판별타당도의 한계를 고려해 볼 때(United States Employment Service: USES, 1983), Holland 검사에서 능력 영역은 Bandura(1984) 등 사회학습 이론가들이 주장하는 능력(competency)을 측정하는 데 있어서 실제 진로 관련 각 영역에서의 적성을 변별적으로 잘 예언해 줄 수 있는 장점을 가지고 있다.

(3) 직업적성

초기 Strong 직업흥미검사가 미국에서 진로 지도를 위한 검사로 개발되어 주류를 이루게 되었고 그 후 Holland 검사가 나오게 되었는데, 인지적 능력검사와 대비해서 Holland 검사도 흥미검사로 분류되어 왔다. 그리고 여러 가지 직업을 통해 흥미를 측정함으로써 RIASEC 유형을 측정해 왔다. 이러한 것이 우리나라에서 저자도 Holland 검사 초기 버전에서 그렇게 해 왔다. 그러나 우리나라의 입시 위주 풍토에서 사회적 경험이 낮은 학생들은 직업에 대하여 거의 현실적으로 경험하거나 이해하지 못한 상태이며, 따라서 이들에게 직업흥미를 질문하는 것은 측정상의 오류를 낳는 다는 것을 알게 되었다. 따라서 Holland-III에서는 흥미에 강조를 두지 않고 성격적성이나 능력적성을 강조함과 동시에 직업들에 대한 흥미평가보다는 스스로 적성에 맞을 것인지를 평가해 보게 하여 측정의 오류를 한층 줄였다.

(4) 진로성숙

진로성숙이란 진로 동기, 자기이해, 직업이해, 합리적 의사결정 능력, 직업적 편견의 정도 및 자기주도성(자율성) 등 각각에 대한 성취 수준이다. 이를 바탕으로 특별한 교육 없이도 생활하면서 저절로 생기는 것을 진로발달이라 하고, 학교나 기관에서 계획적·의도적으로 진로 교육이 이루어진다. 따라서 학교 현장에서는 진로 교육을 보다 많이 실시하여 학생들을 성숙시키려 하며, 진로성숙 정도는 진로 의사결정에 중요한 영향을 미친다.

진로발달검사에서의 진로성숙 척도는 그 아동의 주관적 평가로 나타난 결과이며 진로 교육에 따라 쉽게 변동된다. 진정한 결과를 위해서는 성격적성 유형의 결과를 신뢰할 수 있도록 아동이 자기이해나 직업이해를 하고 있는가의 문제, 즉 유형 분화도나 1순위 진로코드의 긍정 응답률 및 검사 전후 진로코드의 일치도의 지표가 더 중요하다.

2) 검사 실시

검사지와 응답지를 배부한 후 인적 사항을 기록하도록 하고 오리엔테이션을 다음과 같이 실시한다.

① 검사 전에 검사지를 가볍게 훑어보면서 검사가 전체적으로 어떻게 구성되어 있는지 확인하도록 한다.
② 검사 시간은 제한이 없으나 성실하게 집중하여 검사를 하도록 한다.
③ "이 검사는 자신의 능력이나 성격을 평가하는 데 목적이 있는 것이 아니라 앞으로 자신의 진로 방향을 알아보기 위한 검사입니다. 각 문항에는 정답과 오답이 없으며, 오랫동안 생각하지 말고 문항들을 읽으면서 곧바로 생각나는 것을 응답하기 바랍니다. 이 검사를 수행할 때 되고 싶고, 하고 싶은 내가 아니라 현재를 중심으로 평소 내가 무엇을 좋아하고 어떤 성격이며 어떤 능력을 가지고 있는지 생각해서 답하시기 바랍니다."

3) 검사 채점 및 해석

인싸이트 홈페이지(http://inpsyt.co.kr)에서 검사지와 온라인코드를 구입하여 채점할 수 있다. Holland의 검사의 컴퓨터 채점은 성격, 유능감, 가치, 직업 및 직업 분야 평정 등의 영역별 RIASEC 척도별로 긍정 응답한 숫자를 영역별로 척도별 문항 수로 나누어 백분율점수(P)로 계산하여 제시하고 있다. 각 문항은 척도에 따라 중복 채점되기 때문에 문항 수와 최대 점수 간에는 일치가 이루어지지 않는다.

검사 결과표는 구체적으로, ① 내담자의 인적 사항, ② 검사 타당성에 관한 정보, ③ RIASEC 진로 유형별 영역별 백분율 점수의 분포와 그래프, ④ 진로 유형의 규준적 백분위점수와 그래프, ⑤ 학업성적에 대한 자신의 평가 점수와 그래프, ⑥ 프로파일 분석을 통한 진로성숙도, ⑦ 진로코드에 따른 성격적성 강점, ⑧ 적성에 맞는 직업, ⑨ 적성에 맞는 전공학과, ⑩ 진로 유형에 따른 선호하는 학습 과제와 방법, ⑪ 자신의 적성에 맞는 적성 개발 전략으로 나누어 제시된다. 담임교사 및 상담자용은 각 학생의 개별화된 진로 지도 및 교육은 물론 학습지도 및 생활지도의 지침을 구체적으로 제공하고 있다.

자료 9-1 진로발달검사 결과표 예시

inpsyt 인싸이트 심리검사연구소

Holland®
Holland Career Development Inventory

진로발달검사

Holland®-CDI
Holland Career Development Inventory
Score Report

인현이 · 인청규

검사자	인싸이트	
검사기관	인싸이트	
검사일	2016/01/07	

이름	홍길동
성별	남
생활연령	만 12세 00개월

Holland®-CDI Interpretive Report
2016/01/07 Page 2
홍길동 남 만 12세 00개월

검사결과의 타당도

· 진로유형의 분화도와 1순위 진료코드의 긍정응답률 : 분화도가 높으면 하나의 진료코드가 다른 진료코드에 비해 뚜렷하다고 말할 수 있으며, 1순위 코드의 긍정응답률이 높을수록 해당 진료코드의 특성이 강하다고 할 수 있습니다.

진료코드의 분화도	1순위 진료코드의 긍정응답률(%)	1순위 진료코드에 '예'라고 응답한 비율이 높고 분화도 또한 높아져서 진료 유형이 뚜렷하게 잘 나타납니다.
높음	79	

· 검사 전후 간 진료코드의 비교 : 평소 진료에 대한 자신의 생각과 검사 결과로 나타난 진료코드를 비교함으로써 자신의 진료이해 수준을 알 수 있습니다.

전·후 비교	1순위	2순위	3순위
검사 전 진료코드	I	S	A
검사 후 진료코드	A	R	S

· 진료성향과 진료코드의 일치도 수준 : 진료성향도가 높을수록 성격, 능력, 직업 및 전체 종합 진료코드가 일치되게 나타납니다.

진료성향성	유사성	종합	성격, 능력, 직업적성의 영역에서 진료코드의 일치수준이 낮은 편입니다.
능력적성	4		
직업적성	5		
	4	13	

검사 결과의 타당도

자신의 진료에 대한 이해수준과 진료성향의 영역별 일치수준이 보통 수준입니다. 검사결과를 타당하게 해석할 수 있습니다.

검사 결과의 타당도 종합

당신의 검사를 분석한 결과, 진료 직업에 따른 진료코드가 뚜렷하게 잘 나타나는 편입니다. 당신은 평소에 자신의 진로성에 대해서 잘 알고 있어서 어느 방향으로 진로를 정해야 할지 고민하고 있지 않습니다. 본 결과지에서 계속하는 나의 진로와 결과에 따라 진로를 결정하시기 바랍니다.

Holland®-CDI Interpretive Report
2016/01/07   Page 4

홍길동   남   만 12세00개월

척도	특징
자기이해	자신의 진로·직업적성에 대한 이해 수준을 측정합니다. 높은 점수는 자신의 특성을 객관적으로 바라보며 진단능력을 잘 파악할 수 있음을 의미합니다. 낮은 점수는 자신의 적성과 개성을 잘 파악하지 못함을 의미합니다.
자기주도성	진로탐색이나 학업수행에 있어서 스스로 공부하고 행동하는 정도를 측정합니다. 높은 점수는 타인에게 의존하지 않고 자기 주도적으로 행동하며 노력함을 의미합니다. 낮은 점수는 스스로 통찰하거나 계획을 세우지 못하며, 타인에게 의존하려는 경향이 높음을 의미합니다.
진로성숙도	자신의 진로 탐색에 대한 생각이 성숙한가를 측정합니다. 높은 점수는 진로에 대한 자신의 생각이 성숙하고 자신의 미래를 적극적으로 개척할 수 있음을 의미합니다. 낮은 점수는 진로에 대한 생각이 성숙하지 못하고, 진로탐색에 있어서 소홀함을 의미합니다.

각 영역별 진로코드의 점수분포도(%)

단위 : 백분율(%)

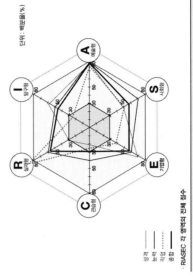

성격 ——
능력 - - -
직업 ······
종합 ——

RIASEC 각 영역의 전체 점수

	R 실재형	I 탐구형	A 예술형	S 사회형	E 기업형	C 관습형	진로코드
성격적성	30	60	80	50	70	20	AE
능력적성	60	50	80	70	60	40	AS
직업적성	88	25	75	50	38	25	RA
종합	57	46	79	57	57	29	AR

Holland®-CDI Interpretive Report
2016/01/07   Page 3

홍길동   남   만 12세00개월

나의 진로코드

1차 진로코드		2차 진로코드	
AR		AS	

※ 평소 당신이 자신의 진로·적성을 잘 이해하고 자기주도적이어 지도력이 높을 때 진로적성이 잘 나타날 수 있습니다. 최저의 학업적 활동성이 높거나 지도력이 낮은 경우, 특히 자신의 진로에 대해서 진지하게 생각해 본 적이 무지하지 않다면 무성적 반응을 하거나 인지도에 따라서 답을 하는 경우엔 검사 결과가 잘 나타내지 않을 수 있습니다.

※ 특정된 진로코드는 RIASEC 총합 백분율 점수를 기준으로 신출합니다.

진로성숙도의 영역별 수준

유형	진로동기	진로이해	직업편견	자기이해	자기주도성	진로성숙도총합
백분위	13.4	85.1	64.7	38.4	26.2	36.3

진로성숙도를 위한 조언

척도	특징
진로동기	장래 진로에 대해서 깊이 생각하고 알아보려는 정도를 측정합니다. 높은 점수는 자신의 진로에 대해서 깊이 생각을 하며 많은 정보를 얻고자 하는 경향이 있음을 의미합니다. 낮은 점수는 장래에 무엇이 될 것인가에 대해서 고려하지 않음을 의미합니다.
진로이해	직업세계를 이해하기 위해 노력하는 정도를 측정합니다. 높은 점수는 직업의 성질이나 특징을 또래 친구들보다 많이 알고 있음을 의미합니다. 낮은 점수는 직업에 대해서 자신의 주변환경에 대해서 무관심함을 의미합니다.
직업편견	직업에 대한 편견이나 잘못된 생각의 정도를 측정합니다. 높은 점수는 직업에 대한 건전한 수준이 낮고, 올바른 생각을 가지고 있음을 의미합니다. 낮은 점수는 직업에 대해서 편견을 생각을 가지고 있는 것을 의미합니다.

Holland®-CDI Interpretive Report
2016/01/07　Page 5
홍길동　남　만 12세00개월

AR　코드에 적합한 직업

※ 다음은 당신이 적성에 맞는 직업들 중 일부라고 할 수 있습니다.
① 당신이 할 수 있고 적성과 일치한다고 생각되는 직업에 대해서 공부를 한 다음 관심 있는 1, 2, 3순위 직업을 선택하세요.
② 직업사전이나 인터넷을 통해서 자신에 적합한 직업을 하나 선택하세요.
③ 1, 2, 3순위에 있는 직업을 체험해보고 자신과 가장 적합한 직업을 멘토로 삼아 지도를 받으세요.
④ 최종적으로 가장 마음에 드는 직업을 가진 전문가를 멘토로 정해서 지도받으시기 바랍니다.
⑤ 장래에 훌륭한 직업인이 될 수 있도록 지금부터 준비하시기 바랍니다.

〈유망직업〉
가구디자이너 영화감독이나 미용사 안전보호장비개발자 애완동물디자이너 인테리어디자이너 특수효과기사 기사(영화) CF 무드스타

〈일반직업〉
건축디자이너 공예품디자이너 멀티미디어디자이너 실내장식디자이너 영상편집디자이너 웹디자이너

AR　코드에 따른 성격 강점

※ 아래의 항목을 읽고, 나의 성격 강점을 가장 잘 표현한 문장의 번호에 ○표를 해보세요.

01. 거친 환경 속에서도 일을 잘 할 수 있습니다.
02. 구별없고 솔직하게 대처하는 편입니다.
03. 말보다는 행동으로 보여주는 스타일입니다.
04. 끝은 일은 끈질기게 부지런히 할 수 있습니다.
05. 미래 감각이 있고 표현능력 재주가 있습니다.
06. 분상적 전문을 잘 할 수 있습니다.
07. 손재주가 많고 수공기술의 수준이 높은 편입니다.
08. 신체적으로 움직이는 일이나 활동을 잘 할 수 있습니다.
09. 실내 활동보다는 야외 활동을 좋아합니다.
10. 아름다움을 추구하고 미적 센스가 있습니다.
11. 예술에 대한 재성이 있는 편입니다.
12. 운동을 좋아할 것입니다.
13. 자신만의 개성이 들어나고 자신만의 언어가 있습니다.
14. 좋아하는 것에 매우 열광적입니다.
15. 직관력이 뛰어날 것입니다.
16. 틀에 얽매이지 않고 자유롭게 사고할 수 있습니다.
17. 평범한 것 보다 개성 있는 것을 좋아할 것입니다.
18. 행동으로 실천하는 경향이 높습니다.
● 대체로 감정적, 감수성이 강하며, 개성이 있고 독창적이지만 스케치함, 자신적, 말이 적은 편입니다. 말에 관련 좋아는 예술 창조로 표현 변화가 있는 편입니다. 개성이 있고 자유롭고 개성있는 활동을 좋아하며, 신체적 기술이나 전문성을 발휘하는 활동을 좋아하는 경향이 있는 편입니다. 예술적 미적 감수성이 상상력, 창의성의 기계를 다루거나 기술적 수준, 기술적 능력이 있는 편입니다.

Holland®-CDI Interpretive Report
2016/01/07　Page 6
홍길동　남　만 12세00개월

선호하는 학습태도와 방법

- 예민하고 흥미로우며 기발한 것을 요하는 학습에 더 열광적일 가능성이 높습니다.
- 막막한 교과공간보다는 자유롭게 움직일 수 있는 학습공간을 더 좋아하는 편입니다.
- 선생님의 주입식, 설명식 수업을 싫어하는 것을 좋아하는 편입니다.
- 여동보다 수업에 적극적인 편입니다.
- 감각적이고 미적인 학습자료들을 많이 사용하는 수업에 흥미를 가지는 경우가 있습니다.
- 수업 내용의 변화가 많은 거르치는 수업을 원하는 경향이 있습니다.
- 수업 때 개념들에 대해 직관적이고 간략하게 설명해 주는 것이 좋습니다.
- 구체적인 틀을 가진 과제보다 상상력을 발휘할 수 있는 과제를 제시하는 것이 좋습니다.
- 학생의 풍부한 상상력과 참조력을 부산물 칭찬해 주는 것이 좋습니다.
- 선택이 가능한 다양한 과제를 제시하는 것이 효과적입니다.
- 제안의 모범답을 블라워이가는 다양한 시청각 자료를 제시하는 것이 효과적입니다.
- 수학이나 자연과학기보다는 강의적 판단적 판단을 하는 경향성이 높습니다.
- 사회과학의 공부는 강의나 관계가 느낌을으로 학습하면 효과적입니다.
- 국어나 영어 역시 강의적 반응을 블라워이가는 학습이 효과적입니다.

※ 본 검사결과표는 당신의 한정된 정보를 바탕으로 선발된 결과입니다. 부모님의 유전자 특성, 학업성적, NEO 성격과 그리고 다른 특성 및 적성개발자료 등의 결과를 고려하여 최종 진로를 결정해야 합니다. 또한, 선발된 결과는 개별적으로 진로상담전문가의 상담을 통해 진로지도 받으시길 바랍니다.

자료 9-2　진로성숙검사 결과표 예시

CMI
Holland®
Holland Career Maturity Inventory

진로성숙검사
Holland®-CMI
Holland Career Maturity Inventory
Score Report

인현의 · 안창규

검사자	123
검사기관	123
검사일	2016/01/19

이름	123
성별	남
생활연령	만 00세 00개월

Holland®-CMI Interpretive Report
2016/01/19　Page 2

123　　남　　만 00세 00개월

검사결과의 타당도

· 진로유형의 분화도와 1순위 진로코드의 긍정응답률 : 분화도가 높으면 하나의 진로코드가 다른 진로코드에 비해 뚜렷하다고 말할 수 있으며, 1순위 코드의 긍정응답률이 높을수록 해당 진로코드의 특성이 강하다고 할 수 있습니다.

진로코드의 분화도	1순위 진로코드의 긍정응답률(%)	1순위 진로코드에 '예'라고 응답한 비율이 높고 분화도 또한 높아서 본인의 진로유형이 뚜렷하게 잘 나타납니다.
높음	71	

· 검사 전후 간 진로코드의 비교 : 평소 진로에 대한 자신의 생각과 검사 결과로 나타난 진로코드를 비교함으로써 자신의 진로이해 수준을 알 수 있습니다.

	1순위	2순위	3순위	검사 전후의 진로코드 중 첫 번째 코드만 일치합니다.
검사 전 진로코드	A	I	A	
검사 후 진로코드	A	R	C	

· 검사영역간 진로성숙도의 일치도 수준 : 진로성숙도가 높을수록 성격, 능력, 직업 및 전체 종합 진로코드가 일치되게 나타납니다.

성격적성	직업적성	종합	성격, 능력 및 직업적성의 영역에서 진로코드의 일치수준이 낮은 편입니다.
4	5	4	4	13	

· 검사 결과의 타당도
자신의 진로에 대한 이해(수준)과 진로성숙도가 영역별 진로성숙의 보통 수준입니다. 검사결과를 타당하게 해석할 수 있습니다.

· 검사 결과의 타당도 종합

당신의 검사를 분석한 결과, 진로성숙과 다른 진로성숙이 뚜렷하게 잘 나타나는 편입니다. 당신은 평소에 자신의 적성에 대해서 잘 알고 있어서 진로를 결정해 찾지 잘 알고 있습니다. 본 결과지에서 제시하는 나의 진로, 나의 적성 맞는 직업의 관 전공분야 등을 잘 알아보고 진로를 잘 설계하시기 바랍니다.

(상단 페이지)

Holland®-CMI Interpretive Report
2016/01/19 Page 4
123 남
만 00세00개월

각 영역별 진로코드의 점수분포도(%)

단위 : 백분율(%)

범례: 성격 / 직업 / 진로 / 종합

RIASEC 각 영역의 전체 점수

	R 실재형	I 탐구형	A 예술형	S 사회형	E 기업형	C 관습형	진로코드
성격적성	10	70	100	20	10	0	AI
능력적성	90	30	80	0	70	20	RA
직업적성	90	0	100	10	10	100	AC
종합	52	26	71	14	21	33	AR

(하단 페이지)

Holland®-CMI Interpretive Report
2016/01/19 Page 3
123 남
만 00세00개월

나의 진로코드

1차 진로코드	2차 진로코드
AR	AR

※ 평소 당신이 자신의 직업세계를 잘 이해하고 자기주도적이며 자존감이 높을 때 진로적성이 잘 나타날 수 있습니다. 하지만 학업 적 활동감이 높거나 자존감이 낮은 경우, 혹은 자신에 대해서 진지하게 생각하지 않고 무조건 반응을 하거나 인기도에 따라서 급급하는 경우엔 검사 결과가 잘 나타나지 않을 수 있습니다.

※ 확정된 진로코드는 RIASEC 종합 백분율 점수를 기준으로 선출합니다.

프로파일 분석을 통한 진로성숙도

구분	백분율	백분위
진로성숙도	0.73	98

또래들에 비해서 진로성숙도가 매우 높습니다.

※ 진로성숙이란 자신의 진로에 대한 이해, 알고 직업세계에 대한 이해를 바탕으로 자신의 진로를 자율적으로 계획하고 합리적으로 선택 하는 과정에서 나타나는 마음이라 행동을 말합니다. 진로성숙도의 백분위 점수는 자신의 진로성숙의 수준이 같은 연령대에 있는 사람들과 비교할 때 상대적인 위치를 백분율과 같은 의미로써 해당으로써 자신이 얼마나 준비되어 있는지를 확인해 줍니다.

Holland®-CMI Interpretive Report

2016/01/19　　Page 6　　　　　　123　　　남　　　　만 00세(00개월)

진로코드의 규준적 백분위

※ 진로결정방법은 순위 진로코드로 취업 또는 전공학과를 결정하는 것이 일반적이지만, 나의 또 다른 특기나 능력, 직업의 성격/가능성 등을 고려하여 2순위 진로코드로 자신의 진로를 결정할 수 있습니다.
※ 다음은 백분위(percentile) 그래프로 본인의 진로코드 점수의 상대적인 위치를 보여줍니다.
※ 백분위 점수가 높을수록 다른 사람보다 해당 코드의 강점을 가지고 있다고 볼 수 있습니다.

단위: 백분위 점수(%ile)

유형	R 실재형	I 탐구형	A 예술형	S 사회형	E 기업형	C 관습형
백분위	52	45	63	39	42	42

AR 코드에 따른 성격 강점

※ 아래의 성격을 읽고, 나의 성격 강점을 가장 잘 표현한 문장의 번호에 ○표시를 해보세요.

01. 거친 환경 속에서도 일을 잘 할 수 있습니다.
02. 꾸밈없이 솔직하게 대하는 편입니다.
03. 앞보다는 행동으로 보여주는 스타일입니다.
04. 말로 일을 꾸준하게 처리하는 일을 수 있습니다.
05. 미적 감각이 있고 표현력이 풍부한 편입니다.
06. 이해타산적이고 손해 보는 일을 하지 않습니다.
07. 손재주가 뛰어나고 무엇이든 잘 다룹니다.
08. 신체활동이나 여러 활동을 즐겨 할 수 있습니다.
09. 상대 행동보다는 여러 활동을 즐겨 할 수 있습니다.
10. 어울리기 쉬워 따뜻함과 다정하여 인기가 있습니다.
11. 운동에 대한 자신이 있는 편입니다.
12. 자신만의 개성이 뚜렷하고 자신만의 언어가 있습니다.
13. 자신만의 개성이 뚜렷하고 자신만의 언어가 있습니다.
14. 좋아하는 일에 쉽게 몰입하는 편입니다.
15. 직관적이 뛰어난 것입니다.
16. 틀에 얽매이지 않고 자유로운 것을 좋아합니다.
17. 방법이 뭔가 있는 것을 좋아하는 것입니다.
18. 행동으로 실천하는 편입니다.

Holland®-CMI Interpretive Report

2016/01/19　　Page 5　　　　　　123　　　남　　　　만 00세(00개월)

AR 코드에 맞는 적합한 직업

※ 다음은 당신의 적성에 맞는 직업을 종합하려고 할 수 있습니다.

① 당신이 할 수 있고 적성과 일치한다고 생각되는 직업을 10개 고르세요.
② 직업사전이나 인터넷을 통해 직업에 대해서 공부를 한 다음 있는 1, 2, 3순위 직업을 선택하세요.
③ 1, 2, 3순위에 있는 직업을 제외해보다 자신과 적합한 직업을 하나 선택하세요.
④ 최종적으로 가장 마음에 드는 직업을 가진 전문가를 멘토로 정해서 지도를 받으세요.
⑤ 장래에 훌륭한 직업인이 될 수 있도록 지금부터 정해서 준비하시기 바랍니다.

〈유망직업〉
가구디자이너 공업디자이너 미용사 안경제작개발자 에견포장디자이너 인테리어디자이너 특수효과기사(영화 CF) 푸드스타
일리스트 제품디자이너 조경건축가

〈일반직업〉
건축디자이너 공예품디자이너 실내장디자이너 멀티미디어디자이너 영상편집디자이너 웹디자이너

AR 코드에 적합한 전공학과

※ 전공학과는 일부만 제시되어 있습니다.　※ RIASEC 코드에 적합한 직업과 관련된 학과를 선택하세요.

가구디자인학과 가구조형디자인 개발계학과 건축계학과 건축디자인학과 건축디자인학과 건축인테리어디자인 공업디자인학과 건축공예디자인 공예디자인과 디자인계학과 고급디자인과 그래픽디자인과 기계비원과 대중예술과 댄스스포츠 도시계획과 도시계획학과 레저
스포츠과 멀티미디어디자인학과 멀티미디어디자인학과 멀티미디어학과 미용예술학과 미술학과 미용정보과 미용예술과 사진
예술학과 사진영상과 산업디자인과 산업디자인학과 산업인테리어디자인 산업정보디자인 산업응용미술과 시각정보디자인 시각정보디자인
자인학과 시각영상디자인 실내건축디자인 실내디자인과 실내디자인학과 실내환경디자인 실내환경디자인과 안경광학과 안경디
자인학과 영상디자인과 영상미술과 영상예술학과 영상콘텐츠과 웹디자인과 웹디자인학과 웹마스터과 웹피
인 임상병리 의상디자인학과 이용학과 인물디자인 정보디자인과 정보처리과 조경과 조경학과 컴퓨터그래
픽디자인과 컴퓨터게임그래픽과 컴퓨터응용디자인 케어뷰티네일아트과 컴퓨터응용개발과 통신산업디자인학과 퍼스널디자인과 패
션디자인학과 포장디자인과 포토디자인과 푸드스타일링과 푸드디자인(아트)과 플라워디자인학과 플라워아트디자인과 환경물품학
전공 환경조경과 회화과

자료 9-3 진로적성검사 결과표 예시

Holland® CPI

Holland Career Personality Inventory

진로적성검사

Holland®-CPI

Holland Career Personality Inventory
Score Report

안현의 · 안창규

검사자	인싸이트	이름	최꽃별
검사기관	인싸이트	성별	여
검사일	2016/01/08	생활연령	만 14세 11개월

Holland®-CPI Interpretive Report
2016/01/08 Page 2

최꽃별 여 만 14세 11개월

검사결과의 타당도

- **진로유형의 분화도와 1순위 진로코드의 긍정응답률**: 분화도가 높으면 하나의 진로코드가 다른 진로코드에 비해 뚜렷하다고 말할 수 있으며, 1순위 코드의 긍정응답률이 높을수록 해당 진로코드의 특성이 강하다고 할 수 있습니다.

진로코드의 분화도	1순위 진로코드의 긍정응답률(%)	1순위 진로코드에 '예'라고 응답한 비율이 높고 분화도 또한 높아서 진로유형이 뚜렷하게 잘 나타납니다.
높음	97	

- **검사 전후 간 진로코드의 비교**: 평소 진로에 대한 자신의 생각과 검사 결과로 나타난 진로코드를 비교함으로써 자신의 진로이해 수준을 알 수 있습니다.

전·후 비교	1순위	2순위	3순위	검사 전후의 진로코드 중 첫번째 코드가 일치합니다.
검사 전 진로코드	C	E	I	
검사 후 진로코드	C	I	S	

- **검사영역간 진로코드의 일치도 수준**: 진로성숙도가 높을수록 성격, 능력, 직업 및 전체 종합 진로코드의 일치도가 나타납니다.

성격적성	능력적성	직업적성	종합	성격, 능력 및 직업적성의 각 영역에서 진로코드의 일치수준의 중간 정도입니다.
5	3	1	9	

검사 결과의 타당도

자신의 진로 적성에 대한 이해수준과 진로 적성의 영역별 일치수준이 보통 수준입니다. 검사결과를 타당하게 해석할 수 있습니다.

검사 결과의 타당도 종합

당신의 검사를 분석한 결과, 진로 적성에 맞는 진로코드가 뚜렷하게 잘 나타나는 편입니다. 당신은 평소에 자신의 적성에 대해서 잘 알고 있어서 어느 방향으로 진로를 정해야 할지 잘 알고 있습니다. 본 결과지에서 계속하는 나의 강점, 나의 적성에 맞는 직업을 찾고 그것을 위하여 어떠한 진로를 준비해야 하는지 잘 파악하고 진로를 잘 경정하시기 바랍니다.

Holland® -CPI Interpretive Report
2016/01/08　　Page 4

최꽃별　여　만 14세 11개월

진로코드의 규준적 백분위

※ 진로결정방법은 1순위 진로코드의 직업 또는 전공학과로 결정하는 것이 일반적이지만, 나의 또 다른 특기나 능력, 직업의 성취가능성 등을 고려하여 2순위 진로코드로 자신의 진로를 결정할 수 있습니다.
※ 다음의 백분위(percentile) 그래프도 본인의 진로코드 점수의 상대적인 위치를 보여줍니다.
※ 백분위 점수가 높을수록 다른 사람보다 해당 코드에 강점을 가지고 있다고 볼 수 있습니다.

단위: 백분위 점수(%ile)

유형	R 실재형	I 탐구형	A 예술형	S 사회형	E 기업형	C 관습형
백분위	47	72	58	70	53	68

코드에 적합한 직업

C I

※ 다음은 당신의 적성에 맞는 직업들 일부라고 할 수 있습니다.

① 당신이 할 수 있고 적성과 일치한다고 생각되는 직업을 10개 고르세요.
② 직업사전과 인터넷을 통해 직업에 대해서 공부를 한 다음 관심 있는 1, 2, 3순위 직업을 선택하세요.
③ 1, 2, 3순위에 있는 직업을 체험해보고 자신과 가장 적합한 직업을 하나 선택하세요.
④ 최종적으로 가장 마음에 드는 직업을 가진 전문가를 멘토로 정해서 지도를 받으세요.
⑤ 직업에 출품한 직업인이 될 수 있도록 지금부터 준비하시기 바랍니다.

〈C유형C〉
건물관리사·다이어트프로그래머·법무사·변리사·부동산신전관리사·식품검사원·통신장비원·통신역사·세무사·전산회계사·재무설계사 중
〈I유형C〉
검정평가사(경영)·국제재무위험관리사(FRM)·금융사무원·금융상품개발원·통신품그래머·헬프드래커·자동차검사원·중장기관리사 중
경투자분석가·컴퓨터보안전문가·통계분석원·투자분석역(펀드평가)·회계사무원

Holland® -CPI Interpretive Report
2016/01/08　　Page 3

최꽃별　여　만 14세 11개월

각 영역별 진로코드의 점수분포도(%)

1차 진로코드	C I	2차 진로코드	C I

단위: 백분율(%)

성격 ———
능력 ———
직업 ———
종합 ———

· RIASEC 각 영역의 전체 점수

	R 실재형	I 탐구형	A 예술형	S 사회형	E 기업형	C 관습형	진로코드
성격적성	40	100	50	90	20	100	IC
능력적성	40	100	80	100	50	100	IS
직업적성	63	88	100	88	88	88	AI
종합	38	89	62	76	43	97	CI

Holland®-CPI Interpretive Report
2016/01/08   Page 6

최꽃별   여   만 14세11개월

CI 코드에 적합한 진학계열

당신의 적성에 맞는 직업 분야는 간호, 감독, 감경평가, 건설, 교육, 금융, 기계, 기술, 디자인, 문학, 법률, 보건, 보건, 사무용
장, 생산관리, 인쇄관리, 의학, 재무관리, 정보분석, 정책, 조사, 지도, 컴퓨터, 통계, 회계 분야입니다.

(세로축 값: 80 · 70 · 60 · 50 · 40 · 30 · 20 · 10)

진학
계열

Holland®-CPI Interpretive Report
2016/01/08   Page 5

최꽃별   여   만 14세11개월

CI 코드에 적합한 전공학과

※ 전공학과도 일부만 제시되어 있습니다. ※ RIASEC 코드에 적합한 직업과 관련된 학과를 선택하세요.

CI 코드에 따른 성격 강점

※ 자신의 진로코드에 맞는 더 많은 직업과 학과를 찾아보기 위해서 출판된 『진로코드집』(안현의 · 안창규, 학지사, 2014)를 참고하시기 바랍니다.

※ 아래의 항목들을 읽고, 나의 성격 강점을 가장 잘 표현한 문장의 번호에 ○표시를 하세요.

01 공부할 때 집중을 잘 할 수 있습니다.
02 침착하고 조리있게 생각하려고 노력합니다.
03 관찰하고 있고 조사 · 연구하는 활동을 잘 할 수 있습니다.
04 규칙적인 생활을 하는 것을 좋아합니다.
05 논리적이거나 기록을 잘 유지관리를 잘 지켜갈 수 있습니다.
06 맡은 일은 빈틈없이 책임감을 가지고 잘 처리할 수 있습니다.
07 반복적인 일에도 지루함을 느껴 지겨하게 수행할 수 있습니다.
08 받아야 규칙, 예절, 전통을 존중하고 잘 지킵니다.
09 분석적이고 논리적인 일을 잘 할 수 있습니다.
10 사소한 일에 관심을 가지며, 이를 기억하려고 노력합니다.
11 사물 관리, 행정, 회계, 관리, 사무능력이 우수할 수 있습니다.
12 세심하고 꼼꼼하고 조직적으로 일을 할 수 있습니다.
13 계약하고 검소하며 치밀하게 일합니다.
14 조직적으로 잘 정리되어 있는 체계적인 것을 좋아합니다.
15 책 읽기를 좋아고 공부하는 습관이 잘 되어 있습니다.
16 청소를 깨끗하고 정리정돈 잘 잘하며 주위가 항상 깔끔할 수 있습니다.
17 침착하고 신중하고 조용합니다.
18 해야 할 일들의 준비하고 계획대로 실행할 수 있습니다.
● 비교적 정확하기 조직하고 책임감이 있고 책임감이 있는 편입니다.

자료 9-4 계열적성검사 결과표 예시

CPIH
Holland®

Holland Career Personality Inventory High School

InpsyT 인싸이트 인지심리연구소

계열적성검사

Holland®-CPIH

Holland Career Personality Inventory High School
Score Report

안현의 · 안창규

검사자	
검사기관	
검사일	2016/10/18

이름	123
성별	남
생활연령	만 00세 00개월 (2016/10/10)

Holland®-CPIH Interpretive Report
2016/10/18   Page 2   123   남   만 00세00개월

검사결과와의 타당도

· **진로유형의 분화도와 1순위 진로코드의 긍정응답률**: 분화도가 높으면 하나의 진로코드가 다른 진로코드에 비해 두웃하다고 말할 수 있으며, 1순위 코드의 긍정응답률이 높을수록 해당 진로코드의 특성이 강하다고 할 수 있습니다.

진로코드의 분화도	1순위 진로코드의 긍정응답률(%)
높음	44

1순위 진로코드에 예'라고 응답한 비율이 높을이로 진로유형이 뚜렷한 편입니다.

· **검사 전후 간 진로코드의 비교**: 청소 전 진로에 대한 자신의 생각과 검사 결과로 나타난 진로코드를 비교함으로써 자신의 진로이해 수준을 알 수 있습니다.

전·후 비교	1순위	2순위	3순위
검사 전 진로코드	S	C	I
검사 후 진로코드	S	C	R

검사 전후의 진로코드 중 첫번째와 두번째의 진로코드가 일치합니다.

· **검사영역간 진로코드의 일치도 수준**: 진로성숙도가 높을수록 진로성격, 능력, 직업 및 전체 종합 진로코드가 일치되게 나타납니다.

상관특성	동적특성	직업특성	종합
4	6	3	13

'성격, 능력 및 직업영역의 영역에서 진로코드의 일치수준이 높은 편입니다.

검사 결과의 타당도

자신의 진로에 대한 이해수준과 진로적성의 영역별 일치수준이 높은 편입니다. 검사결과를 타당하게 해석할 수 있습니다.

검사 결과의 타당도 종합

5문항의 진로코드가 너무 촌하기 때문에 NEO인성검사 결과, 및 학업성취, 특기적성 등을 고려하여 진로상담 선생님과 상담을 통하여 검사를 분석함으로써 진로코드의 수준이 높아지는 것이 바람직합니다. 진로코드 간의 차이가 두웃한 편입니다. 당신은 평소에 자신의 적성에 대하여 잘 알고 있어서 어느 방향으로 진로를 정해야 할지 잘 알고 있습니다. 본 결과지에서 계속하는 나의 검, 나의 적성에 있는 자신의 진로학과 진로에 등을 알아보고 진로를 결정하여 검토하시기 바랍니다.

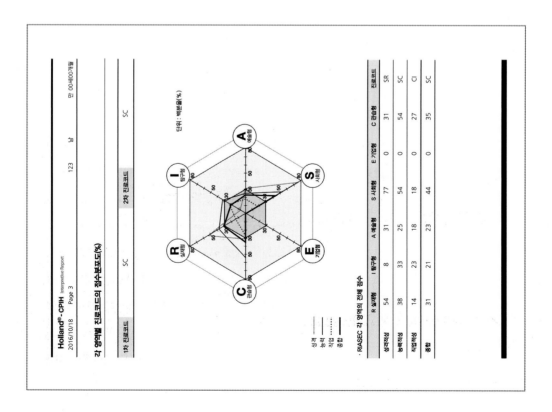

Holland®-CPIH Interpretive Report
2016/10/18　Page 6　　123　남　만 00세00개월

진로코드의 규준집 백분위

단위: 백분위 점수(%ile)

유형	R 실재형	I 탐구형	A 예술형	S 사회형	E 기업형	C 관습형
백분위	44	42	41	56	22	42

※ 진로결정방법은 1순위 진로코드의 직업 또는 진로코드로 진로를 결정하는 것이 일반적이지만, 나의 또 다른 능력, 특기나 취미, 직업의 성취가능성 등을 고려하여 2순위 진로코드로 자신의 진로를 결정할 수 있습니다.
※ 다음의 백분위(percentile) 그래프는 본인의 점수의 상대적인 위치를 보여줍니다.
※ 백분위 점수가 높을수록 다른 사람보다 해당 코드에 강한 경향을 가지고 있다고 볼 수 있습니다.

※ 본 검사결과표는 당신의 한정된 정보를 바탕으로 산출된 결과입니다. 따라서 여러분의 미래의 직업적, 학업적성, NEO 성격검사 그리고 다른 특성 및 작업개발자료 등의 결과를 종합적으로 고려하여 최종 진로를 결정해야 합니다. 또한, 선정된 결과는 개별적으로 진로상담전문가 및 작업상담전문가의 지도를 통해 활용하기를 바랍니다.

Holland®-CPIH Interpretive Report
2016/10/18　Page 5　　123　남　만 00세00개월

SC 코드에 적합한 진로분야 요약

당신의 적성에 맞는 직업분야는 간호, 결혼, 교육, 미용, 방송 활동, 보건, 보호, 사무 행정, 사회복지, 상담, 서비스, 스포츠, 식 품 제조 가공, 심리 치료, 심리학, 언론 방송, 의학, 의료, 인문, 조사, 지도 분야입니다.

SC 코드에 적합한 직업

※ 다음은 당신의 적성에 맞는 직업들 중 일부라고 할 수 있습니다.
① 당신이 할 수 있고 적성과 일치한다고 생각되는 직업을 10개 고르세요.
② 직업사전과 인터넷을 통해 직업에 대해서 공부를 한 다음 관심 있는 1, 2, 3순위 직업을 선택하세요.
③ 1, 2, 3순위에 있는 직업을 체험해보고 자신과 가장 적합한 직업을 하나 선택하세요.
④ 최종적으로 자기 마음에 드는 직업을 가진 전문가를 멘토로 정해서 지도를 받으세요.
⑤ 장래에 훌륭한 직업인이 될 수 있도록 지금부터 준비하시기 바랍니다.

〈유망직업〉
간호사 건강관리사 노인요양관리사 다이어트 플래너 범죄예방경찰 식품관리원 실버케어매니저 작업상담사 직업교육강사 교 육혼련강사위원
〈일반직업〉
가정복지 바리스타 방송아나운서 사회복지지사 소년보호관 승무원 호텔리어

SC 코드에 적합한 전공학과

※ 전공학과는 일부만 제시되어 있습니다.　※ RIASEC 코드에 적합한 직업과 관련된 학과를 선택하세요.

IT학과 가정복지학과 가정아동복지학과 가족복지학과 기초복지학과 가족복지학과 간호학과 건강관리학과 경찰행정학과 경찰무도 경찰행정학과 경찰복지학과 공공사회복지과 광고홍보학과 교육공학과 교육학과 노인복지과 노인복지학과 노인요양관리과 노인 요양관리 다이어트정보과 레크리에이션과 보건관리과 레저스포츠경영과 레저스포츠학과 레저스포츠학과 물리치료학과 방송미디어과 방송 사회복지상담 사회복지학과 상담심리학과 생활체육학과 아동복지학과 아동학과 언론정보학과 연극영화과 운동건강관리학과 스 포츠건강관리과 사회복지사 사회복지과 심리학과 실버복지학과 실버케어경영학과 실버케어학과 심리상담과 응급구조과 응급구조학 과 의학과 전문응급구조 친신의학과 정보복지학과 컴퓨터게임과 코디네이션과 언론정보학과 정신보건복지학과 청소년복지학과 청소년지도 과 커뮤니케이션과 컴퓨터정보학과 코디네이션과 컴퓨터게임과 미디어커뮤니케이션과 미용예술과 방송연예과 방송연예학과 피부 미용 헤어디자인학과 피부미용사무관리과 호텔경영학과 호텔관광경영학과 호텔외식관광학과 호텔외식경영 호텔조리과 호텔조리학과 여 성 복지학과 특수교육과 행정사무학과 호텔경영과 호텔관광경영과 호텔외식조리학과 호텔관광학과 호텔조리외식경영과 호텔관광경영학과

※ 자신의 진로코드에 맞는 더 많은 직업과 학과를 찾아보기 위해서 출판社 〈홀랜드 II 진로코드집(만하임 이정규, 학지사 2014)을 참고하시기 바랍니다.

자료 9-5 전공적성검사 결과표 예시

MPI Holland®

Holland Major Personality Inventory

전공적성검사

Holland®-MPI
Holland Major Personality Inventory
Score Report

인현의 · 안창규

이름	ter
성별	남
생활연령	만 00세00개월

검사자 _____
검사기관 _____
검사일 2016/08/16

Holland® MPI Interpretive Report
2016/08/16 Page 2

ter 남 만 00세00개월

검사결과의 타당도

· **진로유형의 분화도와 1순위 진로코드의 긍정응답률** : 분화도가 높으면 하나의 진로코드가 다른 진로코드에 비해 두렷하다고 말할 수 있으며, 1순위 코드의 긍정응답률이 높을수록 해당 진로코드의 특성이 강하다고 할 수 있습니다.

진로코드의 분화도	1순위 진로코드의 긍정응답률(%)
높음	96

· **검사 전후 각 진로코드의 비교** : 평소 진로에 대한 자신의 생각과 검사 결과로 나타난 진로코드를 비교함으로써 자신의 진로이해 수준을 알 수 있습니다.

전 · 후 비교	1순위	2순위	3순위
검사 전 진로코드	S	A	I
검사 후 진로코드	A	S	E

· **검사영역간 진로코드의 일치도 수준** : 진로성숙도가 높을수록 성격, 능력, 직업 및 전체 종합 진로코드가 일치되게 나타납니다.

검사성숙도가	성격적성	직업적성	종합
6	6	6	18

성격, 능력 및 직업적성이 영역에서 진로코드의 일치수준이 매우 높습니다.

검사 결과의 타당도

자신의 진로이해 수준과 진로성숙 수준이 영역별 일치수준이 높은 편입니다. 검사결과를 타당하게 해석해서 활용할 수 있습니다.

검사 결과의 타당도 종합

당신의 검사를 분석한 결과, 진로적성에 따른 진로코드가 두렷하게 잘 나타나는 편입니다. 당신은 평소에 자신의 적성에 대해서 잘 알고 있어서 어느 방향으로 진로를 결정하면 좋을지 알고 있다는 것입니다. 본 결과지에서 계속하는 나의 결과, 나의 적성에 맞는 직업 및 전공학과 등을 잘 살펴보고 진로를 결정하여 진로를 결정하시기 바랍니다.

Holland® · MPI Interpretive Report
2016/08/16　Page 4　　　　　　ter　　남　　만 00세(00개월)

진로코드의 규준적 백분위

※ 진로결정방법은 1순위 진로코드의 직업 또는 전공학과로 결정하는 것이 일반적이지만, 나의 또 다른 능력이나 특기, 직업의 성취가능성 등을 고려하여 2순위 진로코드로 자신의 진로를 결정할 수 있습니다.
※ 다음의 백분위(percentile) 그래프는 본인의 진로코드 점수의 상대적인 위치를 보여줍니다.
※ 백분위 점수가 높을수록 다른 사람보다 해당 코드의 강점을 가지고 있다고 볼 수 있습니다.

단위: 백분위 점수(%)

유형	R 실재형	I 탐구형	A 예술형	S 사회형	E 기업형	C 관습형
백분위	41	49	73	71	56	42

AS　코드에 따른 성격 강점

※ 아래의 항목을 읽고, 나의 성격 강점을 가장 잘 표현한 문장의 번호에 ○표시를 해보세요.

01. 감수성이 풍부하고 감정이 풍부할 수 있습니다.
02. 공감하는 능력이 뛰어나서 상대방의 마음을 잘 이해할 수 있습니다.
03. 기발한 생각을 잘하고 창의적인 생각을 잘 할 수 있습니다.
04. 남을 배려할 줄 아는 사람입니다.
05. 미적 감각이 있고 표현하는데 재주가 있습니다.
06. 사람이 많고 다정다감한 스타일입니다.
07. 상대방 입장을 잘 헤아려서 배려해 줍니다.
08. 상상력과 아이디어가 풍부한 편입니다.
09. 예술에 대한 욕심이 있는 편입니다.
10. 아이디어가 중요성이 많아 엉뚱한 사람들을 도와준다.
11. 자신만의 개성이 뚜렷하고 자신만의 언어가 있습니다.
12. 자신만의 기분이나 감정을 중요시합니다.
13. 예술에 대한 감각이 매우 발달되어 있습니다.
14. 창의적인 기분이나 감정을 중요시할 것입니다.
15. 속마음은 여린 사람입니다.
16. 자유로운 분위기를 좋아합니다.
17. 틀에 얽매이지 않고 자유롭게 사고할 수 있을 것입니다.
18. 평범한 것보다 개성 있는 것을 좋아합니다.
● 이밖에 감정과, 감수성이 강하며, 개성이 강하고, 독창적이고 독립적이며 또한 사람들과 잘 어울리고 좋아하고, 많이 남을 도와주려고 하는 편입니다.

Holland® · MPI Interpretive Report
2016/08/16　Page 3　　　　　　ter　　남　　만 00세(00개월)

각 영역별 진로코드의 점수분포도(%)

1차 진로코드	AS	2차 진로코드	AE

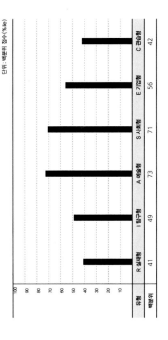

단위: 백분율(%)

성격적성 ──────
능력적성 ──────
직업가치 ············
종합 ━━━━━━

RIASEC 각 영역의 전체 점수

	R 실재형	I 탐구형	A 예술형	S 사회형	E 기업형	C 관습형	진로코드
성격적성	44	56	94	83	72	28	AS
능력적성	22	33	94	89	61	61	AS
직업가치	25	40	100	70	60	30	AS
직업적성	9	14	95	77	18	18	AS
종합	24	35	96	79	51	33	AS

Holland®-MPI Interpretive Report
2016/08/16   Page 6   ter   남   만 00세(00개월)

AS

코드에 적합한 전공학과

※ 전공학과는 일부만 제시되어 있습니다.   ※ RIASEC 코드에 적합한 직업과 관련된 학과를 선택하세요.

※ 자신의 진로코드에 맞는 더 많은 직업과 직업을 찾아보기 위해서 활동을 살펴본 결과입니다 — 진로코드(RIASEC)와 흥미 — 인성가. 학자나 20대에 참고하시기 바랍니다.

※ 본 서검사표는 당신의 한정된 정보를 바탕으로 선출된 결과입니다. 더욱이 유전적인 특성, 환경요건, NEO 성격과 사람들 그리고 다른 특성 및 직성개발자료 등의 결과를 종합적으로 고려하여 최종 진로를 결정하여야 합니다. 또한, 선정된 결과의 개별적으로 진로상담전문가와 상담을 통해 진로지도 받으시길 바랍니다.

Holland®-MPI Interpretive Report
2016/08/16   Page 5   ter   남   만 00세(00개월)

AS

코드에 적합한 직무분야

코드에 적합한 직업

※ 다음은 당신의 적성에 맞는 직업들 중 일부라고 할 수 있습니다.

네이버스트 동화작가 시나리오작가 학예사 큐레이터 웹디자이너 자기 이미지컨설턴트 사진 휴대인터 패션디자이너 판화캐릭터 출판디자이너

〈일반직업〉
교사(국어) 교사(미술) 교수(언어) 교수(예술) 디자이너 애니메이션작가 문화해설사 방송문화사 방송연출가 방송작가 방송스크립터 교사(이술) 세공사 상어솔류이터 연기자 연구가 완구개발가

Holland®-VPI Interpretive Report
2016/01/08　Page 2　　　최표별　여　만 21세11개월

검사결과의 타당도

· **진로유형의 분화도와 1순위 진로코드의 긍정응답률** : 분화도가 높으면 하나의 진로코드가 다른 진로코드에 비해 뚜렷하다고 말할 수 있으며, 1순위 코드의 긍정응답률이 높을수록 해당 진로코드의 특성이 강하다고 할 수 있습니다.

진로코드의 분화도	1순위 진로코드의 긍정응답률(%)
높음	82

1순위 진로코드에 '예'라고 응답한 비율이 높고 분화도 또한 높아져 진로 유형이 뚜렷하게 잘 나타납니다.

· **검사 전·후 진로코드의 비교** : 평소 진로에 대한 자신의 생각과 검사 결과로 나타난 진로코드를 비교함으로써 자신의 진로이해 수준을 알 수 있습니다.

전·후 비교	1순위	2순위	3순위
검사 전 진로코드	A	R	E
검사 후 진로코드	A	E	C

검사 전후의 진로코드 중 첫번째 코드가 일치합니다.

· **검사영역과 진로코드의 일치도 수준** : 진로성숙도가 높을수록 성격, 능력, 직업 및 전체 종합 진로코드가 일치되게 나타납니다.

성격적성	진로적성	직업적성	종합
6	2	6	14

성격, 능력 및 직업적성의 영역에서 진로코드의 일치수준이 낮은 편입니다.

· **검사 결과의 타당도**

자신의 진로에 대한 이해(순응과 진로적성의 영역별 일치수준이 보통 수준입니다. 검사결과를 타당하게 해석할 수 있습니다.

Holland Vocational Personality Inventory

직업적성검사

Holland®-VPI

Holland Vocational Personality Inventory
Score Report

인현의 · 인청규

검사자	인싸이트	이름		최표별
검사기관	인싸이트	성별		여
검사일	2016/01/08	생활연령		만21세11개월

자료 9-6 직업적성검사 결과표 예시

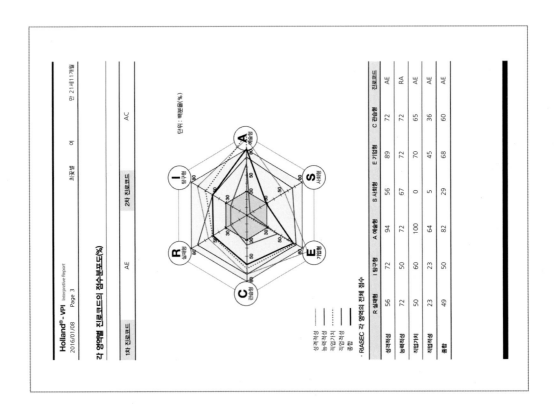

Page 5

Holland® - VPI Interpretive Report
2016/01/08　Page 5　　최초별　여　만 21세11개월

진로코드의 규준적 백분위

※ 진로결정방법은 순위 진로코드의 직업 또는 전공학교로 결정하는 것이 일반적이지만, 너의 또 다른 특기나 능력, 직업의 성격가능성 등을 고려하여 2순위 진로코드로 자신의 진로를 결정할 수 있습니다.
※ 다음의 백분위(percentile) 그래프는 본인의 진로코드 점수와 규준 코드에 해당 코드에 다른 사람보다 너의 강점을 가지고 있다고 볼 수 있습니다.
※ 백분위 점수가 높을수록 다른 사람보다 해당 코드의 강점을 가지고 있다고 볼 수 있습니다.

단위: 백분위 점수(%)

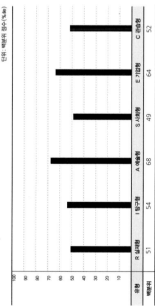

유형	R 실재형	I 탐구형	A 예술형	S 사회형	E 기업형	C 관습형
백분위	51	54	68	49	64	52

AE　코드에 적합한 진로분야 요약

당신의 적성에 맞는 직업 분야는 경영, 금액, 광고, 교육, 기계 기술, 기계, 디자인, 무용, 문학, 미술 이용, 방송 언론, 사진, 성심리관리, 영화, 예술, 음악, 컴퓨터, 컴퓨터 예술 분야입니다.

Holland® - VPI Interpretive Report
2016/01/08　Page 6　　최초별　여　만 21세11개월

AE　코드에 적합한 직업

※ 다음은 당신의 적성에 맞는 직업들 중 일부라고 볼 수 있습니다.
① 당신이 알고 있고 적성과 일치한다고 생각되는 직업들 10개 고르세요.
② 직업사전과 인터넷을 통해 직업에 대하여 공부를 한 다음 관심 있는 1, 2, 3순위 직업을 선택하세요.
③ 1, 2, 3순위에 있는 직업을 체험해보고 자신과 가장 적합한 직업을 하나 선택하세요.
④ 최종적으로 가장 적합한 이 직업을 드는 직업을 가진 전문가를 멘토로 정해서 지도를 받으세요.
⑤ 장래에 훌륭한 직업인이 될 수 있도록 지금부터 준비하시기 바랍니다.

〈유망직업〉
그래픽디자이너 애니메이터 소설가 성악가 애니메이터 작가 컴퓨터그래픽디자이너 큐레이터 패션디자이너
멀티미디어디자이너

〈일반직업〉
가수 게임그래픽개발자 교수(예술) 교사(국어) 디자이너 방송작가 연기자 영상디자이너 영상디자이너 음악가 교사(음악)

AE　코드에 적합한 전공학과

※ 전공학과는 일반이 제시되어 있습니다. ※ RIASEC 코드에 적합한 직업과 관련된 학과를 선택하세요.

게임공학과 게임그래픽과 게임멀티미디어과 게임모바일학과 컴퓨터게임학과 게임애니메이션과 게임학과 공연기획경영학과 공예디자인과 광고홍보학과 관광이벤트학과 국어국문학과 멀티미디어학과 그래픽디자인과 공간디자인과 다음예술과 다지인경영과 디자인과 동양미술과 디지인공예과 디지인과 디자인조형과 국어국문과 문예창작과 미디어영상학과 미디어영상학과 미디어학과 방송연예과 방송영상과 멀티미디어학과 영상다지인과 방송영상과 영상미디어과 사진미디어과 사진영상과 신문방송학과 산업디자인과 실용음악과 언론정보학과 연극영화과 연극영화학과 음악과 인테리어디자인과 영상학과 영상애니메이션과 영상디자인과 인터넷정보학과 영상애니메이션과 인터넷정보과 이벤트연출학과 컴퓨터그래픽과 컴퓨터그래픽과 컴퓨터디자인과 컴퓨터애니메이션과 컴퓨터디자인과 패션디자인과 패션디자인과 패션디자인과 패션디자인과 패션디자인과 패션디자인과

AE　코드별 심리적 특성

아름다움에 민감하고 무언가를 잘 표현하는 재능이 있을 수 있습니다. 감수성이 강하며, 감정이 풍부하며, 감정이 상처받기 쉬워 자신이 느끼는 것을 잘 표현할 수 있습니다. 다양하게 생각하려고 않은 노력을 기울이는 편입니다. 상상력이 풍부하므로 독창적이고 개성이 강한 것을 좋아하는 경향이 있습니다. 다양한 사람을 만나고 어울리는 것을 좋아하는 편이며, 자신이 기준 인격과 행동을 잘 관리하고 협동할 수 있습니다. 자신의 목표의식이 뚜렷하며, 과제나 과업을 계획하고 있어가 강한 편입니다. 결정적이고 합리적인 상황을 즐기는 편이며, 어떤이 높은 편입니다. 예술, 심미, 창의성이 강한 편입니다. 주로 예술, 심미, 창의, 아름, 영감, 관계, 이상, 정, 도전성향 등에 많은 가치를 부여하는 편입니다.

※ 본 검사결과는 당신의 현재의 진로흥미 정보를 바탕으로 선정된 것이므로, 부모님의 유전적 특성, 학창생활, MBTI 성격검사 그리고 다른 특성 및 작성개발검사 등의 결과를 종합적으로 고려하여 최종적인 진로 선정을 결정해야 합니다. 또한, 선정된 결과는 개발되고로 상담을 통해 진로지도 받으시기 바랍니다.

(1) 검사 결과의 타당도

검사 결과표의 진로 유형 분화도, 1순위 진로코드의 긍정 응답률, 검사 전후 간 진로코드의 비교 및 검사 영역—전체 검사 간 진로코드의 일치도 등에 대한 통계적 지표를 검토한다. 진로 유형의 분화도가 높을수록, 1순위 진로코드의 긍정 응답률이 높을수록, 검사 전후 간 진로코드가 일치될수록 검사 결과가 신뢰롭고 타당하다고 볼 수 있다.

(2) RIASEC 영역별 점수 분포

그래프로 시각적으로 표시된 성격적성, 능력적성 및 직업적성의 1순위 및 2순위 코드를 비교해 보고, 영역별 1순위 및 2순위 진로코드들이 서로 일치하는지 알아본다. 성격적성, 능력적성 및 직업적성이 일치하지 않는 경우는 직업세계에 대한 이해의 부족, 직업에 대한 비현실적인 인식, 낮은 진로성숙도, 적성—직업 간 합리적 의사결정이 이루어지고 있지 않다는 것을 의미한다.

다음으로 두 자리 코드로 제시된 1차 진로코드(주코드, 생애진로코드)와 2차 진로코드(부코드, 보조코드)를 확인한다. 두 자리 코드는 RIASEC별로 종합 점수가 가장 높은 순으로 정한다. 1차 진로코드는 자신의 적성을 가장 잘 대표하는 것으로 향후 직업이나 전공학과 선택, 생활방식을 결정하는 데 가장 중요한 기준이 된다. 그러나 이러한 진로 코드는 단순한 수치 비교에 의한 것이므로, 검사 결과의 타당도와 진로 성숙도, 다른 성격검사의 결과, 학업성적 및 유전적 정보 등 개인적인 종합적 정보에 따라 신중히 결정하고 해석하는 것이 필요하다.

(3) 종합 프로파일 분석

종합 프로파일 분석은 백분율로 되어 있는 각 진로코드의 종합 점수를 1순위 진로코드를 가진 일반화된 전체 집단(population group) 100명 중 어느 위치에 속하는지를 백분위점수로 환산해서 표시한 것이다. 백분위점수가 높게 나타날수록 이 분야의 직업이나 전공학과를 택한다면 다른 사람보다 높은 성격적성을 가지고 있어서 성공하고 만족스러운 생활을 할 확률이 높다고 해석한다.

(4) 진로성숙도

진로성숙도는 초등학생용 Holland 진로발달검사의 결과에만 제시된다. 표준화 T-score에 따른 백분위점수를 제시하는데, 점수가 높을수록 진로성숙도가 높다고 해석한다.

장래 자신의 모습에 관심이 있으며, 장래 진학이나 직업에 대한 올바른 생각을 하고 있는지 알아보기 위한 문항들이다. 진로성숙도는 진로 동기, 직업이해, 직업편견, 자기이해, 자기주도성, 진로성숙도의 하위 척도로 이루어져 있고, 진로 교육에 따라 쉽게 변할 수 있다.

(5) 해석 상담

컴퓨터로 제시되는 결과해석지에는 전형화된 두 자리 진로코드의 특징들이 제시되며, 내담자를 충분히 이해하기에는 한계가 있다. 따라서 해석 상담 시에는 검사에 대한 충분한 교육과 훈련을 통해 단순한 수치의 해석이 아닌 선택된 두 자리 코드 외의 다른 코드와의 관계 등 프로파일 구조분석을 하고, 개별 내담자의 특성(사회경제적 지위, 교육 수준, 경력, 지능, 연령, 성별, 생활사, 학업성적 등)을 고려하고 다른 성격검사, 지능검사 등의 심리검사 자료 등을 종합적으로 고려하여 내담자의 전체 모습을 그리는 방식으로 해석해야 한다. 또한 해석 상담 시 일방적인 해석보다는 내담자의 참여를 유도하여 직업적 포부, 흥미, 장래 계획, 가족 배경, 특이한 프로파일의 원인, 직업 경력 등이 어떻게 내담자의 삶에 영향을 끼쳐 왔는지에 대해 함께 이야기하며 바람직한 진로 결정을 내리도록 하는 것이 필요하다.

2. Strong 직업흥미검사

Strong 직업흥미검사(Strong Interest Inventory: SII)는 미국의 직업심리학자 E. K. Strong이 개인의 직업흥미에 따라 적합한 진로에 관한 정보를 주기 위해 제작한 최초의 흥미측정검사이며, 가장 폭넓게 사용되는 검사 중 하나다(Walsh & Betz, 1995). 특정 직업활동에 종사하는 사람들은 공통적인 흥미 패턴이 있으며, 이 정보를 사람들의 능력 및 직업에 대한 가치 정보와 함께 사용한다면 사람들의 교육 및 진로 계획 수립에 도움을 줄 수 있고, 또한 다양한 직업에 종사하는 사람들의 흥미 패턴을 기술할 수 있다는 가정하에 제작되었다. 직업 흥미 분류법은 Holland의 모형에서 유도된 것이며, 상당히 높은 검사-재검사 신뢰도(0.70~0.88)와 높은 동시 타당도와 구성 타당도를 가지고 있다. 검사 결과는 수검자가 어떠한 직업집단과 같은 흥미를 갖고 있는지를 말해 주는 것으로 어떠한 직업을 좋아하는지에 대해서는 정보를 제공하지 않는다.

1927년 Strong이 처음으로 420문항의 Strong 직업흥미검사(Strong Vocational Interest Blanks: SVIB) 남성용, 1933년 여성용을 개발하였다. 이후 관련 이론의 발달과 직업 변화를 반영한 여러 차례의 개정을 통해 오늘에 이르고 있으며 현재는 성별에 따른 구별 없이 단일 검사로 합본되었다. 현재 쓰이고 있는 1994년판 The SII-Form T317은 대대적 개정에 의해 제작되었고 317개의 문항, 6개의 GOT, 25개의 BIS, 211개의 OS, 그리고 4개의 SS(PSS)로 구성되어 있다.

우리나라에서는 1996년에 1994년판 Strong 검사를 한국 실정에 맞게 개발·제작하기 위한 연구 및 한국판 표준화작업이 진행되었다. 그 결과 2000년 중, 고등학생을 대상으로 하는 STRONG™진로탐색검사II, 2001년 고등학생, 대학생 및 일반 성인에게 실시 가능한 STRONG®직업흥미검사II, 2011년 초등학교 4~6학년 학생들에게 실시할 수 있는 STRONG™진로발달검사가 출판되었다. STRONG™진로탐색검사II는 자신에게 적합한 진로를 찾기 전에 우선적으로 해결해야 할 진로문제는 없는지, 각 개인의 흥미유형을 토대로 개인에게 적합한 학과 및 직업 분야는 어떤 것이 있는지 등에 관한 구체적인 정보를 제공하여, 이를 통해 자신의 특성에 대한 이해와 직업세계를 탐색해 보는 기회를 가질 수 있다. STRONG®직업흥미검사II는 개인의 흥미 영역을 세분화에 초점을 두고 있어서, 직업을 탐색하고, 직무를 선택하며, 진로에 대한 계획을 세우는 등에 유용한 정보를 제공한다. STRONG™진로발달검사는 Super의 진로발달 이론에 근거하여 초등학생 시기의 진로발달 특성과 이 시기에 이루어야 할 발달과업을 기반으로 이 시기에 이루어야 할 진로발달 수준에 도달해 있는지를 측정할 수 있어서, 초등학생들의 진로 지도에 도움이 될 수 있다.

1) 검사 구성

한국판 Strong 직업흥미검사는 실시 대상에 따라 진로발달검사, 진로탐색검

	STRONG™진로발달검사	STRONG™진로탐색검사Ⅱ	STRONG® 직업흥미검사Ⅱ
대상	초등학교 4~6학년	중·고등학생	고등학생, 대학생, 일반 성인
문항 수	125문항	중학생 239문항, 고등학생 242문항	291문항
구성	진로발달검사 + 흥미검사(GOT) + 유능감	진로성숙도검사 + 흥미검사(GOT)	일반직업분류(GOT), 기본흥미척도(BIS), 개인특성척도(PSS)
소요 시간	35~40분	35~40분	35~40분

표 9-7 STRONG 진로발달검사, 진로탐색검사, 직업흥미검사의 비교

사, 직업흥미검사로 나뉘어 있고(〈표 9-7〉 참조), 자세한 내용은 다음과 같다. 먼저 STRONG™진로발달검사는 일반직업분류(GOT) 척도를 중심으로 학생의 진로발달 정도를 확인하는 진로발달검사와 여섯 가지 척도와 관련된 활동들을 개인이 얼마나 좋아하는지의 정도를 측정하는 흥미검사, 여섯 가지 척도와 관련된 활동들을 개인이 스스로 얼마나 잘 할 수 있다고 생각하는지의 정도를 측정하는 유능감검사로 구성되어 있다. 다음으로, STRONG™진로탐색검사Ⅱ는 미국 STRONG™ 직업흥미 검사의 여러 척도 가운데 Holland의 육각형 모델 분류체계를 반영하는 일반직업분류(GOT)만을 사용한 검사로서 크게 진로성숙도척도와 흥미척도로 구성되어 있다. 마지막으로 STRONG®직업흥미검사Ⅱ는 일반직업분류(GOT), 기본흥미척도(BIS), 개인특성척도(PSS)로 구성되어 있다.

(1) 일반직업분류(general occupational themes: GOT)

GOT는 자신의 흥미에 내재하고 있는 보편적인 패턴을 측정하는 6개의 광범위한 척도로, Holland의 여섯 가지 직업적 성격 유형에 해당하는 여섯 가지 직업 영역에 대한 흥미를 성별 표준점수로 나타낸다. '나는 어떤 사람인가?' '나는 일하는 것을 얼마나 좋아하는가?' '내가 선호하는 업무환경은 어떤 것인가?'와 같은 직업적 성격과 관련된 질문에 답하는 것이다.

(2) 기본흥미척도(basic interest scales: BIS)

BIS는 특정한 활동이나 주제에 대한 자신의 흥미를 측정하는 30개 척도로, GOT의 6개 주제들의 세분화된 영역에 대한 직업 영역 및 그 외 영역에 대한 흥미 정도를 제시한다. 현장형(R)은 기계/건설, 컴퓨터/전자기기, 자연/농업, 군사활동, 안전서비스, 운동경기의 6개 영역, 탐구형(I)은 과학, 연구조사, 수학, 의학의 4개 영역, 예술형(A)은 시각예술/디자인, 공연예술, 글쓰기/언론, 요리의 4개 영역, 사회형(S)은 상담/봉사, 교육, 인적자원개발, 사회과학, 종교/영성, 보건의료서비스의 6개 영역, 진취형(E)는 마케팅/광고, 판매, 관리, 기업운영, 정치/대중연설, 법의 6개 영역, 사무형(C)은 사무관리, 세무/회계, 정보시스템, 금융/투자의 4개 영역의 척도로 구성되어 있다.

(3) 개인특성척도(personal style scales: PSS)

PSS는 업무유형, 학습환경, 지휘/통솔, 모험/위험감수, 팀지향 관련 개인적 선호도를 평가하는 5개의 척도(WS, LE, LS, RT, TO)로 직업적 성격의 보다 다양한 면을 측정한다.

업무유형척도(work style scales: WS)는 사람들과 함께 일하는 것을 어느 정도 선호하는지를 나타낸다. 학습유형척도(learning environment scales: LE)는 직접 실습을 통해 배우는 것을 좋아하는지, 책이나 전통적인 수업 방식을 통해 배우는 것을 좋아하는지를 측정한다. 리더십유형척도(leadership style scales: LS)는 자신이 리더로서 다른 사람들을 이끄는 것을 선호하는 정도를 측정한다. 모험심유형척도(risk taking/ adventure style scales: RT)는 모험을 하고 위험을 감수하는 활동에 대한 흥미 정도를 측정한다. 팀지향유형척도(team orientation: TO)는 팀 활동에 대한 흥미 정도를 측정한다. 개인특성척도는 개인의 또 다른 인성 정보를 제공해 준다는 점에서 상담에 좋은 자료가 될 수 있으며, 척도 모두가 이론적으로 6개의 GOT 주제로 환원될 수 있으므로 전반적으로 검사의 안정성에 기여하는 역할을 한다.

2) 검사 실시 및 채점

검사지는 발행처인 어세스타 온라인심리검사 사이트(http://www.career4u.net)에서 구입할 수 있으나, 구입 자격은 Strong 검사 해석 중급 과정을 수료한 사람으로 제한되어 있다. 검사 수행을 원할 경우 단체는 어세스타에 직접 신청이 가능하나 개인검사는 지정 상담실을 개별적으로 방문하여야 한다. 온라인/오프라인으로 실시 가능하며, 검사 결과는 컴퓨터 채점을 통해 결과표가 제시된다. 검사 결과표는 구체적으로 진로발달검사는 검사타당성 정보(긍정적 편향, 일관성지수, 문항 응답 수), 진로발달 프로파일, 흥미와 유능감 프로파일, 진로탐색검사는 진로성숙도 프로파일, 흥미유형 프로파일, 검사타당성에 관한 정보, 흥미유형에 적합한 학과 및 직업에 대한 결과, 직업흥미검사는 검사타당성에 대한 정보(문항반응백분율, 총응답지수, 희귀 응답지수), GOT, BIS, PSS 결과, 적성에 맞는 좋아하는 학습 활동, 대표적 직업, 일하고 싶은 곳, 하고 싶은 직업에 대한 정보를 제시하고 있다.

참고문헌

안현의, 안창규(1995). Holland 적성검사 전문가 지침서. 서울: 인싸이트.

Bandura, A. (1984). Recycling misconceptions of perceived self-efficacy. *Cognitive Therapy and Research, 8*, 231-255.

Holland, J. L. (1985). *Making vocational choices*. Englewood Cliffs, NJ: Prentice Hall.

Super, D. E. (1955). Dimensions and measurement of vocational maturity, *Teachers College Record, 57*, 151-163.

United States Employment Service. (1983). *Test Validation for 12,000 jobs: An application of job classification and validity generalization analysis for the General Aptitude Test Battery(GATB)*. Washington, DC: US Department of Labor.

Walsh, W. B., & Betz, N. E. (1995). *Tests and assessment*. Englewood Cliffs, NJ: Prentice Hall.

제**10**장

지적장애 평가

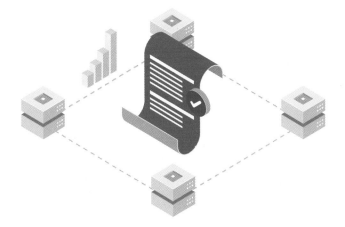

우리는 보통 지적장애아동을 지능이 낮은 아동 정도로 생각하지만, 이들도 개개인이 다양한 정도와 특성을 지니고 있다. 여기서 다양한 정도와 특성이라 함은 아동 개개인이 얼마나 다른 사람들과 잘 어울려 지내는지, 얼마나 쉽게 학습을 하는지, 얼마나 많은 사회적 지원을 필요로 하는지 등을 포함하여 다양한 의미를 포함한다.

이로 인해 지적장애아동을 이해함에 있어서 지능뿐만 아니라 연령에 맞는 적응행동의 발달 여부도 중요하게 간주되는 부분인데, 예컨대 학령기에는 학습행동, 성인기에는 직업이나 주거에 관련된 행동을 올바로 수행할 수 있는지도 지능검사 결과만큼 이들을 평가하는 데 있어서 중요하다. 따라서 우리는 인지 능력이 낮을 뿐만 아니라 동시에 적응행동 발달에 있어서 문제를 보일 때 비로소 지적장애를 가졌다고 말할 수 있다. 그럼에도 여전히 지능검사는 지적장애 평가 영역에서 가장 핵심적인 요소임에 틀림없다.

1. 지적장애를 평가하기 위한 검사들의 종류를 안다.
2. 지적장애 평가를 위한 주요 지능검사들의 검사 내용과 적용 방법을 이해한다.

I. 지적장애의 정의 및 특성

1. 지적장애의 정의

「장애인 등에 대한 특수교육법」에서는 지적장애를 정신지체라는 용어를 통해 표현하고 있으며 다음과 같이 정의하고 있다.

> **3. 정신지체를 지닌 특수교육대상자**
> 지적 기능과 적응행동상의 어려움이 함께 존재하여 교육적 성취에 어려움이 있는 사람

반면에 「장애인복지법」에서는 지적장애라는 용어를 사용하고 있으며, 구체적인 정의는 다음과 같다.

> **지적장애**
> 정신발육이 항구적으로 지체되어 지적능력의 발달이 불충분하거나 불완전하고 자신의 일을 처리하는 것과 사회생활에 적응하는 것이 상당히 곤란한 사람

그리고 미국 지적장애 및 발달장애협회(AAIDD, 2010)에서도 정신지체가 아닌 지적장애라는 용어를 사용하여 다음과 같이 정의하고 있다.

> 지적장애는 지적기능과 개념적·사회적·실제적 적응기술로 표현되는 적응행동에 있어서의 심각한 제한을 가지는 것으로 특징지어지며, 18세 이전에 나타난다. 이 정의를 적용하기 위해서는 다음과 같은 다섯 가지 가정이 전제되어야 한다.
> 1. 현재 기능에 있어서의 제한은 나이가 같은 또래 및 문화의 전형적인 지역사회 환경의 맥락 내에서 고려하여야 한다.
> 2. 타당한 진단을 통하여 문화적·언어적 다양성과 함께 의사소통, 감각, 운동기능, 행동요소에 있어서의 차이를 고려해야 한다.

3. 개인 내적으로 제한점과 함께 강점도 공존할 수 있다.

4. 제한점을 설명하는 중요한 목적은 필요한 지원 자료를 개발하기 위함이다.

5. 적절한 개인적 지원이 지속적으로 주어짐으로써 지적장애를 지닌 개인의 삶의 기능은 전반적으로 향상될 수 있다.

정신지체라는 용어가 장애를 개인 안에 내재하는 결함으로 보는 반면에 지적장애라는 용어는 환경적 맥락에서의 지원을 더 중요하게 바라보는 관점으로 개념화되어 있다. 따라서 이 장에서는 「장애인 등에 대한 특수교육법」에서 비록 정신지체라는 용어를 사용하지만, 지적장애라는 용어를 활용하고자 한다.

앞선 세 가지 정의에서 알 수 있는 것처럼 지적장애 학생을 평가하기 위해 주로 사용되는 준거들은 지능검사와 적응행동검사 결과에서 나타나는 현저하게 낮은 점수다. 일반적으로 지능검사 결과가 70 이하일 경우 지적장애로 평가하는 주요한 기준이기는 하지만 이것만으로는 충분하지 않고, 적응행동검사 결과에서도 학생이 심각한 어려움을 경험하고 있다는 것이 밝혀져야 한다. 따라서 지적장애를 평가함에 있어서 지능검사와 적응행동 검사를 동시에 실시하는 것은 일반적이다.

여기에서 적응행동기술은 다시 개념적 적응행동, 사회적 적응행동, 실제적 적응행동으로 구분되어, ① 개념적 적응행동에는 수용 및 표현 언어, 읽기와 쓰기, 금전 개념, 자기지시, ② 사회적 적응행동에는 대인기술, 책임감, 자존감, 속기 쉬움, 순진함, 규칙 준수, 법 준수, 희생 피하기, ③ 실제적 적응행동에는 일상생활을 위한 개인 활동, 일상생활을 위한 도구 다루는 활동, 직업 관련 기술, 안전한 환경 유지하기 등이 해당한다.

2. 지적장애의 특성

1) 인지적 특성

지적장애아동은 대체적으로 주의력이 부족하고, 기억력이 뒤떨어지며, 관찰이나 모방을 통하여 배우는 모방학습 및 우발학습의 능력이 부족하다(Heward, 2009). 초인지에서도 낮은 능력을 보이기 때문에 공부를 할 때 자신만의 학습전략을 사용한다거나 추상적인 사고 또는 고차원적 사고 능력을 사용하는 데 어려움을 보인다 (Thomas & Patton, 1990).

2) 언어적 특성

지적장애인은 낮은 지적능력으로 인해 언어발달지체를 초래하며, 경도 지적장애인의 경우 약 45%, 중등도 지적장애인의 경우 약 90% 그리고 중도 또는 최중도의 경우 거의 모든 사람이 언어발달 결함을 가지게 되는 것으로 알려져 있다(이은정, 2012). 이렇듯 지적장애인의 언어 발달은 지능지수에 따라 그 특성이 다양함을 알수 있다. 이들의 언어 발달 결함은 읽기 능력에도 부정적인 영향을 미쳐 정신연령이 동일한 일반인과 비교해 보았을 때 전반적으로 읽기 능력에 결함을 보인다. 정주영 (2001)은 지적장애 아동의 읽기지체는 같은 학년에 비해 수개월에서 5~6년 정도 또는 그 이상의 차이가 있는 것으로 보인다고 하였다. 지적장애인의 읽기 발달은 일반인과 발달 순서 및 방향은 동일하나, 읽기 습득에서의 양적 차이와 함께 느린 발달을 보인다(최양규, 2001). 일반적으로 지적장애학생은 또래에 비해 읽기 능력이 뒤떨어지며, 연령이 증가하면서 그 격차가 더욱 심해지는 경향을 보인다(Thomas, 1996). 읽기 능력 습득의 결함은 지식기반을 빈약하게 하여 결국에는 다시 인지적 기능을 저하시키게 된다(강명아, 2002; 이윤주, 2013, pp. 11-12).

3) 사회 · 정서적 특성

지적장애아동은 일반적으로 인지적 능력과 더불어 사회적 기술이 낮은 것으로 보고된다. 이들의 사회적 기술 능력이 뒤지고 있는 것은 단순한 지적능력의 결함뿐만 아니라, 이들의 사회심리적 요인도 크게 작용하기 때문이라고 볼 수 있다. 즉, 계속되는 실패의 결과로 인해 좌절 의식이 강하고 지속력이 부족하며, 실패에 대한 기대 수준이 높고 자아개념이 부정적으로 형성되어 자신을 비하하고, 자기는 아무것도 할 수 없다는 부정적 자존감 혹은 무력감을 가지게 된다(이수현, 2004).

또한 일반아동에 비해 또래나 교사와 긍정적인 관계를 맺고 유지하는 능력이 떨어지거나 사회적 관계를 형성하는 데 방해가 되는 문제행동을 보이는 경우가 많다

(Beirne-Smith, Patton, & Kim, 2006). 따라서 또래로부터 거부를 당하거나 고립되는 아동은 결국 학교에서 다른 학생들과 상호작용을 하면서 사회적 경험을 쌓거나 경험을 통해 배우는 기회가 줄어들게 된다.

지적장애의 사회성 기술 결함의 요인은 문제행동, 사회적으로 적절한 방법으로 행동하기 위한 지식의 부족, 적절한 행동을 촉진시킬 수 있는 단서나 기회의 부족, 환경으로부터의 강화 부족, 사회적 기술을 반복적으로 연습하지 못했거나 피드백이 부족한 경우가 사회적 기술 결함의 원인이 되고 생활의 부적응 결과로 나타난다고 보는 것이다(Gresham & Elliott, 1987).

따라서 지적장애아동이 어릴 적부터 일반아동과 상호작용 기회를 많이 갖고 대화 시작하기, 차례 지키기 등 다양한 사회성 기술을 연습 및 습득하도록 도와주면 그들의 사회성 발달에 도움이 될 것이다.

4) 행동적 특성

지적장애아동에게는 주의산만, 과잉행동, 불안장애, 외상후 스트레스장애, 성격장애 등을 포함하는 다양한 행동적 특성이 나타날 수 있다. 이러한 행동 특성들은 장애 때문에 나타나기도 하지만, 약물의 영향 혹은 건강 관련 문제들 때문에 부적절한 행동을 보이는 경우가 있다(Beirne-Smith, Patton, & Kim, 2006). 따라서 사회·정서적 특성과 함께 행동적 특성으로 인해 지적장애 학생들을 일반교육 프로그램에 통합시키기 위한 결정을 하는 데 어려움이 예상된다. 또한 지적장애 학생들은 그들의 행동적 특성으로 인해 학업에 어려움을 보일 수 있으므로 그들의 행동문제에 대해 적절한 중재와 관리 기법들을 교육·훈련 받을 필요가 있다(Gumpel, 1994).

Ⅱ. 지적장애의 평가

「장애인 등에 대한 특수교육법」시행규칙 중 별표「특수교육대상자 선별검사 및 진단·평가 영역(제2조 제1항 관련)」의 내용을 살펴보면, 지적장애의 진단·평가 영역으로는 지능검사, 사회성숙도검사, 적응행동검사, 기초학습검사, 운동능력검사 등을 모두 포함하고 있다. 이 중 지능검사와 적응행동검사 영역이 지적장애 평가에 있어서 가장 핵심 영역에 해당한다.

1. 지적장애의 평가 영역

1) 지적 능력의 평가

지적장애인의 지적 기능을 측정하는 것은 매우 중요하면서도 논란이 되어 왔다. 지능을 정의하고자 할 때 일반적인 합의가 없다는 논란점과 지능을 측정할 때 몇 개의 요인을 볼 것인가 혹은 정보처리 과정을 어떻게 측정할 것인가와 같은 문제가 있다. 지능은 단일한 능력이 아니라 몇 가지 기능의 복합체라는 관점, 순차적 정보처리 과정이라고 보는 관점과 다중지능이론을 주장하는 관점 등이 있다. 지적 기능을 조작적으로 정의하면, 특정 평가도구의 측정 표준오차와 도구의 강점 및 약점을 고려하여 대략 평균 2표준편차 이하 또는 그 이상의 표준편차로 정의되는 평균보다 유의하게 낮은 지적 기능을 측정해야 한다. 일반적으로 사용되는 지능검사 척도로는 한국 웩슬러 아동지능검사, K-ABC 등이 있다. 이때 지적 기능의 평가는 타당한 절차를 따라야 하고, 때로는 여러 자원으로부터 정보를 모으는 것이 필요하다.

2) 적응 행동의 평가

적응행동 평가는 개념적·사회적 및 실제적 적응기술로 표현되는 적응행동 영역에서 유의한 제한성을 가지고 있음을 측정한다. 적응행동의 제한성은 개념적·사회적·실제적 적응행동의 세 가지 차원의 측면을 고려하여야 한다. 여기서 적응행동의 유의한 제한성을 조작적으로 정의하자면, 세 가지 적응행동 형태(개념적, 사회적, 실제적) 가운데 하나를 도는 개념적·사회적·실제적 기술의 표준화된 측정도구의 전체 점수에서 평균으로부터 적어도 2표준편차 이하인 수행을 보여야 한다. 이런 적응행동을 측정하기 위한 국내 검사에는 사회성숙도 검사, 한국판 적응행동검사, 지역사회 적응검사, NISE 적응행동검사 등의 검사도구가 활용되고 있으나 지능에 비해서 개념화·구인화하는 데에는 어려움이 있는 것이 현실이다.

2. 지적장애 평가를 위한 주요 지능검사도구

이 절에서는 지적장애를 판별하는 데 가장 핵심 요소가 되는 지능검사를 중심으로 내용을 기술하고자 한다. 특히 우리나라에서 많이 사용하고 있는 한국 웩슬러 아동지능검사 4판, K-ABC-Ⅱ(문수백, 2014), 한국판 라이터 비언어성 지능검사(신민섭, 조수철, 2010)를 중심으로 그 지적장애 평가를 다루고자 한다.

1) 한국판 Kauffman 아동용 지능검사 Ⅱ의 주요 내용[1]

K-ABC-Ⅱ 하위검사는 〈표 10-1〉에서 볼 수 있듯이, Luria와 CHC(Cattell-Horn-Carroll) 모델의 처리 영역 및 광범위적 능력들과 일치하는 다섯 가지 하위척도로 분류된다. 각 하위척도의 하위검사 구성은 Luria 모델, CHC 모델 둘 다 동일하다. 각 하위척도에 부여된 이원적인 명칭들은 K-ABC-Ⅱ에서 실시하는 인지적 과제가 측정과 결과의 해석 측면에서 복잡하고 다중적인 성질을 가지고 있음을 보여 준다.

〈표 10-1〉에서 볼 수 있는 바와 같이, 전체 척도 점수에 있어서 이 두 모델의 차이점은 FCI는 지식/Gc 척도를 포함하지만 MPI에는 지식/Gc 척도가 포함되지 않는다는 것이다. 검사자는 한 개인의 지적능력을 평가하기 위해서 Luria 모델과 CHC 모델 중 하나를 선택하고 그리고 선택된 모델에 따라 점수를 계산하고 해석해야 한다.

표 10-1 K-ABC-Ⅱ의 하위척도와 전체척도의 이원적 이론의 기초

	Luria 용어	CHC 용어	K-ABC-Ⅱ 하위 명칭
	순차처리/Gsm	단기기억/Gsm	순차처리/Gsm
	동시처리/Gv	시각적 처리/Gv	동시처리/Gv
	학습력/Glr	장기저장-회생/Glr	학습력/Glr
	계획력/Gf	유동성/Gf	계획력/Gf
	–	결정성 능력/Gc	지식/Gc
K-ABC-Ⅱ 전체척도 명칭	인지처리지표(MPI)	유동성-결정성지표 (FCI)	–

---
[1] 문수백(2014)의 내용을 요약·발췌함.

Luria 모델에 의해 측정된 MPI라도 청각장애, 제한된 영어능력, 언어이해능력 장애, 자폐증 등을 가진 아동들의 정보처리능력에 대해 공정한 측정을 반영하지 않을 수 있다. K-ABC-II 비언어성척도는 모든 연령의 아동과 청소년에게 사용할 수 있으며 NVI를 통해서 아동과 청소년의 인지능력을 평가한다. 〈표 10-2〉에서 볼 수 있는 것과 같이 비언어성척도는 4~5개의 핵심·보충 하위 검사로 이루어져 있으며, 몸짓을 통해 의미를 전달하고 말을 하지 않고도 응답할 수 있다.

표 10-2 K-ABC-II 비언어성 척도의 하위검사 구성

3~4세	5세	6세	7~8세
16. 손동작	16. 손동작	16. 손동작	16. 손동작
2. 관계유추	2. 관계유추	2. 관계유추	13. 블록세기
3. 얼굴기억	3. 얼굴기억	15. 형태추리	12. 삼각형
12. 삼각형	15. 형태추리	3. 이야기완성	15. 형태추리
	12. 삼각형	12. 삼각형	3. 이야기완성

■ K-ABC-II 하위검사

K-ABC-II에서 실시되는 18개의 하위검사는 핵심하위검사와 보충하위검사의 두 가지 유형으로 나뉜다. 핵심하위검사의 점수를 이용하여 하위척도지수와 전체 척도지수를 산출한다. Luria 모델을 사용할 경우, 연령별로 5~8개 사이의 핵심 하위검사가 있다. CHC 모델의 경우 연령별로 지식/Gc를 측정하는 2개의 핵심하위검사가 있다. 어떤 연령대에는 핵심하위검사에 해당하는 검사들이 다른 연령대에서는 보충검사로 실시된다.

보충하위검사는 인지적 기능과 처리 과정에서 존재할 수 있는 결손을 측정할 수 있도록 해 주기 때문에 K-ABC-II를 통해서 측정될 수 있는 인지능력을 보다 넓게 그리고 심도 있게 측정할 수 있도록 해 준다. 보충하위검사는 검사자의 선택에 따라서 실시되며 수검자의 연령에 따라 실시되는 보충하위검사의 수가 달라진다. CHC 모델에서 지식/Gc 척도에 포함된 2개의 하위검사인 [18. 수수께끼]와 [10. 언어지식]은 Luria 모델을 사용할 경우 보충하위검사로 사용된다.

보충하위검사에서 얻은 점수는 비언어성 척도일 경우를 제외하고 K-ABC-II

척도지수를 계산하기 위해 사용하지 않는다. 그러나 핵심하위검사가 잘못 실시되었을 경우, 잘못된 핵심하위검사 점수를 대체하여 쓸 수는 있다. 어떤 것을 학습시킨 후에 학습한 내용을 어느 정도의 시간이 지나서 다시 회상하도록 하는 종류의 하위검사([1. 이름기억]과 [11. 암호해독])를 실시할 경우, 보충검사인 [8. 이름기억–지연]과 [17. 암호해독–지연 하위검사]를 실시한다.

모든 하위검사(핵심검사와 보충검사)의 원점수는 평균 10, 표준편차 3인 환산점수(scaled score)로 변환하여 나타낸다. 모든 핵심하위검사와 한 개를 제외한 모든 보충하위검사는 전체 K–ABC–Ⅱ의 표준화 집단에 의거하여 규준화되었다(모든 연령에 보충검사로 실시하는 [6. 그림통합]의 경우, 3~6세는 전체표집 규준에 따르고, 7~18세는 전체의 약 2/3표집에서 규준화되었다.). 〈표 10–3〉은 각 하위검사에 대해 간략하게 기술해 주고 있다. 7~18세 연령의 경우에는 속해 있는 척도를 기준으로 하위검사를 그룹으로 나누어 놓았다.

표 10–3 K–ABC–Ⅱ 하위검사의 개관

척도/하위검사	실시 대상 연령			설명
	핵심	보충	비언어성	
순차처리/Gsm				
5. 수회생	4~18	3		검사자가 두 개에서 아홉 개 사이의 일련의 숫자들을 말하고 나서 아동이 그것을 똑같은 순서로 반복한다.
14. 단어배열	3~18			검사자가 말한 물체의 이름 순서대로 아동이 그 물체에 해당하는 형태를 손으로 지적한다. 색깔말하기 같은 방해 과제를 자극과 반응사이에 넣으면 과제가 더 어려워진다.
16. 손동작		4~18	3~18	검사자가 여러 가지 손동작을 책상 위에서 만들어 보여 주면 아동은 검사자가 만들어 보여 준 동작들을 순서대로 그대로 따라한다.
동시처리/Gv				
13. 블록세기	13~18	5~12	7~18	아동이 블록이 쌓여있는 사진을 보고 그 개수를 정확히 파악한다. 블록은 한 개 이상의 블록이 숨겨져 보이지 않거나 일부분이 숨겨져 보이지 않는 상태로 되어있다
2. 관계유추	3~6		3~6	아동이 4~5개 정도의 사진들을 보고 나머지 사진들과 어울리지 않는 한 개의 사진을 찾아낸다. 어떤 사진은 의미적인 자극이고 어떤 것은 추상적인 자극이다.

3. 얼굴기억	3~4	5	3~5	아동에게 한 개 내지 두 개의 얼굴사진을 자세히 보게 한다. 그 사진 속의 사람이 다른 포즈로 여러 사람들과 함께 찍은 사진을 보여 주고 거기에서 그 사람을 찾도록 한다.
15. 형태추리	5~6			계획력/Gf 척도 설명을 참고할 것
7. 빠른길찾기	6~18			아동이 장난감 개를 격자모양의 장기판 위에 있는 뼈로 옮기도록 한다. 장기판 위는 바위나 잡초 등의 장애물이 있으며, 아동은 가장 적게 움직여서 뼈까지 갈 수 있는 길을 찾아야 한다.
4. 이야기완성		6		계획력/Gf 척도 설명을 참고할 것
12. 삼각형	3~12	13~18	3~18	아동은 추상적인 디자인이 있는 사진을 보고 그 디자인과 같은 모양이 되도록, 여러 개의 동일한 모양의 삼각형 조각(한 쪽은 파란색, 다른 한 쪽은 노란색)을 조립한다. 검사자가 만들었거나 검사틀에 있는 모형을 아동이 보고 여러 색깔로 된 플라스틱 모양판을 사용하여 그 모형과 같은 모양을 만들게 한다.
6. 그림통합		3~18		아동은 일부분만 완성된 잉크로 그려진 그림을 보고 생각으로 비어있는 부분을 채워 그림에서 묘사된 물체나 동작의 이름을 만들거나 묘사하게 한다.

계획력/Gf(7~18세)

15. 형태추리	7~18		5~18	아동에게 논리적으로 연결된 패턴을 보여 준다. 이 패턴 중 하나가 빠져 있는데, 아동은 여기에 해당하는 것을 찾아야 한다. 아동은 검사틀의 하단부에 제시된 4~6개 정도의 예를 보고 그 중에서 해당되는 모양을 찾아야 한다. 이 예들의 대부분은 추상적이고 기하학적인 형태지만 의미를 보여 주는 사진같이 알기 쉬운 것도 있다.
4. 이야기완성	7~18		6~18	아동에게 어떤 이야기를 말하는 일련의 사진들을 보여 준다. 이 사진들 중 몇 장은 빠져 있으며 이 사진들을 다 보여 준 후, 아동에게 또 다른 몇 장의 사진을 보게 한다. 아동은 이 사진들 중에서 이야기를 이어가는 데 필요한 사진들을 선택하여 그 사진들을 이야기 전개상 필요한 위치에 둔다.

학습력/Glr

1. 이름기억	3~18			검사자는 어류, 식물, 조개류 등의 사진을 보여 주고 상상으로 만든 이름들을 아동에게 가르쳐 준다. 아동은 검사자가 그 사진들에 있는 물체의 이름을 부를 때 그 물체를 손으로 가리켜 배운 것을 안다는 것을 보여 준다.
11. 암호해독	4~18			검사자는 각각의 수수께끼 그림에 연관된 단어나 개념을 아동에게 설명해준다. 그리고 아동이 이 수수께끼 그림으로 이루어진 문구나 문장을 크게 읽도록 한다.

8. 이름기억-지연	5~18	검사자가 어류, 식물 또는 조개 등을 호명하면 아동은 15~20분 정도 전에 [1. 이름기억]에서 배운 사물의 이름을 생각해내어 해당되는 물체를 손으로 가리킴으로써 기억이 지속됨을 보여 준다.
17. 암호해독-지연	5~18	아동이 15~20분 정도 전에 [11. 암호해독]에서 배운 조합된 연상들을 이용하여 같은 암호 그림들로 이루어진 문구나 문장들을 읽음으로써 기억이 지속됨을 보여 준다.

2) NISE-SAB 검사의 주요 내용[2]

적응행동은 지적장애를 판별하는 주요 요인의 하나이며, 학생의 성장과 발달 정도를 밝히는 데 상당한 영향력을 미치는 요인이다. 이러한 특성을 지니고 있는 적응행동을 평가하기 위해 개발한 NISE-SAB는 개발의 방향에서부터 다음과 같은 특징을 지니고 있다.

첫째, NISE-SAB는 우리의 사회·문화적 맥락과 생활양식에 적합한 내용과 방법으로 적응행동을 평가하는 문항으로 구성한 적응행동검사이다.

둘째, NISE-SAB는 첫 번째 단계에서는 아동용판과 청소년용판으로 구분하여 타당성을 검증해 보고, 그 결과를 반영하여 두 번째 단계에서 하나의 도구로 구성하여 타당성을 검증해 보는 등 2단계의 실험과정을 거쳐 개발한 적응행동검사다.

셋째, NISE-SAB는 일반학생과 지적장애학생을 대상으로 표준화하여 일반학생은 물론, 지적장애학생 집단의 규준으로도 비교를 할 수 있도록 구성한 적응행동검사다.

넷째, NISE-SAB는 표준점수를 이용하여 검사 결과를 해석할 수 있도록 개발한 적응행동검사이다.

(1) NISE-SAB의 개발모형

① 구성모형
적응행동은 넓은 의미에서 개인적·사회적 요구와 기대를 효과적으로 다루는 개

---

2) 국립특수교육원 홈페이지 www.nise.go.kr

인의 능력이다. Boan과 Harrison(1997)은 '적응행동을 모든 개인이 필요로 하는 자기보호, 다른 사람과의 상호작용 및 지역사회 참여와 관련한 매일의 기능적 기술'이라고 정의하고 있다.

그러나 적응행동은 한정적으로 정의하기는 어려운 개념의 하나다. 하지만 적응행동의 개념을 정의하는데 많은 어려움이 있음에도 적응행동은 생활의 변화와 환경의 요구에 반응하는 능력에 영향을 미쳐 환경 적응의 중요한 요인이 된다. 환경이란 개인이 거주하고 공부하고 놀고 일하고 상호작용하는 특정한 곳이다. 긍정적인 환경은 개인의 성장, 발달 및 안녕을 신장시킨다. 그러나 적응행동에 제한이 있는 개인은 환경과의 상호작용에 어려움을 지니고 성장과 발달에도 제한을 받을 수밖에 없다. 그러므로 적응행동의 제한성은 지적능력, 참여·상호작용·사회적 역할, 건강 및 맥락의 네 가지 차원에서 고려된다(American Association on Mental Retardation: AAMR, 2002). 이는 적응행동이 지적능력, 참여·상호작용·사회적 역할, 건강 및 맥락과 관련이 깊다는 의미다.

② 평가모형

현재 이용하고 있는 적응행동검사는 대부분 검사를 받는 수검자와 친숙한 제3자로부터 얻은 정보에 의존하여 수검자의 행동을 평가한다. 즉, 적응행동검사는 수검자의 적응행동에 대한 직접 관찰이나 전형적 행동에 대한 수검자의 자기보고보다 수검자의 부모, 교사 및 직접 서비스 제공자와의 면담을 통해 수검자의 행동을 평가한다(Voelker et al., 1990). 그러므로 NISE-SAB도 수검자와 친숙한 제3자, 즉 부모, 교사 및 직접 서비스 제공자와의 면담을 통해 수검자의 적응행동을 평가하는 방식을 채택하고 있다.

③ 해석모형

적응행동검사는 표준화 표본의 깊이, 넓이 및 기술적 특성에 의존한다. 일부 적응행동검사는 특수교육의 적격성을 결정(eligibility decision)하는 데 이용한다. 또 일부 적응행동검사는 특정 교수 프로그램의 개발과 평가(developing and evaluating specific teaching programs)를 위해 이용한다. 두 번째 목적을 위해 개발한 적응행동검사는 대부분 기능적인 독립생활 기술 영역의 특정 계열 문항으로 구성한다. 적응행동검사 개발의 세 번째 목적은 선별(screening)이다.

NISE-SAB는 이러한 세 가지 목적 모두를 위해 개발한 검사이다. 첫 번째와 세 번째의 개발 목적을 위해서는 적응행동의 제한성을 파악할 수 있어야 한다. 일반적으로 적응행동의 유의미한 제한성은 표준화된 검사도구의 전체 점수에서 평균으로부터 적어도 2표준편차 이하인 수행으로 정의하고 있다. 그러므로 NISE-SAB는 편차점수를 이용하여 적응행동의 제한성을 파악할 수 있도록 하였다.

(2) NISE-SAB의 개발 내용

① 검사 영역
개념적 적응행동검사, 사회적 적응행동검사, 실제적 적응행동검사

② 검사 내용

영역	소검사
개념적 적응행동검사	① 언어이해 ② 언어표현 ③ 읽기 ④ 쓰기 ⑤ 돈 개념 ⑥ 자기지시
사회적 적응행동검사	① 사회성일반 ② 놀이활동 ③ 대인관계 ④ 책임감 ⑤ 자기존중 ⑥ 자기보호 ⑦ 규칙과 법
실제적 적응행동검사	① 화장실 이용 ② 먹기 ③ 옷 입기 ④ 식사준비 ⑤ 집안정리 ⑥ 교통수단 이용 ⑦ 진료받기 ⑧ 금전관리 ⑨ 통신수단 이용 ⑩ 작업기술 ⑪ 안전 및 건강관리
합계	24개

(3) NISE-SAB 실시의 일반 원칙

① 검사 순서
NISE-SAB는 개념적 적응행동검사부터 시작하여 사회적 적응행동검사, 실제적 적응행동검사의 순으로 실시하도록 구성되어 있다. 그러나 정보 제공자가 특정 적응행동에 대해 수검자에 대한 정보를 제대로 파악하지 못하고 있는 경우에는 수검자에 대해 정보를 잘 파악하고 있는 검사부터 실시해도 무방하다.

② 검사 시작

NISE-SAB의 시작은 모든 소검사의 1번 문항부터 실시해야 한다. 특히 5~6세의 아동, 지적장애아동 및 정서불안이나 기타 정서적으로 문제를 지니고 있는 아동의 경우에는 언제나 모든 검사의 1번 문항부터 실시해야 한다. 그러나 7세 이상의 일반 학생의 경우에는 중간문항부터 실시하나, 정해진 절차에 따라야 한다.

(4) NISE-SAB의 채점 원칙

NISE-SAB의 모든 문항은 0, 1, 2, 3점의 4단계 척도에 의해 채점한다. 각 문항의 채점은 또래들의 행동을 기준으로 하되, 각각의 문항에 대해 3번의 기회가 주어졌을 때 한 번도 수행하지 못하면 0점, 1번 수행하면 1점, 2번 수행하면 2점, 3번 모두 수행하면 3점으로 채점한다. 그러나 채점할 때는 또래의 수행기준을 충분히 습득하고 채점해야 하며, 주관적인 판단에 의해 채점해서는 안 된다. 왜냐하면 NISE-SAB의 문항은 대부분 추상적으로 제시되어 있고 점수 범위도 3점·2점·1점·0점으로 한정되어 있어 채점하기가 까다롭기 때문이다. 특히 적응행동은 대부분의 수행 여부를 명확하게 구분하기보다는 점수간의 경계선상에 해당되는 애매한 수행을 나타내는 사례들이 많기 때문에 검사자는 수검자의 특성과 행동에 대한 정보 제공자의 제공 정보를 객관적으로 판단해서 채점해야 한다.

3) 한국판 적응행동검사(K-SIB-R)의 주요 내용[3]

K-SIB-R의 사용목적은 개인의 적응력 및 특정 환경에서의 기능적 독립성의 정도를 구체화 하는 것이다. 이 검사도구의 해석상의 특징은 지능검사와 연관하여 적응행동 수준을 평가하며 서비스, 배치 및 교수에 관련된 결정을 내리는 데 있어서 개별 차에 대한 판단을 가능하게 한다. K-SIB-R의 구성은 문제행동의 출현 유무를 반영하는 부분과 독립성을 측정하는 4개의 영역 아래 14개 하위척도에서의 수행 및 기능을 평가할 기회를 제공한다.

K-SIB-R의 검사 결과는 개별화 가족 서비스 계획(IFSP), 개별화 교육 계획(IEP),

---

3) 백은희, 이병인, 조수제(2007)의 내용을 요약·발췌함.

개별화 프로그램 계획(IPP) 또는 개별화 전환 계획(ITP)의 교수 및 훈련 목표 설정에 적합하다. 각 검사에서 관찰된 개인의 강점과 약점의 패턴은 개별화 프로그램 계획을 위한 기본적인 정보를 제공한다. K-SIB-R 검사는 특정 영역 진단평가의 필요성 및 교육 계획에 필요한 정보를 제공하며 유아 및 장애 아동의 교육 계획과 훈련 과정에 부모의 참여를 명시하고 있다.

최근에는 조기 발견과 중재의 중요성 및 학령기 교육에서 성인 생활까지의 전환기에 필요로 하는 서비스 계획의 중요성이 증가되고 있다. 특히 K-SIB-R은 부모나 보호자가 서비스 계획을 돕고 아동발달을 관찰하여 평가하며 가정, 학교, 고용 및 지역사회에 지속적으로 적응하게 한다. 이러한 적응은 특히 학령기에서 성인기로의 전환이 중요하다. K-SIB-R은 학령기에서 성인기까지의 기간동안 훈련 및 서비스의 필요와 학교 및 지역사회 환경에서의 독립적인 삶을 위한 지속적인 훈련 및 서비스의 필요를 위해 제작되었다.

K-SIB-R은 선발과 배치의 목적으로도 사용되며, 또한 서비스의 적격성을 결정하기 위해 사용된다(Coulter & Morrow, 1978; Luckasson et al., 1992). K-SIB-R의 해석은 서비스의 적격성, 필요에 대한 평가나 서비스의 우선순위 설정에 대한 중요한 정보를 제공한다.

K-SIB-R의 중요한 기능은 안내 및 지도와 관련되어 있다. 예를 들어, 척도에서 얻은 정보는 대상 아동의 현재 수준에 대한 개별적인 이해 또는 교육 훈련 상태, 직업, 서비스 목표에 대한 이해를 돕는 데 이용된다. K-SIB-R의 결과는 교사, 상담가, 사회사업가 및 타 전문가가 개별 아동의 강점 및 필요와 미래를 이해하도록 도와준다.

K-SIB-R 검사도구는 1년의 서비스 기간 후 개인 기능에서의 변화를 체계적으로 평가한다. 개별 훈련 후 K-SIB-R의 재검사는 서비스 계획에서 성취된 기술 발달을 보여 주며, 이 검사도구는 필요할 때마다 반복해서 사용될 수 있다.

적응행동과 문제행동의 측정은 선택된 집단의 성격을 설명하고 프로그램의 효과를 평가하는 데 필요하다. K-SIB-R은 학교 교실에서의 학생들의 수행 수준에 대한 비교 평가와 치료실에서의 직업 훈련이나 사회적 기술 훈련의 효과를 측정하기 위해 사용되기도 한다. K-SIB-R의 검사 결과는 교사 훈련 활동 계획, 서비스와 지원을 위한 기초로서 프로그램의 주요 특성을 구체화시키며, 특히 K-SIB-R의 지원점수는 이러한 목적에 유용하다.

특정 서비스 프로그램에서의 K-SIB-R의 점수는 프로그램 운영 결정에 필요한 자료와 강점, 요구 사항 등에 대한 프로파일을 제공한다. 적응행동 점수, 부적응 행동의 지표, 지원점수 및 적응행동의 비교와 인지적 수행은 지원 계획 및 훈련과 연수 프로그램에 중요한 표준집단의 정보를 제공하며 이와 같은 자료는 전문가 배치, 전문가 양성 요구 및 재정 우선순위, 프로그램의 계획과 자료 및 공간 활용에 유용한다.

K-SIB-R은 여러 적응행동 기술과 문제 영역, 넓은 범위의 연령대를 측정하기 때문에 다양한 연구 목적에 사용될 수 있다. 예를 들어, K-SIB-R은 준거지향 검사 도구로 사용될 수 있으며 폭넓은 연령층의 생애 주기 동안 같은 종류와 내용의 검사를 통해 수집된 자료를 제공하므로 특정 훈련 프로그램의 장기적 효과를 알아보는 데 유용하다.

K-SIB-R의 형식은 사용이 용이하며 대학에서의 '임상 평가' 교과를 통해 훈련하는 것이 가능하다. 검사 실시요강에 대한 지침이나 수행에 대한 해석은 초보 검사자들에게도 검사 실시와 점수화에 필요한 정보를 상세하게 제공한다.

(1) K-SIB-R의 구성 및 내용

K-SIB-R은 표준화된 규준지향 평가도구로서 학교, 가정, 직장 및 지역사회에서의 독립과 적응 기능을 측정하기 위해 고안되었고, 구체적인 정보를 제공하며, 개별 아동에게 필요한 교육 목표 및 프로그램 목표를 성취하기 위해 고안되었다.

K-SIB-R의 구조는 14개의 하위척도로 이루어진 259개의 독립적 적응행동과 문제행동 문항으로 나누어져 있다. 적응행동은 4점 척도(0점에서 3점까지)로, 문제행동은 '예' '아니요'로 답한 후 빈도(0점부터 5점까지)와 심각성(0점에서 4점까지)으로 평가하도록 되어 있다.

적응행동은 14개 척도별로 16문항에서 20문항까지 분포되어 있으며, 각 문항은 최대 3점까지의 점수로 계산되어 총 259개 문항의 적응행동검사의 점수는 0~777의 가능한 점수 범위를 갖는다. 문제행동의 빈도는 행동이 얼마나 자주 발생하느냐에 따라 '전혀 없음' '한 달에 한 번 미만' '한 달에 1~3회' '일주일에 1~6회' '하루에 1~10회' '한 시간에 1회 이상' 중에 해당되는 곳에 표시하도록 하며, 심각성에서는 발생하는 문제행동이 얼마나 심각한가에 따라 '심각하지 않음(문제 없음)' '약간 심각함(가벼운 문제)' '어느 정도 심각함(어느 정도 문제)' '매우 심각함(심각한 문제)' '극도로 심각함(치명적인 문제)'으로 그 정도를 표시하도록 되어 있다.

K-SIB-R에서의 독립적 적응행동은 운동 기술군(대근육 운동과 소근육 운동), 사회적 상호작용 및 의사소통 기술군(사회적 상호작용, 언어 이해, 언어 표현), 개인생활 기술군(식사와 음식 준비, 신변 처리, 옷 입고, 개인위생, 가사/적응행동), 지역사회 생활 기술군(시간 이해 및 엄수, 경제생활, 작업 기술, 이동 기술)으로 구성되어 있다.

문제행동은 내적 문제행동(자신을 해치는 행동, 특이한 반복적인 습관, 위축된 행동이나 부주의한 행동), 외적 문제행동(타인을 해치는 행동, 물건을 파괴하는 행동, 방해하는 행동), 반사회적 문제행동(사회적으로 공격적인 행동, 비협조적인 행동) 등으로 구성되어 있다.

구체적인 K-SIB-R의 구성 및 내용은 [그림 10-1]과 같다.

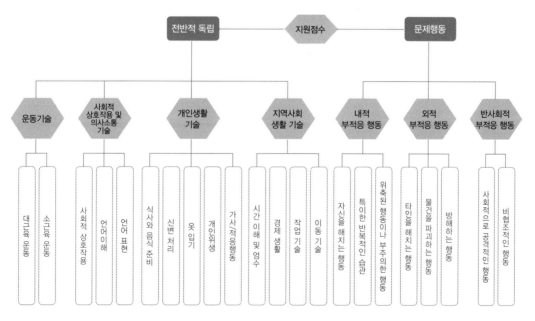

[그림 10-1] K-SIB-R의 구성 및 내용

출처: 백은희, 이병인, 조수제(2007).

3. 지적장애 평가 적용의 실제

다음은 지적장애 평가에 대한 구체적인 사례다.

학생명: 홍길동   생년월일: 2007년 7월 30일   진단일: 2013년 6월 3일

언어발달이 늦고, 발음이 부정확하여 상담을 받고자 엄마, 아빠, 쌍둥이 형과 함께 ○○특수교육지원센터에 내방한 길동이는 작년 3월에 소아정신과에서 검사를 받았는데, 발달지연으로 치료가 필요하다는 소견을 들었음. 작년 3월부터 언어치료, 인지치료를 받고 있으며, 어린이집은 올해 3월부터 장애통합어린이집에 다니고 있음. 출생력상 제왕절개로 의해 27주 3일에 1.2kg으로 태어난 쌍생아 중 둘째로 인큐베이터에서 호흡곤란으로 인해 산소공급을 3개월간 받았고, 두위가 크나 신경학적 이상 소견이 없었음. 5단어 이상 연결문장 및 대명사 표현이 가능하지만 질문에 대해 대답하는 것은 어려워하고 있음. 억양이 다소 부자연스럽고 조음 이상이 있으나 구강의 해부학적 이상은 보이지 않음. 눈 맞춤은 잘하고 혼잣말하기 및 반향어가 간헐적으로 있으나 호명에 대한 반응은 일관되고 정확함.

길동이를 대상으로 한 웩슬러 지능검사 결과는 다음과 같다.

영역	언어성 검사					동작성 검사					영역	언어성 검사	동작성 검사
내용	상식	공통성	산수	어휘	이해	빠진곳 찾기	기호 쓰기	차례 맞추기	토막 맞추기	모양 맞추기	환산 점수	31	49
원점수	5	0	3	5	0	9	34	5	14	8	전체 점수	80	
환산 점수	11	6	6	5	3	9	12	7	12	9	IQ	63	75
환산 점수 합계	31					49					전체 지능	65	

이를 기초로 하여 작성된 지적장애 학생을 대상으로 한 특수교육대상자 진단 · 평가서와 진단 · 평가 실시 결과에 대한 종합의견 작성 사례는 〈표 10-4〉, 〈표 10-5〉와 같다. 교사나 심리평가자들은 지능검사 결과를 비롯한 지적장애와 관련된 심리평가 이후에 〈표 10-4〉, 〈표 10-5〉와 같은 진단 · 평가서와 종합의견을 작성할 수

표 10-4 지적장애 학생을 대상으로 한 특수교육대상자 진단·평가서 예시

특수교육대상자 진단 · 평가서

진단 평가 번호		○○ 2014-초○○○					

대상자	성 명	홍길동		생년월일	2007년 7월 30일	성별	남
	주 소	서울시 서초구 사임당로 ○○○-○○			전화	HP: 010-○○○○-○○○○	
	소속학교	서울 ○○초등학교 제 1학년 1반					
	장애인 등록	장애유형	장애등급		발급기관	등록년월일	
		지적장애	2급				

표준화검사	검사도구명	검사 결과	비고
	N-WISC	• 전체 지능지수: 65 −언어성 지능: 63 −동작성 지능: 75	
	KISE-SAB	• 전체 적응행동지수: 75(경계선) −개념적 적응행동지수: 65(지체) −사회적 적응행동지수: 84(평균하) −실제적 적응행동지수: 81(평균하)	
	REVT	−수용 원점수: 43 −표현 원점수: 66	

보호자 의견	특수교육대상자로 선정된 후 서울○○초등학교 일반학급에서 통합교육 및 관련서비스를 지원 받기 희망함.
담임교사 의견	미숙아 분만으로 건강에는 이상이 없으나 인지 및 언어지체를 보이고 있음. 신체기능이 다소 느리고 운동능력이 떨어지긴 하나 학교생활 및 또래활동에는 지장이 없음. 조음이 불분명하고 어휘사용에 오류를 보이기도 하며 상황이해력, 시간 개념에서 어려움을 보임. 또래에 비해 어휘력이나 사물인지 같은 상식적인 부분에 있어서 어려움을 보이므로 체계적이고 다양한 경험을 통한 집중적이고 개별적인 교육을 지원받아 발전되기를 희망함.
진단 · 평가 실시 결과에 대한 종합의견	• 별지 참조
교육 지원 내용	특수교육 및 관련서비스(언어치료 및 놀이치료) 지원

「장애인 등에 대한 특수교육법」제14조제3항 및 같은 법 시행령 제9조제4항에 따라 특수교육대상자 진단 · 평가 결과를 제출합니다.

20○○년 ○○월 ○○일

서울특별시○○교육지원청교육장 귀하

표 10-5 지적장애 학생을 대상으로 한 진단·평가 실시 결과에 대한 종합 의견 예시

진단 · 평가 실시 결과에 대한 종합 의견		

구분		내용
지능	검사도구	한국 웩슬러 지능검사 제4판(K-WISC-IV)
	검사일시	2013년 6월 3일
	검사 결과	K-WISC-IV 검사: 전체 지능지수(IQ)는 65로 '경도 정신지체'수준에 속하며, 영역별로 살펴보면, 언어성 지능지수 63으로 일반적 경험과 반복적인 교육을 통해 습득되는 전반적인 지식수준인 상식과 계산능력, 논리적이고 추상적인 사고력을 나타내는 공통성, 습득한 지식을 정확하게 이해하여 언어적으로 표현하는 능력인 어휘소검사에서 손상 수준으로 지체되어 있음. 또한 사회적인 상황을 판단하여 적절히 대처하는 능력인 이해 소검사에서 중증의 손상으로 기능하고 있음. 동작성 지능지수는 75로 추상적인 자극을 분석하고 통합하는 영역에서 평균하 수준으로 지연되어 있으며, 시각적인 민감성과 계획능력, 예견력에 대해서는 경중의 손상 수준으로 기능하고 있음.
적응행동	검사도구	국립특수교육원 적응행동검사(NISE-SAB)
	검사일시	2013년 6월 3일
	검사 결과	NISE-SAB 검사: 전체 적응행동지수 75로 '경계선수준'을 보임. 개념적 적응행동지수 65로 지체 수준에 속하며, 사회적 적응 행동지수 84, 실제적 적응행동지수 81로 평균 하 수준을 보이고 있음.
수용·표현 어휘력	검사도구	수용·표현 어휘력검사(REVT)
	검사일시	2013년 6월 3일
	검사 결과	REVT 검사: 수용 원점수 43으로 해당 생활연령대의 평균 점수로부터 −2 표준편차를 넘어서므로 수용어휘능력은 '발달지체'에 해당됨. 또한, 수용 등가연령은 4세 0~5개월로 연령에 비해 2년 2개월~2년 7개월 지체되어 있음. 표현 원점수 66으로 해당 생활연령대의 평균 점수로부터 −1표준편차와 −2표준편차 사이이므로 표현어휘능력은 '약간지체'에 해당됨. 또한 표현 등가연령은 6세 0~5개월로 연령에 비해 2~7개월 지체되어 있음.
특수교육지원센터 의견	상기 아동은 모든 일에 적극적인 태도로 임하나 발음이 조금 부정확하고 경험하지 못한 사물이나 상황을 이해하는 데 어려움을 보임. 언어발달이 지연되어 학습에 어려움을 보이므로 보호자의 희망대로 특수교육대상자로 선정되어 통합교육 및 관련서비스를 지원받는 것이 바람직하다고 사료됨.	

있어야 하고, 이를 통해 교수—학습을 위한 기초자료로 활용할 수 있어야 한다.

〈표 10-5〉에서 제시한 종합의견 예시처럼 지적장애학생 평가에 있어서 가장 중요한 기능을 하는 것은 지능검사 이지만, NISE-SAB와 같은 적응행동검사와 REVT

와 같은 어휘력 검사들을 활용하여 지적장애 학생의 교수–학습 지도를 위한 기초 정보를 획득하는 것은 지적장애 평가에 있어서 중요한 요소다.

📋 **요약**

- 지적장애 학생에 대한 평가는 지능검사 영역과 적응행동검사 영역으로 구분된다.
- 지적장애학생의 지능 평가의 대표적인 검사에는 한국웩슬러아동 지능검사와 K–ABC 등이 있고, 적응행동 평가의 대표적인 검사에는 NISE 적응행동검사, 사회성숙도검사, 한국판 적응행동 검사 등이 있다.
- 한국판 K–ABC–II에는 Luria와 CHC모델을 기반으로 하여 순차처리, 동시처리, 학습력, 계획력, 지식을 측정하는 5개 하위척도가 있다.
- NISE–SAB는 개념적 적응행동검사(6개 소검사), 사회적 적응행동검사(7개 소검사), 실제적 적응행동검사(11개 소검사) 등으로 구성되어 있다.
- 한국판 적응행동 검사(K–SIB–R)는 14개의 하위척도로 이루어진 259개의 독립적 적응행동과 문제행동 문항으로 나누어져 있다.
- 지적장애 평가자들은 특수교육대상자 진단·평가서와 진단·평가 실시 결과에 대한 종합의견을 작성할 수 있을 만큼의 평가에 대한 전문성을 가지고 있어야 하며, 지능검사 뿐 만 아니라 적응행동 검사와 어휘력검사를 비롯한 학업성취 영역 검사도 수행할 수 있어야 한다.

🧠 **각해 볼 문제**

1. 다음은 특수교육지원센터에 특수교육대상자 진단·평가 의뢰를 한 영희의 검사 결과다. 다음 물음에 답하시오.

검사도구명	검사 결과
K–WISC	• 전체 지능지수: 65 –언어성 지능: 63 –동작성 지능: 75
NISE–SAB	• 전체 적응행동지수: 63 –개념적 적응행동지수: 53 –사회적 적응행동지수: 72 –실제적 적응행동지수: 69
REVT	• 수용 원점수: 43 • 표현 원점수: 66

K-WISC 검사 세부결과												
영역	언어성 검사					동작성 검사					영역	언어성 검사	동작성 검사
내용	상식	공통성	산수	어휘	이해	빠진곳 찾기	기호 쓰기	차례 맞추기	토막 맞추기	모양 맞추기	환산 점수	31	49
원점수	5	0	3	5	0	9	34	5	14	8	전체 점수	80	
환산점수	11	6	6	5	3	9	12	7	12	9	IQ	63	75
환산점수 합계	31					49					전체 지능	65	

특수교육지원센터에서 영희를 지적장애로 특수교육대상자로서 적격성 판정을 하였다면, 그 근거를 두 가지 쓰시오.

①

②

2. 다음은 K-WISC 검사 세부결과를 참조하여 기술한 검사 결과 내용이다. (   )에 들어 갈 적합한 단어를 쓰시오.

> 전체 지능지수(IQ)는 65로 '(①)'수준에 속하며, 영역별로 살펴보면, (②) 지능 지수 63으로 일반적 경험과 반복적인 교육을 통해 습득되는 전반적인 지식수준인 (③)과 계산능력, 논리적이고 추상적인 사고력을 나타내는 (④), 습득한 지식을 정확하게 이해하여 언어적으로 표현하는 능력인 어휘소검사에서 손상 수준으로 지체되어 있음. 또한 사회적인 상황을 판단하여 적절히 대처하는 능력인 (⑤) 소 검사에서 중증의 손상으로 기능하고 있음. (⑥) 지능지수는 75로 추상적인 자극 을 분석하고 통합하는 영역에서 평균하 수준으로 지연되어 있으며, 시각적인 민 감성과 계획능력, 예견력에 대해서는 경중의 손상 수준으로 기능하고 있음.

①   ②   ③

④   ⑤   ⑥

참고문헌

강명아(2002). 동요를 이용한 읽기 지도가 지적장애학생의 읽기 능력에 미치는 효과. 공주대학교 대학원 석사학위 논문.

국립특수교육원(2003). NISE-SAB 요강. 경기: 국립특수교육원.

문수백(2014). K-ABC-Ⅱ 전문가 지침서. 서울: 인싸이트.

백은희, 이병인, 조수제(2007). 한국판 적응행동검사 K-SIB-R 전문가 지침서. 서울: 학지사.

신민섭, 조수철(2010). 한국판 라이터 비언어성 지능검사(K-Leiter-R). 서울: 인싸이트.

이수현(2004). 집단미술치료가 정신지체인의 사회적 기술에 미치는 영향. 목원대학교 산업정보대학원 석사학위 논문.

이윤주(2013). 경도 지적장애 학생의 읽기 오류 분석. 대구대학교 대학원 석사학위 논문.

이은정(2012). 도해 조직자를 활용한 텍스트 구조지도가 지적장애 학생의 읽기 능력 및 읽기 흥미에 미치는 영향. 한국교원대학교 교육대학원 석사학위 논문.

정주영(2001). 통합학급 정신지체 학생의 읽기 교수-학습을 위한 사회 구성주의 접근. **특수교육연구**, 8, 137-157.

최양규(2001). 포트폴리오 프로그램이 정신지체아동의 읽기와 쓰기 능력에 미치는 효과. 우석대학교 교육대학원 석사학위 논문.

American Association on Intellectual and Developmental Disabilities. (2010). *Intellectual Disability: Definition, classification, and systems of supports*. Washington, DC: Author.

American Association on Mental Retardation. (2002). *Mental retardation: Definition, classification, and systems of support* (10th ed.). Washington, DC: Author.

Beirne-Smith, M., Patton, J., & Kim, S. (2006). *Mental retardation: An introduction to intellectual disabilities*. Columbus, OH: Pearson/Merrill/Prentice Hall.

Boan, C. H., & Harrison, P. H. (1997). Adaptive behavior assessment and individuals with mental retardation. In R. Taylor (Ed.), *Assessment of individuals with mental retardation* (pp. 33-53). San Diego, CA: Singular.

Coulter, W. A., & Morrow, H. W. (1978). *Adaptive behavior: Concepts and measurements*. New York: Grune & STratton.

Gresham, F. M., & Elliott, S. N. (1987). Social skill deficits of learning-disabled students: Issues of definition, classification, and assessment. *Journal of Reading, Writing, and Learning Disabilities International, 3*(2), 131-148.

Gumpel, T. (1994). Social competence and social skills training for persons with mental retardation: An expansion of a behavioral paradigm. *Education and Training in Mental*

Retardation and Developmental Disabilities, 29, 194-201.

Heward, W. L. (2009). *Exceptional children An introduction to special education.* Upper Saddle River, NJ: Pearson.

Luckasson, R., Coulter, D. L., Polloway, E. A., REiss, S., Schalock, R. L., Snell, M. E., Spitalnik, D. M., & Stark, J. A. (1992). *Mental retardation: Definition, classification, and systems of supports* (9th ed.). Washington, DC: American Association on Mental Retardation.

Thomas, C. H., & Patton, J. R. (1990). Mild/moderate mental retardation. In J. R. Patton, M. Beirne-Smith, & J. S. Payne (Eds.), *Mental retardation* (3rd ed.). Columbus, OH: Charles Merrill.

Thomas, G. E. (1996). *Teaching students with mental retardation: A life goal curriculum planning approach.* Englewood Cliffs, NJ: Merrill.

Voelker, S., Shore, D., Brown-More, C., Hill, L., & Perry, J. (1990). Validity of self-report of adaptive behavior skills by adults with mental retardation. *Mental Retardation, 28*, 305-309.

「장애인복지법」(법률 제14562호, 2017. 2. 8., 일부개정).
「장애인 등에 대한 특수교육법」(법률 제14160호, 2016. 5. 29., 타법개정).
「장애인 등에 대한 특수교육법 시행령」(대통령령 제28211호, 2017. 7. 26., 타법개정).
「장애인 등에 대한 특수교육법 시행규칙」(교육부령 제101호, , 2016. 6. 23., 일부개정).

제**11**장

주의력결핍과잉행동장애 평가

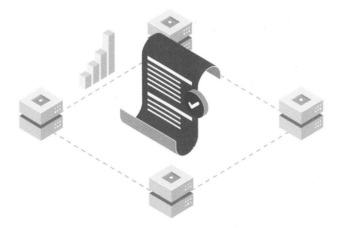

초등학교 4학년인 현우는 자주 지각을 한다. 등굣길에 현우의 주의를 끄는 문구점 게임기 앞에 앉아 정신없이 게임을 하다 보면 제시간에 등교하기가 어렵기 마련이다. 수업 시간에도 준비물을 가지고 오지 않거나 짝꿍에게 말을 시키거나 장난을 걸어서 자주 선생님에게 혼이 난다. 때로는 수업 내용과 상관없는 엉뚱한 질문을 하여 선생님을 난처하게 하거나 자세를 바르게 하지 않고 끊임없이 꼼지락거리고, 다른 학생들이 필기를 할 때 대충 끄적거리다가 창밖을 바라보는 등 수업 태도가 문제가 되고 있다. 시험을 봐도 쉬운 것을 틀리고 어려운 것을 맞히는 등 실수가 많고, 틀린 문제를 다시 문제를 풀도록 시키면 맞히는 경우가 많다. 급식 시간에도 차례를 기다리지 못하고 새치기를 하려한다거나 미술 시간에 모둠활동을 할 때에도 함께 하지 않고 자기가 하고 싶은 대로 하여서 같은 반 친구들과도 빈번하게 마찰을 빚고 있다. 학부모와의 면담 때 현우가 보이는 문제행동에 대해 이야기를 하였더니, 집에서도 산만하여 걱정이 많기는 한데 게임이나 자신이 좋아하는 활동을 할 때에는 몇 시간도 집중하고, 남자아이들은 번잡하기 마련이라는 할아버지 말씀에 상담기관을 찾아가지 않고 있다고 하였다. 현우가 보이는 주의산만하고 충동적인 문제행동을 구체적으로 어떻게 진단하고 해석해야 할까? 현우에게는 어떤 교육적 지원이 제공되어야 할까?

 학습목표

1. 주의력결핍과잉행동장애의 정의 및 특성을 안다.
2. 주의력결핍과잉행동장애를 평가하기 위한 검사들의 종류를 안다.
3. 주의력결핍과잉행동장애를 위한 주요 검사들의 구성, 특징, 실시 및 해석 방법을 이해한다.

I. 주의력결핍과잉행동장애의 정의 및 특성

1. 주의력결핍과잉행동장애의 정의

주의력결핍과잉행동장애(Attention Deficit Hyperactivity Disorder: ADHD)는 아동기에 흔히 나타나는 신경발달장애의 일종으로 부주의, 충동성 그리고 과잉활동성이 주요한 특성이다. 이러한 일차적인 문제로 이차적으로 학습 수행, 또래와의 관계 등 사회적인 적응에 심각한 문제를 일으킬 뿐만 아니라 그 결과 낮은 자존감 등의 정서적 부적응이 나타난다. 구조화되고 집단적으로 학습이 이루어지며 대인관계가 확장되는 학령기에 어려움이 두드러지게 되고, 주변으로부터 문제에 대한 인식이 나타나기 시작한다.

미국정신의학회(American Psychiatric Association: APA)의 『정신장애의 진단 및 통계 편람 5판[Diagnostic and Statistical Manual of Mental Disorders (5th ed.)(DSM-5)]』(2013)에 따르면 ADHD의 진단 기준은 다음과 같다.

A. (1) 또는 (2) 가운데 한 가지

(1) 부주의에 관한 다음 증상 가운데 여섯 가지(또는 그 이상) 증상이 6개월 동안 부적응적이고 발달 수준에 맞지 않는 정도로 지속된다.

부주의

(a) 흔히 세부적인 면에 대해 면밀한 주의를 기울이지 못하거나 학업, 작업 또는 다른 활동에서 부주의한 실수를 저지른다.

(b) 흔히 일을 하거나 놀이를 할 때 지속적으로 주의를 집중할 수 없다.

(c) 흔히 다른 사람이 직접 말을 할 때 경청하지 않는 것으로 보인다.

(d) 흔히 지시를 완수하지 못하고, 학업, 잡일, 작업장에서의 임무를 수행하지 못한다(반항적 행동이나 지시를 이해하지 못해서가 아님).

(e) 흔히 과업과 활동을 체계화하지 못한다.

(f) 흔히 지속적인 정신적 노력을 요구하는 과업(학업 또는 숙제 같은)에 참여하기를

피하고, 싫어하고, 저항한다.

(g) 흔히 활동하거나 숙제하는 데 필요한 물건들(예: 장난감, 학습과제, 연필, 책 또는 도구)을 잃어버린다.

(h) 흔히 외부의 자극에 의해 쉽게 산만해진다.

(i) 흔히 일상적인 활동을 잊어버린다.

(2) 과잉행동-충동에 관한 다음 증상 가운데 여섯 가지(또는 그 이상) 증상이 6개월 동안 부적응적이고 발달 수준에 맞지 않는 정도로 지속된다.

과잉행동

(a) 흔히 손발을 가만히 두지 못하거나 의자에 앉아서도 몸을 옴지락거린다.

(b) 흔히 앉아 있도록 요구되는 교실이나 다른 상황에서 자리를 떠난다.

(c) 흔히 부적절한 상황에서 지나치게 돌아다니거나 기어오른다(청소년 또는 성인에서는 주관적인 좌불안석으로 제한될 수 있다).

(d) 흔히 조용히 여가 활동에 참여하거나 놀지 못한다.

(e) 흔히 '끊임없이 활동하거나' 마치 '자동차(무엇인가)에 쫓기는' 것처럼 행동한다.

(f) 흔히 지나치게 수다스럽게 말을 한다.

충동성

(g) 흔히 질문이 채 끝나기 전에 성급하게 대답한다.

(h) 흔히 차례를 기다리지 못한다.

(i) 흔히 다른 사람의 활동을 방해하고 간섭한다(예: 대화나 게임에 참견한다).

B. 장해를 일으키는 과잉행동-충동 또는 부주의 증상이 12세 이전에 있었다.

C. 증상으로 인한 장해가 두 가지 또는 그 이상의 장면에서 존재한다(예: 학교 또는 작업장, 가정에서).

D. 사회적 · 학업적 · 직업적 기능에 임상적으로 심각한 장해가 초래된다.

E. 증상이 광범위성 발달장애, 정신분열증 또는 기타 정신증적 장애의 경과 중에만 발생하지 않으며, 다른 정신장애(예: 기분장애, 불안장애, 해리성 장애, 또는 인격 장애)에 의해 잘 설명되지 않는다.

유형에 기초한 진단부호

- 314.01 주의력-결핍 및 과잉행동장애, 복합형: 지난 6개월 동안 진단 기준 A1과 A2 모두를 충족시킨다.
- 314.00 주의력-결핍 및 과잉행동장애, 주의력-결핍 우세형: 지난 6개월 동안 진단 기준 A1은 충족시키지만 A2는 충족시키지 않는다.
- 314.01 주의력-결핍 및 과잉행동장애, 과잉행동-충동 우세형: 지난 6개월 동안 진단 기준 A2는 충족시키지만 A1은 충족시키지 않는다.

2. 주의력결핍과잉행동장애의 특성

1) 인지적 특성

ADHD 아동들은 주의력 문제가 다양한 방식으로 나타난다. 부모들은 그들의 자녀가 또래에 비해 하나의 활동에서 다른 활동으로 급격히 건너뛰고 자신의 말에 도무지 주의를 기울이지 않는다고 불평한다. 교사들은 이 아동들이 지시에 주의를 기울이지 않고 주의집중력이 매우 부족하며, 과제 수행 행동을 도무지 하지 않는다고 불평한다. ADHD 아동들은 선택적으로 주의집중하거나 주의집중을 지속하는 것에 어려움을 느낀다. ADHD 아동들은 주의집중에 있어서 편차가 극심하다. 자신의 관심사인 게임 등은 한 자리에 몇 시간이고 앉아 몰두하지만 흥미를 느끼지 못하는 과제에서는 주의가 쉽게 분산되는 모습을 보인다. 또한 목표지향적인 행동에 필요한 인지 과정인 실행기능(executive function)의 문제가 있다. 실행기능은 뇌의 전두엽 영역과 관련이 있으며, 작업기억, 언어적 자기조절, 행동억제, 계획력, 정서억제, 운동통제 등을 포함한다.

ADHD 아동들은 학령기 전반에서 학업성취의 어려움을 빈번히 나타내며(DuPaul & Stoner, 2003), 또래에 비해 저성취를 보일 뿐 아니라 유급을 당하거나 특수학급에 배치될 가능성도 높다(Faraone et al., 1993). 읽기, 쓰기, 수학, 전반적인 학업 수행에서 저성취를 보이나(Rabiner et al., 2000), ADHD에서 나타나는 학업부진은 ADHD 증상으로 인한 결과일 수도 있지만 학습장애를 공존장애로 가졌기 때문에 나타나는 현상일 수도 있다(Barry, Lyman, & Klinger, 2002). 따라서 ADHD 판별 과정에서 학습장애와의 공존장애 가능성을 확인해야 한다(김은향, 김동일, 고은영, 2013; 김동일 외, 2008).

2) 사회·정서적 특성

ADHD 아동들은 심리사회적 기능 및 적응에 많은 문제를 나타낸다. 이들은 충동적, 자기중심적이고 공격적인 행동을 보이고, 욕구만족을 지연시키기 어려우며, 쉽게 흥분하고 좌절하고 기분 변화를 예측하기가 어려워서, 부모, 교사, 또래로부터 부정적인 평가와 반응을 받을 가능성을 증가시킨다(Bagwell et al., 2001). ADHD 아동들은 주변으로부터 성가시고, 성급하고, 쉽게 흥분하고, 고집 세고, 멋대로 끼어들고, 반응이 크고 격렬하다는 평을 들으며, 타인의 감정이나 입장을 인식하거나 이해하는 것이 부족하다. 또래와의 부정적인 사회적 상호작용은 결국은 또래로부터의 거부 혹은 소외를 경험하게 만들고(Olson & Brodfeld, 1991), ADHD 아동들은 종종 우울, 불안 등의 정서적 문제와 낮은 자아개념, 자존감을 보이게 된다.

3) 행동적 특성

ADHD 아동들은 뛰고, 쉼 없이 안절부절못하고, 꾸준히 앉아 있는 것이 힘들다고 종종 묘사된다. 예를 들어, 손가락을 가만히 두지 않으며 의자를 앞뒤로 왔다 갔다 하는 등 끊임없이 몸을 꼼지락거리고 꿈틀댄다. 활동적이고 에너지가 넘쳐서 차례를 기다리거나 순차적으로 하는 것이 어렵고, 일상생활에서 실수가 많고 앞이나 옆을 살펴보지 않고 관심사에 돌진하여 몸에 크고 작은 상처를 만든다.

한편, 주의력결핍 우세형인 ADHD는 다른 행동양상을 보이는데, 이들은 느린 인지적 템포(sluggish cognitive tempo)가 특징으로 부주의와 조직화의 문제를 더 많이 보인다(McBurnett, Pfiffner, & Frick, 2001). 과잉행동을 보이기보다는 매사에 멍하고 공상에 잘 빠지며, 무기력하고 상황 파악을 잘 못하고 내성적이고 위축되어 있는 인상을 보이며, 잘 잊어버리고 물건을 잘 흘리고 다닌다(Hartman, Willcutt, Rhee, & Penington, 2004). 이들은 더 수동적이고 수줍음을 많이 나타내며 공격적 행동이 적게 나타나는 등 외현적인 문제행동이 적어 ADHD인 것이 간과되기 쉽다.

4) 발달적 경과

혼히 인지하고 있는 ADHD의 모습은 아동기 ADHD 과잉행동-충동형의 전형적인 모습에 가깝다. 대부분 ADHD를 아동기 장애로만 인식하고 있으나 ADHD 아동 중 많은 수가 청소년기에서 성인기까지도 증상이 지속되며 직업, 사회적 관계, 정서 문제 등 다양한 어려움을 느낀다(Barkley, Murphy, & Fischer, 2008) 또한 ADHD의 증상은 유형에 따라 다른 모습으로 나타나며, 연령이 증가함에 따라 다른 양상을 보인다. 대체로 아동기에 주로 관찰되었던 과잉행동은 청소년기에는 상당히 감소하고, 부주의 문제는 유지되며, 충동성은 계획력 혹은 조직화 능력의 부족과 같은 실행기능의 문제로 나타난다. 따라서 아동기에 ADHD로 판별되지 않은 청소년 ADHD의 경우에는 일차적 원인인 ADHD로 의심되어 의뢰되기보다는 치료되지 않은 ADHD 증상으로 인한 이차적 문제인 비행, 대인관계 문제, 정서 문제 등으로 평가에 의뢰될 가능성이 크다.

II. 주의력결핍과잉행동장애의 평가

ADHD는 주의력 문제, 과잉행동, 충동성과 같은 주요 증상이 아동기 초기에 시작하며, 가정, 학교, 학원 등 여러 장면에서 나타나야 하고, 이러한 장애로 가정이나 학교 또는 여가활동 시간에도 기능 손상을 보여야 한다. 따라서 ADHD의 평가를 위해서는 부모, 교사 및 아동 면담, 부모와 아동에 대한 관찰, 행동평정척도, 신체적·신경학적 검사, 인지적 검사 등과 같은 다양한 진단적 도구를 사용하는 것이 좋다(Blondis, Accardo, & Snow, 1989; Carlson & Rapport, 1989; sims & Lonigan, 2012). 또한 진단 절차는 아동의 발달적 맥락에서 이루어져야 하며 현재 증상들이 나타나고 있는지, 만약 나타난다면 또래 아동과 아동의 인지적 수준에서 기대되는 것보다 과도하게 심한지 보아야 한다(Cantwell, 1996).

ADHD는 단일 검사나 단일 정보원으로부터 판별하기 어려우며, ADHD의 평가를 위해서는 다중방법평가가 진단의 정확성을 높일 수 있다(Brock & Clinton, 2007; DuPaul & Stoner, 2003; Weylandt, 2001). DuPaul과 Stoner(2016)는 다중방법평가를 사용하여 학교 장면에서 ADHD를 판별하는 5단계 판별모형을 제안하고 있다([그림 11-1] 참조). 1단계는 선발단계로 교사평정을 사용하고, 2단계는 다중방법을 사용한 ADHD 평가로 면담, 학교기록 검토, 평정척도, 관찰 정보를 수집한다. 3단계는 연령

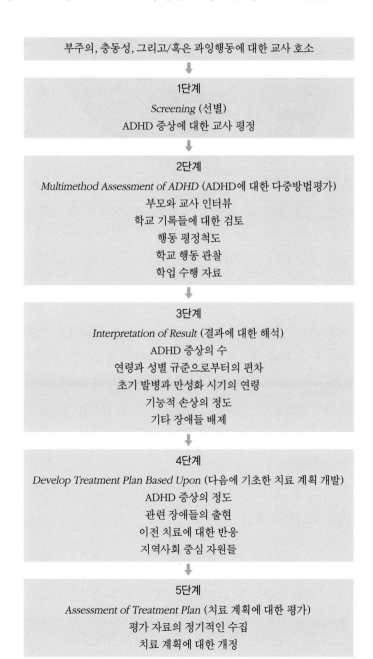

부주의, 충동성, 그리고/혹은 과잉행동에 대한 교사 호소

1단계
Screening (선별)
ADHD 증상에 대한 교사 평정

2단계
Multimethod Assessment of ADHD (ADHD에 대한 다중방법평가)
부모와 교사 인터뷰
학교 기록들에 대한 검토
행동 평정척도
학교 행동 관찰
학업 수행 자료

3단계
Interpretation of Result (결과에 대한 해석)
ADHD 증상의 수
연령과 성별 규준으로부터의 편차
초기 발병과 만성화 시기의 연령
기능적 손상의 정도
기타 장애들 배제

4단계
Develop Treatment Plan Based Upon (다음에 기초한 치료 계획 개발)
ADHD 증상의 정도
관련 장애들의 출현
이전 치료에 대한 반응
지역사회 중심 자원들

5단계
Assessment of Treatment Plan (치료 계획에 대한 평가)
평가 자료의 정기적인 수집
치료 계획에 대한 개정

[그림 11-1] ADHD의 학교 기반 평가에서의 5단계

출처: Dupaul & Stoner (2016), p. 56에서 발췌.

[그림 11-2] 다중방법평가 구성 요소

출처: DuPaul & Stoner (1994) 허락을 받고 사용.

과 성별 준거를 고려하며 다른 장애를 배제하는 등의 결과 해석 단계이고, 4~5단계
는 치료 계획을 수립하고 평가하는 단계로 구성되어 있다. Brock과 Clinton(2007)은
1990년 이후로 출간된 ADHD 진단 및 평가 관련 저서 및 논문들을 리뷰하여 ADHD
진단을 위해 필요한 절차로 평정척도, 면담(부모, 교사, 아동/청소년/성인), 직접 행동
관찰, 심리/심리-교육 검사, 의학적 평가, 신경영상검사, 학교기록을 추천하였다.

이 책에서는 다중방법평가 절차로 [그림 11-2]와 같이 직접 행동관찰, 면담, 행동
평정척도, 규준참조검사, 신경심리검사, 기타 심리검사, 기록 검토, 의학적 평가로
구분하여 기술하였다.

1. 직접 행동관찰 및 면담

ADHD 평가 과정에서 관찰과 면담은 또래와 비교하여 행동에 대한 객관적 정보
를 수집하고, 피검사자 자신의 문제행동에 대한 인식 및 대인관계와 사회정서적 기
능에 대한 정보 수집과 더불어 외모, 행동과 언어적 기술을 관찰하기 위한 목적으로
수행하게 된다.

1) 직접 행동관찰

다양한 시간과 기간에 여러 상황, 맥락에서 아동의 모습을 관찰하는 것을 말한다. 학교, 가정 등에서 직접적으로 문제가 되는 상황과 증상을 직접적으로 확인할 수 있으며, 면담 및 검사 수행 동안 나타나는 아동의 모습을 관찰할 수 있다. '충동적이다' '우울해 보인다'와 같은 평가자의 판단을 기술하기보다는 '검사 자극을 제시했을 때 즉각적으로 반응하고 빠른 속도로 수행한다' '말의 속도가 느리다'와 같이 객관적인 사실 정보를 파악하고 기록해야 한다. 또한 주지해야 하는 것은 면담과 검사 수행 과정에서 주의가 산만하고 충동적인 모습이 나타날 수도 있으나 검사 장면이 낯선 환경이고 일대일로 이루어지기 때문에 ADHD의 모습이 관찰되지 않을 수도 있다는 점이다. ADHD는 상황에 따라 비일관된 모습을 보이고 수행의 기복이 큰 편이며, 한 검사 내에서도 수행의 편차가 크다. 예를 들어, 지능검사 수행 시 '어휘 문제'에서는 깊이 생각하지 않고 즉각 모른다고 대답하나 다시 격려하여 물으면 정답을 말하기도 한다. 그러나 '토막맞추기'에서는 재미있어하며 집중하여 빠른 속도로 수행하는 모습을 보일 수 있다.

2) 면담

면담은 가능한 한 아동/청소년 당사자를 포함하여 부모와 교사 등 여러 대상으로부터 정보를 수집하는 것이 필요하다. ADHD 진단 기준에 따르면 두 장면 이상에서 문제행동이 관찰되어야 하기 때문이다. 특히 동일 연령 집단 내에서의 비교가 가능하고 학교 장면에서 해당 연령에서 정상적으로 기대되는 수준을 넘는 행동을 보이는 아동을 확인할 수 있는 교사는 아동의 행동 문제에 대한 정보원으로 중요성이 강조되고 있다.

면담은 구조화된 면접, 반구조화 면접 그리고 비구조화된 면접의 형태로 이루어질 수 있다. 구조화된 면접은 특정 영역을 확인할 수 있도록 고안된 정해진 일련의 질문들로 이루어져 있으며, 면접자는 면접지에 적힌 순서대로 질문을 읽고 범주에 따라 반응들을 기록한다. 구조화된 면접은 단기간의 훈련을 통해 실행이 가능하고 면접자 간 일치도가 높은 등 신뢰도가 높고 연구에서 사용되기 쉽다는 장점이 있으나 융통성 있게 사용하기 어렵다는 단점이 있다. 비구조화된 면접은 정해진 형식과 순서 없이 면접자의 판단에 따라 융통성 있게 진행이 가능하고 라포 형성에 도움이 된다는 장점이 있으나 신뢰도와 타당도가 떨어지며 면접자의 숙련성과 전문성이 요구된다는 단점이 있다. 반구조화된 면접은 이 두 가지 면접의 중간 형태로 질문 문항 순서와 양식이 들어 있으며 아동의 배경과 현재 기능에 대해 사전에 계획되었지만 일반적으로 표준형식을 따르지 않는 질문을 하여, 보다 유연하고 융통성 있는 면담이 가능하다.

대표적인 구조화 면접으로는 아동 진단 인터뷰 스케줄(The Diagnostic Interview Schedule for Children: 이하 DISC)로 6~17세 아동 및 청소년을 위한 정신과적 면접이다. ADHD 진단만을 위한 면접도구라기보다는 아동, 청소년에게 나타나는 30가지 이상의 정신과적 진단을 다루며, 주로 역학조사 및 임상 장면에서 유용하게 사용된다. ADHD 진단을 위한 면접은 적대적 반항장애, 품행장애와 함께 파탄적 행동장애(disruptive disorder) 분류에서 수행하도록 되어 있다. 그리고 ADHD의 필수적인 특징인 동일 연령(발달 수준)의 다른 아동들보다 더 빈번하고 심한 부주의 또는 과잉행동/충동성의 지속적 패턴과 문제행동의 시작연령을 확인해야 한다. 대부분의 질문은 "예" "아니요" "다소" 또는 "때로는"으로 대답할 수 있으며, 질문은 면접 전 4주혹은 1년을 기준으로 답하도록 되어 있다. 최신 버전의 DISC(DISC-IV)는 DSM-IV 기준에 근거하여 진단을 위한 정보를 얻도록 설계되어 있다. 전체 면접시간은 임상표본은 대략 90~120분, 지역사회표본은 70분가량 소요된다. 국내용으로는 한국어판 DISC-IV(조수철 외, 2007)가 표준화되어 있다.

대표적 반구조화 면접도구로는 한국어판 Kiddie-Schedule for Affective Disorders and Schizophrenia-Present and Lifetime Version(이하 K-SADS-PL-K)가 있다(김영신 외, 2004). 이는 ADHD를 비롯한 정신과적 질환을 진단하기 위한 도구로 사용되며, 임상 현장에서 아동·청소년의 문제를 포괄적으로 평가, 진단하는 데 유용하다. 그러나 K-SADS-PL-K는 고도로 훈련된 면접자에 의해 이루어져야 하기 때문에 사용에 제한이 따른다.

면담에서는 ADHD 증상이 존재하는지, 어떤 상황에서 증상이 관찰되는지, ADHD증상의 시작이 언제인지, 증상이 나타난 지속 기간은 어느 정도인지, 환경적 요인이 존재하는지, 학습에서의 어려움이 있는지, ADHD와 관련된 발달력, 정서적 어려움이 있는지를 다루어야 한다(Hinshaw, 1994; Nahlik, 2004).

3) ADHD 평정척도

현재 ADHD를 진단하는 표준화된 검사는 존재하지 않으며, 부모 혹은 교사가 아동의 행동을 관찰, 평가하는 질문지형 평정척도가 주로 쓰이고 있다. ADHD 평정척도는 정보를 제공하는 대상에 따라 부모 평정척도, 교사 평정척도, 아동/청소년/성인 평정척도로 구분할 수 있다. ADHD 증상에 대한 평정자에 따른 일치도를 확인한 연구들(송수미, 김재환, 2002; 이영은, 배승민, 홍선주, 이명진, 2014)에 따르면, ADHD 아동의 문제행동에 대한 부모-교사 평정척도 간에는 상관이 없거나 거의 낮게 나타나고 있다. 이는 정보 제공자가 누구인지에 따라 아동의 문제행동에 대한 지각에 차이가 있다는 것을 의미한다. 따라서 평정척도는 가능한 한 다양한 정보 제공자에게 실시, 즉 부모와 교사, 혹은 아동 모두에게 실시하여 결과를 통합하는 것이 필요하다. 또한 평정척도를 사용할 때는 단일 평정척도의 결과만으로 성급하게 ADHD로 판단을 내리는 것은 지양해야 하며, 평정척도는 다중방법평가의 하나의 도구 또는 선별(screening)하여 전문기관에 의뢰하는 용도로 사용하는 것이 바람직하다. 현재 사용되고 있는 ADHD 평정척도들은 〈표 11-1〉과 같다.

표 11-1 ADHD 평정척도

대상	척도명	저자	연도
부모	한국 아동인성 평정척도(The Korean Personality Rating Scale for Children: KPRC)	김지혜, 조선미, 홍창희, 황순택	2005
	한국판 아동행동체크리스트(Child Behavior Checklist, Korean version: K-CBCL)	오경자, 홍강의, 이혜련, 하은혜	1997
	파괴적 행동장애척도(Disruptive Behavior Disorder Scale: DBD)	Pelham, Evans, Gnagy, & reenslade	1992
	가정환경설문지(Home Situation Questionnaire: HSQ)	Barkley	1990
교사	NISE 정서 행동장애 학생 선별척도	류문화, 서경희	1999
	주의력결핍과잉행동장애 포괄적 교사평정척도(Attention deficit disorder with hyperactivity comprehensive eacher's rating scale: ACTeRS)	Ullmann, Sleator, & Sprague	1991
	아동 주의력 프로파일(Child Attention Problems Scale: CAPS)	Barkley	1988
	Teacher Report Form(TRF)	Achenbach	1991

	사회기술평가 교사 서식(Social Skill Assessment Teacher Form)	Goldstein	1988
	학교상황설문지(School Situation Questionnaire Revised: SSQ-R)	DuPaul & Barkley	1981
	학업수행평정척도(Academic Performance Rating Scale: APRS)	DuPaul, Rapport, & Perrillo	1990
부모/ 교사	코너스평정척도(Conners' Parent and Teacher Rating Scale Revised: CRS-R)	Conners, Sitarenios, Parker, & Epstein	1998
	IOWA Conners 척도	Loney & Milich	1981
	축약형 질문지(Abbreviated Symptom Questionnaire: ASQ)	Goyette, Vonners, & Uliruch	1978
	한국판 ADHD 평정척도(Korean ADHD Rating Scale: K-ARS)	DuPaul/소유경 등	1991/ 2002
	ADHD 평정척도 4판(ADHD Rating Scale-IV: ADHD RS-IV)	DuPaul 등	1998
	ADHD 평가척도(ADHDT)	Giliam/정선주	1995/ 2001
	주의력결핍장애척도(Swanson, Nolan, and Pelham-rating scale IV: SNAP-IV)	Swanson, Nolan, & Pelham	1992
	주의력결핍장애 평가척도(Attention Deficit Disorders Evaluation Scale-3rd edition: ADDES-3)	McGarney & Arthaud	2004
	부모와 교사용 BASC(Behavior Assessment System for Children-Parent Rating Scale)	Reynolds & Kamphaus	1992
	부모와 교사용 진단평정척도(DRS)	Weiler, Bellinger, Marmor, Rancier, & Waber	1999
	부모와 교사용 NICHQ 반데르빌트 평가척도	Vanderbilt	2002
	ADHD 증후군 체크리스트 제4판(ADHD Symptom Checklist-4: ADHD-SC4)	Gadow & Sprafkin	1997
아동	ADHD 아동용 자기보고척도	Asher	1989
	Walker-McConnell의 사회적 능력 및 학교적응력 검사(Walker-McConnell Scale of Social Competence and School Adjustment)	Walker & McConnell/ 신현기	1988/ 2004
	Internal Restless Scale(IRS)	Fabiano, Pelham, Waschbusch 등	2006
청소년	한국판 청소년 자기보고척도(Korean-Youth Self-Report: K-YSR)	Achenbach/오경자, 홍강의, 이혜련, 하은혜	1991/ 1998
	청소년용 코너스 평정척도(Conners Adolescence Rating Scale: CASS)	Conners & Wells	1985
	청소년용 BASC	Reynolds & amphaus	1992

	Brown Adolescent and Adult Attention Deficit Disorder Scale (BADDS)	Brown	1996
	Brown Adolescent and Adult Attention Deficit Disorder Scale (BADDS)	Brown	1996
성인	Conners 성인 ADHD 평정척도(CAARS)	Conners	1999
	Wender Utah 평정척도	Ward, Wender, & Reimher	1993

(1) 코너스 평정척도

코너스 평정척도(Conners Rating Scale: CRS)는 3세에서 17세 사이의 아동을 대상으로 과잉행동과 문제행동을 평가하기 위한 척도로, 전 세계적으로 아동기 문제행동 측정을 위해 가장 광범위하게 사용된 평가도구 중 하나로 볼 수 있다(Conners, 1989). 코너스 평정척도에는 코너스 부모평정척도(Conners Parent Rating Scale: CPRS), 코너스 교사평정척도(Conners Teacher Scale: CTRS), 축약형 질문지(Abbreviated Symptom Questionnaire: ASQ), IOWA 코너스 척도가 있다. CPRS는 총 48문항으로 행동의 심각도에 따라 0~3점으로 표시하며, 5개 소척도(행동 문제, 학습 문제, 정신신체 문제, 충동-과잉행동 문제, 불안 문제)로 구성되어 있다. CTRS는 총 28문항, 행동의 심각도에 따라 0~3점으로 표시하며, 3개 소척도(행동 문제, 과잉행동 문제, 부주의-피동성)로 구성되어 있다.

(2) 축약형 질문지

축약형 질문지(Abbreviated Symptom Questionnaire: ASQ)는 Goyette, Conners와 Ulirich가 1978년 CPRS-R과 CTRS에서 ADHD의 핵심적인 병리 요인에 대한 문항을 모아서 재구성한 것이다. ASQ는 Goyette 등이 개발한 것 외에도 몇 가지 유형이 더 있으나, Conners는 Goyette 등에 의한 축약형이 가장 유용하다고 밝혔다. 우리나라에서는 오경자와 이혜련이 1989년 번안한 것을 사용한다.

ASQ는 3세에서 17세 연령 범위의 유아와 청소년들이 보이는 여러 행동 문제를 평가하는 척도로 ADHD 연구에서 피험자를 정의하고 치료 효과를 측정하는 도구로 많이 쓰이고 있다.

■ 점수 해석

ASQ의 채점은 CPRS-R과 마찬가지로 '전혀'에서부터 '매우'까지 각각 0, 1, 2, 3점을 부가하여 총점이 18~20점 이상이면 ADHD를 의심해 보아야 한다. 국내 타당화 연구에서는 17점 이상이면 ADHD로 간주된다고 보고 있다(오경자, 이혜련, 1989).

코너스 평정척도 축약판				
*해당하는 곳에 V 표 하십시오.				
관찰된 행동	정도			
	전혀 아니다 (0)	약간 그렇다 (1)	심하다 (2)	아주 심하다 (3)
1. 차분하지 못하고 너무 활동적이다.				
2. 쉽사리 흥분하고 충동적이다.				
3. 다른 아이들에게 방해가 된다.				
4. 한 번 시작한 일을 끝내지 못한다/주의집중 시간 이 짧다.				
5. 늘 안절부절못한다.				
6. 주의력이 없고 쉽게 분산된다.				
7. 요구하는 것이 있으면 금방 들어주어야 한다.				
8. 자주, 또 쉽게 울어 버린다.				
9. 금방 기분이 확 변한다.				
10. 화를 터뜨리거나 감정이 격하기 쉽고, 행동을 예측하기 어렵다.				

[그림 11-3] 코너스 평정척도 축약판(ASQ)

(3) NISE 정서행동장애학생 선별척도

일선 교육 현장에서 정서행동장애학생을 조기 선별하고 진단할 수 있는 도구가 필요함에 따라, 정서행동장애학생들을 조기에 진단하고 이에 따른 적절한 교육적 조치를 가능케 함으로써 교육 효과를 높여 주고 교육의 정상화를 조기에 실현할 수 있는 토대를 마련하기 위해 개발되었다.

하위 척도는 대인관계에 부정적인 행동군, 주의집중결함, 과잉행동장애군, 행위장애군, 불안우울행동군, 신체적 통증 공포행동군으로 구성된다. 한편, 초등학교 2학년과 5학년 대상으로만 표준화가 실시되어 실제 연구나 임상 및 교육 현장에서 사용하기에는 제한이 있다.

■ 점수 해석

표 11-2 주의집중결핍과잉행동장애군 18개 문항의 남녀 학생 학년별 절단점

학년 및 성별 준거	절단점		점수의 범위	평균	표준편차
	2.3%	10%			
2학년 남아	68	61	18~82	36.12	16.10
2학년 여아	48	43	18~76	26.65	10.97
5학년 남아	68	60	18~88	35.02	16.49
5학년 여아	49	43	18~85	26.47	11.45

표 11-3 NISE 정서행동장애학생 선별척도

문항	평가척도
13. 수업 시간에 손을 꼼지락거리거나 발을 만지작거린다.	1 2 3 4 5
14. 보상이나 벌을 주어도 주의집중 시간이 길어지지 않는다.	1 2 3 4 5
15. 자주 멍하니 허공을 쳐다보고, 그럴 때는 주위를 의식하지 못한다.	1 2 3 4 5
16. 운동장 조례시간에 가만히 줄을 서 있기가 어렵다.	1 2 3 4 5
17. 과제의 세세한 내용에는 신경을 쓰지 않는다.	1 2 3 4 5
18. 어떤 문제를 풀 때 질문을 끝까지 읽지 않는다.	1 2 3 4 5
19. 과제를 빠트리거나 차례대로 수행하지 못한다.	1 2 3 4 5
20. 과제를 끝까지 완수하는 데 어려움이 있다.	1 2 3 4 5
21. 지속적으로 주의를 기울여야 하는 과제는 회피하거나 하기 싫어한다.	1 2 3 4 5
22. 오락 활동에 조용히 참여하지 못한다.	1 2 3 4 5
23. 연필이나 지우개 등 자신의 물건을 곧잘 잃어버린다.	1 2 3 4 5
24. 자신의 차례를 기다리지 못한다.	1 2 3 4 5

(4) 한국판 ADHD 평정척도

한국판 ADHD 평정척도(Korean ADHD Rating Scale: K-ARS)는 DuPaul(1991)이 개발한 아동용 행동평가척도로 학령기 아동의 ADHD 증상을 평가하기 위해 고안되었다. 이 척도는 DSM-IV(APA, 1994)의 ADHD 진단 기준을 기본으로 하여 총 18문항으로 구성되어 있다. 아동의 문제행동의 빈도에 따라서 '전혀 그렇지 않다' 0점, '약간 혹은 가끔 그렇다' 1점, '상당히 혹은 자주 그렇다' 2점, '매우 자주 그렇다' 3점까지 평정될 수 있다. 부모, 교사에게 실시 가능하고, 10~15분가량 소요된다. 국내에서는 소유경, 노주선, 김영신, 고선규, 고윤주(2002)가 초등학교 1학년에서 6학년을 대상으로 신뢰도, 타당도 연구를 수행하였다.

■ 점수 해석

각 문항에서 2점 이상의 점수는 아동의 발달단계에 비하여 비정상적인 것으로 간주된다. 홀수 문항의 총점은 부주의성을 측정하며, 짝수 문항의 총점은 과잉활동-충동성을 측정하도록 구성되어 있다. 이 척도의 내적 합치도 계수 Cronbach α는 .77~.89로 나타났다(소유경 외, 2002). 부모용은 19점이상, 교사용은 17점 이상일 경우에 ADHD가 의심된다(김재원, 박기홍, 최민정, 2004).

K-ARS(ADHD Rating Scale)

[부모용] 지난 일주일 동안 자녀가 집 안에서 보인 행동을 가장 잘 기술한 번호에 ○ 표 하십시오.
[교사용] 지난 일주일 동안 학생이 보인 행동을 가장 잘 기술한 번호에 ○ 표 하십시오.

번호	문항	매우 드물다	약간 혹은 가끔 그렇다	상당히 혹은 자주 그렇다	매우 자주 그렇다
1	학교 수업이나 일 혹은 다른 활동을 할 때 주의집중을 하지 않고 부주의해서 실수를 많이 한다.	0	1	2	3
2	가만히 앉아 있지를 못하고 손발을 계속 움직이거나 몸을 꿈틀거린다.	0	1	2	3
3	과제나 놀이를 할 때 지속적으로 주의집중하는 데 어려움이 있다.	0	1	2	3
4	수업 시간이나 가만히 앉아 있어야 하는 상황에서 자리에서 일어나 돌아다닌다.	0	1	2	3
5	다른 사람이 직접 이야기하는 데에도 잘 귀 기울여 듣지 않는 것처럼 보인다.	0	1	2	3
6	상황에 맞지 않게 과도하게 뛰어다니거나 기어오른다.	0	1	2	3

7	지시에 따라서 학업이나 집안일이나 자신이 해야 할 일을 끝마치지 못한다.	0	1	2	3
8	조용히 하는 놀이나 오락 활동에 참여하는 데 어려움이 있다.	0	1	2	3
9	과제나 활동을 체계적으로 하는 데 어려움이 있다.	0	1	2	3
10	항상 '끊임없이 움직이거나' 마치 '모터가 달려서 움직이는 것처럼' 행동한다.	0	1	2	3
11	공부나 숙제 등, 지속적으로 정신적 노력이 필요한 일이나 활동을 피하거나 싫어하거나 또는 하기를 꺼린다.	0	1	2	3
12	말을 너무 많이 한다.	0	1	2	3
13	과제나 활동을 하는 데 필요한 것들(장난감, 숙제, 연필 등)을 잃어버린다.	0	1	2	3
14	질문을 끝까지 듣지 않고 대답한다.	0	1	2	3
15	외부 자극에 의해 쉽게 산만해진다.	0	1	2	3
16	자기 순서를 기다리지 못한다.	0	1	2	3
17	일상적인 활동을 잊어버린다(예: 숙제를 잊거나 도시락을 두고 학교에 간다).	0	1	2	3
18	다른 사람을 방해하고 간섭한다.	0	1	2	3

Inattention(홀수 문항의 합): _____ .

Hyperactive/Impulsive(짝수 문항의 합): _____ .

[그림 11-4] K-ARS(ADHD Rating Scale)

(5) 주의력결핍장애 평가척도(ADDES)

① 주의력결핍장애 평가척도-가정 측정판

McCarey가 1989년 개발한 주의력결핍장애 평가척도의 가정 측정판(Attention Deficit Disorder Evaluation Scale-Home Version: ADDES-HV)으로 기존의 평가 도구와는 달리 단일 질환군으로서의 주의력결핍과잉운동장애의 세 가지 특징인 주의산만, 충동성, 과잉운동에 대해 응답하도록 고안된 통합 평가도구다.

주의산만의 항목은 19문항, 충동성은 15문항, 과잉운동은 12문항씩이 포함되어 총 46문항으로 구성되어 있다. 문항마다 그런 행동을 한 적이 없다(0), 한 달에 두세 번(1), 한 주에 여러 번(2), 하루에 여러 번(3), 한 시간에 여러 번(4) 중 하나를 선택하게 되어 있어 총 0점에서 184점의 범위에서 총점을 얻게 된다. 집단 혹은 개인으로 실시 가능하고, 15분가량 소요된다. 한국판으로는 박형배, 박성찬, 강지현이 1996년 표준화한 것을 사용한다.

■ 점수 해석

강지현, 박성찬, 박형배의 타당도 연구(1996)에 의하면, 주의산만 소척도에서 환자군이 47.11±17.59점, 정상대조군 14.03±5.26점, 충동성 소척도 환자군 28.14±12.97점, 정상대조군 6.91±3.86점, 과잉운동소척도 환자군 27.03±8.71점, 정상대조군 6.00±4.01점, 전체점수 환자군 102.19±35.65점, 정상대조군 26.64±9.06점으로 나타났다. 절단점(cut-off score)은 남자의 경우 주의산만 39점, 충동성 21점, 과잉운동 24점, 전체점수 80점이고, 여자의 경우 주의산만 35점, 충동성 20점, 과잉운동 17점, 전체 점수 69점으로 이 경우 ADHD 의심군으로 볼 수 있다고 하였다.

주의력결핍장애 평가척도-가정 측정판(ADDES-HV)

※ 해당하는 항목에 ∨표 하십시오.

관찰된 행동	정도				
	그런 행동을 한 적이 없다 (0)	한 달에 두세 번 (1)	한 주에 여러 번 (2)	하루에 여러 번 (3)	한 시간에 여러 번 (4)
1. 집에 있을 때 주위의 다른 어린이들, 텔레비전, 라디오 소리 등에 쉽게 주의를 빼앗겨 산만해진다.					
2. 다른 사람들이 말하고 있는 것을 듣지 않는다.					
3. 주변의 다른 사람들이 하는 중요한 소리들(예: 대화, 지시 등)에 주의집중을 할 수 없거나 계속 집중하지 못한다.					
4. 주의 깊게 들어야 할 수 있는 활동을 잘 하지 못한다(예: 말로 지시를 따라서 하는 게임 등).					
5. 말로 하는 질문이나 지시를 자주 반복해야 한다(예: "뭐라고 하는지 이해를 못 하겠어요."라고 말한다. 반복하여 상기시켜 주어야 한다).					
6. 과제를 계속하거나 대화에 집중하는 등 주의집중하기가 어렵다.					
7. 자기 소유의 물건을 정리정돈하지 못한다(예: 장난감이나 옷 등을 잃어버리거나 찾지 못한다).					
8. 숙제를 계속하지 못한다(예: 다른 활동에 더 흥미가 있다, 앉아 있기는 하지만 실제로는 하지 않는다).					
9. 말로 하는 지시를 듣지 않거나 듣더라도 그 말에 따르지 않는다.					

10. 잊어버린다(물건을 잃어버린다, 물건을 돌려주는 것을 잊어버린다, 어떤 일을 해야 하는 것을 잊어버린다).					
11. 처음 하던 일을 마치지 않고, 쓰던 물건을 치우지 않고, 또 다음 활동으로 넘어갈 시간이 되기도 전에 한 가지 일에서 다른 일로 바꾼다.					
12. 집중 시간이 짧다(예: 이야기를 하나 들려줄 동안 가만히 앉아 있지 못한다, 숙제에 집중하지 못한다, 쉽게 산만해진다 등).					
13. 숙제를 시작은 하지만 완전히 끝맺지 못한다.					
14. 집안일이나 자신이 해야 하는 일들을 스스로 하지 못한다(예: 여러 번 상기시켜 알려 주어야 한다, 도와주지 않으면 자기가 해야 할 일들을 시작하거나 끝맺지 못한다 등).					
15. 과제를 연구하거나 시험에 대비한 준비를 계속할 수가 없다.					
16. 해야 할 일들을 체계적으로 하지 못한다(예: 숙제를 못 해 간다, 집안일을 소홀히 한다, 물건을 잃어버린다, 제시간에 집으로 오지 않는다, 학교에 지각한다, 물건을 돌려주지 않는다 등).					
17. 학교에서 내준 과제를 하지 않는다(예: 시험에 대비한 공부를 하지 않는다, 숙제로 내준 책 읽기를 하지 않는다 등).					
18. 일의 질적인 면을 고려하지 않고(즉, 부주의하게) 집안일 또는 과제를 대충 해서 서둘러 마쳐 버린다.					
19. 글로 써 놓은 지시 사항을 읽지 않거나 읽더라도 따르지 않는다.					
20. 부모나 집안 어른들의 지시를 따르지 않는다(예: 시킨 일을 안 하겠다고 하고, 자기가 하고 있던 것을 고집을 부리며 계속하거나, 시킨 일과 반대되는 일을 한다 등).					
21. 부모의 요구나 부모가 결정한 사항을 따르기를 거부한다(예: 부모가 '안 된다'고 해도 들으려 하지 않고 끝까지 자기 고집대로 하려고 한다).					
22. 활동이나 게임에서 자기 차례가 돌아올 때까지 기다리지 못한다.					
23. 다른 사람의 물건을 빼앗아가 버린다.					
24. 다른 사람을 방해한다(예: 다른 사람이 이야기하고 있는 도중에 끼어들어 말을 시작한다, 다른 사람들과 이야기하고 있는 부모를 잡아당긴다 등).					

25. 충동적이다(예: 상황에 대해 생각해 보지도 않고 행동부터 해 버린다, 참지를 못한다, 자기 차례를 기다리거나 도와줄 때까지 기다리지 못한다 등).				
26. 일상생활의 정해진 순서를 따르지 못한다(예: 일을 순서 없이 뒤죽박죽 한다. 정해진 식사시간까지 기다리지 못하는 등 정해진 시간에 하는 행동을 기다릴 수가 없다).				
27. 집안일을 하거나 도구 사용 등을 할 때 지시나 지도를 기다리지 않고 마음대로 시작해 버린다(예: 하라고 하지 않았는데도 물건을 자기 멋대로 치워 버린다 등).				
28. 쉽게 좌절한다(예: 쉽게 포기한다, 최선을 다하지 않는다 등).				
29. 다른 사람에게 끼어들어 방해한다(예: 개인적인 시간을 갖고 있는 중에 다른 사람이 이야기하고 있거나 일을 하려고 하거나 어떤 행동을 하고 있는 중에 등).				
30. 일을 하는 데 필요한 절차나 단계를 따라서 하지 않는다(예: 집안일을 할 때, 도구나 집기를 조작할 때 등).				
31. 쉽게 화를 내거나 분노하거나 화를 낸다.				
32. 다른 사람들이 일이나 놀이 등을 하려고 할 때 귀찮게 군다.				
33. 자신의 행동으로 비롯된 결과를 생각하지 않는다(예: 자신의 행동이 나쁜 결과를 초래한다는 것을 알면서도 참지 못하고 그 행동을 하고야 만다).				
34. 충동적이거나 부주의한 행동으로 사고를 당한 적이 있다.				
35. 자리에 앉아 있는 동안 움직이고, 불안정하게 몸을 움직이고 가만히 있지 못하고 몸을 비비 꼰다.				
36. 안절부절못하게 보인다(예: 앉아 있는 자세를 자주 바꾼다, 왔다 갔다 한다 등).				
37. 게임의 규칙을 따르지 못한다.				
38. 자리에 가만히 앉아 있지를 못한다.				
39. 각각의 상황에 맞추어 그에 필요한 행동을 하지 못한다(예: 기도 시간이나 수업 시간 등 조용히 해야 하는 시간에도 떠들썩하며 가만히 안정되어 있지 못한다 등).				
40. 지나치게 흥분하게 된다(예: 집단행동을 할 때 자제력을 잃고, 소란스러워진다 등등).				
41. 아무 데나 올라타고 뛰어넘고 기어오르려고 한다.				
42. 불필요한 움직임이 많다(예: 주의를 돌아다니거나, 몸을 이리저리 흔들거나, 고개를 흔든다 등).				

43. 집 안에서 이 방 저 방을 뛰어 다니거나, 가구 위에 아무렇게나 앉거나, 소리를 지른다 등등.					
44. 백화점이나 슈퍼마켓 등에서 진열대 사이를 뛰어다닌다거나, 영화관 등에서 줄을 설 때 앞 사람을 밀고 시끄럽게 하거나, 가게 안에서 소리를 지른다 등.					
45. 지나치게 소음을 많이 낸다.					
46. 차 안에서 적절하지 못한 행동을 한다(예: 안전벨트를 매지 않으려 하거나, 차창 밖으로 물건을 던져 버리거나, 이 좌석 저 좌석을 마구 오르거나, 다른 사람을 집적이고 싸운다 등).					

[그림 11-5] 주의력결핍장애 평가척도-가정 측정판(ADDES-HV)

② 주의력결핍장애 평가척도-교사 측정판

주의력결핍장애 평가척도의 교사 측정판(Attention Deficit Disorder Evaluation Scale-School Version: ADDES-SV)으로 4~20세의 유아 및 청소년에게 적용될 수 있으며 주의산만(1~27번, 27문항), 충동성(28~45번, 18문항), 과잉운동(46~60번, 15문항)을 측정하는 3개의 소척도, 총 60문항으로 구성되어 있다. 한국판으로는 배진우, 정성덕, 이종범, 박형배, 김진성, 송창진이 1997년 표준화한 것을 사용한다.

대상 아동(혹은 청소년)이 어떤 행동을 나타내는 정도를 명확하게 측정하기 위해 문항마다 그런 행동을 한 적이 없다(0), 한 달에 두세 번(1), 한 주에 여러 번(2), 하루에 여러 번(3), 한 시간에 여러 번(4)의 5등급 중 하나를 선택하게 되어 있고, 가능한 총점은 0점에서 240점의 범위다. 설문 작성에 소요되는 시간은 20분 정도로 교사가 쉽게 완성할 수 있으며 개인 또는 집단으로 실시가 가능하다.

■ 점수 해석

배진우 등의 타당성 연구(1997)에 의하면, 주의산만 소척도에서 환자군이 76.25±21.53점, 정상대조군 26.85±24.19점, 충동성 소척도 환자군 46.11±18.01점, 정상군 14.17±13.25점, 과잉운동소척도에서 환자군 29.18±9.21점, 정상대조군 13.01±11.25점, 전체점수는 환자군 151.54±39.23점, 정상대조군 44.64±35.24점으로 나타났다.

주의력결핍장애 평가척도-교사 측정판(ADDES-SV)

평가자께: 평가서의 각 항목에 대해 다음에 제시된 점수(0~4)를 사용하시어 학생을 평가해 주십시오. 반드시 60문항 모두에 점수를 주어야 합니다. 빈칸을 남기지 마십시오.

관찰된 행동	정도				
	그런 행동을 한 적이 없다 (0)	한 달에 두세 번 (1)	한 주에 여러 번 (2)	하루에 여러 번 (3)	한 시간에 여러 번 (4)
1. 일의 질이나 정확성을 상관하지 않고 과제를 서둘러 대충해 버린다.					
2. 교실 안에서 생활 중에 다른 활동들, 다른 학생, 교사 등의 자극에 의해 쉽게 주의산만해진다.					
3. 다른 학생이 말하고 있을 때 듣지 않는다.					
4. 다른 사람들이 말하는 것을 모두 듣지 않고 일부밖에 못 듣는다(예: 끝말은 빠트리고 듣지 않거나, 하지 말아라 등의 중요한 단어를 빠트린다).					
5. 바로 주위에서 하는 중요한 소리들(예: 교사의 지시, 교내 방송으로 하는 지시)에 주의집중을 할 수 없거나 계속해서 집중하지 못한다.					
6. 주의 깊게 들어야 할 수 있는 활동을 잘 하지 못한다(예: 말로 하는 지시를 따라서 하는 게임 등).					
7. 말로써 하는 질문이나 지시를 자주 반복해 주어야 한다 (예: "학생이 뭐라고 하는지 이해를 못 하겠어요."라고 말한다).					
8. 소리가 나는 곳 가까이에 있어야 집중을 더 잘한다(예: 교사와 가까운 자리에 앉아 있을 때).					
9. 상대방과 시선을 서로 마주칠 수 있어야만 잘 들을 수 있다(즉, 옳게 알아듣도록 하기 위해서는 학생이 똑바로 보는 앞에서 설명해 주는 것이 요구된다).					
10. 단기 기억 요령이 없다(예: 두 단계 혹은 세 단계 등의 단계별로 된 지시를 기억하지 못한다. 과제에 필요한 재료를 기억하지 못한다).					
11. 순차적으로 일어나는 일들(예: 매일의 일상적으로 하는 시간표의 순서 등의 일들, 오늘이 무슨 요일인지, 지금이 몇 월인지 등)을 기억하지 못한다.					

12. 주의집중(예: 과제를 계속하는 것, 대화에 집중하는 것 등)이 어렵다.					
13. 알고 있던 부분을 놓쳐 버린다(책을 읽을 때 몇 단어나 몇 줄, 문장 등을 건너뛰고 읽는다).					
14. 책을 읽을 때 글자나 단어, 음 등을 생략하거나 더하거나 다른 것으로 대체하거나 서로 바꾼다.					
15. 교과서나 칠판 등에 쓰인 글자, 단어, 문장, 숫자 등을 그대로 베껴 쓰지 못한다.					
16. 글을 쓸 때 단어를 생략하거나 더하거나 다른 것으로 대체한다(예: 받침을 안 쓰거나 딴 것으로 바꾸어 쓴다).					
17. 내준 숙제를 다 하지 못하고 학교로 가지고 오는 것도 잊어버린다.					
18. 수업 시간에 하라고 내준 과제를 하지 않거나 시간 중에 잊어버린다(예: 과제를 하려고 하지 않거나 정해 준 시간 동안에 과제를 하지 않는다).					
19. 필요한 물건을 가지고 있지 않고 물건을 잃어버리고, 다 해 놓은 숙제를 어디에 두었는지도 모르고, 단계적으로 해야 할 과제를 순서대로 따라 하지 못할 정도로 정리정돈이 안 된다.					
20. 주어진 일을 깔끔하게 하려는 신경을 거의 쓰지 않고 과제를 한다(예: 과제를 대충 서둘러서 끝내 버리고, 주의를 기울이지 않는다).					
21. 과제를 스스로 해 낼 수가 없다(예: 계속해서 도움과 확인 설명을 요청한다. 도움이 없이는 과제를 시작하거나 계속하거나 끝내지 않는다).					
22. 학교에서 정해 준 과제물을 준비해 가지 않는다(예: 시험에 대비한 공부를 하지 않는다).					
23. 과제를 계속해서 하지 못한다(예: 다른 활동에 더 흥미가 있다, 앉아는 있어도 실제로는 하지 않는다).					
24. 공부 성적이 자신의 능력에 대한 기대 수준에 못 미친다(즉, 능력 수준에 못 미치게 성적이 낮다거나 아예 너무 떨어진다).					
25. 말로써 하는 지시를 듣지 않거나 듣더라도 그 말에 따르지 않는다.					

26. 학교의 규칙을 따르지 않는다(예: 복도에서 뛰어다니거나, 식사 시간의 규칙을 어기거나, 도서관에서 소란스럽다).					
27. 공부 시간을 적절하게 이용하지 못한다(예: 책을 읽도록 주어진 시간에 책을 읽지 않거나 주어진 연구학습을 하지 않거나 정해진 시간에 풀도록 한 문제를 풀지 않는다).					
28. 선생님의 지시나 지도를 받기도 전에 과제를 시작하거나 지시나 지도에 따르지 않는다.					
29. 활동이나 게임을 할 때 자신의 순서가 돌아올 때까지 참지 못한다.					
30. 다른 사람의 물건을 빼앗아가 버린다.					
31. 자신이 호명되지도 않았는데 다른 학생에게 한 질문에 대답을 마구 해 버린다.					
32. 교사를 방해한다(예: 교사가 이야기 하는 도중에 끼어들어 말하기 시작한다, 교사가 다른 학생을 봐주고 있는 중에 자신이 하고 싶은 질문 등을 하여 교사의 주의를 끌려고 한다).					
33. 다른 학생들을 방해한다(다른 학생들이 이야기하는 도중인데 자신이 끼어들어 말을 하고, 소란스럽게 하고 시끄럽게 웃는다).					
34. 조용히 해야 되는 활동을 하는 도중에 다른 사람에게 말을 건다.					
35. 자리에 앉아 있는 동안 움직이고, 불안정하게 몸을 움직이고, 가만히 있지 못하고 몸을 비비 꼰다.					
36. 안절부절못하게 보인다(예: 앉아 있는 자세를 이리저리 자주 바꾼다. 주위를 왔다 갔다 한다).					
37. 산수 문제를 푸는 데 필요한 단계를 따르지 못한다(잘못된 순서로 푼다. 한 단계를 빠트리고 푼다).					
38. 글로써 지시를 써 놓았는데도 지시 사항(예: 숙제에 관한 지시, 과제 지시 등)을 읽지 않고, 읽더라도 따르지 않는다.					
39. 쉽게 화내거나 분노하거나 흥분한다(때리고, 싸우고, 고함 지르고, 물건을 던지고 등).					
40. 다른 학생들이 어떤 일을 하려 하거나 어떤 것을 들으려고 할 때 귀찮게 한다.					

41. 교실에서 불필요한 간섭을 하거나 시끄러운 소리를 낸다(예: 허락을 받지 않고 다른 학생과 이야기한다, 끼어든다, 다른 사람을 놀린다, 콧노래를 부른다).			
42. 다른 사람들과 불필요한 신체적인 접촉을 한다(예: 건드리고 껴안는 등).			
43. 충동적이다(예: 상황에 대해 생각해 보지도 않고 즉각적인 반응을 한다. 참지를 못한다. 순서를 기다리거나 지도자의 도움을 기다리지 못한다).			
44. 교사나 학교 직원의 말을 따르지 않는다(예: 하라고 시킨 것을 하지 않겠다고 하거나 자신이 하고 있던 것을 고집을 피우며 계속하려 한다).			
45. 자신의 행동으로 비롯된 결과를 생각하지 않는다(예: 자신의 행동이 나쁜 결과를 초래할 것임을 알면서도 참지 못하고 어쨌든 그 행동을 한다).			

[그림 11-6] 주의력결핍장애 평가척도-교사 측정판(ADDES-SV)

2. 신경심리검사

신경심리검사(Neuropsychological Tests)는 ADHD 대상 연구들에서 사용되어 왔다. 많이 사용되는 검사로는 같은그림찾기검사(the Matching Familiar Figures Test), Stroop 단어-색 검사(Stroop Word-Color Test), 위스콘신 카드분류검사(Wisconsin Card Sort Test), 선로잇기검사(Trail Making Test), 하노이타워검사(Tower of Hanoi) 그리고 다양한 언어 유창성 및 시각탐색과제(visual search tasks), 연속수행검사 (Continuous Performance Tests) 등이 있다.

이 중 연속수행검사(CPT)는 주의력, 충동성 그리고 반응 시간을 측정하기 위해 설계된 전산화된 검사다. 예를 들어, Conners Continuous Performance Test (Conners, 1995), Gordon Diagnostic System(Gordon, 1987), 그리고 Tests of Variables of Attention(TOVA; Greenberg, Kindschi, Dupuy, & Corman, 1996) 등과 같은 CPT가 많이 사용되고 있다. 우리나라에서는 ADHD Diagnostic System(ADS; 심민섭, 조성준, 전선영, 홍강의, 2000), 해피마인드종합주의력검사(Comprehensive

Attention Test: CAT; 유한익 외, 2009)가 임상 현장에서 가장 많이 사용되고 있다. 일반적으로 이러한 검사들은 세부적인 실시 지침에는 차이가 있지만, 공통적으로 피검사자에게 컴퓨터 화면에 나타난 목표자극(예: 숫자 또는 그림)을 보거나 소리를 들은 후 해당 목표자극이 나타날 때마다 버튼을 누르게 하고, 비목표자극이 나타나면 버튼을 누르지 않게 한다는 특징이 있다.

CPT 검사 종류에 따라 결과 역시 다양하지만, 일반적으로 정확 반응 수, 부정확 반응 수(오경보 오류, commission error) 그리고 빠뜨린 반응 수(누락 오류, omission error), 가능 반응 시간 등은 기록된다. 오경보 오류(그리고 반응 시간)는 충동성을 측정하는 것으로 볼 수 있고, 반면에 누락오류와 정확 반응은 지속적 주의력을 측정하는 것으로 볼 수 있다. 현재 국내에서 사용되는 대표적인 연속수행검사는 해피마인드종합주의력검사(Comprehensive Attention Test: CAT)가 있다. CAT검사는 아동과 청소년의 주의력을 종합적으로 평가하기 위하여 단순선택주의력검사(시각, 청각), 억제지속력, 간섭선택주의력, 분할주의력, 작업기억력 각 다섯 가지의 주의력을 여섯 가지 검사로 확인하였다. 만 4세에서 15세에 이르는 아동 및 청소년 912명을 대상으로 표준화가 이루어졌으며, CAT검사 종류는 다음과 같다.

- 단순선택주의력(시각): 원하는 시각 자극에 반응하는 능력
- 단순선택주의력(청각): 원하는 청각 자극에 반응하는 능력
- 억제 지속력: 지속적으로 주의력을 유지하며 충동성을 억제하는 능력
- 간섭선택주의력: 주위의 간섭자극을 무시하고 필요한 자극에 반응하는 능력
- 분할주의력: 두 가지 이상의 자극을 동시에 처리하는 능력
- 작업기억력: 일련의 자극들을 순서대로 기억하며 처리하는 능력

각각의 검사 항목에 대하여 정상, 경계, 저하로 결과가 구분되며, 과잉행동형 아동의 경우 보속오류(자극을 제대로 파악하지 않고 너무 빨리 반응)와 오경보오류(목표가 아닌 자극에 반응), 다중반응(하나의 자극에 대해 여러 번 반응)의 결과에서 이상이 나타날 수 있다. 부주의형 ADHD 아동의 경우 누락오류(목표자극에 반응하지 않고 빠뜨린 횟수)와 정반응시간, 표준편차(목표자극에 반응하는 시간이 얼마나 일정하게 유지되는가를 나타내는 지표)에서 경계 또는 저하가 나타날 수 있다. 기억력 및 학습 능력

과 관련된 문제가 있는 학생의 경우 작업기억력, 작업기억력의 폭에서 문제가 나타
날 수 있다.

3. 규준참조검사

ADHD 평가에서 사용되는 규준참조검사(Norm-Referenced Tests)로는 지능검사
와 성취검사가 있다. 지능검사로는 주로 K-WISC-Ⅲ나 최근 개정된 K-WISC-4를
사용하고 있으며, 지능검사 중 소검사로 기호쓰기, 산수, 숫자따라하기가 주의집중
에 따라 수행에 영향을 받으므로, 다른 소검사와의 편차를 살펴보는 것이 필요하다.

성취검사로 우리나라에서 많이 사용되는 것은 기초학습기능검사(박경숙, 윤점
룡, 박효정, 1989), BASA-수학검사(김동일, 2006), BASA-읽기검사(김동일, 2008a),
BASA-쓰기검사(김동일, 2008b), BASA-초기문해검사(김동일, 2010), BASA-초기수
학검사(김동일, 2011), NISE-BACT(박경숙, 김계옥, 송영준, 정동영, 정인숙, 2005)이다.
비록 성취검사들이 ADHD 진단 목적에 직접적으로 유용한 것은 아니지만, 개인의
학업적 강점과 요구들을 확인하는 데에는 유용하며, 공존장애로 자주 나타나는 학
습장애를 평가하기 위한 유용한 검사이고, 중재를 계획하는 데에도 도움이 된다.

4. 기타 심리검사

ADHD는 다른 행동적·정서적·학업적 문제의 공존장애 가능성이 매우 커서,
ADHD 증상에 대한 평가 이외에도 행동 문제, 정서 문제, 학업 문제 등 전반에 대한
포괄적인 평가가 필요하다. 흔히 ADHD는 빈번하게 적대적 반항장애와 품행장애
와 같은 외현화장애, 우울장애와 불안장애와 같은 내현화장애, 학습장애, 틱장애와
발달적 협응장애와 같은 운동장애를 공존장애로 보인다(Wolraich & Dupaul. 2013).
공존장애가 있는 경우 ADHD의 어려움이 더욱 심해지고, 이후 경과나 예후에도 부
정적인 영향을 미치므로, 공존장애에 대한 평가는 중요하다. 따라서 공존장애를 판
별하기 위해서는 앞에서 소개한 심리검사 이외에도 정서, 성격, 대인관계 등에 대한
정보를 제공해 줄 수 있는 기타 심리검사들이 실시되어야 한다.

5. 기록 검토

학교에서의 행동, 태도, 성적, 출석, 상벌 사항 등 아동의 학교 기록을 검토하는 것은 매우 중요하다. 특히 학년에 따라 변화가 있는지, 과업에 따라 수행에 기복이 있는지, 행동 문제를 보이는지 등 교사의 평가가 어떠한지를 확인하는 것이 도움이 된다.

6. 의학적 평가

주의력, 충동성 그리고 과잉행동 문제들은 다양한 사회적 또는 정서적 문제들과 관련될 수 있지만, 천식, 갑상선 기능부전, 발작, 수면장애, 납중독, 알레르기, 약물 부작용 등과 같은 질병으로 인해 ADHD와 유사한 증상이 나타날 수도 있기 때문에 아동의 의학력을 확인하거나 의학적 평가를 하는 것이 필요하다. 현재 ADHD를 진단할 수 있는 의학적 검사도구는 없으나, ADHD가 아님에도 유사한 증상을 보여 ADHD로 잘못 판별될 수 있는 가능성을 배제하는 데 유용하다.

참고문헌

강지현, 박성찬, 박형배(1996). 한국판 주의력결핍 장애 평가 척도-가정판: 신뢰도 및 타당도 연구. 신경정신의학. 35(6), 1319-1329.

김동일(2006). 기초학습기능 수행평가체제(BASA): 수학검사. 서울: 인싸이트.

김동일(2008a). 기초학습기능 수행평가체제(BASA): 읽기검사. 서울: 인싸이트.

김동일(2008b). 기초학습기능 수행평가체제(BASA): 쓰기검사. 서울: 인싸이트.

김동일, 김이내, 이기정, 정소라, 김붕년, 고은영(2008). 주의력결핍과잉행동장애와 학습장애의 공존장애(comorbidity): 현황과 연구전망. 아시아교육연구, 9(4), 111-147.

김동일(2010). 기초학습기능 수행평가체제(BASA): 초기문해검사. 서울: 인싸이트.

김동일(2011). 기초학습기능 수행평가체제(BASA): 초기수학검사. 서울: 인싸이트.

김영신, 천근아, 김붕년, 장순아, 유희정, 김재원, 조수철, 서동향, 배명옥, 소유경, 노주선, 고윤주(2004). The reliability and validity of kiddie-schedule for affective disorders and schizophrenia-present and lifetime version-Korean version (K-SADS-PL-K). *Yonsei Medical Journal, 45*(1), 81-89.

김은향, 김동일, 고은영(2013). ADHD 위험군 아동의 쓰기 수행수준과 오류유형: ADHD와 쓰기학습장애의 공존성 탐색. 아동학회지, 34(1), 71-86.

김재원, 박기홍, 최민정(2004). 지역사회에서의 주의력결핍-과잉행동장애 선별기준에 대한 연구. 신경정신의학, 43(2), 200-208.

박경숙, 김계옥, 송영준, 정동영, 정인숙(2005). 국립특수교육원 기초학력검사(NISE-BAAT). 경기: 국립특수교육원.

박경숙, 윤점룡, 박효정(1989). 기초학습기능검사. 서울: 한국교육개발원.

소유경, 노주선, 김영신, 고선규, 고윤주(2002). 한국어판 부모, 교사 ADHD 평가 척도의 신뢰도와 타당도 연구. 신경정신의학, 41(2), 283-289.

송수미, 김재환(2002). ADHD 및 우울/불안 장애 아동의 문제행동에 대한 부모-교사 간 평정 일치도. 한국심리학회지: 임상, 21(4), 859-869.

신민섭, 조성준, 전선영, 홍강의(2000). 전산화된 주의력장애 진단시스템의 개발 및 표준화 연구. 소아·청소년정신의학, 11(1), 91-99.

오경자, 이혜련(1989). 주의력 결핍 과잉 활동증 평가도구로서의 단축형 Conners 평가척도의 활용. 한국심리학회지: 임상, 8(1), 135-142.

유한익, 이중선, 강성희, 박은희, 정재석, 김붕년, 손정우, 박태원, 김봉석, 이영식(2009). 국내 아동 및 청소년 주의력 평가를 위한 종합주의력검사의 표준화 연구. 소아·청소년정신의학, 20(2), 68-75.

이영은, 배승민, 홍선주, 이명진(2014). ADHD 증상 평정도구에 따른 집단 선별 일치도. 정서·행동장애연구, 30(4), 387-400.

조선미, 박혜연, 김지혜, 홍창희, 황순택(2006). 한국 아동 인성 평정척도(Korean Personality Rating Scale for Children; KPRC)의 표준화 연구. *Korean Journal of Clinical Psychology,* 25(3), 825-848.

조수철, 김붕년, 김재원, 김효원, 최현정, 정선우, 양영희, 정동선, 고복자, 김봉석, 신민섭, 유한익, 유희정, 이동우, 이상은, 이준영, 이재원, 전성일, 정희연, 홍진표, 황준원, 한성희(2007). 한국어판 DISC-IV(Diagnostic interview schedule for children version IV)의 신뢰도 및 타당도. 소아청소년정신의학, 18(2), 138-144.

조수철, 신민섭(2007). 소아정신병리의 진단과 평가. 서울: 학지사.

American Psychiatric Association. (1994). *Diagnostic and statistical manual of mental disorders* (4th Ed.). Washington, DC: American Psychiatric Association.

Bagwell, C. L., Molina, B. S., Pelham, W. E., & Hoza, B. (2001). Attention-deficit hyperactivity disorder and problems in peer relations: Predictions from childhood to adolescence. *Journal of the American Academy of Child & Adolescent Psychiatry,*

40(11), 1285–1292.

Barkley, R. A., Murphy, K. R., & Fischer, M. (2008). *ADHD in adults: What the science tells us.* New York: Guilford.

Barry, T. D., Lyman, R. D., & Klinger, L. G. (2002). Academic underachievement and attention-deficit/hyperactivity disorder: The negative impact of symptom severity on school performance. *Journal of School Psychology, 40*(3), 259–283.

Blondis, T. A., Accardo, P. J., & Snow, J. H. (1989). Measures of attention deficit: Part II: Clinical perspectives and test interpretation. *Clinical pediatrics, 28*(6), 268–276

Brock, S. E., & Clinton, A. (2007). Diagnosis of attention-deficit/hyperactivity disorder (AD/HD) in childhood: A review of the literature. *California School Psychologist, 12*, 73–91.

Cantwell, D. P. (1996). Attention deficit disorder: A review of the past 10 years. *Journal of the American Academy of Child & Adolescent Psychiatry, 35*(8), 978–987.

Carlson, G. A., & Rapport, M. D. (1989). Diagnostic classification issues in attention-deficit hyperactivity disorder. *Psychiatric Annals, 19*(11), 576–583.

Conners, K. C. (1989). *Manual for Conners Rating Scales: Instruments for use with children and adolescents.* North Tonawanda, NY: Multi-Health Systems.

Conners, C. K. (1995). *Conners' Continuous Performance Test user's manual.* Toronto: Multi-Health Systems.

Cunningham, C. E. (1990). A family systems approach to parent training. In R. A. Barkley (Ed.), *Attention-deficit hyperactivity disorder: A handbook for diagnosis and treatment.* New York: Guilford.

DuPaul, G. J. (1991). Parent and teacher ratings of AD/HD symptoms: Psychometric properties in a community-based sample. *Journal of Clinical Child Psychology, 20*, 245–253.

DuPaul, G. J., & Stoner, G. (1994). *ADHD in the schools: Assessment and intervention strategies.* New York: Guilford.

DuPaul, G., & Stoner, G. (2016). ADHD 학교상담[*ADHD in the school: Assessment and intervention strategies* (3rd ed.)]. 김동일 역. 서울: 학지사. (원저는 2014년에 출판).

Faraone, S. V., Biederman, J., Lehman, B. K., Keenan, K., Norman, D., Seidman, L. J., Kolodny, R., Kraus, I., Perrin, J., & When, W. J. (1993). Evidence for the independent familial transmission of attention deficit hyperactivity disorder and learning disabilities: Results from a family genetic study. *American Journal of Psychiatry, 150*, 891–895.

Gordon, M. (1987). *The Gordon diagnostic system.* DeWitt, MI: Gordon System.

Greenberg, L., Kindschi, C., Dupuy, T., & Corman, C. (1996). *Test of variables of attention: Clinical guide.* Los Alamitos, CA: Universal Attention Disorders.

Goyette, C. H., Conners, C. K., & Ulrich, R. F. (1978). Normative data on revised Conners parent and teacher rating scales. *Journal of abnormal child psychology, 6*(2), 221-236.

Hartman, C. A., Willcutt, E. G., Rhee, S. H., & Pennington, B. F. (2004). The relation between sluggish cognitive tempo and DSM-IV ADHD. *Journal of Abnormal Child Psychology, 32*(5), 491-503.

Hinshaw, S. (1994). *Attention deficits and hyperactivity in children.* Thousand Oaks, CA: Sage.

McBurnett, K., Pfiffner, L. J., & Frick, P. J. (2001). Symptom properties as a function of ADHD type: An argument for continued study of sluggish cognitive tempo. *Journal of abnormal child psychology, 29*(3), 207-213.

Nahlik, J. (2004). Issues in diagnosis of attention-deficit/hyperactivity disorder in adolescents. *Clinical pediatrics, 43*(1), 1-10.

Olson, S. L., & Brodfeld, P. L. (1991). Assessment of peer rejection and externalizing behavior problems in preschool boys: A short-term longitudinal study. *Journal of Abnormal Child Psychology, 19*(4), 493-503.

Rabiner, D., Coie, J. D., & The Conduct Problems Prevention Research Group. (2000). Early attention problems and children's reading achievement: A longitudinal investigation. *Journal of the American Academy of Child and Adolescent Psychiatry, 39*, 859-867.

Shaffer, D., Fisher, P., Lucas, C. P., Dulcan, M. K., & Schwab-Stone, M. E. (2000). NIMH Diagnostic Interview Schedule for Children Version IV(NIMH DISC-IV): Description, differences from previous versions, and reliability of some common diagnoses. *Journal of the American Academy of Child and Adolescent Psychiatry, 39*, 28-38.

Sims, D. M., & Lonigan, C. J. (2012). Multi-method assessment of ADHD characteristics in preschool children: Relations between measures. *Early Childhood Research Quarterly, 27*(2), 329-337.

Wolraich, M., & Dupaul, G. (2013). ADHD 진단 및 중재: 병원 클리닉과 교실에서 사용할 수 있는 실용 가이드[*ADHD diagnosis and management: A practical guide for the clinic and classroom*]. 강경숙, 박혜성, 김남희 역. 서울: 학지사 (원저는 2010년에 출판).

제**12**장

학습장애 평가

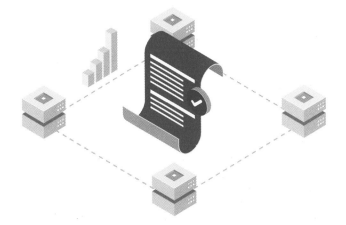

최근에는 학생들의 지적 · 정의적 · 신체적 성숙과 발달 과정을 토대로 하여 잠재적인 최고 수준까지 성취하도록 조력하는 체계적인 교육의 필요성이 더욱 요구되고 있고, 학생의 현재 가능성과 미래의 가능성을 지향하여 이를 극대화하는 교육 서비스 창출에 중지를 모으고 있다(김동일, 이대식, 신종호, 2016). 그러나 일반적인 학교 학습 상황에서 심각한 학습 곤란을 겪는 학생들이 존재하며 이들을 위한 체계적인 조력에 대한 요구가 커지고 있다. 특수한 교육적 요구가 있는 학생들에 대하여 특별한 장애의 한 유형으로 진단하고 인식한 것은 최근의 경향이다. 따라서 '학습장애'라는 분류에 해당하는 학생들을 위하여 체계적인 조력 체제가 다양하게 조직되고 활용되어야 할 필요성이 더욱 증대되고 있다. 우리나라에서는 1994년 개정 「특수교육진흥법」에서 학습장애를 포함하였고, 현재 각급학교의 특수학급이나 종합병원의 전문 클리닉 그리고 상담기관을 중심으로 학습장애에 대한 교육을 실시하고 있으며, 교육계와 학계에서는 학습장애의 조작적 정의와 적격성 준거, 평가 및 중재와 관련된 다양한 연구가 활발히 시행되고 있다.

 학습목표

1. 학습장애를 평가하는 검사들의 종류를 안다.
2. 학습장애 평가를 위한 주요 지능검사들의 검사 내용과 적용 방법을 이해한다.

I. 학습장애의 정의 및 특성

1. 학습장애의 정의

우리나라의 경우 학습장애의 정의나 관련 용어를 사용함에 있어 다소 혼란을 보이고 있으나, 학습장애에 관한 연구는 점차 활발해지고 있다. 여기서는 「장애인 등에 대한 특수교육법」(2007)과 국내 전문 학회(한국특수교육학회, 2008)에서 제안한 정의를 중심으로 살펴본다.

2007년 「장애인 등에 대한 특수교육법」 정의

학습장애를 지닌 특수교육대상자란 개인의 내적 요인으로 인하여 듣기, 말하기, 주의집중, 지각, 기억, 문제해결 등의 학습기능이나 읽기, 쓰기, 수학 등 학업성취 영역에서 현저한 어려움이 있는 사람을 말한다.

2008년 「한국특수교육학회」 정의

학습장애란 개인의 내적 원인으로 인하여 일생 동안 발달적 학습(듣기, 말하기, 주의집중, 지각, 기억, 문제해결 등)이나 학업적 학습(읽기, 쓰기, 수학 등) 영역 중 하나 이상에서 심각한 어려움을 겪는 것을 말한다. 이 장애는 다른 장애조건(감각장애, 정신지체, 정서장애 등)이나 환경실조(문화적 요인, 경제적 요인, 교수적 요인 등)와 함께 나타날 수 있으나 이러한 조건이 직접적인 원인이 되어 나타난 것은 아니다.

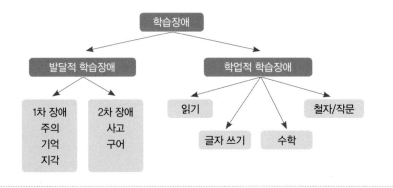

미국의 경우 특수교육 분야는 학습장애로 판정받은 아동들에게 국가 차원에서 특수한 교육적 혜택을 주기 위해 노력해 왔으며, 교육 대상을 선정하는 문제가 국가 정책적으로 중요한 문제이기 때문에 학습장애의 특성을 어떻게 볼 것인가에 대한 논의가 활발하게 이루어져 왔다. 학습장애의 정의 요소가 무엇인가에 대해 점차 합의되고 있다는 의견(기대보다 낮은 성취, 심리내적 원인, 생애 전반적인 발현, 이질성, 구어장애, 학업성취 문제, 사고 및 추론 문제, 제외 준거)도 있다(Hammill, 1990). 그러나 지금까지는 국가 정책 및 학문적으로 완전하게 인정받는 정의는 제안되지 않았다.

지금까지 발표된 수많은 정의 중 대표적인 것으로는 1977년 미국 교육부(United States Office of Education: USOE)의 정의와 이후에 「장애인교육법」(Individuals with Disabilities Education ACT: IDEA, 2006)에 나타난 학습장애 판별 조항이 있다. 각각의 정의를 정리해 보면 다음과 같다.

미국 교육부의 정의(1977년)

'특수학습장애'는 구어나 문어의 이해나 사용에 관련된 기본적인 심리과정에서의 장애로 인한 듣기, 말하기, 읽기, 쓰기, 철자, 산술 능력의 손상을 지칭한다. 지각장애, 뇌손상, 미소뇌기능손상, 난독증, 발달적 실어증 등을 포함한다. 시각, 청각 혹은 운동감각장애나 정신지체, 정서장애 또는 환경적·문화적·경제적 결손으로 인한 학습장애는 포함하지 않는다(United States Office of Education: USOE; 1977, p. 65083).

특정학습장애(SLD) 판별에 관한 「미국장애인교육법」 조항
(IDEA 2006, Federal Register, Department of Education, Part II)

300.307 특정학습장애(SLD)

(a) 일반 원칙: 주정부는 특정학습장애 여부를 판별하기 위해서 300.309의 기준을 반드시 적용해야만 한다.

    (1) 아동이 특정학습장애인지 판별하기 위해서 지적 능력과 성취 간의 심각한 불일치 준거를 의무적으로 적용하지 않을 수 있다.

    (2) 과학적이며 연구에 기반한 중재에 대한 아동의 반응을 기초로 하는 판별 절차를 사용하도록 허용해야 한다.

(3) 아동의 특정학습장애 여부를 결정하기 위해 다른 대안적인 연구 기반 판별 절차의 사용을 허용할 수 있다.

(b) 주정부의 기준과의 일관성: 공공기관은 아동이 특정학습장애인지 판별함에 있어 (a)에 의해 채택한 주정부의 기준을 반드시 준수해야 한다.

학습장애는 발달적 실어증 등을 포함한다. 시각, 청각 혹은 운동감각장애나 정신지체, 정서장애 또는 환경적·문화적·경제적 결손으로 인한 학습장애는 포함하지 않는다(United States Office of Education: USOE; 1977, p. 65083).

1977년 미국 교육부의 정의는 여러 연구자가 신중하게 논의하고 있으며(Mercer, 1987; Gearhaert & Gearhaert, 1989) 이 정의를 기준으로 연방정부의 프로그램이 만들어졌다. 그러나 이 정의의 문제점을 인식하여 나타난 특정학습장애 판별 조항(IDEA 2006)은 기존의 정의에 중재반응(responsiveness to intervention: RTI)모형을 반영하였다. 즉, 지능과 성취 사이의 불일치 준거를 의무적으로 적용하지 않아도 되며, 과학적으로 증명된 연구 기반 교육 및 중재에 대하여 나타나는 아동의 반응을 모니터링하여 자신의 학령 및 연령 기준을 달성하지 못하고 있는 증거(이중 불일치, 즉 또래보다 낮은 성취수준과 낮은 진전도)를 확인하도록 하였다.

한편, 최근 『정신장애의 진단 및 통계 편람 5판(DSM-5)』(American Psychiatric Association, 2013)에서는 학습장애의 명칭을 '특정학습장애(specific learning disabilities)'로 하였으며, 정상 수준의 지능(70±5 이상)을 가지고 있으나 학습과 학업기술을 사용하는 데 어려움을 보이는 상태로, 어려움을 보이는 특정학습 영역을 위한 중재를 받았음에도 읽기·쓰기·수학 영역 중에서 적어도 한 가지 증상이 6개월 이상 지속적으로 나타나는 아동으로 정의하였다. DSM-5에 의한 진단 기준은 다음과 같다.

A. 학습과 학업 기술을 사용하는 데 있어서의 어려움으로 그러한 어려움을 목표로 한 중재의 제공에도 불구하고 다음의 증상 중 적어도 한 가지를 최소 6개월 동안 지속적으로 나타낸다.

　1. 부정확한 또는 느리고 부자연스러운 단어 읽기(예: 한 단어들을 부정확하게 또는 느리게 주저하면서 소리 내어 읽는다. 종종 단어를 추측해서 읽는다. 단어를 발음하는 데 어려움이 있다.)

　2. 읽은 내용에 대한 의미 이해의 어려움(예: 글을 정확하게 읽지만 읽은 내용의 순서, 관계, 추론 또는 깊은 의미를 이해하지 못할 수도 있다.)

　3. 철자하기의 어려움(예: 모음 또는 자음을 첨가, 생략 또는 대체할 수도 있다.)

　4. 쓰기 표현의 어려움(예: 문장 내에서 다양한 문법 또는 구두법 오류를 보인다. 좋지 않은 문단 조직을 사용한다. 생각을 쓰기로 표현하는 데 명료성이 부족하다.)

　5. 수 감각, 수학적 사실 또는 계산 습득의 어려움(예: 수, 수 크기와 관계에 대한 이해가 빈약하다. 한 자릿수끼리의 덧셈을 할 때 또래처럼 수학적 사실을 회상하는 것 대신 손가락으로 계산한다. 수학 연산 도중에 길을 잃고 절차를 바꿀 수도 있다.)

　6. 수학적 추론의 어려움(예: 양적인 문제를 해결하기 위해 수학적 개념, 사실 또는 절차를 적용하는 데 심각한 어려움을 가진다.)

B. 학업적 기술들은 지속적이고 개인의 기대된 연령보다 더 낮게 설정되어서 학업적 혹은 직업적 수행에 있어서 중요한 어려움을 야기한다. 혹은 매일 삶의 활동에 있어서 표준화된 성취 도구와 종합적인 의학적 평가를 통해 공식적으로 확인된다. 17세 이상의 개인은 손상된 학습의 어려움에 대한 기록을 표준화된 평가를 통해 대체할 수 있다.

C. 학습의 어려움은 학령기에 발생하지만, 그러한 영향을 받은 학업적 기술은 개인의 제한된 능력을 초과하도록 요구할 때까지 완전히 나타나지 않는다(예: 시간 내의 검사, 읽기나 쓰기의 장기간의 복잡한 기한 제출 보고서, 매우 과한 학업적 부담).

D. 학업적 어려움은 지적장애에 의한 것이나 색맹, 청각적 예민함, 다른 정신적 혹은 뇌신경학적 장애, 심리사회학적 역경, 학업 교수 중 언어 사용에서의 미숙함 혹은 부적절한 교수를 더 잘 설명하지는 않는다.

Note: 네 가지 진단 기준은 개인사(발달, 의학, 가족, 교육), 학교 기록, 교육심리학적 평가를 종합한 것에 근거하여 충족되어야 한다.

앞서 학습장애에 대하여 다양한 분야의 정의들을 살펴보았다. 지금까지 제시된 대부분의 정의는 공통적으로 학교 학습의 실패, 심리적 과정상의 결손, 기대치와 성취도의 불일치, 다른 장애와 환경적 결손의 직접적인 결과가 아니라는 제외 요소 등을 포함한다. 또한 최근에 제안된 중재반응(responsiveness to intervention: RTI)모형에 의거한 「미국장애인교육법」의 학습장애 판별 조항도 적극적으로 참조하여야 한다. 이러한 정의 요소는 개념적인 수준에서 정의된 학습장애에서 공통적으로 찾아볼 수 있다. 그러나 학습장애를 교육 현장에 적용하기 위해서는 몇 가지 사항을 고려해야 한다.

첫째, 기존의 '개념적 수준'에서의 정의를 바탕으로 보다 구체화된 지침이 필요하다. 이를 위하여, 특히 능력-학업성취 불일치라는 점에서 조작적으로 정의가 시도되었다. 그러나 이러한 조작적 수준의 정의도 많은 문제를 내포하고 있다. 즉, 학습장애에 대한 서비스를 제공하는가를 격차 점수(discrepancy score)로만 판단할 수는 없다. 격차 점수는 전적으로 능력과 성취 점수 사이의 관계에 초점을 두고 있을 뿐 다른 학습장애를 가진 개인들의 고유한 특성은 고려하지 않고 있다. 어떤 공식에도 반영되기 어려운 인간적이고 임상적인 요인이 많으므로 다른 중요한 정보들 역시 고려되어야 한다. 관찰, 비형식적 측정(informal measurements), 상담자와 학부모의 경험 등이 서비스의 적합성을 결정하는 과정에서 반드시 고려되어야 한다. 학습장애의 상태에 대한 진단에는 특정 검사나 공식의 양적 요인들만이 아니라 다양한 질적 자료들도 함께 고려된 임상적인 판단을 중심으로 실제적인 검목표를 구안하는 것이 필요하다.

둘째, 학습장애는 단일한 유목이 아니라 다양한 문제를 지닌 개인들을 지칭하는 것이다. 때문에 학습장애에 대한 정의는 다양한 조건을 망라하며, 그 대처 전략도 다면적이고 상황과 개인에 대하여 적응적이다. 그러므로 여러 가지 다른 특성을 대표하고 강조점이 다른(판별, 평가, 교육, 연구) 다양한 정의가 필요하다.

셋째, 학습장애라는 용어의 출발점은 학생들의 학습곤란을 논의하고자 소집된 현장 모임이다. 즉, 실제로 학습의 문제를 지니는 일군의 학생들을 돕겠다는 취지에서 추출되었다는 것이다. 그러므로 이러한 영역에 포괄되는 학생들의 특성은 상황에 따라 매우 이질적이며, 바로 이 점이 학습장애 분야를 역동적으로 발전시키는 토대일 수 있다. 다양한 배경의 전문가들이 관심을 가지고 자신의 전문적인 기능을 중심으로 보다 완전한 조력 체제를 구성하여 가는 것이다. 그러므로 특수한 교육적 요구가 있는 대상 학생의 정상적인 발달을 체계적으로 도와주지 않는다면 그 누구에게도 '학습장애'라는 딱지를 붙일 수 없다. 학습에 심각한 곤란을 보이는 '학습장애'아동이라는 그 명칭 자체에 이미 적극적인 조력, 지원 체제가 붙박여 있다는 것이다.

2. 학습장애의 특성

① 인지적 특성

학습장애아동들은 보통 평균 혹은 그 이상의 지능을 소유하고 있으면서도 여러가지 인지처리 과정 및 기억 능력 등에서 부족하거나 결함을 보이는 경우가 많다. 기억력, 특히 작업기억력이 낮다(김애화, 2006; 송종용, 1999; 이대식, 최종근, 전윤희, 김연진, 2007; Swanson, 1994). 부족한 작업기억을 보완해 줄 수 있는 것이 각종 인지전략 혹은 학습전략을 사용하는 것이다. 비장애아동은 한정된 기억용량을 보완할 목적으로 사용하는, 예컨대 조직화 전략이나 시연 전략을 무리 없이 사용하거나 효과적으로 사용하는 데 별 어려움이 없는 반면, 학습장애아동은 그러한 전략들이 있다는 것 자체도 잘 모를 뿐만 아니라 설사 어떤 전략을 언제 사용한다는 것을 알아도 자발적으로 그러한 전략을 사용하지 않는 경향을 보인다(Montague & Applegate, 1993). 즉, 인지 전략 사용상의 수동성이 이들의 주요 특징이다. 하나의 표상양식에서 다른 표상양식으로의 전환에 어려움을 겪는 기능적 고착현상도 학습장애아동들에게서 흔히 볼 수 있는 특징이다.

② 교과 학습에서의 특성

전통적으로 학습장애아동이 어려움을 보이는 영역은 읽기, 쓰기, 말하기, 듣기, 셈하기, 추론 등으로 지적되어 왔다. 먼저 실제 대다수(80% 이상)의 학습장애아동이 읽기에 문제를 가지고 있는 경우가 매우 많으며, 읽기는 다른 교과 학업능력뿐 아니라 삶 전체에 영향을 미치는 중요한 능력이다.

읽기문제에는 생략(문장을 읽을 때 단어나 단어의 일부분을 빠뜨리기), 첨가(제시된 문장에 없는 단어나 문장을 추가하기), 대치(주어진 단어를 다른 말로 바꾸기), 도치(문자나 단어의 좌우를 바꾸어 읽기) 등과 같은 외형적인 특징과 낮은 독해력이 포함된다. 또한 글자와 소리의 대응관계 학습이 느리고 결과적으로 개별 단어 읽기와 문장 읽기에 어려움을 보인다. 비슷한 단어를 서로 혼동하고(예: 그러나-그런데, 소풍-소품) 단어를 읽는 속도와 정확성이 또래에 비해 현저히 낮다.

쓰기에서는 전반적으로 글자의 크기, 글자 간의 간격 및 조화가 심한 불균형을 보일 뿐만 아니라 글자 모양이 심하게 왜곡되어 있는 경우가 많다. 받아쓰거나 베껴 쓰는 속도가 느리다. 작문할 때에는 구두점, 맞춤법 등과 같은 기술적인 측면은 물론이고 주제에 일관되게 글을 조직화하거나 적절하면서도 풍부한 어휘를 구사하는 데 심한 어려움을 보인다.

읽고 쓰는 것뿐만 아니라 남의 말을 듣고 이해하는 능력도 또래에 비해 심한 차이를 보인다. 일상적인 대화에서도 적절한 단어를 적절한 억양과 속도로 표현하는 데 어려움을 보인다. 조음장애와 같은 발달적 언어장애를 보이는 경우도 많다.

추론 과정에서는 다수의 변인을 복합적으로 적용하거나 이용해야 하는 과제에 특히 어려움을 보인다. 다단계 해결 절차를 포함하는 과제에 어려움을 보이며, 작업 기억이 많이 요구되는 과제, 즉 여러 변수를 동시에 고려해야 하는 과제 수행에 특히 어려움을 보인다. 또한 추상적인 개념 파악과 획득에 어려움을 겪으며, 한 가지 표현 방식에서 다른 표현 방식으로 전환하는 과정이 느리고 부정확하다.

학습 동기 측면에서는 학습된 무기력을 보인다. 동기 수준이 낮고 거듭된 실패로 인해 과제의 성공 여부를 자신의 노력으로 돌리기보다는 운이나 외적 여건으로 돌리는 경향을 보인다. 일반적으로 자신의 능력에 의심을 갖고 있는 학생들은 학업성취상의 실패를 자신의 결함 탓으로 돌리고, 자신의 낮은 능력이 향상될 수 없다고 믿으며, 미래에도 또 실패할 것으로 여기고, 어려운 과제를 만나면 바로 포기해 버리는 경향을 보인다(Chapman, 1988).

수학 영역에서는 숫자를 쓰거나 읽는 데 어려움을 보인다. 숫자를 시간적-공간적으로 조직하는 능력이 부족하여, 예컨대 자릿값에 따른 숫자의 배열에 어려움을 느낀다든지 비슷한 숫자(예: 6과 9, 21과 12)를 혼동하는 경우가 있다. 시각적 태만 현상을 보이며, 소수점을 고려하는 데 어려움을 겪는다. 연산 문제를 해결하는 과정에서 학생들이 자주 보이는 연산 오류는 잘못된 오류, 계산상의 오류, 결함이 있는 알고리즘, 받아올림과 받아내림의 오류, 자릿값 혼동, 부주의로 인한 오류, 연산 과정 중 중단하는 불완전한 오류다(김동일, 2014). 대다수의 수학학습장애아동은 단순연산뿐만 아니라 수학 응용문제 해결, 기본 수학 개념 이해 등 여러 수학 영역에 걸쳐 매우 낮은 학업성취도를 보인다(Carnine, Jones, & Dixon, 1994; Mercer & Miller, 1992; Parmar & Cawley, 1994). 이 학습장애아동들의 낮은 수학성취도는 대개 저학년 때부터 나타나서 오래 지속되며, 어느 정도 학년이 올라가도 향상되지 않고 정체되는 현상을 보인다(Cawley & Miller, 1989; Mercer & Miller, 1992).

③ 사회·정서 및 행동적 특성

누적된 학습 실패는 대개 낮은 학습 자아 개념으로 이어진다. 이것의 심각성은 악순환을 형성한다는 점에 있다. 즉, 일단 낮은 학업성취에서 오는 낮은 자아 개념, 부정적인 귀인 혹은 부정적인 자아 개념은 또다시 학습에 부정적인 영향을 미친다. 예컨대, 노력을 해도 안 될 것이라는 믿음 혹은 성공이나 실패의 원인을 노력에서 찾기보다는 운이나 외적 상황 변화로 돌리는 태도는 결과적으로 노력의 불충분을 야기하고 학습부진을 낳는다. 문제는 그러한 학습부진이 주변인, 즉 교사나 학부모의 기대수준을 낮추는 데 주요한 역할을 한다는 점이다. 이들의 낮은 기대 수준은 또다시 피그말리온 효과에 의해 자기충족적 예언(self-fulfilling prophecy) 효과를 낳게 된다.

정서적인 측면에서는 행동 이전에 반성적 사고가 부족하고, 충동적인 경향이 강하며, 전반적으로 인내심이 약하고 쉽게 좌절하는 경향을 보인다. 그런가 하면 집단놀이 중에 지나치게 흥분하는 경향이 있기도 하다. 비교적 감정과 반응의 변화가 심한 편이다.

사회적인 측면에서는 대인관계가 원만하지 못하다(김자경, 2002; 조용태, 2000). 많은 학습장애아동이 정서·행동상의 결함을 보인다(Forness & Kavale, 1997; Hagger & Vaughn, 1997; Kavale & Forness, 1995, 1997). 부적절한 사회적 판단을 내리고 애정을 표현하는 정도나 시기, 대상이 부적절하다. 상황에 맞지 않는 행위를 하거나 자신의 행위 결과를 의식하지 못한다. 사회적 기술 관련 지식에서보다 실제로 실행에 옮기는 정도에서 일반학생과 특히 차이가 난다(강혜진, 김자경, 2007). 전형적인 학습장애아동은 일반아동보다 두드러진 행동문제를 보이고 사회적 기술이 부족하며 동료들

에게 쉽게 거절당하고 덜 수용적이다(김동일 외, 2015). 하지만 모든 학습장애아동이
정서 · 행동 문제를 보이는 것은 아니다.

④ 주의집중 및 신체 지각적 특성

학습장애아동의 3분의 1 정도는 주의집중에 문제를 보인다. 이들의 주의집중장
애 형태를 보면, 쉽게 주의가 산만해지고 선택적으로 주의를 집중해야 하는 상황에
서 특히 어려움을 보인다. 충동적이고 과잉행동을 보이는 것 또한 흔히 보이는 현상
이다.

신체지각적인 측면에서는 전반적으로 동작이 어설프고 민첩하거나 꼼꼼하지 못
하다. 특히 시각운동 협응능력이 낮아서 세밀한 동작을 요하거나 지각과 동작 간에
협응을 요하는 과제 수행이 또래에 비해 현저히 떨어진다. 지각 변별력 또한 매우
낮다. 시각변별장애, 청각변별장애, 시각운동장애, 순서장애 등을 보인다.

II. 학습장애 선별 및 진단 방법

학습장애 선별 및 진단 방법 중 일선 학교에서 특별히 전문가를 필요로 하지 않으
면서도 학습장애를 비교적 신뢰롭고 타당하게 선별하고 진단할 수 있는 대표적인
방법은 세 가지다. 첫째, 불일치 기준을 적용하는 것, 둘째, 최근에 불일치 기준 접
근법의 대안으로 제시되고 있는 '중재반응(RTI)' 접근으로 학습장애를 판별하는 방
법, 셋째, 이른바 '개인 내적 처리과정 결함 접근'(이대식, 2007)이다. 이 중 세 번째
방법은 아직 연구와 실제적인 타당성이 다른 두 접근보다 상대적으로 많이 미흡한
편이지만 이론이나 학습장애 분야의 연구 역사 맥락에서 매우 유망한 접근이다.

1. 능력−성취 불일치 접근법

학습장애 여부는 거의 논리적인 필연으로 지적인 잠재능력에서 기대되는 학업성
취 수준과 실제 성취 수준 간의 차이 정도로 판단하게 된다. 즉, '지적 능력이 이 정

도이면 이 정도는 성취해야 하는데, 실제 성취 수준이 거기에서 얼마나 모자란가'로 판단하게 될 것이다. 이러한 기준을 '능력-성취 불일치 기준'이라고 부르는데, 실제로 이는 최근까지 학습장애 선별과 진단의 가장 대표적인 기준으로 사용되어 왔다. 현재의 학업성취 수준은 주로 또래집단을 대상으로 표준화된 학업성취도검사에서의 점수로 나타내며, 잠재적 지적 능력은 표준화된 상업용 지능검사 점수로 나타낸다. 우리나라의 경우, 「장애인 등에 대한 특수교육법」에서는 학습장애아동의 진단 및 평가를 위해서 지능검사, 기초학습기능검사, 학습준비도검사, 시지각발달검사, 지각운동발달검사, 시각·운동통합발달검사 등을 사용하도록 규정하고 있다. 하지만 구체적인 방법과 판별 기준은 제시되지 않고 있다. 또한 표준화 지능검사에서 측정된 지능지수로서 해당 아동의 잠재적 지적 능력을 추정하고 적절한 학업성취 수준을 추론하여 설정하는 불일치 접근 방식은 다음 몇 가지 점에서 이론적으로나 실제적으로 문제가 있다(김동일, 홍성두, 2005; 이대식, 2001; 허승준, 2005). 첫 번째 문제는 불일치 모델에 의한 학습장애 진단 결과의 일관성 부족이며, 두 번째 문제는 지능검사 점수에 따른 평균적인 학업성취 수준을 설정하려면 지능검사 점수와 학업성취 수준 간에 거의 완벽에 가까운 상관관계를 가정할 수 있어야 하는데 읽기장애아동은 지능지수와는 상관없이 읽기의 다양한 영역에서 결함을 보인다는 것이다. 세 번째 문제는 지능검사 자체가 피험자의 언어 능력에 의해 영향을 받는다는 점이다.

2. 중재반응 접근법

이는 효과적인 수업에 얼마나 반응하는가 하는 정도로 학습장애 여부를 판단하는 접근이다(Fuchs, Fuchs, & Speece, 2002; Vaughn & Fuchs, 2003). 이 접근은 1995년 Fuchs 등이 조작적으로 정의하여 주창한 이래 2000년도 초기부터 미국에서 많은 지지를 얻고 있다(Vaughn & Fuchs, 2003). 절차는 일단 특별한 문제가 없는 평상시의 통합교육에 각 학생이 어떻게 반응하는지를 BASA(교육과정중심측정: curriculum-based measurement) 등을 통해 점검해 나간다. 교사가 실제로 가르친 내용을 대상으로 간편하게 실시할 수 있고, 타당도와 신뢰도를 어느 정도 갖추어 측정할 수 있는 검사를 적용해야 한다. 반응도는 반응속도와 학업성취 수준 등 두 가지 측면을 고려한다. 일단 첫 단계에서 또래에 비해 심각하게 반응도가 낮은 학생에게는 2단계에

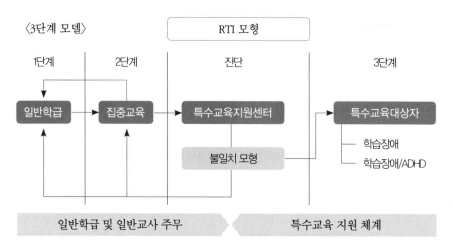

[그림 12-1] 중재반응 접근법을 통한 특수교육 지원

서 효과적인 수업을 일정 기간(보통 10~15주 정도) 체계적이고 집중적으로 투입하면서 그 반응도를 추적해 나간다. 그러나 중재반응 접근법에도 단점이 있다. 우선, 전통적으로 학습장애는 중추신경계통의 결함으로 인한 심리과정의 기능 결함이 일차적인 원인으로 지목되어 왔음에도 그에 관한 어떠한 정보도 제시할 수 없다는 점이 문제다. 또 어느 것이 효과적인 교육 방법인가, 그에 대한 반응도를 어떻게 타당하고 신뢰롭게 측정할 것인가에 관해 합의를 도출하기가 어렵고, 학령기 학습장애만을 진단할 수 있으며, 설사 합의를 본다고 해도 이를 누가 교사들에게 어떤 훈련을 얼마나 시켜서 교육하도록 할 것인지의 문제 그리고 개발된 검사 영역에서만 반응도를 확인할 수 있다는 등의 실제적인 문제가 남아 있다(허승준, 2005).

3. 인지처리과정 결함 접근

인지처리과정 결함 접근은 인지적 처리과정 변인이나 해당 교과의 기본 학습 기능에서의 수행 정도를 바탕으로, 개인 내 혹은 개인 간 여타 기능의 수행 정도와 어떤 차이가 있는지 그리고 그러한 차이가 해당 교과 학업성취의 차이를 얼마나 설명하는지 등을 확인하는 방법이다(Fletcher et al., 2003; Torgesen, 2002). 인지처리과정 결함 접근은 적어도 세 가지 사항을 전제로 한다.

첫째, 특정 처리과정상의 결함은 전반적인 인지능력과 비교적 독립적으로 특정

교과 영역의 학습에 영향을 미친다.

둘째, 특정 인지처리과정상의 결함은 외적인 요소, 즉 심리적 동기나 학습 기회 등과 같은 요인에 직접적인 영향을 받지 않는 개인내적인 특징이다.

셋째, 처리과정은 검사도구 등 다양한 측정 방법을 통해 그 수행 정도를 나타낼 수 있다. 하지만 인지처리과정 접근의 문제는 이론적으로나 실제적으로 아직 충분한 근거가 확립되어 있지 않다는 점이다(Augustyniak, Murphy, & Phillips, 2005; Torgesen, 2002). 사실 우리는 학습장애에 결정적으로 영향을 미치는 것이 인지처리 과정인지, 그 영향력은 얼마나 되는지 또는 그러한 능력의 결함이 어떤 식으로 학습 부진과 관련되어 있는지 등에 대해 여전히 연구가 필요하다(Geary, 1993).

Ⅲ. 학습장애 평가를 위한 주요 검사도구

우리나라에서는 「장애인 등에 대한 특수교육법」 제2조 제1항에서 학습장애아동의 선별검사 및 진단·평가 영역을 제시하고 있다. 학습장애아동에 대한 진단 및 평가 영역은 지능검사, 기초학습기능검사, 학습준비도검사, 시지각발달검사, 지각·운동발달검사, 시각·운동통합발달검사이며 이러한 영역에 따라 사용할 수 있는 대표적인 도구들을 소개하고자 한다.

1. 지능검사

학습장애 진단용 지능검사로는 한국판 Wechsler 아동용 지능검사인 K-WISC-Ⅳ(곽금주, 오상우, 김청택, 2011)와 문수백, 변창진(1997)이 번안한 Kauffman 아동용 지능검사(Kauffman Assessment Battery for Children)가 대표적이다.

① 한국판 Wechsler 아동용 지능검사(K-WISC-Ⅳ)

K-WISC-Ⅳ는 6세 0개월부터 16세 11개월까지의 아동의 인지 능력을 평가하는 검사도구로 한국 Wechsler 아동용 지능검사 3판(K-WISC-Ⅲ; 곽금주, 박혜원, 김청

택, 2001)의 개정판이다. K-WISC-IV는 아동의 전반적인 지적능력과 언어이해, 지각추론, 작업기억, 처리속도와 같은 인지적 능력을 측정한다.

② Kauffman 아동용 지능검사(K-ABC)

K-ABC 지능검사는 웩슬러 지능검사만큼이나 미국에서 많이 사용되고 있는 지능검사로, 만 2년 6개월부터 12세 5개월까지의 장애아동과 일반아동을 대상으로 한다. 검사는 동시처리능력, 순차처리능력, 경험학습 결과를 측정하는 3개의 척도로 구성되며, 척도별로 하위 영역들이 존재한다.

2. 학업성취도검사

학업성취도검사는 학습장애를 지닌 특수교육대상자의 읽기, 쓰기, 수학 등 학업성취 영역에서의 현저한 어려움을 증명하는 데 활용될 수 있다. 학습장애를 진단할 수 있는 학업성취도검사로는 NISE 기초학력 검사도구(NISE-BAAT; 박경숙, 김계옥, 송영준, 정동영, 정인숙, 2008), 기초학습기능수행평가(BASA; 김동일, 2006; 2008a; 2008b; 2010; 2011), 기초학습기능검사(박경숙, 윤점룡, 박효정, 1989)가 있다.

① 국립특수교육원 기초학력검사(NISE-B·ACT)

기초학습능력검사는 학습자의 현재 학업성취 수준을 파악하고, 학습자의 잠재된 능력을 최대한 계발할 수 있는 정보를 제공한다. 국립특수교육원 기초학습능력검사(National Institute for Special Education-Basic Academic Competence Test: NISE-B·ACT)는 유치원에서 중학교에 재학하고 있는 학생(만 5세 0개월에서 만 14세 11개월 30일까지)의 읽기, 수학, 쓰기 기초학습능력을 평가하고, 이를 통해 특수교육대상 학생을 선별하며, 특수교육대상 학생의 기초학습능력을 진단하기 위하여 개발된 검사이다. 이 검사는 학생의 적격성 결정과 함께 향후의 교육 프로그램을 개발하는 데 필요한 기초 정보를 제공한다.

② 기초학습기능 수행평가(BASA)

기초학습기능 수행평가(BASA)는 학습부진아동이나 특수교육대상자의 읽기 · 쓰기 · 수학 능력의 현재 수행 수준을 진단하고 평가할 수 있다. 읽기검사는 개인검사인 구두읽기검사와 집단검사가 가능한 빈칸 채우기 검사로 구성되어 있다. 구두읽기검사는 1분 동안 학생이 정확하게 읽은 단어 수를 통하여 읽기 유창성을 평가할 수 있으며, 빈칸 채우기 검사는 문맥을 고려하여 빈칸에 들어갈 올바른 단어를 3분 동안 선택하는 검사다. 쓰기검사는 이야기 서두 제시 검사의 형태로 실시하며, 학생이 주어진 시간 내에 얼마나 많은 글자를 얼마나 정확하게 쓰는지 측정한다. 수학검사는 수와 연산을 측정하는 검사로서 해당 학년의 학습 수준의 발달과 성장을 측정하고, 학습부진이나 학습장애에 해당하는지를 알 수 있다.

3. 학습준비도검사

학습준비도검사는 초등학교 입학 선별과 학교 학습에 어려움을 겪을 장애아동의 조기선별검사로 활용될 수 있다(김정권, 여광응, 1999). 장애아동의 조기선별검사로 활용되는 경우 심각한 학습 문제를 경험할 것으로 예상되는 학습장애 또는 학습부진 아동을 선별하는 데 활용될 수 있을 것이다. 이 검사는 축적된 지식, 신체 개념, 정서적 성숙에 대한 지각, 부모상에 대한 지각, 놀이에 대한 지각, 시각 · 운동 협응력, 지시순종 능력, 기억 능력의 하위 영역으로 구성된다.

IV. 학습장애 평가 적용의 실제

표 12-1 대상자 정보

내용	대상자 정보
이름	김영화
학교명	○○초등학교
학년(나이)	3학년(8세)

성별	여
지능	KEDI-WISC-IV: 101
수학교과 현재 수준	• 2학년 수준의 수학 수업 내용을 이해하는 데 매우 힘들어함 • 한 자리 수끼리의 더하기, 빼기는 정확하게 수행함 • 구구단을 정확히 외우지 못함 • 곱셈은 더하기로, 나눗셈은 빼기로 풀어 주었을 때 이해함 • 받아올림과 받아내림에서 실수가 잦음
그 외 특성	• 수학문장제 문제를 읽는 데 해독상의 어려움은 없음 • 읽기 이해 기술은 부족함 • 무용 수업과 미술 수업을 좋아함 • 밝고 명랑함

보호자와 학급 담임교사로부터 의뢰된 이 아동은 〈표 12-2〉에서와 같은 절차를 통하여 학습장애 진단·평가 과정을 거치며 〈표 12-3〉과 같이 특수교육대상자 진단·평가 의뢰서를 작성한다.

이 학생의 특수교육대상자 진단·평가서와 진단·평가 실시 결과에 대한 종합 의견 작성 사례는 〈표 12-4〉〈표 12-5〉와 같다. 교사나 심리평가자들은 지능검사 결과를 비롯한 지적장애와 관련된 심리평가 이후에 〈표 12-4〉〈표 12-5〉와 같은 진단·평가서와 종합 의견을 작성할 수 있어야 하고, 이를 교수 학습의 기초 자료로 활용할 수 있어야 한다.

〈표 12-5〉에서 제시한 종합 의견 예시처럼 학습장애학생 평가에서 가장 기본적인 검사가 되는 것은 지능검사와 학업성취검사라고 할 수 있다.

표 12-2　학습장애학생을 대상으로 한 특수교육대상자 진단 · 평가 과정(안)

1. 특수교육대상자 진단 · 평가의뢰서 제출 및 처리 절차

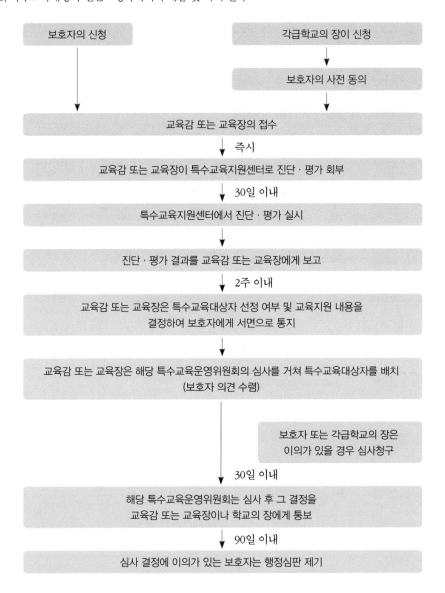

2. 작성 시 유의사항

(가) 각급학교의 장이 신청하는 경우 특수교육대상자의 보호자가 작성한 동의서를 첨부할 것(보호자
　　가 날인하면 동의서로 간주함.)

(나) 접수번호: 시 · 도(하급)교육청에서 부여하므로 지원자는 기재하지 아니함.

(다) 의뢰서의 기재 사항을 수정할 때에는 반드시 해당 학교의 장 또는 시 · 도교육감(고등학교입학자
　　격검정고시 합격자에 한함)의 날인이 있어야 함.

표 12-3 특수교육대상자 진단·평가 의뢰서

<table>
<tr><td colspan="6" align="center">특수교육대상자 진단 · 평가 의뢰서</td></tr>
<tr><td>접수번호</td><td colspan="5">002015 − 초000</td></tr>
<tr><td rowspan="3">대상자</td><td>성명
(한자)</td><td colspan="2" align="center">김 영 화</td><td>성별</td><td>남 (여)</td></tr>
<tr><td>주소</td><td colspan="4" align="center">서울 관악구 대학로 ○○○아파트 111동 222호</td></tr>
<tr><td>소속</td><td colspan="4" align="center">(○○초등)학교 제(3)학년</td></tr>
<tr><td rowspan="2">보호자</td><td>성명</td><td align="center">박○○</td><td>대상자와의관계</td><td colspan="2">대상자의 (모)</td></tr>
<tr><td>주소</td><td align="center">서울 관악구 대학로 ○○○
아파트 111동 222호</td><td>전화번호</td><td colspan="2">010-○○○○-○○○○</td></tr>
</table>

「장애인 등에 대한 특수교육법」제14조 제3항 및 같은 법 시행령 제9조 제4항에 따라 위와 같이 신청합니다.

2017년 4월 24일

보호자 박 ○○ ⑳
(학교장) 이 ○○ ⑳

○○시 교육청교육장 귀하

표 12-4 특수교육대상자 진단·평가서

<table>
<tr><td colspan="7" align="center">특수교육대상자 진단 · 평가서</td></tr>
<tr><td>진단 평가
번호</td><td colspan="6">002015 - 초000</td></tr>
<tr><td rowspan="8">대
상
자</td><td>성명</td><td>김영화</td><td>생년월일</td><td colspan="2">2007. 5. 30.</td><td>성별</td><td>여</td></tr>
</table>

진단 평가 번호		002015 - 초000				

대 상 자	성명	김영화	생년월일	2007. 5. 30.	성별	여
	주소	서울시 관악구 대학로 ○○○-○○	전화	010-○○○○-○○○○		
	소속학교	○○초등학교 제2학년 1반				
	장애인 등록	장애유형	장애등급	발급기관		등록연월일

표준화검사	검사도구명	검사 결과	비고
	K-WISC-Ⅳ	• 전체 지능지수: 86	
	NISE-BAAT	• 읽기 학력 지수: 103 (평균) • 쓰기 학력 지수: 103 (평균) • 수학 학력 지수: 94 (평균하)	
	BASA-math	• 백분위점수(중간값) 4 • 백분위점수 단계: 5단계(전반적이고 지속적인 수학 지도가 필요합니다.)	
보호자 의견	특수교육대상자로 선정된 후 ○○초등학교 일반학급에서 통합교육 및 관련서비스를 지원받기 희망함.		
담임교사 의견	본 아동은 초등학교 3학년 여학생으로 읽기와 쓰기 능력에는 큰 문제는 보이고 있지 않으나 3학년 수준의 수학 수업 내용을 이해하는 것을 어려워하고 구구단을 아직 외우지 못하며 두 자리 수 이상의 연산의 경우 오류가 많음.		
진단·평가 실시 결과에 대한 종합 의견	• 별지 참조		
교육 지원 내용	특수교육을 통한 개별화된 학습지원		

「장애인 등에 대한 특수교육법」제14조 제3항 및 같은 법 시행령 제9조 제4항에 따라 특수교육대상자 진단·평가 결과를 제출합니다.

2015년 6월 21일

○○시교육지원청교육장 귀하

표 12-5 특수교육대상자 진단·평가 실시 결과에 대한 종합 의견

구 분		내 용
K-WISC-IV	검사도구	한국 Wechsler 지능검사 제4판(K-WISC-IV)
	검사일시	2015년 5월 17일
	검사 결과	• K-WISC-IV 검사: 전체 지능지수(FSIQ)는 86으로 언어이해는 87.91, 지각추론은 95.95, 작업기억은 93.14, 처리속도는 80.41을 나타냈다.
NISE-BAAT	검사도구	NISE 기초학력 검사(NISE-BAAT)
	검사일시	2015년 5월 17일
	검사 결과	• NISE-BAAT 검사: 읽기검사 73, 쓰기검사 90, 수학검사 78로 읽기와 쓰기 영역에서 평균을 보이고 있으나 수학에서는 평균이하 수준을 보이고 있다. 아동은 읽기 영역에서는 유창성에는 큰 문제를 보이지 않으나, 독해력에서 소검사 간의 편차적 능력을 보이고 있다. 쓰기 영역에서는 전반적으로 양호하나 글 구성력에서 다소 낮은 수행도를 보이고 있다. 수학 영역은 전반적으로 하위 집단에 속하며 연산 및 문제해결에서 특별히 낮은 수행을 보이고 있다.
기초학습 기능 수행평가 검사 (BASA) -수학	검사도구	기초학습 기능 수행평가검사(BASA)-수학
	검사일시	2015년 5월 17일
	검사 결과	• 이 아동은 3학년이므로 BASA-Ⅲ단계 검사를 실시하였으며, 그 결과 1, 2, 3차 검사에서 원점수는 각각 8점, 15점, 13점을 획득하였다. T점수는 37.47점, 백분위점수 4점을 나타내어 현재 수행 수준은 5단계로 전반적이고 지속적인 수학 지도가 필요한 것으로 나타났다.
특수교육지원센터 의견		이 아동은 밝고 명랑하며 모든 일에 적극적인 태도로 임하고, 특히 예체능 수업을 좋아하나, 읽기 영역에서 복잡한 문장 이해에 어려움을 보이며 특히 수학 영역에서 학습에 어려움을 보이므로 보호자의 희망대로 특수교육대상자로 선정하여 통합교육 및 관련서비스를 지원하는 것이 바람직하다고 사료됨.

📋 **요약**

- 학습장애에 대해 완벽하게 합의된 정의는 제안되지 않았으나 지금까지 제시된 대부분의 정의는 공통적으로 학교 학습의 실패, 심리적 과정의 결손, 기대치와 성취도의 불일치, 다른 장애와 환경적 결손의 직접적인 결과가 아니라는 제외요소 등을 포함한다.
- 학습장애아동은 보통 평균 혹은 그 이상의 지능을 소유하면서도 인지처리 과정 및 기억 능력에서 결함을 보이는 경우가 많으므로 작업기억을 보완해 줄 인지전략과 학습전략을 사용할 수 있도록 지도하는 것이 중요하다.
- 학습장애아동은 읽기, 쓰기, 말하기, 듣기, 셈하기, 추론 등의 영역에서 학습의 어려움을 보이며, 학습 동기 측면에서 학습된 무기력을 나타낸다.
- 학습장애를 선별하고 진단하는 대표적인 방법은 세 가지다. 첫째, 불일치 기준을 적용하는 것, 둘째, 최근에 불일치 기준 접근법의 대안으로 제시되고 있는 '중재반응(response to intervention: RTI)' 접근으로 학습장애를 판별하는 방법, 셋째, 이른바 '개인 내적 처리과정 결함 접근'이다.
- 학습장애 평가를 위한 주요 검사도구로는 지능검사, 기초학습기능검사, 학습준비도검사, 시지각발달검사, 지각·운동발달검사, 시각·운동통합발달검사가 있다.

🔍 **각해 볼 문제**

1. 다음은 학습장애로 진단받은 지훈이에 대해 통합학급의 김 교사와 특수학급의 이 교사가 나눈 대화의 일부다. ㉠과 ㉡에 들어갈 학습장애 진단 방법을 쓰시오.

> 김 교사: 지훈이는 국어 시간에 거의 말을 하지 않고 딴 곳을 봅니다. 지훈이가 수업 내용을 이해하지 못해서 그런 것인지, 공부 자체에 흥미가 없는 것인지 잘 모르겠어요. 지훈이 같은 아이가 학습장애인가요? 지훈이의 검사 결과는 어떻게 나왔나요?
>
> 이 교사: KEDI-WISC-IV로 지훈이의 지능을 검사한 결과 지능지수가 98로 나타났으며 NISE-BAAT 검사를 한 결과 읽기검사 점수가 평균 이하로 학년수준이 현 3학년보다 낮은 1학년으로 나타났습니다. 학습장애 진단 방법인 (㉠)에 따르면 지훈이는 자신의 능력보다 낮은 읽기 성취를 보이는 학생으로 학습장애로 의심됩니다. 또한 지훈이의 지난 3개월간의 지도 결과를 살펴보면 3학년 1반의 국어 수업으로 향상이 보이지 않아 지훈이에게 소그룹 지도를 실시하였으나 지훈이의 읽기 능력은 향상되지 않았습니다. 따라서 학습장애 진단 방법인 (㉡)에 근거해서도 학습장애로 의심됩니다.

㉠: _____　　　　㉡: _____

2. 다음은 기초학습기능 수행평가(BASA) 읽기검사 세부 결과를 참조하여 기술한 검사 결과 내용이다. (①~⑦)에 들어갈 적합한 단어를 쓰시오.

이름		배○○	검사자	김○○
학년 반		3학년 1반	검사 시 연령	만 9세
읽기검사 1회	원점수			176
읽기검사 2회	원점수			162
읽기검사 3회	원점수			208
읽기 수행 수준	원점수(중간값)			176
	T점수(중간값)			38.19
	백분위점수(중간값)			77
	백분위점수 단계			4단계
	현재 수준 설명			기초 읽기 능력 향상을 위하여 지도를 부탁드립니다.
	현재 학년			3.7학년
	학년 점수(중간값)			1.8학년
	학년 차이 (학년점수−현재 학년)			1.9
	월 진전도			6+

아동에게 읽기 검사를 실시한 결과 아동의 현재 학년점수는 (①)학년으로 현재 학년인 (②)학년과 비교할 때 (③)학년의 차이를 보이고 있다. 백분위점수에 의해 아동은 현재 (④)단계로 기초 읽기 능력 향상을 위하여 지도가 필요한 수준이다. 대체로 백분위점수 (⑤)% 미만을 기준으로 이보다 낮은 백분위점수를 나타낼 때 구체적인 중재가 필요한 것으로 판단된다. (⑥)란 해당 학령의 학생이 한 달 동안 얼마만큼 진전을 보일 것인지를 예상하게 해 주는 평균치다. 아동의 월 진전도는 (⑦)이므로 검사 실시 이후 매달 (⑦)점의 진전을 나타낼 수 있으리라 기대된다.

① _____ ② _____ ③ _____

④ _____ ⑤ _____ ⑥ _____ ⑦ _____

1. ○: 능력−성취 불일치 접근법   ○: 중재반응모형

2. ① 1.8, ② 3.7, ③ 1.9, ④ 4, ⑤ 15, ⑥ 월진전도, ⑦ 6

참고문헌

강혜진, 김자경(2007). 학습장애아동과 일반아동의 사회적 기술 지식과 수행력 비교. 정서·
　행동장애연구, 23(2), 251-273.

곽금주, 박혜원, 김청택(2001). 한국 웩슬러 아동지능검사(K-WISC-Ⅲ) 지침서. 서울: 도서출판
　특수교육.

곽금주, 오상우, 김청택(2011). K-WISC-Ⅲ. 서울: 도서출판 특수교육.

김동일(2006). 기초학습기능 수행평가체제(BASA): 수학검사. 서울: 인싸이트.

김동일(2008). 기초학습기능 수행평가체제(BASA): 읽기검사. 서울: 인싸이트.

김동일(2010). 기초학습기능 수행평가체제(BASA): 초기문해. 서울: 인싸이트.

김동일(2011). 기초학습기능 수행평가체제(BASA): 초기수학. 서울: 인싸이트.

김동일, 고혜정, 조재은, 김은삼, 조영희(2015). 학습부진 및 학습장애 학생의 사회성 중재연
　구 동향 분석. 통합교육연구, 10(1), 141-166.

김동일, 이대식, 신종호(2016). DSM-5에 기반한 학습장애아동의 이해와 교육(3판). 서울: 학지사.

김동일, 홍성두(2005). 학습장애의 진단을 위한 불일치 판별모델:개관과 전망. 아시아교육연
　구, 6(3), 209-237.

김애화(2006). 수학 학습장애 위험학생 조기선별검사 개발: 교육과정중심측정 원리를 반영한
　수감각검사. 특수교육학연구, 40(4), 103-133.

김자경(2002). 학습장애아의 사회적 지위와 행동·정서상의 특성 간의 관계에 관한 연구. 정
　서·행동장애연구, 18(1), 37-61.

김정권, 여광응(1999). 유아 학습준비도 검사요강. 서울: 특수교육.

문수백, 변창진(1997). 교육·심리측정도구. 서울: 학지사.

박경숙, 김계옥, 송영준, 정동영, 정인숙(2008). NISE 기초학력 검사도구(BAAT). 경기: 국립특수
　교육원.

박경숙, 윤점룡, 박효정(1989). 기초학습기능검사. 서울: 한국교육개발원.

송종용(1999). 한글 읽기장애아동의 작업기억 특성. 서울대학교 대학원 박사학위 논문.

이대식(2001). 학습장애 진단과 판별: 불일치 기준의 문제점과 교과별 기초학습기능의 역할.
　정서·행동장애연구, 17(2), 19-41.

이대식(2007). 수학학습장애 진단 및 판별 방법으로서의 내재성 처리과정 결함 접근의 타당
　성과 전망. 정서·행동장애연구, 23(2), 217-249.

이대식, 최종근, 전윤희, 김연진(2007). 수학기초학습부진학생 집단의 특징 연구. 아시아교육
　연구, 8(1), 93-130.

조용태(2000). 정신지체아동과 학습장애아동의 사회적 기술 특성 비교. 미래유아교육학회지,
　7(1), 113-136.

한국특수교육학회(2008). 특수교육대상자 개념 및 선별기준. 경기: 한국특수교육학회.

허승준(2005). 학습장애의 진단 및 평가: 기존 모델의 문제점과 시사점. 학습장애연구, 2(2), 31-53.

홍성두, 이기정, 김이내, 강옥려, 김동일(2009). 학습장애 진단 평가를 위한 특수교육지원센터의 역할과 운영방안 탐색. 학습장애연구, 6(1), 105-127.

American Psychiatric Association. (2013). *Diagnostic and statistical manual of mental disorders* (5th ed.). American Psychiatric Association.

Augustyniak, K., Murphy, J., & Phillips, D. K. (2005). Psychological perspectives in assessing mathematics learning needs. *Journal of Instructional Psychology*, *32*(4), 277-286.

Carnine, D. W., Jones, E. D., & Dixon, R. C. (1994). Mathematics: Educational tools for diverse learners. *School Psychology Review*, *23*(3), 406-427.

Cawley, J. F., & Miller, J. H. (1989). Cross-Sectional Comparisons of the Mathematical Performance of Children with Learning Disabilities Are We on the Right Track Toward Comprehensive Programming? *Journal of Learning Disabilities*, *22*(4), 250-254.

Chapman, J. (1988). Learning disabled children's self-concepts. *Review of Educational Research*, *58*(3), 347-371.

Fletcher, J. M., Morris, R. D., & Lyon, G. R. (2003). Classification and definition of learning disabilities: An integrative perspective. *Handbook of learning disabilities* (pp. 30-56). New York: Guilford Press.

Forness, S. R., & Kavale, K. A. (1997). Defining emotional or behavioral disorders in school and related services. *Issues in educating students with disabilities* (pp. 45-61). Mahwah, NJ: Erlbaum.

Fuchs, L. S., Fuchs, D., & Speece, D. L. (2002). Treatment validity as a unifying construct for identifying learning disabilities. *Learning Disability Quarterly*, *25*(1), 33-45.

Gearhaert, B. R., & Gearhaert, C. J. (1989). *Learning disabilities: Educational strategies* (5th ed.). Columbus, OH: Merrill Publishing.

Geary, D. C. (1993). Mathematical disabilities: Cognitive, neuropsychological, and genetic components. *Psychological Bulletin*, *114*(2), 345-362.

Hagger, D., & Vaughn, S. (1997). Assessment of social competence in students with learning disabilites. *Issues in educating students with disabilities* (pp. 129-152). Mahwah, NJ: Erlbaum.

Hammill, D. D. (1990). On defining learning disabilities: An emerging consensus. *Journal* of Learning Disabilities, 23(2), 74-84.

Kavale, K. A., & Forness, S. R. (1995). The nature of learning disabilities: Critical elements of diagnosis and classification. Mahwah, NJ: Erlbaum.

Kavale, K. A., & Forness, S. R. (1997). Defining learning disabilities: Consonance and dissonance. Issues in educating students with disabilities. (pp. 3-25). Mahwah, NJ: Lawrence Erlbaum.

Mercer, C. D. (1987). Students with learning disabilities (3rd ed.). Colunmbus, OH: Merrill.

Mercer, C. D., & Miller, S. P. (1992). Teaching students with learning problems in math to acquire, understand, and apply basic math facts. Remedial and Special Education, 13(3), 19-35.

Montague, M., & Applegate, B. (1993). Middle school students' mathematical problem solving: An analysis of think-aloud protocols. Learning Disability Quarterly, 16(1), 19-32.

Parmar, R. S., & Cawley, J. F. (1994). Structuring word problems for diagnostic teaching: Helping teachers meet the needs of children with mild disabilities. Teaching Exceptional Children, 26(4), 16-21.

Swanson, H. L. (1994). Short-term memory and working memory do both contribute to our understanding of academic achievement in children and adults with learning disabilities? Journal of Learning Disabilities, 27(1), 34-50.

Torgesen, J. K. (2002). The prevention of reading difficulties. Journal of School Psychology, 40(1), 7-26.

United States Office of Education. (1977). Definition and criteria for defining students as learning disabled. Federal Register, 42(250), 65083.

Vaughn, S., & Fuchs, L. S. (2003). Redefining learning disabilities as inadequate response to instruction: The promise and potential problems. Learning Disabilities Research & practice, 18(3), 137-146.

Individuals with Disabilities Education Act. (2006).

제 **13** 장

자폐스펙트럼장애 평가

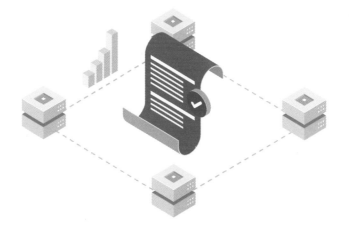

자폐스펙트럼장애(Autism Spectrum Disorder: ASD)는 근본적으로 사회적 상호작용 및 의사소통 기술의 결함과 제한적이고 반복적이며 상동적인 행동 특성을 보인다. 자폐스펙트럼장애는 다섯 가지 유형으로 자폐장애, 아스퍼거장애, 레트장애, 소아기 붕괴성 장애, 불특정 전반적 발달장애(Pervasive Developmental Disorder: PDD)로 나뉜다. 자폐스펙트럼장애로 진단되는 아동이 상당히 증가하고 있다는 것은 매우 주목할 만한 일이다. 더불어 이러한 장애를 가진 아동에 대한 관심도 증가하고 있다. 이러한 관심은 자폐스펙트럼장애아동에게 집중적인 도움이 필요하다는 인식을 고양시키는 한편, 그들의 전형적인 모습에 대한 오해를 불러일으키기도 한다. 따라서 자폐스펙트럼장애를 평가할 때는 이들의 행동 범주가 매우 포괄적이고 다양하다는 점을 반드시 염두에 두어야 한다.

 학습목표

1. 자폐스펙트럼장애를 평가하기 위한 검사들의 종류를 안다.
2. 자폐스펙트럼장애 평가를 위한 주요 검사들의 구성, 특징, 실시 및 해석 방법을 이해한다.

I. 자폐스펙트럼장애의 정의와 특성

1. 자폐스펙트럼장애의 정의

「장애인 등에 대한 특수교육법」에서는 자폐스펙트럼장애를 다음과 같이 정의하고 있다.

---

6. 자폐성장애를 지닌 특수교육대상자
사회적 상호작용과 의사소통에 결함이 있고, 제한적이고 반복적인 관심과 활동을 보임으로써 교육적 성취 및 일상생활 적응에 도움이 필요한 사람

그리고 「장애인복지법」의 장애인 기준에는 다음과 같이 정의하고 있다.

---

7. 자폐성장애인(自閉性障碍人)
소아기 자폐증, 비전형적 자폐증에 따른 언어 · 신체표현 · 자기조절 · 사회적응 기능 및 능력의 장애로 인하여 일상생활이나 사회생활에 상당한 제약을 받아 다른 사람의 도움이 필요한 사람

한편, 미국정신의학회(American Psychiatric Association: APA)는 2013년 발행한 『정신장애의 진단 및 통계 편람 5판((5th ed.)(DSM-5)』에서 자폐스펙트럼장애(autism spectrum disorder: ASD)의 진단 기준과 중증도 단계를 [자료 13-1]과 같이 제시한다(이승희, 2014).

자료 13-1   **DSM-5의 자폐스펙트럼장애 진단 기준**

A. 다양한 맥락에서의 사회적 의사소통과 사회적 상호작용의 지속적인 결함
다음 세 가지가 현재 나타나고 있거나 나타난 내력이 있다(예들은 설명을 위한 것
이지 철저한 것은 아니다. 본문을 참조할 것).

1. 사회적-정서적 상호성에서의 결함
   (예: 비정상적인 사회적 접근과 정상적인 주고받기식 대화의 실패에서부터 관
   심, 정서, 또는 감정의 제한된 공유와 사회적 상호작용의 시작 또는 반응에서의
   실패에 이르기까지 나타난다.)
2. 사회적 상호작용을 위해 사용되는 비언어적 의사소통 행동에서의 결함
   (예: 언어적 의사소통과 비언어적 의사소통의 서툰 통합에서부터 눈 맞춤과 신
   체언어의 비정상성, 몸짓의 이해 및 사용에서의 결함, 표정과 비언어적 의사소
   통의 완전한 결여에 이르기까지 나타난다.)
3. 관계의 형성, 유지, 이해에서의 결함
   (예: 다양한 사회적 맥락에 맞는 행동 조절의 어려움에서부터 상상 놀이 공유하
   기나 친구 사귀기의 어려움, 또래에 대한 관심의 결여에 이르기까지 나타난다.)
   ▶ 현재의 중증도 명시: 중증도는 사회적 상호작용의 손상과 제한적이고 반복적인 행
   동 패턴에 근거한다(〈DSM-5의 자폐스펙트럼장애 중증도 단계〉 표를 참조할 것).

B. 제한적이고 반복적인 행동, 관심, 또는 활동 패턴
다음 중 적어도 두 가지가 현재 나타나고 있거나 나타난 내력이 있다(예들은 설명
을 위한 것이지 철저한 것은 아니다. 본문을 참조할 것).
1. 상동적이거나 반복적인 동작성 움직임, 물건 사용, 또는 말
   (예: 단순한 동작성 상동증, 장난감 일렬로 세우기 혹은 물건 돌리기, 반향어, 특
   이한 문구)
2. 동일성 고집, 일상 활동에 대한 완고한 집착, 의식화된 언어적 혹은 비언어적 행
   동 패턴
   (예: 사소한 변화에 대한 극도의 고통, 전환의 어려움, 경직된 사고 패턴, 인사 의
   식, 매일 동일한 길로 가거나 동일한 음식을 먹으려는 요구)
3. 강도나 초점이 비정상적인 매우 제한적이고 고착된 관심
   (예: 이례적인 물건에 대한 강한 애착 혹은 집착, 지나치게 한정되거나 집요하게
   반복되는 관심)

4. 감각적 입력에 대한 과대반응 혹은 과소반응, 환경의 감각적 측면에 대한 이례적인 관심

(예: 고통/온도에 대한 명백한 무관심, 특정 소리나 감촉에 대한 혐오 반응, 물건에 대한 지나친 냄새 맡기나 만지기, 빛이나 움직임에 대한 시각적 매료)

▶ 현재의 중증도 명시: 중증도는 사회적 상호작용의 손상과 제한적이고 반복적인 행동 패턴에 근거한다(〈DSM-5의 자폐스펙트럼장애 중증도 단계〉 표를 참조할 것).

C. 증상들은 발달기 초기에 나타나야 한다(그러나 증상들은 사회적 요구가 제한된 능력을 초과하고 나서야 비로소 완전히 뚜렷해지거나 만년에 학습된 전략으로 인해 가려질 수도 있다).

D. 증상들은 현재 기능의 사회적, 직업적, 또는 기타 중요한 영역에 임상적으로 유의미한 손상을 야기한다.

E. 이러한 교란은 지적장애(지적발달장애) 또는 전반적 발달지체에 의해 더 잘 설명되지 않는다. 지적장애와 자폐스펙트럼장애는 흔히 동시에 발생한다. 자폐스펙트럼장애와 지적장애의 공존 진단을 내리려면 사회적 의사소통이 일반적 발달수준에서 기대되는 바에 미치지 못해야 한다.

※주의사항: DSM-IV에 의해 자폐장애, 아스퍼거장애 또는 불특정 전반적 발달장애로 확진된 개인들에게는 자폐스펙트럼장애 진단을 내려야 한다. 사회적 의사소통에 현저한 결함은 가지고 있으나 자폐스펙트럼장애의 기준을 만족시키지 못하는 개인은 사회적(실용적) 의사소통장애에 대한 평가를 받아야 한다.

▶ 다음 사항들을 명시:

-지적 손상의 동반 여부

-언어 손상의 동반 여부

-동반된 알려진 의학적/유전적 조건 또는 환경적 요인

(부호화 주의사항: 관련된 의학적/유전적 조건을 확인하기 위해서는 부가적인 부호를 사용하시오.)

-동반된 다른 신경발달적, 정신적, 또는 행동적 장애

(부호화 주의사항: 관련 신경발달적, 정신적 또는 행동적 장애를 확인하기 위해서는 부가적인 부호를 사용하시오.)

-긴장증을 동반하고 있는가?

〈DSM-5의 자폐스펙트럼장애 중증도 단계〉

중증도 단계	사회적 의사소통	제한적 · 반복적 행동
단계3. 매우 상당한 지원 필요	언어적 · 비언어적인 사회적 의사소통 기술의 심각한 결함은 심한 기능 손상, 매우 제한적인 사회적 상호작용 시작하기, 그리고 타인의 사회적 제의에 대한 최소한의 반응을 야기한다. 예) 명료한 발화가 거의 없고, 상호작용을 시작하는 경우가 거의 없으며 시작하더라도 요구를 채우기 위해서만 비정상적으로 접근하고, 매우 직접적인 사회적 접근에만 반응하는 사람	행동의 경직성, 변화에 대처하는 데 있어서의 극단적 어려움, 또는 기타 제한적 · 반복적 행동들이 모든 활동 범위에서 기능에 현저하게 지장을 준다. 초점이나 활동을 변경하는 데 있어서의 큰 고통이나 어려움.
단계2. 상당한 지원 필요	언어적 · 비언어적인 사회적 의사소통 기술의 현저한 결함, 지원이 갖춰져 있어도 명백하게 나타나는 사회적 손상, 제한된 사회적 상호작용 시작하기, 타인의 사회적 제의에 대한 축소된 혹은 비정상적인 반응. 예) 단문으로 말하고, 상호작용이 편협한 특정 관심사에 제한되어 있으며, 두드러지게 기이한 비언어적 의사소통을 하는 사람	행동의 경직성, 변화에 대처하는 데 있어서의 극단적 어려움, 또는 기타 제한적/반복적 행동들이 무관심한 관찰자에게 명백할 만큼 충분히 자주 나타나고 다양한 맥락에서 기능에 지장을 준다. 초점이나 활동을 변경하는 데 있어서의 고통 그리고/또는 어려움.
단계1. 지원 필요	지원이 갖춰져 있지 않으면 사회적 의사소통의 결함이 주목할 만한 손상을 야기한다. 사회적 상호작용을 시작하는 데 어려움을 보이고, 타인의 사회적 제의에 대한 비전형적이거나 비성공적인 반응들을 명백히 나타낸다. 사회적 상호작용에 대한 관심이 저하된 것처럼 보일 수 있다. 예) 완전문으로 말하고 의사소통에 참여할 수 있으나 타인과 주고받기 식 대화에는 실패하며, 친구를 사귀려는 시도가 기이하고 대체로 성공적이지 못한 사람	행동의 경직성이 한 가지 또는 그 이상의 맥락에서 기능에 유의미한 지장을 야기한다. 활동을 바꾸는 데 있어서의 어려움. 조직하고 계획하는 데 있어서의 문제들이 독립성을 방해한다.

2. 자폐스펙트럼장애의 특성

1 사회적 특성

자폐스펙트럼 장애의 가장 핵심적인 결함은 사회적 상호작용의 문제다. 이들은 발달 초기 단계에서부터 눈 맞춤, 표정, 시선, 자세, 몸짓 등과 같은 비언어적 사회적 상호작용과 모방 기능에 결함이 있으며, 연령 수준에 기대되는 관계 형성이 어렵다. 또한 또래와 함께 있어도 또래가 관심을 보이거나 관심 있는 물건을 보여 주려 하지 않으며, 즐거움이나 관심 등을 자발적으로 나누려 하거나 사회적 몸짓을 사용하지 않는다.

2 의사소통 특성

자폐스펙트럼장애는 의사소통에서도 질적인 손상을 보인다. 이들은 들은 그대로 다른 사람이 한 말을 똑같이 반복하는 반향어를 보이거나 질적으로 다른 특이한 언어를 사용하기도 한다. 이들은 억양이 독특하고 난조로워 기계적이고 로봇이 말하는 것과 유사하다는 인상을 준다.

구어의 발달과 이해는 장애 정도에 따라 스펙트럼이 다양하다. 언어발달이 지체되거나 전혀 나타나지 않는 정도에서 현학적 대화를 즐기는 정도까지 있으며, 구어 이해의 경우 대부분은 언어 정보를 구체적이거나 글자 그대로 받아들여서 관용어구나 속담, 비유, 농담 등을 이해하지 못한다. 또한 언어의 사회적 의미를 이해하지 못하며, 타인의 의도나 동기를 파악하는 것을 어려워한다.

자폐스펙트럼장애는 언어의 형식적인 측면에 비해 사회적 맥락과 관련된 언어의 화용론에서 문제가 두드러진다. 상대방, 상황, 맥락에 맞게 말을 시작하고 적절한 언어를 선택하는 것이 어렵다.

3 행동적 특성

자폐스펙트럼장애의 두드러진 행동 특성은 매우 제한적이며 반복적이고 같은 행동을 보인다는 것이다. 의례적이고 동일성에 대해 비합리적으로 고수하는 강박적인 행동을 보이는데, 특정 절차를 엄격하게 지켜야 하고 친숙한 환경의 사소한 변화에도 유연하게 대처하지 못한다. 특정 감각자극에 대해 과잉반응이나 과소반응을 보이는 것과 같이 감각 경험에 대한 비정상적인 반응을 보인다.

④ 인지적 특성

자폐스펙트럼장애의 지적 기능 수준은 지적장애에서부터 매우 우수한 수준까지 다양하다. 이들은 사회적 상황에서의 적응과 관련 있는 검사에서는 낮은 수행을 보이나, 암기나 조작을 필요로 하는 검사에서는 우수한 결과를 나타낸다. 대략 75%는 지적장애이고, 20% 이상은 평균 혹은 그 이상의 인지적 능력을 보이기 때문에 일정 수준 이상의 학업성취를 달성하기도 한다. 일부 서번트증후군의 경우는 특정 영역에서의 천재적인 능력을 나타내기도 한다. 그러나 지적장애를 동반하는 대부분의 자폐스펙트럼장애들은 낮은 학업성취를 보이기 때문에 개별화된 교육적 접근을 필요로 한다. 하지만 자폐스펙트럼장애의 지능을 해석할 때는 자폐스펙트럼장애아동들이 의사소통 문제로 인하여 자신의 잠재력을 충분히 발휘하지 못하고 있다는 측면을 고려해야 한다.

그리고 마음이론(theory of mind)에 의하면 자폐스펙트럼장애아동들은 타인의 마음을 읽는 능력에 결손이 있다고 한다. 즉, 타인의 생각과 감정을 파악하고 이해하는 능력이 심각하게 손상되어 타인의 조망을 수용하는 것이 어려우며, 타인의 사회적 의사소통을 이해하고 반응하는 데 곤란을 경험하게 된다.

II. 자폐스펙트럼장애의 평가

1. 자폐증 진단 관찰 스케줄

□ 개관

1) 도구의 묘사

자폐증 진단 관찰 스케줄(Autism Diagnostic Observation Schedule: ADOS; Lord, Rutter, DiLavore, & Risi, 2001)은 자폐장애 및 다른 전반적 발달장애/자폐스펙트럼장애가 의심되어 의뢰된 환자의 의사소통, 사회적 상호작용 또는 놀이, 사물의 상상적 사용을 평가하는 반구조화되고 표준화된 평가도구다. ADOS는 검사자가 서로 다른 발달 수준과 생활연령에서 자폐스펙트럼장애를 진단하는 데 중요하다고 간주되어 온 행동을 관찰할 수 있는 표준 활동들로 구성되어 있다. ADOS에서는 '밀어 주기' (Murray, 1938)라는 미리 계획된 사회적 상황을 사용하게 되는데, 이런 상황들은 특정한 형태의 행동을 이끌어 낸다. 구조화된 활동과 재료들은 자폐스펙트럼장애와 관련된 사회적 상호작용, 의사소통 그리고 기타 행동에 기준이 되는 표준화된 맥락을 제공한다.

현재의 ADOS는 두 개의 이전 도구를 통합한 것이다. 1989년판 ADOS(Lord et al., 1989)는 언어 기능이 최소한 3세 이상인 성인과 아동을 대상으로 한 것이며, 언어 이전 단계의 진단적 관찰 도구(DiLavore, Lord, & Rutter, 1995, PL-ADOS)는 언어 기능에 제한이 있거나 말을 하지 못하는 아동을 대상으로 고안된 것이다. ADOS의 현재 판은 언어가 유창하고 기능이 좋은 청소년과 성인을 대상으로 한 추가 항목들을 포함하고 있다.

ADOS는 4개의 모듈로 구성되었으며 각각을 시행하는 데는 30~45분가량이 소요된다. 모듈별 지침서에는 표현언어 또는 수용언어가 없는 아동부터 언어가 유창한 성인까지 특정한 발달 수준에 있는 아동 또는 성인(대상자)과 함께 할 수 있도록 고안된 활동 계획들이 수록되어 있다. 한 사람에게는 한 번에 한 가지 모듈만을 사용한다. 모듈은 1~4까지의 숫자로 구별되며 각각의 활동은 모듈 내에서 번호로 표시되어 있다. 검사자는 언어 능력과 실제 연령을 바탕으로 특정한 아동 또는 성인에게 가장 적절한 모듈을 선택한다.

기록은 각 ADOS 모듈을 시행하는 동안에 이루어진다. 비디오 녹화를 하는 경우라도 모든 점수는 시행 직후에 매긴다. 매겨진 점수는 각 모듈에 제공된 진단 알고리즘을 이용하여 진단을 공식화하는 데 사용된다. 그러므로 ADOS 검사자는 검사 대상이 의사소통과 사회적 상호작용을 위한 표준화된 '밀어 주기'를 통해 자폐스펙트럼장애의 진단에 관심 있는 행위를 드러낼 다양한 기회를 제시하도록 30~45분가량의 관찰 시간을 갖는다.

ADOS의 네 가지 모듈은 일련의 비구조화된 상황과 구조화된 상황을 결합한 사회적 의사소통의 순서를 제공한다. 각 상황은 특정한 사회적 행동을 위한 서로 다른 밀어 주기의 조합이다. PL-ADOS에 바탕을 둔 모듈 1은 구(句) 언어(반향어가 아닌 세 단어의 어절로 때때로 동사를 포함하며, 자발적으로 의미 있는 단어의 조합으로 정의)를 일관되게 사용할 수 없는 대상자를 위해 고안된 것이다. 모듈 2는 어느 정도의 어구를 사용하지만 언어가 유창하지 않은 대상자를 위한 것이다. 모듈 1과 2의 재료들은 어린 아동에게 적합하게 선택된 것으로서 청소년이나 성인에게는 맞지 않다. 조금 더 높은 연령대를 위해서는 다른 모듈의 재료로 대치해야 한다.

모듈 3은 1989년판 ADOS를 바탕으로 만들어졌으며, 장난감을 이용한 놀이가 적절한 나이이면서(대체로 12~16세 이하) 언어가 유창한 아동을 대상으로 한다. 여기서 '언어의 유창함'이란 대체로 전형적인 4세 아동의 표현성 언어 기술을 가진 것으로 정의한다. 즉, 어느 정도의 문법적 오류가 있더라도 다양한 형태의 문장과 문법을 만들어 내고, 정황을 벗어난 사건에 관한 정보를 전달하기 위해 언어를 사용하며, 문장 내에서 얼마간의 논리성을 갖춘 것이다('그러나' 또는 '그렇지만'을 사용). 모듈 4에는 1989년판 ADOS의 사회적·감정적 문항들이 포함되고, 부가적인 과제들과 일상생활에 대한 면담 항목들이 들어가 있다. 이것은 언어가 유창한 청소년과 성인을 위한 것이다. 모듈 3과 4의 주된 차이점은 모듈 4는 주로 면담용 질문들과 대화에 의존하는 반면, 모듈 3은 사회적 의사소통에 관한 정보를 모으는 면담용 질문을 사용하며 상호적인 놀이 과정에서 관찰한 것을 채택하고 있다는 점이다.

어떤 활동들은 서로 중첩되지만, 4개의 ADOS 모듈은 어떻게 어린 아동이 검사자에게 풍선을 계속 불어 달라고 요청하는지 관찰하는 모듈 1로부터 학교나 직장에서 의 사회적 관계에 대한 대화에 이르는 모듈 4까지 다양한 범위에 걸친 과제들을 기술하고 있다. 모듈 1과 2는 어린 아동 또는 언어적 기술이 매우 제한되어 있는 사람의 활동 수준과 관심을 반영하여 종종 검사실의 여러 곳을 옮겨 다니며 수행한다. 이에 반해 모듈 3과 4는 탁자에 앉은 채로 시행하고, 신체적인 맥락보다는 대화와 언어의 비중이 더 크다. 활동의 스케줄은 모듈에 따라 다르지만 일반적인 원칙은 동일한데, 구조화되고 비구조화된 사회적 행동의 위계를 이용하여 계획적으로 검사자의 행동을 다양하게 하는 것을 포함한다.

ADOS의 초점이 사회적 행동과 의사소통을 관찰하는 데 있으므로, 활동의 목표는 상호작용이 일어날 수 있도록 재미있고 표준화된 맥락을 제공하는 것이다. 표준화는 검사자가 사용한 행동의 위계와 전체적으로 점수를 매기는 동안 각 활동에서 고려된 행동의 종류에 달려 있으며, 그 활동은 상호작용을 구조화하는 데 도움을 준다. 그것은 그 자체로 끝나는 것이 아니다. ADOS 활동의 목적은 특정한 인지능력이나 기타 기술을 평가하는 것이 아니라, 평가 대상인 아동이나 성인이 사회적 상호작용에 참여하기를 원하도록 충분히 흥미를 유발하는 과제들을 제시하는 것이다. 관찰의 기회를 갖기 위해서는 종종 검사자가 '하지 않는' 것(예: 피검사자가 상호작용을 시작하거나 유지하려고 노력하는지 일부러 기다려 보는 것)이 검사자가 '해야 하는' 것만큼이나 중요하다.

각각의 ADOS 모듈은 어떤 범위의 과제와 사회적 밀어 주기를 제시하는 데 있어 그 자체의 독립된 위치를 가져야 한다. 하지만 검사자는 피검사자의 언어 수준이 기대했던 것과 다르거나 어떤 이유로 과제가 일반적으로 부적절하다고 생각될 때 한 모듈에서 다른 모듈로 옮겨 갈 수 있다. 확신이 없을 때는 갖고 있는 언어 기술보다 낮은 것을 요구하는 모듈을 선택하는 쪽이 언어의 어려움을 도구의 사회적 요구와 혼동하는 쪽보다 낫다. 네 가지 모듈의 지시문에서 기술한 것처럼 과제의 순서, 속도, 도구 등은 대상자의 필요에 맞추어 다양하게 할 수 있다. 각 스케줄의 끝에 매기는 등급 중 대다수는 각각의 모듈에 걸쳐 유사하며, 모든 모듈에 공통인 항목과 일부 모듈에만 들어 있는 항목이 있다. 서로 다른 모듈에 대해 독립된 진단적 알고리즘이 형성되어 있다. 그것들은 제3장과 각 모듈의 프로토콜 마지막 부분에 제시된다.

ADOS의 사용은 순전히 검사자의 임상적 기술과 도구에 대한 경험과 관련이 있다. 검사자는 채점과 활동에 충분히 익숙해져서 과제의 시행보다는 검사 대상의 관찰에 중점적으로 주의를 기울여야 한다. 활동의 시행과 함께 관찰과 채점에서도 연습이 요구된다. ADOS를 사용하기 전에 검사자는 클리닉이나 연구 그룹 내에서, 혹은 저자들이 제작한 비디오테이프를 통해 검사자 간 신뢰도를 얻어야 한다. (이용 가능성에 대해서는 인싸이트에 문의한다.)

연구에 사용하기 위해서는 검사자가 훈련 워크숍에 참석하여 워크숍 지도자와 다른 곳에서 온 연구자들 간에 신뢰도를 얻어야만 한다. ADOS는 현재의 행동에 대한 정보만을 제공할 뿐이며, 제한된 시간 표본에 근거한다. 포괄적인 진단을 위해서는 과거력이나 보다 오랜 시간의 관찰 또는 한국판 The Autism Diagnostic Interview-Revised(Rutter, Le Couteur, & Lord, 2002)를 이용한 상세한 면담을 통해 더 많은 정보를 얻어야 한다.

2) 전문가 지침서의 구성

이 지침서의 제2장은 가장 적합한 ADOS 모듈 선택에 대한 지침으로 시작하여 시행과 부호화를 위한 일반적인 지침으로 이어진다. 다음의 네 가지 모듈에 대한 프로토콜은 각각 구체적인 지시를 포함하는 분리된 섹션에서 논의된다. 각 모듈에 대한 섹션은 지시, 과제의 묘사, 필요한 재료의 목록, 전반적인 등급 매기기에 대한 안내를 포함하고 있다. 프로토콜 자체는 과제의 목록과 등급 매기기를 열거하는 부호화 섹션, 각 활동 과정에 만들어진 기록을 적는 공간 그리고 각 활동 목적의 짧은 요약과 각 항목에서 목표로 하는 관찰의 초점을 포함한다.

제3장은 ADOS 알고리즘의 사용을 논의하고 개인의 결과를 해석하는 길잡이를 제공한다. 제4장은 도구의 개발, 도구의 심리측정적 특성을 평가하는 데 사용되는 표본 그리고 도구의 신뢰도와 타당도의 분석을 통한 자료를 기술한다. 마지막으로 추가 자료들이 지침서 끝의 부록에 포함되어 있다.

② 실시와 채점

1) 모듈 선택 지침

적어도 학령전기 이상 수준의 개인에게 표현성 언어 수준은 자폐스펙트럼장애 경과의 가장 강력한 예측인자일 것이다(Kobayashi, Murata, & Yoshinaga, 1992; Venter, Lord, & Schopler, 1992). 말을 할 줄 아는 자폐스펙트럼장애 피검사자 중 극심한 자폐증을 보이는 경우에는 언어 수준의 영향력을 파악하기 어렵다(Happé, 1995; Mahoney et al., 1998). 표현성 언어 수준은 사회적 상호작용과 놀이의 거의 모든 영역에 영향을 준다. 언어에 대한 ADOS의 지침은 특정한 개인에게 사용하는 모듈을 결정하는 데 빠르면서도 비교적 간단한 방법을 제시한다.

ADOS를 고안한 목적은 단순히 표현성 언어지체를 조사하는 것을 넘어서 사회적·상호작용적 양상에 관한 정보를 제공하는 도구를 개발하는 것이었다. 그러므로 언어 수준의 영향을 최소화하면서 자폐스펙트럼장애의 평가도구를 제공하는 것이 우리의 의도였다. 이 표본에서 언어성 정신연령과 ADOS 알고리즘 점수 사이에는 유의한 상관이 없었다(〈표 13-1〉 참조). 그러나 자폐증 알고리즘 점수의 효용이 언어 능력의 중요성을 부정하지 않는다는 것을 알아야 한다. 다시 말해, 말을 잘하고 기능이 좋은 4세 자폐증 소년이 모듈3의 언어적 요구에 적응할 수 있다든가, 10세 된 자폐증 소녀가 "과자 주세요." 이상의 언어 표현을 할 수 없어서 모듈1을 적용해야 한다든가 하는 것은 ADOS 알고리즘 점수만큼이나 중요하다.

표 13-1 ADOS 모듈

- ADOS 모듈 1: 네 군의 상호 상관관계(LAUT. MAUT. PDD-NOS, NS)

	CA	VMA	VOC	STER	UOTH	PNT	GES	EYE	EXP	ENJ	SHO	IJA	RJA	QSOV	PLAY	IMAG	SINT	MAN	RINT	COM	SOC	C+S	S&R
생활연령(CA)	–																						
언어성 정신연령(VMA)	.30	–																					
다른 사람을 향해 목소리를 내는 빈도(VOC)	.16	-.32	–																				
상동적인/개인 특유의 단어와 어구의 사용(STER)	.46	-.02	.57	–																			
의사소통을 위해 다른 사람의 신체를 사용(UOTH)	-.06	-.49	.41	.33	–																		
가리키기(PNT)	.20	-.22	.63	.48	.34	–																	
제스처(GES)	.19	-.12	.52	.38	.34	.70	–																
유별난 눈 맞춤(EYE)	.33	-.13	.63	.64	.37	.75	.66	–															
타인을 향한 얼굴 표정(EXP)	.28	-.13	.51	.72	.43	.65	.57	.78	–														
상호작용에서 공유된 즐거움(ENJ)	.30	.08	.46	.52	.23	.44	.45	.54	.61	–													
보여주기(SHO)	.26	-.07	.61	.56	.41	.70	.63	.83	.54	.50	–												
함동 주시를 자발적으로 시도하기(IJA)	.25	-.18	.60	.59	.32	.65	.61	.62	.70	.47	.59	–											
함동 주시에 대한 반응(RJA)	-.05	-.59	.56	.36	.50	.54	.47	.45	.42	.18	.43	.48	–										
사회적 교섭 개시의 질(QSOV)	.23	-.20	.59	.55	.38	.71	.65	.79	.69	.51	.74	.65	.49	–									
사물과의 기능적 놀이(PLAY)	.23	-.18	.39	.22	.38	.48	.44	.43	.53	.39	.44	.48	.49	.53	–								
상상/창조성(IMAG)	.27	-.19	.48	.49	.38	.49	.43	.56	.56	.40	.51	.50	.47	.53	.49	–							
놀잇감/사람에 대한 기이한 감각적 흥미(SINT)	.00	-.37	.26	.50	.44	.33	.47	.39	.34	.09	.32	.28	.45	.39	.39	.35	–						
손과 손가락, 기타 복합적인 매너리즘(MAN)	-.04	-.06	.27	.27	.22	.36	.36	.31	.38	.17	.37	.21	.31	.34	.25	.33	.35	–					
기이하게 반복적인 흥미 또는 상동적 행동(RINT)	.16	-.13	.30	.55	.28	.38	.34	.45	.39	.23	.44	.25	.46	.47	.37	.37	.50	.35	–				
의사소통 영역 Total(COM)	.15	-.30	.75	.75	.62	.83	.80	.79	.74	.54	.70	.70	.62	.76	.52	.60	.53	.40	.49	–			
사회적 상호작용 영역 Total(SOC)	.28	-.22	.71	.70	.47	.80	.72	.90	.88	.67	.87	.80	.62	.87	.59	.63	.42	.38	.48	.88	–		
의사소통+사회적 상호작용 Total(C+S)	.24	-.26	.75	.73	.54	.83	.77	.88	.85	.64	.86	.79	.63	.85	.58	.64	.48	.40	.50	.95	.98	–	
상동적 행동과 제한된 관심 영역 Total(S&R)	.05	-.23	.35	.54	.39	.46	.51	.50	.48	.22	.32	.52	.52	.54	.51	.41	.78	.75	.78	.61	.55	.59	–

Note, N=54, P < .001=.44, LAUT=lower-functioning autistic; MAUT=match autistic; PDD-NOS=pervasive developmental disorder-not otherwise specified; NS=non-spectrum.
음영으로 표시된 부분은 교정된 항목별-전체 상관.

• ADOS 모듈 2: 세 군의 상호 상관관계(AUT, PDD-NOS, NS)

	CA	VMA	ASOV	STER	CONV	PNT	DGES	EYE	EXP	IJA	QSOV	QSR	ARSC	OQR	IMAG	SINT	MAN	RINT	COM	SOC	C+S	S&R
생활연령(CA)	–																					
언어성 정신연령(VMA)	.09	–																				
사회적 교섭 개시의 양/주의를 유지함(ASOV)	.37	-.09	–																			
상동적인/개인 특유의 단어나 어구의 사용(STER)	.09	-.07	.31	–																		
대화(CONV)	.09	-.06	.44	.66	–																	
가리키기(PNT)	.13	-.19	.49	.43	.54	–																
묘사적이고, 관습적이고, 도구적인 정보를 제공하는 제스쳐(DGES)	.13	-.03	.54	.58	.57	.68	–															
유별난 눈 맞춤(EYE)	.18	-.03	.41	.47	.62	.62	.57	–														
타인을 향한 얼굴 표정(EXP)	.20	.06	.63	.54	.53	.61	.67	.61	–													
함동 주시를 자발적으로 시도하기(IJA)	.08	.08	.54	.37	.50	.61	.59	.59	.54	–												
사회적 교섭 개시의 질(QSOV)	.25	-.03	.50	.54	.53	.59	.63	.68	.54	.54	–											
사회적 반응의 질(QSR)	.26	.01	.56	.64	.60	.50	.57	.57	.66	.61	.64	–										
상호적인 사회적 의사소통의 양(ARSC)	.06	-.06	.46	.63	.77	.55	.62	.67	.60	.58	.61	.64	–									
전반적인 라포의 질(OQR)	.31	-.11	.51	.59	.63	.56	.53	.55	.55	.42	.57	.61	.66	–								
상상/창조성(IMAG)	.11	-.15	.48	.51	.47	.61	.41	.41	.44	.41	.46	.53	.56	.52	–							
놀잇감/사람에 대한 기이한 감각적 흥미(SINT)	.25	.12	.32	.31	.42	.30	.36	.39	.39	.35	.26	.27	.37	.36	.19	–						
손과 손가락, 기타 복합적인 매너리즘(MAN)	.15	-.05	.20	.36	.26	.01	.30	.26	.39	.05	.27	.29	.19	.29	.26	.30	–					
기이하게 반복적인 흥미 또는 상동적 행동(RINT)	.05	.07	.14	.54	.35	.17	.36	.44	.35	.27	.42	.52	.40	.46	.31	.33	.45	–				
의사소통 영역 Total(COM)	.21	-.12	.72	.75	.80	.86	.68	.76	.69	.70	.73	.76	.71	.66	.40	.29	.39		–			
사회적 상호작용 영역 Total(SOC)	.23	-.02	.68	.72	.75	.73	.83	.81	.76	.82	.82	.85	.77	.58	.42	.30	.50		.89	–		
의사소통+사회적 상호작용 Total(C+S)	.23	-.06	.73	.77	.77	.81	.79	.81	.75	.79	.81	.84	.77	.63	.43	.31	.47		.96	.98	–	
상동적 행동과 제한된 관심 영역 Total(S&R)	.20	.06	.29	.45	.18	.43	.46	.50	.28	.42	.47	.42	.48	.34	.34	.70	.79	.78	.47	.54	.53	–

Note, N=55, P < .001=44, AUT=autistic; PDD-NOS=pervasive developmental disorder-not otherwise specified; NS=non-spectrum.
음영으로 표시된 부분은 교정된 항목별 – 전체 상관.

• ADOS 모듈 3: 세 군의 상호 상관관계(AUT, PDD–NOS, NS)

	CA	VMA	ASOV	STER	CONV	PNT	DGES	EYE	EXP	IJA	QSOV	QSR	ARSC	OQR	IMAG	SINT	MAN	RINT	COM	SOC	C+S	S&R
생활연령(CA)	–																					
언어성 정신연령(VMA)	.18	–																				
상호적인/개인 특유의 단어와 어구의 사용(STER)	–.14	.03	–																			
사건의 보고(REPT)	–.20	.10	.35	–																		
대화(CONV)	.17	.07	.38	.73	–																	
묘사적이고, 관습적이고, 도구적인 혹은 정보를 제공하는 제스처(DGES)	.00	.03	.29	.49	.51	–																
유별난 는 맞춤(EYE)	–.09	–.06	.35	.59	.57	.37	–															
타인을 향한 얼굴 표정(EXP)	.10	.08	.26	.48	.46	.47	.53	–														
통찰(INS)	–.25	–.22	.22	.40	.45	.36	.18	.27	–													
사회적 교섭 개시의 질(QSOV)	–.12	–.01	.25	.55	.63	.43	.48	.61	.35	–												
사회적 반응의 질(QSR)	–.07	.03	.49	.54	.64	.40	.48	.55	.34	.68	–											
상호적인 사회적 의사소통의 양(ARSC)	–.14	.04	.28	.63	.70	.64	.48	.57	.41	.70	.64	–										
전반적인 타코의 질(OQR)	–.04	.04	.46	.50	.65	.45	.53	.49	.28	.52	.65	.58	–									
상상/창조성(IMAG)	.04	.27	.19	.63	.57	.44	.34	.40	.50	.55	.54	.51	.44	–								
놀이감/사람에 대한 기이한 감각적 흥미(SINT)	.06	.20	.14	.23	.39	.23	.22	.02	.28	.27	.31	.26	.22	.14	–							
손과 손가락, 기타 복합적인 매너리즘(MAN)	.04	–.04	.14	.40	.24	.46	.21	.21	.27	.41	.25	.25	.14	.22	.40	–						
유별난 또는 특이한 주제나 사물에 대한 지나친 관심(XINT)	–.04	.15	.22	.12	.19	.02	.23	.17	.00	.18	.08	.19	.31	.08	.34	.32	–					
나 연극 또는 반복적 행동(RITL)	.12	.15	.13	.22	.26	.13	.38	.26	.16	.30	.34	.25	.46	.29	.15	.34	.39	–				
의사소통 영역 Total(COM)	–.17	–.05	.66	.84	.74	.74	.61	.54	.47	.60	.73	.67	.67	.59	.38	.35	.18	.24	–			
사회적 상호작용 영역 Total(SOC)	–.11	–.02	.44	.71	.78	.59	.74	.76	.53	.81	.82	.83	.77	.61	.31	.40	.27	.41	.82	–		
의사소통+사회적 상호작용 Total(C+S)	–.14	–.03	.55	.80	.72	.68	.71	.71	.53	.79	.83	.83	.76	.63	.35	.40	.25	.36	.93	.97	–	
상동적 행동과 제한된 관심 영역 Total(S&R)	.06	.16	.24	.37	.36	.50	.32	.16	.38	.59	.32	.34	.48	.34	.46	.72	.71	.71	.43	.53	.51	–

Note, N=59, P < .001=42, AUT=autistic; PDD–NOS=pervasive developmental disorder–not otherwise specified; NS=non-spectrum.
음영으로 표시된 부분은 교정된 항목별–전체상관.

• ADOS 모듈 4: 세 군의 상호 상관관계(AUT, PDD-NOS, NS)

	CA	VIQ	ASOV	STER	CONV	PNT	DGES	EYE	EXP	IJA	QSOV	QSR	ARSC	OQR	IMAG	SINT	MAN	RINT	COM	SOC	C+S	S&R
생활연령(CA)	–																					
언어성 지능지수(VIQ)	.02	–																				
상호적인/개인 특유의 단어와 어구의 사용(STER)	.36	.22	–																			
사건의 보고(REPT)	.37	-.05	.29	–																		
대화(CONV)	-.08	-.31	.10	.54	–																	
묘사적이고, 관습적이고, 도구적인 혹은 정보를 제공하는 제스처(DGES)	.10	-.13	.47	.55	.61	–																
유별난 눈 맞춤(EYE)	.10	-.13	.35	.63	.33	.51	–															
타인을 향한 얼굴 표정(EXP)	.17	-.24	.34	.56	.59	.82	.48	–														
통찰(INS)	-.08	-.08	.30	.66	.56	.54	.55	.56	–													
사회적 교섭 개시의 질(QSOV)	-.06	-.15	.23	.61	.43	.44	.34	.53	.66	–												
사회적 반응의 질(QSR)	-.08	-.10	.21	.68	.63	.62	.38	.67	.68	.60	–											
상호적인 사회적 의사소통의 양(ARSC)	-.17	-.04	.34	.69	.65	.60	.52	.55	.70	.49	.75	–										
전반적인 라포의 질(OQR)	.09	-.04	.45	.77	.56	.73	.64	.69	.72	.46	.65	.51	–									
상상/창조성(IMAG)	.17	-.34	.27	.63	.75	.58	.53	.68	.64	.46	.56	.46	.72	–								
놀잇감/사람에 대한 기이한 감각적 흥미(SINT)	-.16	-.17	.30	.32	.18	.30	.32	.10	.18	.23	.11	.28	.31	.32	–							
손과 손가락, 기타 복합적인 매너리즘(MAN)	-.16	.12	.43	.25	.14	.37	.29	.18	.34	.20	.27	.42	.28	.16	.46	–						
유별난 또는 매우 특이한 주제나 사물에 대한 지나친 관심(XINT)	.31	.19	.53	.21	.08	.26	.21	.23	.28	.29	.33	.26	.27	.07	-.09	.17	–					
나 언급 또는 반복적 행동(RINT)	.35	-.15	.52	.31	.26	.45	.40	.45	.35	.25	.28	.31	.36	.46	.24	.41	.25	–				
강박행동 또는 의식(RITL)																						
의사소통 영역 Total(COM)	.17	-.07	.65	.73	.88	.58	.73	.67	.55	.70	.74	.82	.72	.37	.41	.37	.51		–			
사회적 상호작용 영역 Total(SOC)	.00	-.14	.40	.83	.65	.75	.79	.87	.72	.83	.81	.86	.73	.28	.35	.33	.43		.85	–		
의사소통+사회적 상호작용 Total(C+S)	.06	-.12	.50	.83	.70	.82	.80	.83	.69	.81	.81	.87	.75	.32	.38	.36	.48		.94	.98	–	
상동적 행동과 제한된 관심 영역 Total(S&R)	.13	.06	.70	.40	.23	.50	.44	.35	.44	.40	.48	.46	.33	.54	.75	.65	.62	.62	.62	.53	.58	–

Note, N=45, P < .001=48, AUT=autistic; PDD-NOS=pervasive developmental disorder-not otherwise specified; NS=non-spectrum.
음영으로 표시된 부분은 교정된 항목별-전체 상관.

ADOS는 4개의 서로 다른 모듈을 이용할 수 있다. 검사자는 아동의 표현성 언어 기술에 가장 잘 맞는 한 개의 모듈을 선택한다. 이는 절대적인 언어지체 수준의 영향에서 가능한 한 독립적으로 사회적 능력과 의사소통 능력을 판단할 수 있기를 기대했기 때문이다. 1989년판 ADOS와 PL-ADOS를 이용한 연구 결과 다른 연구자들의 연구들을 포함해서 보면, 자폐증을 가진 아동들과 자폐증은 없지만 지적장애를 가진 아동들은 언어적 요구가 그들이 가진 능력의 수준보다 상대적으로 적을수록 사회적으로 유능하고 덜 불안해하며 좀 더 융통성 있게 보인다는 사실이 반복적으로 드러났다(Mesibov, Schopler, & Hearsey, 1994). ADOS의 이전 판과 PL-ADOS는 평가 과제를 하기에 불충분한 언어 능력을 가진 아동에게 자폐증으로 과잉진단을 내리거나, 척도가 요구하는 것 이상의 언어 능력 수준을 가진 아동(즉, 어구를 쓸 수 있으면서 PL-ADOS를 하는 아동)에게는 자폐증에 대해 과소진단을 내리기도 하였다(DiLovore et al., 1995; Lord et al., 1989).

모듈을 사용한 접근이 보다 효과적이기 위해서는 적절한 모듈을 선택해야 한다. 예비 자료에 의하면, 언어 능력 이상의 ADOS 모듈로 평가한 아동은 비특이적인 행동상의 어려움이 더 많은 것으로 채점될 가능성이 높고, 융통성 있게 표현할 수 있는 능력에 비해 적은 언어를 요구하는 모듈로 평가한 아동은 사회성 척도에서 타당도가 떨어진다. 그러므로 ADOS 모듈을 선택할 때는 〈표 13-2〉에 제시된 지침을 따르도록 최대한 노력해야 한다.

표 13-2 가장 적절한 ADOS 모듈을 선택하기 위한 권장 지침

ADOS 모듈	표현성 언어 수준	
	최소	최대
1	언어가 없음(언어발달 이전)	간단한 어구
2	융통성 있는 세 단어의 어구a	유창한 언어b
3	유창한 언어 (아동/나이 어린 청소년)	–
4	유창한 언어 (청소년/성인)	–

• 규칙적이고 자발적이며 의미 있는, 동사가 포함된 세 단어의 어절을 사용함.
• 어떤 범위의 융통성 있는 문장을 형성하고, 즉각적인 맥락 이상의 언어를 제공하며, 문장 내에서 논리적인 연결을 표현함.

각각의 아동 또는 성인 아이는 대상자의 표현성 언어 수준과 과제의 적절성에 따라 ADOS의 한 가지 모듈을 시행하고, 그리고/또는 현재의 교육이나 생활 상황에 대한 면담용 질문들을 시행한다. 수용성 언어가 중요하기는 하지만 사회적 상호작용에서 융통성 있게 언어를 사용하는 아동의 능력에 초점을 맞추는 것으로서 적절한 모듈을 잠정적으로 결정해야 한다. 부모 또는 보호자의 초기 진술과 다른 출처에서의 보고는 자폐증 피검사자에게서 나타날 수 있는 융통성 부족이나 자발성 부족 등을 고려하지 않기 때문에 오류가 있을 수 있다. 예를 들면, 모듈 2가 적절하기 위해서는 아동이 융통성 있게 서로 분리된 세 개의 단위로 이루어진 구(句)를 사용할 수 있어야 한다. 따라서 만약 '넘어진다'가 하나의 단어로 사용된다면 "아기가 넘어진다."로는 충분하지 않을 것이며, "나는 정말 빵을 원해."역시 '나, 원해, 정말'이 항상 함께 쓰일 경우 하나의 단어로 계산해야 하므로 충분하지 않을 것이다. 그러나 "엄마, 아가에게 뽀뽀해요." 또는 "큰 비눗방울 더요."는 반향어가 아니고 세 단어가 간단한 문장으로 연결된 것이므로 충분하다고 볼 수 있다.

초기 선별도구로는 Vineland Adaptive Behavior Scales(VABS; Sparrow, Balla, & Cicchetti, 1984)가 유용할 수 있다. 일반적으로 모듈 2는 VABS의 표현성 의사소통 하위 영역에서 최소 30개월 수준 이상의 점수를 받은 사람에게 적합하다. 그리고 모듈 3과 4는 같은 척도에서 48개월 이상의 점수를 얻은 사람에게 적합하다. 모듈 1, 2와 3의 기본적인 차이는 참여하는 데 필요한 표현성 언어지만, 모듈 3과 4의 가장 중요한 차이점은 모듈 3에서는 장난감이 더 많이 사용되고, 모듈 4에서는 면담용 질문이 더 강조된다는 점이다.

각 아동에게서 실제 언어표본을 기록하거나 말을 할 줄 모르는 사람 혹은 말을 배우기 시작한 아동에게서 몸짓을 비롯한 의사소통의 표본을 기록해야 한다. 준비 기간이나 처음 몇 개의 과제에서 처음 15~20개의 발어(發語)를 기록해 두면 검사자가 확실하게 모듈을 선택할 수 있을 것이다. 아동이 처음 20개의 발어에서 특정 모듈의 기준에 맞는 근거를 보이지 않으면 언어에 대한 부적절한 기대를 가지고 진행하기보다는 즉시 바로 앞의 모듈로 바꾸는 쪽이 나은 경우가 많다. '낮은' 모듈을 선택하여 신중하게 기록하고 필요한 때 다음 모듈의 과제들을 첨가하는 것이 아동을 높은 언어적 기대로 사회적 요구가 과도해진 상황에 놓이게 하는 것보다 낫다.

다른 모듈에서 가져온 재료는 휴식 등 어떤 때든지 사용할 수 있고, 모듈 내에서 밀어 주기에 적절한 사회적 맥락을 제공하기 위해 이용할 수 있다. 예를 들어, 모듈 2를 시행하는 학령기 소년의 경우 상상적 놀이 순서에서 가족 세트에 모듈 3의 액션 모형들을 첨가할 수 있고, 이것은 나중에 자유놀이의 재료에도 포함될 수 있다. 이와 유사하게 비눗방울 총과 풍선은 모듈 3을 시행하고 있는 어린 아동의 휴식 시간에 사용될 수 있다. 하지만 재료가 다른 모듈에서 대치되거나 첨가될 때는 그 변화가 어떻게 사회적인 '밀어 주기'를 수정하게 되는지 고려해야 한다. 이 문제는 모듈 2와 3의 '가장놀이'에 대한 지시문에서 좀 더 자세히 논의될 것이다.

2) 부호화하기에 대한 지침

(1) 일반적 지침

각 ADOS 모듈의 부호화하기 부분에서 채점해야 하는 항목들은 각 항목에 할당될 수 있는 숫자 등급과 함께 범주별로 열거되어 있다. 등급은 일반적인 원칙으로 설명되고, 사례에 의해 지지된다. 필요하다면 일반적인 원칙을 고수하기 위하여 사례를 무시할 수도 있다.

같은 행동 또는 순서의 다른 측면들이 두 곳 이상에서 비정상코드를 받을 수 있으나, 같은 행동 또는 같은 주제의 같은 측면이 서로 다른 척도의 두 곳 이상에서 비정상으로 채점될 수는 없다. 예를 들어, 한 아동이 반복적으로 블록을 집어들어서 각각 하나씩 한쪽 눈으로 흘겨보고, 줄을 세워 놓고는 깡충깡충 뛰고, 줄이 다 완성되면 두 팔을 펄럭거리고, 블록을 치우면 심하게 저항할 경우, '놀이 재료나 사람에 대한 기이한 감각적 흥미(흘겨보기)' '상동적 행동과 제한된 관심(블록 줄 세우기)' '손과 손가락, 기타 복합성 매너리즘(깡충깡충 뛰기와 팔 펄럭이기)'에 점수를 줄 수 있다. 대신에 아동이 펄럭거리고 깡충깡충 뛰고 고개를 돌리면서 블록을 한 손에 쥔다면 비록 행동에 감각적인 요소가 있었더라도 단지 '손과 손가락, 기타 복합성 매너리즘'이 선택된 것은 이 코드가 아동의 행동을 가장 잘 설명해 주기 때문이다.

다음에 열거한 등급 매기기는 네 가지 ADOS 모듈의 부호화 부분 전반에 적용된다.

- 0점: 지정된 항목에서 행동이 비정상이라는 증거가 없는 경우
- 1점: 행동이 다소 비정상적이거나 약간 이상한 경우(전반적으로 명백히 비정상적

이지는 않다.)

- 2점: 기술된 방식대로 행동이 분명히 비정상적인 경우(이 수준으로 채점된 비정상성의 심각도는 항목에 따라 다양하다.)

- 3점: 행동이 심하게 비정상적이어서 면담을 저해하거나 행동이 너무 제한되어 있어서 질적 평가가 불가능한 경우

- 7점: 다른 척도에 포함되지 않은 형태의 이상행동이 있는 경우(특정화한 것 외의 한 차원에서 정상과 다르다.)

- 8점: 논점이 되는 행동이 나타나지 않고/않거나, 채점을 적용하기 어려운 경우 (예: 아동이 말을 할 줄 모를 때는 언어 표현의 이상을 채점할 수 없다.)

대부분의 채점에서 점수는 0(비정상이 아님)부터 2 또는 3(가장 비정상)까지의 범위다. 최적의 또는 기대되는 수행 정도(이 영역에서 장애의 근거가 없음)는 0점으로, 부분적이거나 최소한의 수행은 나머지 점수에 표시된다. 사회적 행동, 특히 비전형적인 사회적 발달의 범위는 매우 다양하므로 각 점수가 가능한 반응의 범위를 모두 기술하는 것은 불가능하다. 검사자는 정의된 개념에 익숙해져야 하고, 점수를 연속적 기술로 이해해야 하며, 그런 연속선상에서 가장 적합한 부분이 어디인가에 따라 관찰된 행동과 반응을 채점해야 한다. 8점은 어떤 항목에든 적용되지 않을 때 어떤 이유로든 사용할 수 있지만, 모든 누락 자료는 알고리즘에서 0점으로 처리되기 때문에 자제해서 사용해야 한다. 특히 반복적인 행동을 채점할 때는 시행이 끝날 때 관계되는 점수의 예를 분리해서 열거하는 것이 좋다. 이것은 하나의 행동이 이중으로 점수화되지 않도록 해 준다.

면담이 진행되면서 각각의 과제에 대해 관찰의 초점으로 목표가 되는 행동에 관해 기록해 둘 필요가 있다. 가능하면 잠재적으로 빈도가 낮은 행동이라도 기록할 것을 권한다(예: 교섭 개시, 웃음, 즉각적 반향어). 나이가 어리거나 기능이 낮은 피검사자와 작업한 검사자는 ADOS 프로토콜의 채점 부분을 완성할 때 검사 과정의 비디오나 오디오 기록을 검토하는 것이 도움이 된다고 느낄 수 있다. 하지만 검사가 녹화된다고 하더라도 전반적으로 특정한 채점은 검사가 끝난 직후에 수행되어야 한다. ADOS 프로토콜의 채점 항목 중에는 '명기하라'고 되어 있는 영역이 있는데, 검사자는 논점이 되는 행동에 대해 가능한 한 상세한 기술을 제공해야 한다.

3) ADOS 사용법의 학습

ADOS의 가장 큰 장점은 그 방법과 점수 매기기의 표준화에 있다. 하지만 도구의 최종적인 유용성은 검사자의 임상적 판단에 달려 있다. ADOS로 평가된 모든 대상에서 척도가 명기되어 있는 측면과 프로토콜에서 융통성을 고유의 특성으로 하는 측면 사이에 균형을 맞출 필요가 있다. 예를 들어, 대화를 하거나 상호적인 놀이를 할 때 검사자가 얼마나 신속히 더 높은 구조적 위계로 진행할 것인가를 결정하는 데 임상적 결정이 요구된다. 또한 개별적인 판단은 '사회적 교섭 개시의 질'이나 '유별난 눈 맞춤'과 같은 항목에서 채점을 결정하는 데 필수적이다. 그런 이유로 검사자는 ADOS로 평가하는 아동의 연령 범위 내의 전형적인 발달 과정을 충분히 경험할 필요가 있다. 자폐증이나 자폐스펙트럼에 들어가지 않는 다른 발달장애(지적장애, 주의력결핍과잉행동장애)를 가진 사람들에 대한 경험 역시 그러한 판단을 내리는 데 필수적이다.

ADOS의 사용법을 배우려는 검사자들은 가능하다면 언제라도 이 도구에 익숙한 사람과 팀을 이루어 학습할 것을 강력히 권한다. 채점을 연습할 기회를 갖는 것, 서로 독립적으로 채점을 하고 다른 채점자의 것과 대조해 보는 것이 중요하다. 부호화의 일치를 연습해 보는 것은 매우 유용할 수 있지만, 그것이 두 명의 독립된 채점자가 서로 동일한 결정을 내렸다는 것을 확인하는 절차는 아니다. 덧붙여 진단이 의심스럽지 않은 다양한 발달장애를 가진 아동들과 자폐스펙트럼장애를 가진 아동 모두를 대상으로 연습하는 것 또한 신뢰할 수 있는 시행과 채점에 필수적이다. ADOS는 철저히 연습해야만 적절하게 사용할 수 있는 도구다. ADOS 사용을 충분히 연습했더라도 채점에 있어서의 '표류'를 피하기 위해서는(특히 더 기능이 좋은 대상자들을 검사할 때) 다른 임상가들과 1년 중 수차례에 걸쳐 이 스케줄을 함께 시행하는 자리를 마련해야 한다. 이것이 불가능하다면 비슷한 집단을 평가하는 다른 시행자들과 비디오테이프를 교환해야 한다.

4) 시행에 필요한 물품

ADOS 장비에는 시행에 필요한 거의 모든 물건이 들어 있다(완전한 목록을 보려면

장비에 포함된 내용물 목록을 보라). 다음의 추가 물품은 처음 ADOS를 시행하기 전에 따로 구비해야 하는 것들이다.

- 원격조종 토끼 인형에 넣을 건전지
- 원격조종 자동차에 넣을 건전지
- 비눗방울 총에 넣을 건전지
- '쉬는 시간'을 위한 최근 신문
- '쉬는 시간'을 위한 최근 잡지(읽기 쉬운 것)
- '쉬는 시간'을 위한 무늬 없는 하얀 도화지
- '간식'을 위한 과자, 빵, 크래커, 그리고/또는 사탕(적어도 서로 다른 두 종류의 음식이 제공되도록 준비할 것)
- '간식'을 위한 주스, 탄산음료 또는 물 그리고 병
- '간식'을 위한 종이접시
- '간식'을 위한 종이컵

다음의 물건들은 ADOS 장비 안에 들어 있으나 필요한 만큼 보충하거나 대치할 수 있다.

- '대상의 정해진 일을 예측하기'를 위한 풍선
- '비눗방울 놀이'를 위한 비눗물
- '생일파티'를 위한 찰흙
- '간식'과 '생일파티'를 위한 종이 냅킨(파티용은 색이 있는 것으로 준비할 것)
- 기타 소모품들(매직펜, 회전펜 등)

5) 소개

(1) 모듈 1

모듈 1: 언어발달 이전 / 한 어절 단어	
1. 자유놀이	2. 이름에 대한 반응
3. 합동 주시에 대한 반응	4. 비눗방울 놀이
5. 대상의 정해진 일을 예측하기	6. 반응적인 사회적 미소
7. 사회적으로 정해진 일을 예측하기	8. 기능적이고 상징적인 모방
9. 생일파티	10. 간식

ADOS 모듈 1은 10개의 활동과 29개의 등급으로 구성된다. 이 모듈 대부분의 활동은 발달 연령이 3세 이하인 아동들에게 적합하도록 장난감과 다른 재료들을 놀이의 형태로 사용하는 것에 초점을 맞추었다. 다른 많은 표준적인 검사와는 달리, ADOS는 검사자와 협조하고 상호작용하는 아동의 능력을 최대화하기 위해 유연한 태도로 적용되어야 한다. 아동의 활동 속도와 장난감이 제공되는 시기 등은 각 아동의 행동 양식과 활동 수준에 맞게 조절되어야 한다. 활동은 가장 쉽고 효과적이라고 생각되는 시행 순서대로 기술되어 있지만 개별적인 평가 상황에 맞추어 순서를 다르게 할 수 있다. 한편, 검사자는 관찰 중 특정 행위를 이끌어 내고 적당한 관찰 기회를 포착하도록 늘 유의해야 하므로 실시하기 전 모든 검사 활동과 전반적 등급 작성에 관한 모든 도구에 익숙해야 한다.

일반적으로 검사자는 각각의 종목을 적용하도록 시도해야 한다. 아동을 참여시키기 위해서는 여러 전략을 사용한다. 아동이 좋아하는 장난감이나 활동을 이끄는 대로 따라가며 참여하거나, 활동하는 중간에 시간을 주는 것 등이다. 대부분은 부모나 보호자가 함께 있으면서 필요한 경우 '밀어 주기'를 이끌어 내고 미리 예정된 과제에 아동을 참여시키는 데 치료자와 함께 참여한다. 그래도 아동의 반응이 없으면 부모/보호자에게 집에서는 이런 활동을 어떻게 수행하는지 물어본다.

검사자는 아동이 검사실에 들어오기 전에 검사 환경을 준비해야 한다. 검사실은 아동이 돌아다니며 주제별로 놀이를 할 수 있고, 크기에 맞는 테이블에 편안하게 앉을 수 있을 만큼 공간이 확보되어야 한다. 아동의 약간 뒤쪽으로 편안한 의자를 마

런하여 부모/보호자가 앉도록 한다. 검사자는 테이블에 아동과 같은 높이로 앉는 다. 근처에 또 다른 평평한 공간을 마련하여 ADOS 장비와 기타 재료를 놓는데, 가 능하면 아동의 손이 닿지 못하게 하는 것이 좋다. 검사자는 검사 도중 쉽게 접근할 수 있도록 시행 전에 재료를 꺼내서 배열해 둔다. 그러나 필요할 때까지는 눈에 보 이지 않도록 안에 들어 있는 담요로 장난감을 덮어 놓는 것이 좋다. 이 장 후반부 '자 유놀이'의 지시에서 기술하는 대로, 준비 시간에 장난감을 바닥과 아동의 테이블에 놓아 둔다. 〈표 13-3〉은 이 모듈의 활동에 사용되는 재료를 열거하고 있다.

아동과 부모/보호자가 검사실로 들어오면, 아동은 장난감을 가지고 혼자 놀게 하 고 부모는 앉아 있도록 한다. 부모나 보호자가 모두 있다면 검사 중에 아동과 함께 상호작용할 사람을 정해야 한다. 부모/보호자에게 검사자가 아동과 몇 가지 활동을

표 13-3 모듈 1에 사용되는 재료

활동	필요한 항목들
1. 자유놀이	테이블 위의 장난감: 튀어나오는 장난감, 책, 장난감 전화, 두 개의 끈, 감촉이 있는 블록 바닥의 장난감: 뮤직박스, 상자 속의 잭(Jack), 덤프트럭, 아기 인형, 글자가 있는 블록 여덟 개, 중간 크기의 공, 모양이 같은 자동차 두 개, 작은 공 두 쌍, 작은 주방용구 두 쌍, 작은 접시 네 개
2. 이름에 대한 반응	모듈 1의 아무 장난감
3. 합동 주시에 대한 반응	스위치로 원격 조종되는 토끼 인형 또는 자동차
4. 비눗방울 놀이	비눗방울 총과 비눗방울 액
5. 대상의 정해진 일을 예측하기	풍선 또는 원인과 결과를 보는 장난감(상자 속의 잭이나 튀어나오는 장난감)
6. 반응적인 사회적 미소	–
7. 사회적으로 정해진 일을 예측하기	아기 담요
8. 기능적이고 상징적인 모방	장난감 차, 삑삑 소리를 내는 장난감 개구리, 장난감 컵, 장난감 비행 기, 장난감 꽃, 매끈한 원주형 블록
9. 생일파티	아기 인형('자유놀이'에 이용된 것과 동일), 접시, 포크, 나이프, 컵, 냅킨, 놀이용 반죽, 양초 네 개, 담요
10. 간식	작은 컵, 투명한 병에 들어 있는 물이나 주스, 종이접시, 열기 어려운 뚜껑이 달린 투명한 통에 담긴 두 가지 종류의 작은 쿠키나 크래커

마치도록 시도할 것이며, 필요한 때는 도움을 요청할 것이라고 알려 주어야 한다. '비눗방울 놀이'나 '생일파티'와 같은 개별 활동 전에는 부모/보호자가 아동에게 너무 즉각적으로 언급하거나 지시하지 않도록 말해 주는 것이 좋다. 조언하는 것을 미리 방지하기 위해 부모/보호자에게 해당 종목의 목적을 간단하게 말해 준다(예: "아무도 말을 하지 않을 때 아동이 무엇을 하는지 보고자 합니다."). 가능하면 검사가 끝날 때까지 집에서 가져온 아동이 좋아하는 것, 특히 병, 젖꼭지, 담요와 같이 쉽게 떼어 놓으려 하지 않는 것들을 가지고 있지 못하게 하는 것이 최선이다.

초기 준비 시간이 끝나면 아동을 작은 테이블 앞의 높은 의자나 더 큰 테이블에 붙은 안전한 의자에 앉힌다. 그러나 아동이 앉아 있거나 가만히 있는 것에 저항하면, 검사 활동이 끝날 때까지 테이블 옆에 서 있게 하거나 검사실을 돌아다닐 수 있도록 해 준다. 또 흥미로운 장난감을 이용해 아동을 테이블로 이끌어도 된다. 하지만 검사자는 검사실의 다른 쪽에 있는 아동을 따라가 바닥에서 검사할 준비가 되어 있어야 한다. 아동을 억지로 앉히거나 테이블에 가까이 오게 하는 것보다는 재미있고 수용적인 분위기를 조성해 주는 것이 더 중요하기 때문이다.

어떤 아동은 부모/보호자가 있어도 낯선 어른과 낯선 곳에 있는 것을 수줍어한다. 이럴 때는 준비 시간을 길게 하고 부모가 아동과 놀이를 하도록 하여 검사자와 상호작용을 시작하기 전에 좀 더 편안한 분위기가 되도록 한다. 긴장이 풀어짐에 따라 아동의 일반적인 상호작용 양식이 달라진다면, 전반적으로 초반의 억제적이었던 상호작용보다는 후반의 상호작용이 아동의 특징적 행동과 유사하므로 이를 기초로 등급을 매긴다. 그러나 부모/보호자와 검사자의 최선의 노력에도 아동이 편안해지지 않는다면, 아동의 특징적인 행동이 아닌 것처럼 보여도 관찰된 행동에 기초하여 등급을 매긴다. 그리고 이런 불일치는 기록해 둔다.

ADOS를 시행하고 점수를 매기기 전까지 모든 등급에 익숙해져야 한다. 특정한 활동이 일어나는 동안이나 직후에 등급에 관여하는 행동(예: 가리키거나 웃음)과 상호작용(예: 공유를 제공하기)을 적는 것은 도움이 된다. 각 부호화 종목의 지시문에 명시된 대로 어떤 등급은 가장 좋은 행동을 점수로 매기도록 되어 있고, 어떤 등급은 몇 가지 과제에 대한 반응의 항상성과 반복성에 기초를 두고 있다. 몇몇 점수 항목은 언어적 행위와 눈 맞춤의 협조성 또는 몸짓과 눈 맞춤의 협조성에 따른다. 각 등급은 서로 다른 행동을 동시에 사용하는 것보다 의사소통의 목적을 위해 목소리를 내면서 눈을 맞추거나 몸짓과 함께 눈을 맞추는 미묘한 혼합 또는 그 연결성을 요구한다.

(2) 모듈 2

ADOS 모듈 2는 14개의 활동과 28개의 등급으로 구성된다. 활동은 어구로 말할 수는 있지만 표현성 언어 수준이 4세 이하인 아동에게 적절한 장난감과 다른 구체적인 재료를 즐겁게 사용하는 것에 초점을 맞추었다. 어구로 말하는 것은 3개의 독립된 단위로 이루어져 있고, 최소한 때때로 능동태의 동사를 포함하는 반향어가 아닌 어구들을 사용하는 것으로 정의한다. 따라서 "아기가 먹지 않아요."는 일반적으로 3개의 단위로 계산하지만, "나는 주스를 원해요."는 그렇지 않다("나는 원해요."는 종종 과도로 학습된 단위이기 때문). 아동이 긴장을 풀 수 있도록 환경이 조성되어야 한다. 과제를 시행하는 동안 부모/보호자가 검사자와 함께 참여한 모듈 1과는 달리, 이 모듈 대부분의 활동은 부모/보호자가 함께 있을 수는 있지만 특별한 경우를 제외하고는 검사자 단독으로 또는 우선으로 시행되어야 한다.

다른 많은 표준적인 검사와는 달리 ADOS는 검사자와 협조하고 상호작용하는 아동의 능력을 최대화하기 위해 유연한 태도로 적용되어야 한다. 자폐스펙트럼장애 내에서의 이질성 때문에 검사자는 다양한 개인에 걸쳐 일반적으로 유사한 사회적 밀어 주기를 제공함과 동시에, 각 아동의 수준에 적합한 ADOS 과제를 유연하게 적응시키는 것이 요구된다. 각각의 과제 또는 상황에는 허락되는 자극의 범위에 대한 지침과 함께 요구되는 밀어 주기가 명시되어 있다. 개별 활동의 속도와 장난감, 활동이 제공되는 시기 등은 개인의 행동양식과 활동 수준에 맞게 조절되어야 한다. 활동은 가장 쉽고 효과적이라고 생각되는 시행 순서대로 기술되어 있지만 개별적인 평가 상황에 맞추어 순서를 다르게 할 수 있다. 검사자는 관찰 중 특정 행위를 이끌어 내고 적당한 관찰 기회를 잘 포착할 수 있도록 늘 유의해야 하므로 실시하기 전에 검사 활동과 전반적인 등급 작성을 포함하는 모든 도구에 익숙해야 한다. 아동을 참여시키기 위해 여러 전략을 사용한다. 즉, 아동이 좋아하는 장난감이나 활동을 이끄는 대로 따라가며 참여하거나, 어떻게 아동을 더 효과적으로 끌어들일 수 있는지 부모/보호자에게 제안할 것을 요구하거나, 활동하는 중간에 시간을 주는 것 등이다.

이 모듈은 어구를 사용하여 말하지만 아직 진정으로 유창한 언어를 구사하지 못하는 모든 연령대의 아동에게 사용하도록 고안되었다. 말을 할 줄 아는 어린 아동에게는 검사자가 아동의 흥미, 행동(예: 앉아 있으려는 능력과 의지) 그리고 언어 수준에 따라 모듈 2와 3 가운데서 선택할 수 있다. 세션 초반에 말한 그대로의 언어 표본을 기록해 두면 검사자가 모듈 선택을 확정하는 데 도움이 된다. 어떤 모듈이 가장 적합한지 불분명하거나 장난감 또는 다른 재료들이 나이에 맞는지 염려된다면, 검사자는 두 가지 모듈의 과제나 재료를 함께 제시해도 된다. 예를 들어, 모듈 2의 '가장놀이'에 쓰도록 지정된 모형들을 모듈 3의 같은 과제에 사용할 수 있고 그 반대도 가능하다. 또는 모듈 3에 쓰인 '휴식' 도구들은 모듈 2의 '자유놀이'에서 제시될 수 있다.

사회적 의사소통 스케줄의 일반적인 구성은 어떤 행동이 일어날 가능성이 높아지도록 미리 계획된 기회 속에서 자연스러워 보이는 상호작용을 야기하는 것이다. 그러나 아동에게는 부과된 구조가 가능한 한 보이지 않게 해야 한다. 특정한 사건들은 검사자가 미리 계획한 형태로 연출해야 한다. 예를 들어, 검사자가 재료들을 치울 때 아동이 자발적으로 돕는지 보기 위하여 과제가 끝날 때 물건들을 그 자리에 남겨 두기도 한다. 각각의 사회적 맥락은 요구, 재료의 유형, 검사자의 행동 등의 다양성으로 정의된다. 재료와 요구의 복잡성은 아동의 나이와 수준에 따라 다르다.

일반적으로 과제와 사건의 순서는 융통성이 있어야 하고, 상호작용의 흐름에 따라 결정되어야 한다. 검사는 언제나 아동을 편안하게 할 수 있도록 검사자가 할 수 있는 모든 것을 제공하면서 시작되어야 한다. 여기에는 인사, 세션에 서로 다른 다양한 활동이나 과제가 들어 있음을 설명해 주는 것 등이 포함된다. '구성 과제'로 진행되기 위해서 소개하는 시간을 짧게 갖는 것이 더 좋다. 비구조화된 대화보다는 어느 정도 구조와 초점을 제공하는 것이 자폐스펙트럼 안에 있는 대부분의 아동을 훨씬 편안하게 해 준다. 특정한 행동을 직접적으로 촉구하지 않으면서 격려하고, 어느 정도는 스케줄의 과제지향적인 측면을 구조화할 수 있는 검사자의 능력이 아동 스스로 사회적 행동 수준을 드러내 보이게 하는 데 필수적이다.

너무 많은 도움을 주면 아동의 자발적인 행동을 관찰할 수 있는 기호를 없애게 되므로 주의해야 한다. 동시에 너무 적은 구조를 제공함으로써 아동을 불편하게 하는 것도 피해야 한다. 검사자는 사회적 의사소통 주고받기를 위한 적절한 밀어 주기를 생성해 내기 위해 적극적으로 상호작용적이어야 한다. 그럼에도 달리 명시되지 않았을 경우를 제외하고, 검사자가 만들고 사용하는 것에 대한 반응이 아니라 아동이 그런 기회를 만들고 사용하고 발전시키려는 주도성에 바탕을 두고 채점을 한다. 아동이 상호작용을 개시하고 유지할 수 있는 얼마간의 분명한 기회를 제공하기 위해 검사자는 지속적으로 상호작용을 유지하려고 애쓰지 않는 것이 중요하다. 또한 상동적이고 모방적인 반응에 대해 창조성을 보이고 있는 것으로 채점하지 않도록 주의하는 것도 훈련해야 한다.

검사실에 아동이 들어오기 전에 검사자는 검사 환경을 준비해야 한다. 검사실은 아동이 자신의 크기에 맞는 테이블에 편안하게 앉을 수 있고, 돌아다니며 바닥에 놓인 장난감을 가지고 놀 수 있을 만큼 공간이 확보되어야 한다. 검사자는 테이블에 아동과 같은 높이로 앉는다. 근처에 또 다른 평평한 공간을 마련하여 ADOS 장비와 기타 재료들을 놓는데, 가능하면 아동의 손이 닿지 않게 하는 것이 좋다. ADOS 장비는 활동에 필요한 재료와 평가를 하는 동안 특정한 시간에 사용할 수 있도록 만들어진 기타 장난감을 포함하고 있다. 검사자는 검사 도중에 쉽게 접근할 수 있도록 시행 전에 재료를 꺼내서 배열해 둔다. 그러나 필요할 때까지는 눈에 보이지 않도록 안에 들어 있는 담요로 장난감을 덮어 놓는 것이 좋다. 〈표 13-4〉에 이 모듈의 활동에서 사용되는 재료를 열거하였다.

배치의 물리적 구조에 특별한 주의를 요한다. 비공식적인 양방향의 상호작용과 의사소통을 격려하기 위해서는 직면적이고 '검사하는 듯한' 설정은 피하는 것이 중요하다. 집이나 진료실에서 아동을 관찰할 때 검사자는 가장 적합한 설정을 선택하기 위해 사용 가능한 가구나 공간을 검토하는 것으로 시작해야 한다.

세션의 목적 가운데 하나는 아동의 의사소통 방식을 평가하는 것이다. 이것은 질문과 대답의 횡적인 검사보다는 양방향의 대화를 나누는 동안 아동의 언어를 토대로 평가하는 것이 더 좋다. 따라서 검사자는 언제나 아동이 이끄는 대로 따라가면서 이 목적을 위해 검사 전반에 걸쳐 나타나는 기회를 이용해야 한다. 예를 들어, 대화의 시기는 활동의 표준 순서에 지시된 것보다 더 일찍 또는 더 늦게 들어갈 수 있다.

과제 중 몇 가지는 아동이 채점 대상이 되는 행동을 보여 줄 수 있도록 두 가지 이상의 기회를 제공한다. 만약 첫 번째 기회에서 명백히 '정상적인' 형태의 관찰 초점이 되는 행동을 한다면, 검사자는 밀어 주기를 되풀이할 필요 없이 다음 활동을 진행한다. 평가되고 있는 행동과 관련되지 않는다는 이유로 표준적인 절차가 적절하지 않다고 간주될 경우, 검사 재료의 대안적 사용법들이 기술되어 있다. 예를 들어, 아동이 생일파티에 심한 혐오감을 나타내거나 싫어한다는 정보를 받았다면 대체할 수 있는 활동이 제시된다. 아동이 첫 번째 재료에 대해 특정한 반응을 보였기 때문에 그 반응을 채점에 사용할 수 없는 경우를 제외하고는 대용물을 사용하지 않는다(예: 아동이 풍선을 무서워한다면 다른 물건을 사용한 활동으로 대체할 수 있다). 단지 아동이 그 과제에 완전히 반응하지 않았다는 이유만으로 서로 다른 재료를 사용해서는 안 된다.

표 13-4 모듈 2에 사용되는 재료

활동	필요한 항목들
1. 구성과제	블록 퍼즐과 예시 도안
2. 이름에 대한 반응	모듈2의 아무 장난감
3. 가장놀이	가방1: 사람 인형들과 개 한 마리의 가족 세트, 가구 네 개와 아기 가구 한 개 가방2: 모형 책, 작은 숟가락 두 개, 접시 두 개, 모형 음식 네 개, 찻주전자, 주전자 또는 계량컵, 장난감 자동차, 장난감 로켓, 작은 공, 뱅뱅 도는 홀로그램 디스크, '사소한'물건 두 개(작은 옷감 조각과 작은 보석상자)
4. 합동적 상호작용 놀이	'가장놀이'의 재료
5. 대화	'가장놀이' '자유놀이' 또는 '생일파티' 활동의 재료(10, 11번 참조)
6. 합동 주시에 대한 반응	스위치로 원격 조종되는 토끼 인형 또는 자동차
7. 실연 과제	수건과 비누
8. 그림의 묘사	파티 장면과 휴양지 장면(대용물)
9. 책의 스토리 이야기하기	스토리보드북 두 권
10. 자유놀이	테이블 위의 장난감: 튀어나오는 장난감, 책, 장난감 전화, 끈 두 개, 감촉이 있는 블록 바닥의 장난감: 뮤직박스, 상자 속의 잭, 덤프트럭, 아기 인형, 글자가 있는 블록, 중간 크기의 공, 모양이 같은 자동차 두 개, 작은 공 두 쌍, 작은 주방용구 두 쌍, 작은 접시 네 개.
11. 생일파티	아기 인형('자유놀이'에 이용된 것과 동일), 접시, 포크, 나이프, 컵, 냅킨, 놀이용 반죽, 양초 네 개, 담요
12. 간식	작은 컵, 투명한 병에 들어 있는 물이나 주스, 종이접시 열기 어려운 뚜껑이 달린 투명한 통에 담긴 두 가지 종류의 작은 쿠키나 크래커
13. 대상의 정해진 일을 예측하기	풍선 또는 원인과 효과를 보는 장난감(상자 속의 잭이나 튀어나오는 장난감)
14. 비눗방울 놀이	비눗방울 총과 비눗방울 액

세션 전체에 걸쳐 검사자는 적절한 격려와 칭찬을 해 주고 아동의 행동에 대해 분명하게 즐거움을 공유해야 한다. 만약 아동이 반복적인 매너리즘이나 사회적인 탈억제를 보인다면, 검사자는 어떤 시점에서 아동이 그런 행동을 멈추거나 막을 수 있는지 보기 위한 명백한 시도를 해야 한다. 혹은 검사자의 저지에 따르는 효과를 평가할 수 있도록 그런 행동을 멈추는 시도를 해야 한다(예: 아동이 몰두해 있는 물건을 보이지 않는 곳으로 치운다).

일부 어린 아동은 부모/보호자가 있어도 낯선 어른과 낯선 곳에 있을 때 수줍어하게 된다. 이럴 때는 부모와 함께 테이블에서 놀이를 하도록 하여 아동이 검사자와 상호작용을 시작하기 전에 좀 더 편안해지도록 한다. 다른 대안은 '비눗방울 놀이' '대상의 정해진 일을 예측하기' 또는 '생일파티'처럼 보다 활기찬 과제로 세션을 시작하는 것이다. 그리고 이후 항목들 사이 사이에 아동으로 하여금 테이블에서 일어서서, 이미 사용한 재료(예: 비눗방울이나 풍선)에 접근할 수 있게 한다. 아동의 일반적인 상호작용 양식이 달라진다면, 즉 긴장이 풀어짐에 따라 덜 억제된다면, 억제적이었던 초반의 상호작용보다는 후반의 상호작용이 아동의 특징적 행동과 더 유사하므로 이를 기초로 등급을 매긴다. 그러나 부모/보호자와 검사자의 최선의 노력에도 아동이 편안해지지 않는다면, 아동의 특징적인 행동이 아니라고 보이더라도 관찰된 행동에 기초하여 등급을 매긴다. 이런 불일치는 기록해 둔다.

ADOS를 시행하고 점수를 매기기 전에 모든 등급에 익숙해지는 것이 중요하다. 특정한 활동이 일어나는 동안이나 직후에 등급에 관여하는 행동(예: 미소를 지음)과 상호작용(예: 공유를 제공하기)에 대해 기록하는 것은 도움이 된다. 각 점수 항목의 지시문에 명시된 대로, 어떤 등급은 가장 좋은 행동을 점수로 매기도록 되어 있고 어떤 등급은 몇 가지 과제에 대한 아동 반응의 항상성이나 검사자가 일정한 밀어 주기를 반복해야 하는 필요성에 기초를 두고 있다. 몇몇 점수 항목은 음성적 행위 또는 몸짓과 눈 맞춤의 협조성에 따른다. 이 등급들은 서로 다른 행동의 동시적인 사용보다 의사소통의 목적을 위해 소리를 내면서 눈을 맞추거나 몸짓과 함께 눈을 맞추는 정교한 결합 또는 그 연결성을 포함한다.

(3) 모듈 3

ADOS 모듈 3은 14개의 활동과 28개의 등급으로 구성된다. 활동은 언어적으로 유창한 아동과 청소년의 자폐스펙트럼 진단에 중요한 사회적·의사소통적·언어적 행동에 초점을 둔다. 이런 활동은 특정한 종류의 사회적 의사소통 행동에 대한 다양한 밀어 주기를 제공하는 일련의 비구조화된 상황과 구조화된 상황을 결합한 것이다. 일부 활동은 대상자가 사회적 교섭을 개시하는 데 주도권을 가질 수 있도록 이완되고 비형식적이고 비구조화된 사회적 환경을 제공하게끔 고안되어 있다. 그 목적은 대상자가 최소한의 구조와 지시가 있는 상황에서 사회적 상호작용을 얼마나 잘 개시하고 유지하는가를 결정하는 것이다. 스케줄 안의 다른 항목들은 대상자가 어떻게 반응하며 특정한 사회적 자극과 요구를 어떻게 토대로 삼는지 결정하기 위해 고안한 구조화된 사회적 의사소통 과제를 검사자가 제공하도록 의도적으로 구조화되어 있다.

모듈은 전체적으로 세 가지 특정한 목표를 가지고 있다. ① 의사소통과 상호작용을 위한 밀어 주기를 제공하는 상황이 주어질 때 대상자의 자발적인 사회적 의사소통 행동을 관찰하는 것, ② 특정한 상황(예: 이야기 말하기, 과제를 가르치기)의 요구를 주었을 때 적절하게 행동하는 대상자의 능력을 평가하는 것, ③ 언어 표본을 수집하기 위한 표준화된 맥락을 제공하는 것이다. 스케줄은 또한 개인의 유머 감각과 창의성을 관찰할 수 있는 기회를 제공한다.

각각의 과제에 대하여 그 과제에서 대상자의 행동에 관해 명시된 관찰의 초점이 있다. 스케줄 마지막의 등급 매기기는 평가를 하는 동안 대상자의 행동에 근거하여 완성된다. 검사자는 이 등급에 충분히 익숙해져서 세션 전반에 걸쳐 염두에 두어야 한다. 세션을 기록하기 위해 비디오 녹화나 오디오 녹음이 사용된다면 사회적 상호작용과 언어의 보다 상세한 양적 계량을 얻을 수 있지만, 등급은 언제나 실시간으로 시행해야 하고 세션에 바로 이어서 채점되어야 한다. 통상적으로는 ADOS 세션의 비디오 녹화를 제공한다.

스케줄은 늦은 학령전기에서 16세 이내 범위에 속하면서 '유창한' 언어 기술(기능적 표현언어가 4세 수준으로 측정된)을 가진 대상자에게 사용하도록 고안되었다. 청소년에게는 대상자의 관심과 독립성의 수준에 따라 검사자가 모듈 3과 4 가운데서 선택할 수 있다. 자폐스펙트럼장애 내에서의 이질성 때문에 검사자는 다양한 개인에게 일반적으로 유사한 사회적 밀어 주기를 제공함과 동시에, 각 대상자의 수준에 적합한 ADOS 과제를 유연하게 적응시키는 것이 요구된다. 각각의 과제 또는 상황에는 허락되는 자극 범위에 대한 지침과 함께 요구되는 밀어 주기가 명시되어 있다. 대부분의 등급은 2~3세의 정상 발달에서 이미 존재하는 사회적 기술 혹은 어떤 나이에서든 표준에서 벗어난 행동을 강조한다. 그러나 일부 등급은 계속해서 변화하고 발달하는 기술(예: 서로 다른 감정을 소통하는 능력)을 평가한다. 모든 증례에서는 대상자의 언어와 비언어적 인지 기능에 대한 체계적인 심리검사적 평가가 필수적으로 관찰되고 동반되어야 한다.

등급 매기기에서 발달적 표준과 비교가 필요할 때는 대상자의 행동을 동등한 비언어적 정신연령의 개인에게서 기대되는 행동의 범주와 비교하여 고찰할 것을 권한다. 이 규칙의 예외는 언어와 의사소통 항목들로, 전반적인 발달적 표준보다는 표현성 언어의 추정치가 이용되어야 한다. 아울러 진단 목적을 위해서는 이 평가를 발달력 및 대상자 부모/보호자와의 표준화된 면담(ADI-R과 같은, Lord, Rutter, & Le Couteur, 1994)과 결합하여 사용해야 한다.

스케줄의 일반적인 포맷은 어떤 행동이 일어나도록 미리 계획된 기간 안에 자연스러워 보이는 상호작용을 야기하는 것이다. 사회적 경우의 맥락은 요구, 재료의 유형, 검사자의 행동 등의 다양성으로 정의된다. 재료와 요구의 복잡성은 대상자의 행동 등의 다양성으로 정의된다. 재료와 요구의 복잡성은 대상자의 나이와 수준에 따라 다르다. 특정한 사건은 검사자에 의해 미리 계획된 형태로 연출되어야 한다. 예를 들어, 과제가 끝나고 검사자가 재료를 치울 때 대상자가 자발적으로 돕는지 보기 위하여 몇몇 물건을 검사자가 닿을 수 없는 곳에 두거나, 대화를 이끄는 것을 대상자가 따라오는지 보기 위해 반응을 유발하는 대화의 시작을 검사자가 제공할 수 있다(예: "아, 이 중에 하나를 전에 어디서 본 것 같아.").

일반적으로 과제의 순서는 융통성이 있어야 하고, 상호작용의 흐름에 따라 결정해야 한다. 검사는 언제나 검사자가 대상자를 편안하게 만드는 것으로 시작되어야 한다. 이때 세션에 서로 다른 다양한 활동이나 과제가 포함되어 있음을 어느 정도 설명해 주어야 한다. 대개 '구성 과제'로 진행하기 위해서 소개하는 시간은 짧은 것이 좋다. 비구조화된 대화보다는 '어느 정도' 구조화 초점을 제공하는 것이 자폐스펙트럼 안에 있는 대부분의 아동을 훨씬 편안하게 해 줄 수 있다. 그러나 전체적인 세션은 일차적으로 사회정서적인 의사소통의 행동을 평가하도록 고안되었으므로, 세션이 임상적 탐문과 유사해지는 것을 방지하는 것이 중요하다. 대상자의 행동과 말에 대해 언급하고 검사자 자신의 관심사나 활동에 대해 짧은 관찰을 소개하면서 처음부터 상호작용하는 모델을 제공하는 것이 필수적이다. 많은 대상자는 어른과 같은 권위적 인물에게 보다 직접적인 질문-대답의 접근을 기대하게 되는데, 검사자는 창의성, 상상력, 유머, 적당한 놀려 주기 등을 사용하는 비공식적이고 개별적이며 상호적인 스타일을 채택함으로써 이에 반응해야 한다. 일반적으로 검사자가 대상자의 언급을 해석해서 되돌려주는 정신치료적 스타일은 괴로움을 참지 못한 대상자가 주제를 바꿈으로써 편안해진 경우가 아니라면 이 맥락에서는 도움이 되지 않는다.

세션의 목적 가운데 하나는 대상자의 언어 기능과 의사소통 방식을 평가하는 것이다. 이것은 질문-대답의 횡적인 검사보다는 양방향의 대화로부터 평가하는 것이 더 좋다. 따라서 검사자는 적절한 때에 대상자가 이끄는 대로 따라가면서 세션 전반에 걸쳐 이 목적을 위한 기회를 활용해야 한다. 이는 스케줄에서 대화 시기를 활동의 표준 순서에 지시된 것보다 좀 더 일찍 또는 좀 더 늦게 도입할 수 있다는 의미다.

과제 중 몇 가지는 대상자가 채점 대상이 되는 행동을 보여 줄 수 있는 두 가지 이상의 기회를 제공한다. 만약 대상자가 첫 번째 기회에서 전형적인 형태로 관찰의 초점인 행동을 생성해 낸다면, 그 밀어 주기를 반복할 필요는 없으며 검사자는 다음 활동으로 진행해야 한다. 평가되고 있는 행동과 관련 없는 어떤 이유로 표준적인 절차가 적절하지 않다고 간주될 경우에는 시험 재료들을 다른 방식으로 사용하도록 기술하였다. 도구의 두 번째 세트는 첫 번째 세트에 대한 대상자의 초기 반응이 상호작용의 사회적 의사소통 요구 때문이 아니라 그 도구에 대한 특이한 반응 때문에 무효라고 느껴지는 경우가 아니라면 일반적으로 첫 번째 세트에 추가로 사용하지 않는다. 〈표 13-5〉에 이 모듈의 활동에 사용되는 재료를 열거하였다.

환경의 물리적 구조에는 특별한 주의가 필요하다. 비공식적인 양방향의 상호작용과 의사소통을 격려하기 위해서는 검사자와 대상자가 테이블을 사이에 두고 마주앉게 배치하는 직면적 형태는 피하는 것이 좋다. 테이블의 모퉁이에서 대각선으로 마주보거나 원탁에 나란히 앉는 배치가 보다 적합하다. 이는 집에서 검사를 시행하게 될 경우 검사자가 가장 적합한 배치를 선택하기 위해 사용 가능한 가구나 공간을 검토하는 것으로 시작해야 한다는 것을 의미한다.

표 13-5 모듈 3에 사용되는 재료

활동	필요한 항목들
1. 구성 과제	블록 퍼즐
2. 가장놀이	가방 3: 남자 액션 모형 두 개와 여자 액션 모형 한 개, 소도구 세 개(액션 모형마다 한 개씩) 모형 머리 브러시, 작은 연장 두 개, 장난감 공룡 가방 2: 작은 숟가락 두 개, 작은 접시 두 개, 찻주전자, 물주전자 또는 계량컵, 장난감 자동차, 돌아가는 홀로그램 디스크, 사소한 물건 2개(작은 옷감 조각과 작은 보석상자)
3. 합동적 상호작용 놀이	'가장놀이'의 재료
4. 실연 과제	수건과 비누
5. 그림의 묘사	미국 몽타주 장면과 휴양지 장면(대용물)
6. 책의 스토리 이야기하기	그림 스토리북 두 권
7. 만화	시리즈 A: 어부/펠리컨 시리즈 시리즈 B: 원숭이/코코넛 시리즈
8. 대화와 보고	–
9. 감정	–
10. 사회적 어려움과 괴로움	–
11. 휴식	모양 맞추기 퍼즐, 도화지, 여덟 가지 마커 세트, 핀아트, 회전펜(펜으로 된 바닥이 있는 팽이), 소형 라디오, 신문과 신간 잡지, '가장놀이'재료
12. 친구와 결혼	–
13. 외로움	–
14. 이야기 창작하기	목적이 분명한 여섯 개의 품목, 분명한 목적이 없는 여섯 개의 품목

ADOS를 시행하고 점수를 매기기 전에 모든 등급에 익숙해지는 것이 중요하다. 특정한 활동이 일어나는 동안이나 직후에 등급에 관여하는 행동(예: 미소를 지으며 자발적으로 정보를 제공함)을 적는 것은 도움이 된다. 각 점수 항목의 지시문에 명시된 대로, 어떤 등급은 가장 좋은 행동을 점수로 매기도록 되어 있고, 어떤 등급은 몇 가지 과제에 대한 대상자의 반응 항상성, 그리고 검사자가 어떤 밀어 주기를 반복해야 하는가에 기초를 두고 있다. 몇몇 점수 항목은 음성적 행위 또는 몸짓과 눈 맞춤의 협조성에 따른다. 이 등급들은 서로 다른 행동의 동시적인 사용보다 의사소통의

목적을 위해 소리를 내면서 눈을 맞추거나 몸짓과 함께 눈을 맞추는 미묘한 혼합 또는 그 연결성을 요구한다.

특정한 행동을 직접적으로 촉진하지 않으면서 격려하고, 어느 정도는 스케줄의 과제지향적인 측면을 구조화할 수 있는 검사자의 능력은 대상자가 자신의 사회적 행동 수준을 드러내 보이게 하는 데 필수적이다. 너무 많은 도움을 주면 대상자의 자발적인 행동을 관찰할 수 있는 기회를 없애게 되므로 주의해야 한다. 그리고 동시에 너무 적은 구조를 주어 대상자를 불편하게 하는 것도 피해야 한다.

검사자는 사회적 의사소통 주고받기를 위한 적절한 밀어 주기를 생성해 내기 위해 적극적이면서 상호작용적이어야 한다. 그럼에도 달리 명시된 경우가 아니라면, 채점은 검사자의 창의성이나 재료의 사용에 대해 대상자가 보인 반응이 아니라, 대상자가 그런 기회를 만들고 사용하고 발전시키려는 주도성에 바탕을 둔다. 대상자에게 상호작용을 개시하고 유지할 수 있는 어느 정도의 분명한 기회를 제공하기 위해, 검사자가 지속적으로 상호작용을 유지하려고 애쓰지 않는 것이 중요하다(즉, 때때로 검사자는 침묵할 필요가 있다). 또한 상동적이고 모방적인 반응을 창조성을 보이고 있는 것으로 채점하지 않도록 주의하는 것도 훈련해야 한다. 한편, ADOS는 상대적으로 짧은 관찰로 이루어져 있으므로 독창성에 대해 너무 높은 기대를 가져서는 안 된다.

세션 전체에 걸쳐 검사자는 적절한 격려와 칭찬을 해 주고, 대상자의 행동에 대해 분명하게 즐거움을 공유해야 한다. 만약 대상자가 반복적인 매너리즘, 사회적인 탈억제 또는 부적절한 행동(예: 검사자의 손을 만짐)을 보인다면, 검사자는 대상자의 그런 행동을 멈추도록 요구하거나 못하도록 노력하여(예: 대상자가 몰두해 있는 물건을 보이지 않는 곳으로 치움) 검사자의 저지에 따르는 효과를 평가할 수 있어야 한다.

(4) 모듈 4

ADOS 모듈 4는 10~15개의 활동과 31개의 등급으로 구성된다. 활동은 언어적으로 유창한 아동과 청소년의 자폐스펙트럼 진단에 중요한 사회적 · 의사소통적 · 언어적 행동에 초점을 둔다. 이런 활동은 특정한 종류의 사회적 의사소통 행동에 대한 다양한 밀어 주기를 제공하는 일련의 구조화된 상황 및 면담 질문과 비구조화된 대화를 결합한 것이다. 일부 활동은 대상자가 사회적 교섭 개시를 하는 데 주도권을 가질 수 있도록 이완되고 비형식적이고 비구조화된 사회적 환경을 제공하게끔 고안되어 있다. 그 목적은 대상자가 최소한의 구조와 지시가 있는 상황에서 사회적 상호작용을 얼마나 잘 개시하고 유지하는지 결정하는 것이다. 어떤 항목들은 대상자가 어떻게 반응하며 특정한 사회적 자극과 요구를 어떻게 토대로 삼는지 결정하기 위해 고안한 구조화된 사회적 의사소통 과제를 검사자가 제공하도록 의도적으로 구조화되어 있다. 또 다른 항목들은 어떤 대상자에게서 특별히 강한 반응을 유발할 수 있는 사회적 상황에 관한 특정 면담 질문으로 이루어져 있다.

모듈은 전체적으로 세 가지 특정한 목표를 가지고 있다. ① 의사소통과 상호작용을 위한 밀어 주기를 제공하는 상황이 주어질 때 대상자의 자발적인 사회적 의사소통 행동을 관찰하는 것, ② 특정한 상황(예: 이야기 말하기, 과제를 가르치기)의 요구를 주었을 때 적절하게 행동하는 대상자의 능력을 평가하는 것, ③ 언어 표본을 수집하기 위한 표준화된 맥락을 제공하는 것이다. 스케줄은 또한 개인의 유머 감각과 창의성을 관찰할 수 있는 기회를 제공한다.

각각의 과제에 대하여 그 과제에서 대상자의 행동에 관해 명시된 관찰의 초점이 있다. 스케줄 마지막의 등급 매기기는 평가를 하는 동안 대상자의 행동에 근거하여 완성된다. 검사자는 이 등급에 충분히 익숙해져서 세션 전반에 걸쳐 염두에 두어야 한다. 세션을 기록하기 위해 비디오 녹화나 오디오 녹음이 사용된다면 사회적 상호작용과 언어의 보다 상세한 양적 계량을 얻을 수 있지만, 등급은 언제나 실시간으로 시행해야 하고, 세션에 바로 이어서 배당되어야 한다. 통상적으로는 ADOS 세션의 비디오 녹화를 권장한다.

스케줄은 10세에서 성인까지의 연령 범위에 속하면서 '유창한' 언어 기술(기능적 표현언어가 4세 수준으로 측정된)을 가진 대상자에게 사용하도록 고안되었다. 청소년이라면 대상자의 관심과 독립성의 수준에 따라 검사자가 모듈 3과 4 가운데서 선택할 수 있다. 자폐스펙트럼장애 내에서의 이질성 때문에 검사자는 다양한 개인에게 일반적으로 유사한 사회적 밀어 주기를 제공함과 동시에, 각 대상자의 수준에 적합한 ADOS 과제를 유연하게 적응시키는 것이 요구된다. 따라서 검사자가 모듈 4를 사용하기로 선택했지만 대상자가 모듈 3의 과제 중 하나를 위한 재료에 특히 관심 있어 한다면(예: 액션모형), 모듈 3의 과제를 수행하도록 한다.

언어가 유창한 청소년과 성인에게서 자폐스펙트럼장애를 진단하는 데에는 이 스케줄에서 제공되는 짧은 관찰보다 더 많은 것을 요구한다. 이 진단에 속하는 개인들이 보이는 행동 유형 가운데에는 평가 시간에 관찰되지 않는 것들이 있다. 따라서 이 스케줄은 좀 더 넓은 행동의 범위를 다루고 대상자의 행동 발달력을 검토하는, 대상자 부모/보호자와의 표준화된 면담(ADI-R과 같은, Lord, Rutter, & Le Couteur, 1994)과 결합하여 사용해야 한다.

스케줄의 일반적인 포맷은 어떤 행동이 일어나도록 미리 계획된 시간 안에 자연스러워 보이는 상호작용을 야기하는 것이다. 이 스케줄의 목적이 자연스러운 상호작용을 관찰하는 것이기는 하지만, 경험에 의하면 자폐의 가능성이 있어서 의뢰된 많은 사람은 비록 언어적으로 유창할지라도 길고 추상적인 대화를 어려워하고 빨리 지친다. 따라서 스케줄은 대상자와 검사자에게 규정된 목표를 제공하는 사회적 과제를 표준적인 면담 질문과 번갈아할 수 있도록 기회를 제시한다. 이런 과제들은 대상자에게 종종 고도의 언어적, 감정적인 어려운 주제에 대한 추상적인 토론(예: "당신은 최근 직업을 왜 그만두었습니까?" "다른 사람들이 당신을 귀찮아합니까?")으로부터 휴식을 제공하며, 재료의 창의적인 사용, 제스처의 사용, 이야기하기 등과 같이 대화에서 반드시 드러나지는 않는 특정 행동들을 위한 밑어 주기를 생성해 낸다. 각 사회적 경우의 맥락은 요구, 재료의 유형, 검사자의 행동 등의 다양성에 의해 정의된다. 특정한 사건들은 검사자가 미리 준비한 형태로 연출되어야 한다. 예를 들어, 과제가 끝나고 검사자가 재료를 치울 때 대상자가 자발적으로 돕는지 보기 위하여 몇몇 물건을 검사자가 닿을 수 없는 곳에 치워 둘 수 있다.

일반적으로 과제의 순서는 융통성이 있어야 하고, 대상자의 흥미와 상호작용의 흐름에 따라 결정해야 한다. 검사는 언제나 검사자가 대상자를 편안하게 만드는 것으로 시작되어야 한다. 이때 세션에 서로 다른 다양한 활동이나 주제에 대한 토론이 포함되어 있음을 설명해 주어야 한다. 소개하는 시간은 대상자를 편안하게 하는 데 도움이 된다면, 일반적인 담소와 대상자의 활동에 대한 관심의 표현을 포함한다. 하지만 대부분의 사람에게는 ('구성 과제'나 '그림의 묘사'에서와 같은) 구조와 초점을 제공하는 것이 더 도움이 된다.

전체적인 세션은 일차적으로 사회정서적인 의사소통의 행동을 평가하도록 고안되었으므로, 세션이 임상적 탐문과 유사해지는 것을 방지하고, 지나치게 개입하는 것을 피하는 것이 중요하다. 대상자가 질문이나 과제에 반응하는 방식은 대상자의 반응 내용만큼이나 중요하다. 대상자의 행동과 말에 대해 언급하고 검사자 자신의 관심사나 활동에 대한 짧은 관찰을 소개하면서 처음부터 상호작용하는 모델을 제공하는 것이 필수적이다. 많은 대상자는 어른과 같은 권위적 인물에게 보다 직접적인 질문-대답의 접근을 기대하게 되는데, 검사자는 창의성, 상상력, 유머 등을 사용하는 비공식적이고 개별적이며 상호적인 스타일을 채택함으로써 이에 반응해야 한다.

검사자는 ADOS 과제를 제시할 때 몇 가지 순서 중에서 선택할 수 있다. 지시된 대로, ① 더 많은 배경이 요구된다고 검사자가 느끼는지(예: 일상생활에 대한 질문), ② 일련의 어려운 질문들(예: 현재의 직업 또는 학업) 이후에 대상자가 긍정적인 방식으로 대답할 기회가 필요한지, ③ 충분한 언어와 제스처의 표본이 이미 얻어졌는지(즉, '그림의 묘사' 또는 '만화' 등의 활동을 통해서)에 따라 몇 가지 과제는 선택적이다. 자폐스펙트럼장애를 가진 많은 대상자는 좀 더 추상적인 대화로 즉시 들어가는 것보다는 보다 구조화된 과제(즉, '구성 과제' '이야기 창작하기' '그림의 묘사' 또는 '실연 과제')로 세션을 시작하는 것이 좀 더 편안할 것이다. 대부분의 증례에서 청소년과 성인에 대한 다른 심리학적 평가와 마찬가지로 검사자가 이완되고 긍정적인 방식으로 활동을 제공한다면 대상자는 어려움 없이 참여할 수 있게 될 것이다. 재료들은 가능한 한 언제든지 재미있고 유머러스하며, 청소년과 성인에게 적합하도록 신중하게 선택되었다.

과제 중 몇 가지는 대상자가 채점 대상이 되는 행동을 보여 줄 수 있는 두 가지 이상의 기회를 제공한다. 만약 대상자가 첫 번째 기회에서 전형적인 형태로 관찰의 초점인 행동을 생성해 낸다면(즉, 0점을 받을 만하다면), 검사자는 그 밀어 주기를 반복할 필요 없이 다음 활동으로 진행해야 한다. 평가되고 있는 행동과 관련 없는 어떤 이유로 표준적인 절차가 적절하지 않다고 간주될 경우에는 시험 재료들을 다른 방식으로 사용하도록 기술하였다. 도구의 두 번째 세트는 첫 번째 세트에 대한 대상자의 초기 반응이 상호작용의 사회적 의사소통 요구 때문이 아니라 그 도구에 대한 특이한 반응 때문에 무효라고 느끼는 경우가 아니라면 일반적으로 첫 번째 세트에 추가로 사용하지 않는다. 〈표 13-6〉에 이 모듈의 활동에 사용되는 재료를 열거하였다.

표준적인 제시 순서를 따를 때의 목적은 보다 구조화된 과제에서 개방형 면담과 사회정서적 질문들로 이행하는 것이 목표이며, 이는 대상자의 행동과 생각에 추가적인 중요한 관점을 제공한다. 이 모듈의 표준 순서에서 '이야기 창작하기'를 면담 질문 이후의 마지막 과제로 사용하는 것은, 그다음 세션이 긍정적인 언급으로 끝나

표 13-6 모듈 4에 사용되는 재료

활동	필요한 항목들
1. 구성 과제(선택적)	블록 퍼즐과 예시 도안
2. 책의 스토리 이야기하기	그림 스토리북 두 권
3. 그림의 묘사(선택적)	미국 몽타주 장면과 휴양지 장면(대용물)
4. 대화와 보고	–
5. 현재의 직업과 학업(선택적)	–
6. 사회적 어려움과 괴로움	–
7. 감정	–
8. 실연 과제	수건과 비누
9. 만화(선택적)	시리즈 A: 어부/펠리컨 시리즈 시리즈 B: 원숭이/코코넛 시리즈
10. 휴식	모양 맞추기 퍼즐, 도화지, 여덟 가지 마커 세트, 핀아트, 회전 펜(펜으로 된 바닥이 있는 팽이), 소형 라디오, 신문과 신간 잡지, '가장놀이'의 재료
11. 일상생활(선택적)	–
12. 친구와 결혼	–
13. 외로움	–
14. 계획과 희망	–
15. 이야기 창작하기	목적이 분명한 여섯 개의 품목, 분명한 목적이 없는 여섯 개의 품목

기 때문에 보다 구조적인 방식으로 재료를 사용하는 것을 편안해하는 대상자에게 특히 도움이 될 수 있다. 대신 모든 구조화된 과제를 순차적으로 시행하는 것이 더 쉽다거나 꿈이나 미래의 계획으로 토론을 마치는 것이 더 바람직하다고 검사자가 느낀다면 이 과제는 더 일찍 수행해도 된다.

　때로 대상자는 보다 구조화된 게임 같은 과제를 수행하는 것이 더 불편하다고 느낄 수도 있다. 통상적으로 검사자가 실연을 해서 같은 과제에 기꺼이 참여하고자 한다는 것을 모델링을 통해 보여 주고(모델링이 허락되지 않는 만화의 경우를 제외하고) 격려의 말을 하면, 대상자는 점차 이완되면서 참여하는 쪽을 택하게 될 것이다. 검사자가 자신의 불편함 때문에 과제에 대해 사과함으로써 대상자에게 자의식을 느끼지 않게 하는 것이 중요하다. 만약 거사자의 노력에도 대상자가 구조화된 과제를 계속 불편해한다면, 검사자는 직장이나 학교에서의 대상자의 경험에 관한 사실적인 질문으로 바로 이행할 수 있다. 그리고 구조화된 과제로 되돌아오기 전에 면담과 사회정서적인 질문으로 진행한다. 때로 '이야기 창작하기'는 보다 구조화된 과제로의 이행 단계를 만들 수 있는 가장 쉬운 활동이다. 그다음 검사자는 '그림의 묘사' 과제로 이동하고, '책의 스토리 이야기하기' '실연 과제' '만화'로 되돌아온다. 구조화된 과제들은 사회적 상호작용의 서로 다른 측면을 수행하는 대상자의 능력에 대한 독특한 관점을 제공하므로, 가능하면 요구되는 활동을 모두 시행하는 것이 중요하다. 만약 대상자가 과제의 수행을 절대적으로 거부한다면 그것을 시도해 보도록 달래 볼 가치는 있지만, 이것이 실패한다면 다음 과제로 이행하는 것이 최선이다.

세션의 목적 가운데 하나는 대상자의 언어 기능과 의사소통 방식을 평가하는 것이다. 이것은 질문-대답의 횡적인 검사보다는 양방향의 대화에서 언어 생성을 기초로 하여 훨씬 잘 평가된다. 구조화된 과제에서 제공되는 기회도 이 관찰에서 매우 중요하다. 검사자는 적절한 때에 대상자가 이끄는 대로 따라가면서 세션 전반에 걸쳐 이 목적을 위해 기회를 활용해야 한다. 이는 스케줄에서 대화 시기를 활동의 표준 순서에 지시된 것보다 좀 더 일찍 또는 좀 더 늦게 도입할 수 있다는 의미다.

특정한 행동을 직접적으로 촉진하지 않으면서 격려하고, 어느 정도는 스케줄의 과제 지향적인 측면을 구조화할 수 있는 검사자의 능력은 대상자가 자신의 사회적 행동 수준을 드러내 보이게 하는 데 필수적이다. 검사자는 개인적인 불편함이나 경험 부족 때문에 어떤 과제를 빠뜨리거나 의도하지 않게 대상자의 자의식을 증가시키는 결과가 오도록 해서는 안 된다. 너무 많은 도움을 주면 대상자의 자발적인 행동을 관찰할 수 있는 기회를 없애게 되므로 주의해야 한다. 그리고 동시에 너무 적은 구조를 주어 대상자를 불편하게 하는 것도 피해야 한다.

검사자는 사회적 의사소통 주고받기를 위한 적절한 밀어 주기를 생성해 내기 위해 적극적이면서 상호작용적이어야 한다. 그럼에도 달리 명시된 경우가 아니라면 채점은 검사자의 행동이나 창의성 혹은 재료의 사용에 대해 대상자가 보인 반응이 아니라, 대상자가 그런 기회를 만들고 사용하고 발전시키려는 주도성에 바탕을 둔다. 대상자에게 상호작용을 개시하고 유지할 수 있는 어느 정도의 분명한 기회를 제공하기 위해 검사자가 지속적으로 상호작용을 유지하려고 애쓰지 않는 것이 중요하다(즉, 때때로 검사자는 침묵할 필요가 있다). 일반적으로 검사자가 대상자의 언급을 해석해서 되돌려주는 정신치료적 스타일은 괴로움을 참지 못한 대상자가 주제를 바꿈으로써 편안해진 경우가 아니라면 이 맥락에서는 도움이 되지 않는다. 또한 상동적이고 모방적인 반응을 창조성을 보이고 있는 것으로 채점하지 않도록 주의하는 것도 훈련해야 한다. 따라서 대상자에게는 초기의 반응을 확장하거나 정교하게 할 기회가 제공되어야 한다. 한편, ADOS는 상대적으로 짧은 관찰로 이루어져 있으므로 독창성에 대해 너무 높은 기대를 가져서는 안 된다.

환경의 물리적 구조에는 특별한 주의가 필요하다. 비공식적인 양방향의 상호작용과 의사소통을 격려하기 위해서는 검사자와 대상자가 테이블을 사이에 두고 마주 않게 배치하는 직면적 특성은 피하는 것이 좋다. 테이블의 모퉁이에서 대각선으로 마주 보거나 원탁에 나란히 앉는 배치가 보다 적합하다. 이는 집에서 검사를 시행하게 될 경우에 검사자는 가장 적합한 배치를 선택하기 위해 사용 가능한 가구나 공간을 검토하는 것으로 시작해야 한다는 것을 의미한다.

세션 전체에 걸쳐 검사자는 적절한 격려와 칭찬을 해 주고, 대상자의 행동에 대해 분명하게 즐거움을 공유해야 한다. 만약 대상자가 반복적인 매너리즘, 사회적인 탈억제 또는 부적절한 행동(예: 검사자의 손을 만짐)을 보인다면, 검사자는 대상자가 그런 행동을 멈추도록 요구하거나 못하도록 노력하여(예: 대상자가 몰두해 있는 물건을 보이지 않는 곳으로 치움) 검사자의 저지에 따르는 효과를 평가할 수 있어야 한다.

③ 결과의 적용

1) 진단 알고리즘의 사용

진단 알고리즘은 사회성과 의사소통능력의 결핍 혹은 자폐스펙트럼장애 또는 전반적 발달장애로 불리는 장애를 가진 대상자들을 분류할 수 있는 규칙들의 집합이다. ADOS에는 모듈별로 개별 알고리즘이 있는데 이런 알고리즘은 ADOS 프로토콜의 맨 마지막 단계에 실려 있다.

비전형 자폐증, 달리 분류되지 않는 전반적 발달장애(Pervasive Developmental Disoder-Not Otherwise Specified: PDD-NOS), 아스퍼거장애를 가진 이들은 모두 일

반적인 자폐증의 범주에 들어 있는 것으로 간주된다. ADOS에서 도출된 진단 유형에 따르면, 합의의 자폐증(AUT)과 자폐스펙트럼장애라는 광의의 범주 사이에 차이가 생겨날 것이다. 후자는 '전반적 발달장애'라는 용어에 기반한 개념을 따르고자 의도된 것이지만, 여기서는 자폐스펙트럼장애라는 개념을 사용하기로 한다. 그 이유는 자폐스펙트럼장애가 자폐증과 스펙트럼 내 관련 장애 사이의 연속성의 측면을 더 분명히 드러내기 때문이다.

하지만 여기서 설명한 진단 알고리즘의 전개에 사용된 심리측정 데이터는 진단의 합의를 최대화하기 위해 오직 자폐증, 비스펙트럼장애 또는 PDD-NOS를 진단받은 개인의 것임을 분명히 해 둔다. PDD-NOS는 특정 진단 카테고리로 사용되었으며, 자폐스펙트럼장애(자폐증과 대비되는 개념으로서의 자폐스펙트럼장에) 그룹에 포함되기 위한 채택 기준(inclusion criteria)이 된다. 우리가 가진 임상 표본에 아스퍼거장애가 매우 드물었고, 만약 어릴 때 자폐증 진단을 받았다면 나중에 아스퍼거장애의 진단을 받을 수 없는 것으로 간주되기 때문에, 아스퍼거장애를 가지고 있는 사람의 현재의 표본에 사용되지 않았다. 우리의 경험에 의하면 이 도구가 단독으로는 자폐증과 아스퍼거장애를 구분하는 데 필요한 병력과 인지장애의 정도에 대한 정보를 제공하지 못하기 때문에, 아스퍼거장애를 가진 개인의 행동은 ADOS의 자폐증 혹은 자폐스펙트럼장애 범주 둘 중 하나에 속하게 된다.

ADOS의 원래 의도는 자폐증과 다른 자폐스펙트럼장애의 질적 차이를 강조함과 더불어 자폐증과 PDD-NOS(특정한 장애로서의 PDD-NOS)를 위한 별도의 알고리즘을 제공하는 것이었다. 이러한 문제를 다루기 위해 수집된 데이터는 4장에서 확인할 수 있다. 하지만 언어 수준이 통제되었을 때 반복적이고 다양한 분석을 시행한 결과, 자폐증 또는 PDD-NOS를 가지고 있는 대상자들의 행동 패턴에서 전 모듈에 걸친 일관된 질적 차이가 존재하지 않는다는 사실을 알 수 있었다. 대조적으로 심각성에 있어서는 일관된 차이점이 있었다. 이 매뉴얼 후반에 이는 표와 부록에서 볼 수 있듯이, 자폐증에서 자폐스펙트럼장애에 이르는 항목별·영역별 점수의 분포는 특정 모듈에서 나타나는 작은 군집 외에는 군집의 근거 없이 연속적이다. 이러한 결과는 다른 많은 연구 결과들과 일관성을 보이기 때문에, 각 모듈 내에서 자폐증과 자폐스펙트럼장애 모두를 위한 항목의 집합을 사용하고 심각도만을 기초로 하여 협의의 자폐증과 광의의 범주(자폐스펙트럼장애)를 구별하는 ADOS 알고리즘을 만들기로 결정했다. 그러나 DSM-IV와 ICD-10에서 자폐스펙트럼장애 내의 진단 카테고리들 사이의 구별은 심각도뿐 아니라 증상의 시작, 지적장애는 언어장애의 동반 여부 등 여러 요소에 근거해 이루어진다는 사실이 중요하다. 자폐스펙트럼의 진단이 ① 사회성과 의사소통 능력의 결핍 혹은 ② 제한되고 반복적인 행동과 함께 나타나는 사회성 결핍만을 기초로 하는 것에 반해, 자폐증의 DSM-IV 혹은 ICD-10의 진단은 생후 36개월이 되기 전에 사회성과 의사소통 능력의 이상과 함께 비정상적이고 상동적이고 반복적인 행동 혹은 제한된 관심 등을 보여야 한다. 진단적 결정을 위해 ADOS의 채점 방법이 가지는 의미는 이후 더 상세히 언급할 것이다.

  자폐증과 자폐스펙트럼장애 진단의 분류를 위한 항목과 일치가 모듈에 따라 다양하다 할지라도 평가를 위한 일반적인 원칙과 절차는 동일하며, DSM-IV와 ICD-10 모델과 유사하다. 각 증례에서 진단의 분류는 두 영역(사회적 상호작용과 의사소통) 각각의 역치를 초과하는 것과, 의사소통과 사회적 상호작용 조합 전체의 역치를 초과하는 것을 기초로 해서 결정된다. 비록 제한되고 반복된 행동이 나타날 때 부호화한다 하더라도 ADOS는 그런 행동을 측정하는 데 충분한 기회를 제공하지는 못한다. 따라서 ADOS의 분류는 단지 사회적 행동과 의사소통의 관찰에만 기초한 알고리즘을 제공한다. 상동화된 행동 및 제한된 관심과 관련된 항목은 알고리즘 양식에 나타나 있으나, 진단상 알고리즘 계산에는 포함되지 않는다. 놀이의 질적인 특성과 관련된 항목 역시 DSM-IV와 ICD-10 조건에 직접적으로 관련되어 있으므로 알고리즘 양식에 포함되어 있다. 하지만 놀이 점수와 언어 구사 수준의 상관관계가 상당히 높기 때문에 알고리즘 계산에는 포함되지 않는다. 이러한 상관관계는 언어 구사 수준이 통계되었을 때 자폐증, 자폐스펙트럼장애와 다른 장애의 진단적 차별점을 감소시킬 수 있다.

  ADOS는 문제의 시작 혹은 초기 병력에 대한 정보를 포함하지 않는다. DSM-IV와 ICD-10에 근거하여 자폐증이라는 진단을 내리려면 반드시 생후 36개월 이전에 의사소통 및 사회적 상호작용의 이상과 제한되고 반복된 행동의 근거가 나타나야 한다. 만약 생후 3세 이전의 아이가 ADOS 세션에서 제한되고 반복적인 행동을 보인다면 이는 진단받을 수 있는 충분한 조건이 된다. 대상자가 이러한 조건을 만족시키지 못한다면 교사나 부모의 보고(ADI-R에서와 같은)로부터 추가적인 과거력 정보를 얻거나, 좀 더 광범위한 관찰을 통해 정보를 확보해야 한다.

ADOS 프로토콜의 점수가 매겨지는 즉시, 개별 항목의 등급을 프로토콜의 마지막에 제공되는 알고리즘 양식에 그대로 기록한다. 개별 항목에서 두 가지 중요한 점수의 전환을 적용한다. 모든 항목에 있어서, 3점은 2점으로 바꾸고 0~3이 아닌 득점(예: 7, 8)은 0으로 바꾼다. 그런 다음 의사소통과 사회적 상호작용 영역 내의 개별 점수를 각기 합산한다. 그다음 의사소통-사회적 상호작용의 총점 계산을 위해 두 영역의 점수를 합한다. 자폐증과 자폐스펙트럼장애의 역치는 양식에 지시된 대로 영역별 점수와 총점에 적용된다.

알고리즘 양식의 맨 아래 부분에는 ADOS에 의한 분류와 전체적인 임상 진단을 적도록 공간이 마련되어 있다. ADOS 자폐증 분류는 세 가지(사회적 상호작용, 의사소통 영역, 의사소통-사회적 상호작용의 총점)에서 자폐증의 역치를 충족하거나 초과할 것을 요건으로 한다. 자폐증에 해당하는 역치가 충족되지 않지만 세 가지에서 자폐스펙트럼장애의 역치가 충족 또는 초과된다면, 자폐증 대신 자폐스펙트럼장애/전반적 발달장애로 분류하는 것이 적절하다.

초반에 언급한 바와 같이 ADOS 분류와 전체적인 진단을 구별하는 것은 매우 중요하다. 전체적인 진단을 내리기 위해서는 제한되고 반복적인 행동에서의 비정상성과 증상의 이른 시작이 있어야 한다. 그래서 대상자 중 ADOS 분류에서는 자폐증으로 분류되었지만 임상적으로는 자폐스펙트럼장애/전반적 발달장애로 진단되는 경우가 있을 수 있다. 반대로 의사소통 기능장애 없이 심각한 사회적 비정상성과 제한되고 반복인 행동만 존재할 때 자폐스펙트럼장애/전반적 발달장애의 임상 진단을 내릴 수 있다. 그러한 예에서 대상자는 오직 사회적 상호작용 영역의 조건만 만족시키기 때문에 ADOS로는 자폐스펙트럼장애의 분류를 받지 않지만 여전히 PDD-NOS 혹은 아스퍼거장애의 진단을 받는다. 임상가는 ADOS 점수, ADI-R과 같은 기타 평가 결과 등 모든 정보를 최종 평가에 사용해야 한다.

2) 해석

ADOS 점수의 해석은 행동의 유효한 실례(實例)가 수집되었다는 가정, 다른 검사자에 의해 혹은 다른 시점에 나타났을 것과 유사한 행동의 실례가 ADOS를 통해 유도되었을 것이라는 가정, 검사자가 같은 점수 체계를 사용하는 다름 검사자와 비슷하게 이 행동을 부호화할 수 있다는 가정에 기초한다. 모듈 1과 2의 시행에는 부모 혹은 보호자가 참가하기 때문에 대상자가 평소에 전형적으로 어떻게 행동하는지 정보를 제공할 수 있다. 모듈 3과 4에서는 대상자가 원하는 바에 따라 대상자를 잘 아는 부모/보호자 혹은 다른 사람이 다른 방에서 또는 비디오로 ADOS 세션을 관찰할 수 있게 하는 것이 도움이 될 수 있다. 어떤 경우에든 검사자는 ADOS의 사회성에 대한 요구와 관계없는 요소들이 평가에 해로운 영향을 끼치지 않았는지 판단할 필요가 있다. 이런 경우에는 가능할 때 언제든지, 이상적으로는 며칠 후에 다른 테스트 재료를 이용해서 스케줄을 다시 시행해야 한다(예: '생일파티' 대신 '소풍'을 가거나 '이야기를 창작하기'에서 다른 사물을 사용하는 등).

덧붙여 ADOS 세션에서 유효한 행동의 실례가 제공되었다고 생각될 때에도 검사자는 점수에 영향을 미쳤을지 모르는 대상자의 행동이 있었는지 고려해 보아야 한다. 많은 유럽 국가에서 이 도구가 사용되고 있음에도 문화적 요소의 특정 효과는 ADOS에서 체계적으로 다루어지지 않았다. 검사자는 반드시 개인의 문화적 맥락에 비추어서 아이 혹은 어른의 행동의 적절성을 평가해야 한다. 이 영역에 대해서는 좀 더 많은 정보가 필요하다.

또 다른 문제는 극단적으로 반항적이고 비협조적인 대상자다. 이들은 자폐스펙트럼장애의 존재와 관련 없는 다른 이유 때문에 몇몇의 ADOS 항목에서 상당히 높은 점수를 받을 수 있다. 예를 들어, 모듈 3에서 대상자가 최소한의 반응만 보인다면 '통찰'에서 매우 제한적으로 점수를 받을 수 있다. 반대로 심한 과잉행동을 보이는 아이는 몇 초 이상 집중하기 어렵기 때문에 높은 점수를 받을 수 있다.

자폐증에 특정하지 않은 어려움을 다룰 수 있는 몇 가지 방법이 있다.

첫째, 만약 일반적인 어려움 때문에 어떤 항목에 점수를 매기기가 적절하지 않다면, 그 항목은 8점에 할당할 수 있다. 8점은 알고리즘에서 0으로 바뀌기 때문에 근본적으로 진단을 내릴 때 고려 대상에서 제거하는 것과 같다. 예를 들어, 아이가 언어와 비언어적 소리 내기를 거의 사용하지 않는다면 소리 내기와 말하기의 이상과 관련된 항목은 각각 8점을 받아야 한다. 대상자가 주로 단음절로 질문에 대답하거나 정보를 거의 제공하지 않는다면 '사회성 반응의 질'과 '정보를 제공함'과 관련된 모듈 3, 4의 항목에서는 2점을 받아야 하지만 '공감/다른 이의 감정에 대한 언급'과 '통찰'에서는 8점을 받아야 한다. 그것은 사회적 상호작용의 결핍에서 기인한 것이기 때문이다.

그런 절차를 따랐음에도 자폐스펙트럼장애와 관련 없는 요소들 때문에 대상자가 전체적으로 실제보다 높은 점수를 받는다면 검사자는 임상학적 판단을 훈련해야 한다. 알고리즘 양식이 ADOS의 분류 아래에 전체 임상 진단을 위한 별도의 칸으로 마련되어 있다. 이것은 여타의 정보들로 인해 ADOS 진단 알고리즘에서 산출된 진단과 다른 진단을 내렸을 경우를 위해 할애된 공간이다.

ADOS의 해석에서 중요한 점은 절단점(cut-off scores)의 의미를 이해하는 것이다. 절단점은 자폐증 또는 자폐스펙트럼장애의 ADOS 진단 역치다. 자폐증의 절단점은 개인이 받은 점수가, 자폐증을 가졌으면서 비슷한 표현언어 수준을 가진 대상자들 가운데 많은 수가 얻는 점수 범위 내에 존재한다는 것을 의미한다. 사회적 상호성('사회적 상호작용' 영역)과 사회적 상호작용의 일부로서의 말과 제스처의 사용('의사소통' 영역)에서도 이와 유사하다. 하지만 완전하고 공식적으로 자폐증 진단을 내리기 위해서는 ADOS를 하는 동안이나 다른 정황에서 제한되고 반복적인 행동의 증거를 보여야 하고, 증상이 조기에 시작되었다는 조건을 충족해야 한다. 그래서 초기에 언급했듯이 ADOS의 자폐증 진단 기준을 만족시키는 사람이 제한적이고 반복적인 행동을 보이지 않거나 신난에 요구되는 것과 다른 증상의 개시 형태를 갖고 있다는 이유로 자폐증의 임상 진단은 받지 못할 수 있다.

자폐스펙트럼장애로 ADOS 진단 조건을 만족시키는 대상자는 사회적 상호작용에서의 제스처와 언어 사용을 포함한 사회적 상호작용 및 의사소통에서 상당한 이상을 보인다. 이러한 이상은 질적인 면에서 자폐증 진단을 받은 사람의 비정상성과 비슷하지만 심각도는 덜하다. ADI-R(Lord et al., 1994)과 같은 부모의 보고에 의한 평가 도구나 CARS(Schopler, Rechler, Devellis, & Daly, 1980)와 같은 과거의 정보에 기초해 완성한 척도와는 다르게 ADOS는 오직 현재의 기능에 대한 평가만을 제공한다. 그래서 좀 더 어린 나이에 자폐증의 조건을 만족시켰던 개인은 현재 ADOS의 조건을 만족시키지 못할 수도 있다. 일생의 기준을 강조하는 진단 시스템에서는 이러한 개인들이 여전히 자폐증을 가지고 있다고 진단할 수 있다. 이 매뉴얼에 나타나 있는 데이터를 비롯하여 유전학적이고 장기적인 연구의 증거들은 언어 수준이 별개로 고려된다면 자폐증과 자폐스펙트럼장애 사이의 질적인 차이는 거의 없으며 심각도의 연속선상에 있음을 시사한다.

현 데이터로 보면 자폐스펙트럼장애나 ADOS로 진단을 받기 위해서는 '사회적 상호작용'과 '의사소통' 두 영역에서 절단점을 충족해야 한다. 하지만 어떤 사람은 사회적 상호작용에서 상당한 이상을 가지거나(사회적 상호작용 영역에서 높은 점수를 받는 것으로 입증), 제한되고 반복적인 행동을 보임으로써(ADOS의 평가 혹은 다른 방법을 통해 드러남) 전반적 발달장애 혹은 비전형자폐증 진단의 DSM-Ⅳ 혹은 ICD-10 조건을 충족하지만 '의사소통' 영역의 절단점을 충족시키지 못해 ADOS의 조건은 만족시키지 못할 수 있다. 또한 자폐증이나 ADOS 진단을 위한 ADOS 조건을 충족하지는 못하지만 여전히 다른 영역에서 뚜렷한 이상을 보일 수도 있다는 사실 역시 중요하다. '사회적 상호작용' 혹은 '의사소통'에서 높은 점수를 받았을 때는 진단 분류의 절단점이 충족되지 않는다 하더라도 임상적으로 의미 있는 어려움을 갖는다는 사실을 나타내는 것으로, 좀 더 검토해 보아야 한다.

ADOS의 목표는 자폐증과 ADS의 진단을 돕기 위해 아동과 성인의 사회적-의사소통적 행동을 관찰할 표준화된 맥락을 제시하는 것이다. 시간에 걸쳐 일어나는 변화를 측정할 수 있도록 개발되지 않았기 때문에, 특히 후반부의 모듈은 치료에 대한 반응이나 발달에 따른 변화를 확인하는 데는 그 유용성이 제한될 수 있다.

하지만 개인적인 수준에 있어서는 대상자의 행동이 시간을 거치며 어떻게 변화되었는지 임상가나 연구자들이 측정할 수 있는 몇 가지 전략이 있다. 두 번 이상 ADOS를 시행하면서 그때마다 동일한 모듈을 사용했다면, 개별 항목들과 영역별 원점수를 서로 비교할 수 있다. 후에 평가에서 다른 모듈이 시행되었다면 영역별 원점수의 비교는 별 의미가 없지만 모든 모듈에 일관되게 포함되어 있는 개별 항목의 원점수는 여전히 비교 가능하다. 〈표 13-7〉에서 볼 수 있듯이, 항목의 2/3 이상이 인접하는 모듈의 쌍에서 겹친다. 어떤 경우에는 항목들이 더 이상 진단적인 변별력을 보이지 않음에도 인접한 모듈(예: '상호작용에서 공유된 즐거움' '합동 주시에 대한 반응')에 남아 있는데, 이는 그러한 활동에서 발달상의 변화가 연구에서 증명되었기 때문이다.

임상가가 치료 프로그램을 위한 특정한 제안을 해 주고 싶을 때, 최근에 모듈이 다른 것으로 이행된 환자라면(예: 모듈 2에서 모듈 3으로 이행) 어떤 점이 향상되었는지 근거를 제시하기 위해서는 이전의 모듈에서 몇 가지 과제를 선택해 다시 시행해 보는 것도 좋다. 행동의 변화는 자폐증에 특정하지 않은 행동, 예컨대 과잉행동이나

자료 13-2 모듈 간에 걸쳐 DSM-IV/ICD-10 진단 범주를 운용하는 항목

KEY		모듈 1	모듈 2	모듈 3	모듈 4
ARSC	상호적인 사회적 의사소통의 양	언어와 의사소통			
ASOV	사회적 교섭 개시의 양	UOTH			
CONV	대화	VOC	ASOV		
DGES	묘사적이고 관습적이고 도구적인 혹은 정보를 제공하는 제스처	PNT	PNT		
EGES	강조하거나 정서적인 제스처	STER	STER	STER	STER
EMP	공감/다른 이의 감정에 대한 언급	GES	DGES	DGES	DGES
ENJ	상호작용에서 공유된 즐거움	(IECHO)	(IECHO)	(IECHO)	(IECHO)
EXP	타인을 향한 얼굴 표정		(SPAB)	(SPAB)	(SPAB)
EYE	유별난 눈 맞춤		CONV	CONV	CONV
GAZE	사회적 교섭 개시 동안의 응시와 다른 행동과의 통합			REPT	(REPT)
GES	제스처			(OINF)	(OINF)
IECHO	즉각적인 반향어				EGES
IJA	합동 주시를 자발적으로 시도하기	주고받는 사회적 상호작용			
IMAG	상상/창조성	SHO	(SHO)		
INS	통찰	IJA	IJA		
MAN	손과 손가락, 기타 복합적인 매너리즘	RJA	(RJA)		
OINF	정보를 제공함	EXP	EXP	EXP	EXP
PLAY	사물과의 기능적 놀이	QSOV	QSOV	QSOV	QSOV
PNT	가리키기	EYE	EYE	EYE	EYE
OQR	전반적인 라포의 질	ENJ	(ENJ)	(ENJ)	(ENJ)
QSOV	사회적 교섭 개시의 질	(GAZE)	ARSC	ARSC	ARSC
QSR	사회적 반응의 질		OQR	OQR	(OQR)
REPT	사건의 보고		QSR	QSR	QSR
RESP	책임			INS	(INS)
RINT	기이하게 반복적인 흥미 또는 상동적 행동			(EMP)	EMP
RITL	강박행동 또는 의식				RESP
RJA	합동 주시에 대한 반응	놀이+상상/창조성			
SHO	보여 주기	(PLAY)	(PLAY)		
SINT	놀잇감/사람에 대한 기이한 감각적 흥미	(IMAG)	(IMAG)	(IMAG)	(IMAG)
SPAB	자폐증과 연관된 말의 이상	상동적 행동과 제한된 관심			
STER	상동적인/개인 특유의 단어와 어구의 사용	(MAN)	(MAN)	(MAN)	(MAN)
UOTH	의사소통을 위해 다른 사람의 신체를 사용	(SINT)	(SINT)	(SINT)	(SINT)
VOC	다른 사람을 향해 목소리를 내는 빈도	(RINT)	(RINT)	(XINT)	(XINT)
XINT	유별난 또는 매우 특이한 주제나 사물에 대한 지나친 관심		(RITL)	(RITL)

Note. 괄호 안에 있는 항목은 채점은 되지만 진단 분류를 위한 총점에는 사용되지 않는다.

불안 점수의 변화에서도 관찰할 수 있다. 아울러 의사소통 표본 혹은 어떤 특정한 행동(예: 실용적 언어)은 ADOS 세션의 비디오테이프를 검토해서 채점하는 것도 가능하다. ADOS에서 표준화된 맥락을 통해 개별적인 표본으로 얻어진 행동에 대해서는 각 행동의 특정한 면들을 더 세부적으로 다루는 다른 관찰 계획을 적용하여 좀 더 세밀하게 평가할 수 있다.

진단 평가를 하는 임상가는 종종 학교나 부모/보호자, 치료사에게 실제적인 치료 프로그래밍을 위한 제안을 하고자 할 것이다. 많은 활동과 전반부 모듈의 코드는 아이를 가르치는 방법과 적절한 목표의 내용 둘 다에 상당히 직접적인 관련이 있다. 예를 들어, 모듈 1은 아동들에게 많은 상황에서 요구를 할 수 있는 기회를 주는데, 여기에는 행동에 대한 요구(예: 풍선을 불어서 놓아 달라는 요구), 음식에 대한 요구, 사회적인 게임을 계속하자는 요구, 물건이나 그 물건을 작동시켜 달라는 요구(예: 비눗방울 총) 등이 있다. 아이들이 원하는 것을 요구하는 방식이나 어떤 상황에서 그들의 관심사 혹은 욕구를 쉽게 이야기하는지 알아냄으로써 임상가는 새롭게 요구하는 행동을 가르치고, 가지고 있는 행동을 전반적인 맥락으로 일반화할 수 있도록 도와주는 목표를 만들어 낼 수 있다.

모듈 3과 4에서 치료 프로그램의 목표를 만들어 내는 것은 다소 복잡할 수 있는데, 이것은 직접적인 방법으로 충분히 습득할 수 있는 특정 행동을 묘사하는 부호화가 더 적기 때문이다. 자폐증이 있는 성인이 사회적 관계를 보는 통찰력이 제한되어 있는 정도나 청소년이 이야기 속 주인공의 감정을 설명하는 방식 등을 평가하는 것은 매우 유용하다. 이는 이러한 관찰이 대상자가 사회에서 겪을 수 있는 어려움과 강점을 설명하는 방식 등을 평가하는 것은 매우 유용하다. 이는 이러한 관찰이 대상자가 사회에서 겪을 수 있는 어려움과 강점을 나타내는 데 도움이 되기 때문이다. 그러나 ADOS에 이용되고 있는 검사 맥락들은 일반적인 상황에서의 실용적인 유용성 때문이 아니라 진단을 하는 데 도움이 되는 행동을 불러일으키기 때문에 선택되었다는 사실을 반드시 기억해야 한다.

2. 사회적 의사소통 설문지

☐ 개관

사회적 의사소통 설문지(Social Communication Questionnaire: SCQ)는 40개 문항으로 구성되어 있으며, 부모의 보고를 통해 자폐스펙트럼장애와 관련된 증상을 선별하는 도구다. 문항들은 '예/아니요'의 답변 방식으로 되어 있어서 일반적으로 부모(또는 기타 일차적인 보호자)가 10분 이내에 완성할 수 있으며, 점수 계산은 5분 이내에 가능하다. SCQ에는 두 가지 형태가 있다. SCQ AutoScore™ Form: Lifetime(WPS Product No. W-381B)은 개인의 전반적인 발달력에 근거하여 답하는 것으로, 그 결과에 따라 더욱 정밀한 진단검사를 의뢰하는 데 적합하다. SCQ AutoScore™ Form: Current(WPS Product No. W-381A)는 최근 3개월 동안의 개인 행동을 바탕으로 작성되며, 그 결과는 매일의 생활 경험을 이해하고 치료와 교육 계획을 평가하기에 적당하다.

SCQ는 기본적으로 자폐증 진단 면담지(Autism Diagnostic Interview-Revised: ADI-R)와 짝이 되는 선별검사도구로 기획되었다. WPS의 최신판 ADI-R(WPS Product No. W-382; Rutter, Le Couteur, & Lord, 2003)은 93개 문항의 구조화된 면담으로 구성되어 있으며, 응답하는 데 1시간 반에서 2시간 정도가 소요된다. ADI-R을 통해 자폐스펙트럼장애와 관련된 개인의 발달력을 높은 신뢰도로 평가할 수 있다. SCQ의 문항들은 진단의 변별타당도를 가진 것으로 판명된 ADI-R 문항들과 일치시키기 위해 주의 깊게 선택되었다. SCQ는 비록 간결하지만 ADI-R과 마찬가지로 긴 면담을 요하며, 동일집단에 적용 가능하다.

SCQ는 평가 대상의 발달력과 현재 행동에 대해 가장 잘 아는 일차적인 보호자가 작성해야 하며, 평가 대상은 생활연령 만 4.0세 이상부터 가능하다(단, 정신연령은 2.0세 이상이어야 함). ADI-R의 연구 결과(Rutter et al., 2003) 그 대상을 정신연령과 생활연령 모두 만 2.0세 이상으로 확장할 것을 제안한다. 그러나 이런 하향 확장은 본 실시요강이 발표된 시기에 SCQ를 통해 체계적으로 검증된 적이 없기 때문에 새로운 연구 결과가 나올 때까지 2세 0개월부터 3세 11개월의 대상에 적용하는 것은 적절한 주의가 필요하다.

SCQ의 적성에는 전문가의 도움이 필요 없다. 부모에게 설문지를 주고 직접적인 지도 없이 질문에 답하게 해도 된다. 그러나 설문지의 전반적인 사용과 결과를 바탕으로 한 해석은 자폐스펙트럼장애 환자를 돌보고 치료하는 전문적인 수련을 받은 사람의 감독하에 진행되어야 한다.

SCQ는 ADOS와 ADI-R 등 다른 자폐증 평가도구처럼 자폐스펙트럼장애를 갖지 않은 사람에게 드물게 나타나는 행동에 초점을 둔다. 그러므로 이 도구는 일반적인 척도(기저의 몇몇 단일 기능, 성질, 또는 능력의 연속선을 반영하는 차원)를 제공하지 않을 뿐만 아니라 사용 가능한 표준값(모집단의 수행 정도를 근거로 한 절대값 추정치)도 없다. 대신에 근거가 되는 연구 결과들은 임상집단을 대상으로 하는 타당도 연구의 형태로 제시되는데, 여기서는 Receiver Operation Characteristics와 같은 통계적 분석을 사용하였다.

SCQ를 일차적으로 타당성 있게 시행하면 '일생(Lifetime) Form'으로부터 단일한 총점이 얻어지는데, 이 도구에 관한 연구들로부터 이끌어 낸 절단점(cut-off)을 참조로 하여 이를 해석할 수 있다. 절단점은 자폐스펙트럼장애를 가졌을 가능성이 높은 사람 그리고 좀 더 광범위한 평가가 필요한 사람을 판별하는 것이다. 추가적으로 포괄적인 ADI-R의 영역들, 즉 주고받는 사회적 상호작용의 질적 이상, 의사소통의 질적 이상, 제한되고 반복적이며 상동화된 행동 양상에 해당하는 하위 점수를 얻을 수 있다. 하위 점수들은 이 실시요강이 처음 출판되었을 때 광범위하게 연구되지 않은 상태였기 때문에 이것을 임상적으로 적용할 수는 없다. 그러나 최종점수와 결합해서 사용하면 연구목적으로 그룹 간 차이를 평가할 때 유용할 수 있다. 시행, 채점 그리고 기초적 해석은 2장에 기술하였고, 3장에서는 도구의 개발을 설명하고 있으며 이를 뒷받침하는 검증연구는 4장에 약술하였다. 이와 같은 보다 광범위한 논의들은 다음에 요약될 것이다.

1) 주된 용도

SCQ는 자폐스펙트럼장애 증상의 계량적 측정 방법으로, 개인이 자폐스펙트럼장애를 갖고 있을 가능성의 지표가 되는 절단점을 제공한다. 이 도구는 주로 세 가지로 사용된다.

첫째, 앞에서 간략히 설명한 것처럼 임상적으로 자폐스펙트럼장애 가능성에 대해 철저한 임상적 평가가 필요한 아동을(명시된 절단점 이상의 점수를 기준으로) 선별하기 위한 도구로 이용된다. ADI-R과 ADOS는 더욱 심도 있는 평가를 위한 도구로 적당하다. 그러나 SCQ는 다른 선별검사들과 마찬가지로 약간의 위음성이 있을 수 있다. 다시 말하면 절단점 이하의 점수를 받은 아동이 세부적인 검사 후에 자폐스펙트럼장애로 판명될 수 있다는 것이다. 만약 절단점에 약간 못 미치는 점수를 받은 아동이라도 다른 검사를 통해 자폐스펙트럼장애 진단을 신중하게 고려해 볼 필요가 있다고 판단되면, 방법적인 면과 임상적 혹은 학술적 필요성을 고려하여 정밀한 임상적 평가를 해 보는 것이 바람직하다.

둘째, SCQ 점수는 서로 다른 그룹 간에 자폐스펙트럼장애 징후의 전반적인 수준을 비교하는 데 이용된다. 이 방법들은 발달성 언어장애, 자폐스펙트럼장애와 관련된 의학적 상태, 또는 학습장애아동(취약X염색체증후군, 결절성 경화증 또는 다운증후군)들의 자폐스펙트럼장애 증상을 평가하는 경우에도 사용된다. 또한 SCQ 점수는 이러한 집단 내에서 자폐스펙트럼장애 증상의 시간 경과에 따른 변화를 기록하는 데에도 유용하다.

셋째, SCQ 점수는 자폐스펙트럼장애 증상의 대략적인 심각성 수준을 알려 주는 지표로 이용된다. 이는 그룹 간 비교에도 적용되고 치료적 또는 교육적 중재에 의한 증상의 호전과 같이 시간에 따른 변화를 측정하는 데에도 적용된다(그러나 이러한 용도로 사용되는 것은 아직 충분히 연구되지 않았다). 만약 SCQ를 변화의 추이를 측정하기 위해 사용한다면 '현재(Current) Form'을 이용해야 하는데, 이것은 최근의 특정 기간(이전 3개월)에 적용되는 양식이다.

2) 제한점

다른 선별검사 질문지와 마찬가지로 SCQ는 개개인의 진단을 위해서는 적당하지 않다. 진단에는 현재의 증상뿐만 아니라 발병 시점, 경과, 전반적인 정도/특이성에 대한 정보가 필요하고 보호자의 보고를 직접적인 임상관찰과 비교하여 점검해 보아야 하기 때문이다. 또한 SCQ상에서의 개별 문항들은 조사자의 생각보다 응답자의 판단에 의존하는 한계가 있다. 따라서 다소 특별한 사람들을 대상으로 검사할 때 특히 중요성을 가지며, 같은 이유로 개인의 행동 패턴의 상세한 묘사를 제공하기 위한 용도로는 적당하지 않음을 알 수 있다.

또 한 가지 주의해야 할 점은 SCQ는 매우 어린 아동(정신연령 2.0세 이하)의 선별검사 방법으로는 적당하지 않다는 것이다. 이 발달단계에는 임상적으로 현저한 이상이라도 자폐스펙트럼장애 진단상의 기준에 완벽히 부합하지 않을 수 있기 때문이다(Rutter et al., 2003 참조).

② 시행, 채점, 해석

SCQ에는 두 종류의 양식이 있다. SCQ AutoScore™ Form: Lifetime(WPS Product No. W-381B)은 아동의 평생 동안의 행동에 대한 것이며, SCQ AutoScore™ Form: Current(WPS Product No. W-381-A)는 아동의 현재 행동에 대한 것이다. '일생(Lifetime) Form'의 대부분 문항들은 지금까지 또는 아동의 인생 중 어떤 시점에서 발생한 행동에 관해 질문하고 있지만, 20～40번에 해당하는 문항들은 아동이 만 4～5세였을 때의 12개월간에 초점을 맞추고 있다. 이와는 반대로 '현재(Current) Form'은 현재부터 지난 3개월 사이에 일어난 행동에 대해서만 묻는다. 일반적으로 '일생(Lifetime) Form'은 진단적 선별검사의 목적으로 이용할 경우에 적당하고, '현재(Current) Form'은 이전에 자폐증으로 진단 받은 개인의 시간에 따른 변화에 초점을 맞출 경우에 더 적당하다.

두 가지의 SCQ 서식은 AutoScore™ Form으로 제공된다. 봉인된 설문지의 답안 부분에 부모가 동그라미를 치도록 되어 있으며 '예/아니요' 문항과 함께 인쇄되어 있다. 부모가 질문에 응답한 다음, 오른쪽 띠를 떼어 내고 안쪽 페이지에 제시된 설명을 바탕으로 설문지를 채점한다.

1) 시행

부모가 SCQ 검사지를 작성하도록 한다. 시행하는 설문지의 시간 범주에 대해 부모에게 명확히 설명하고, '현재(Current) Form'을 시행할 때는 부모에게 최근 3개월간의 아동의 행동에 초점을 맞출 것을 알려 준다. '일생(Lifetime) Form'을 시행할 때는 부모에게 "여기에 제시된 대부분의 질문은 지금까지 아동의 삶에서 어떤 시점에서든지 부모가 아동의 이런 행동을 본 적이 있는지 묻는 것이고, 몇몇의 질문은 만 4~5세 사이에 부모가 아동의 이런 행동을 본적이 있는지를 묻는 것이다."라는 내용을 말해 준다. 이때 부모에게 좀 더 질문을 하여 정확한 연도를 상기해 낼 수 있는지 확인해 보는 것도 좋다. 그 기간에 가족이 어디에 살았는지, 아동의 선생님과 친구가 누구였는지 또는 특별한 휴가나 특별한 가족행사가 그 기간에 있었는지 질문함으로써, 부모가 그때를 좀 더 명확히 기억해 내도록 도움을 줄 수 있다.

2) 채점

[그림 13-1]은 완성된 SCQ 'AutoScore™ Form 일생(Lifetime)'이며, 이것으로 채점 방법을 설명할 것이다. 설문지를 돌려받은 뒤 오른쪽 절개부분을 따라 띠를 찢어 내고 종이를 넘긴다. 그러면 설문지 바깥 면의 '예/아니요' 답변에 표시한 동그라미들이 안쪽의 채점지로 옮겨진 것을 확인할 수 있다([그림 13-2] 참조).

사회적 의사소통 설문지 (SCQ)

1. 대상자는 현재 짧은 어구나 문장을 사용해서 이야기할 수 있습니까? 만약 아니라면 8번 문제로 건너뛰시오.   (예)   아니요

2. 당신은 대상자와 서로 이야기를 주고받거나 한 가지 주제에 대해 이어서 이야기하는 식으로 대상자와 양방향의 '대화'를 나눌 수 있습니까?   예   (아니요)

3. 대상자가 이상한 어구를 사용하거나 같은 말을 거의 같은 방식으로 끊임없이 이야기한 적이 있습니까? (다른 사람이 사용하는 어구를 들었거나, 대상자 자신이 만들어 낸 것 모두 해당함)   (예)   아니요

4. 대상자가 사회적으로 무적절한 질문이나 언급을 한 적이 있습니까? (예: 대상자가 어색한 시점에 규칙적으로 개인적인 질문을 하거나 일신상의 내용을 언급함)   (예)   아니요

5. 대상자가 대명사를 혼동해 쓴 적이 있습니까? (예: '나' 대신에 '너'또는 '그'대신에 '그녀'를 사용)   예   (아니요)

6. 대상자가 고안하거나 스스로 만들어 낸 듯한 단어나 어구를 사용한 적이 있습니까? 또는 사물을 기이하고 간접적인 방식으로 지칭하거나, 사물을 이야기할 때 은유적인 방식을 사용한 적이 있습니까? (예: '스팀'을 '뜨거운 비'라고 말함)   (예)   아니요

7. 대상자가 같은 말을 완전히 같은 방식으로 몇 번씩 이야기하거나, 당신에게 같은 말을 몇 번씩 반복해 말하도록 고집한 적이 있습니까?　(예)　아니요

8. 대상자가 아주 특별한 방식 혹은 특정한 순서대로 하려는 일들이 있었습니까? 또는 당신에게 의식(儀式)을 행하듯이 반드시 정해진 방식대로 행동할 것을 고집하는 것이 있었습니까?　(예)　아니요

9. 당신이 판단하기에, 특정 상황에서 보인 대상자의 얼굴 표정은 대체로 그 상황에서 적절해 보였습니까?　예　(아니요)

10. 대상자가 당신의 손을 마치 도구나 자신의 몸의 일부분인 것처럼 사용한 적이 있습니까? (예: 어떤 대상을 당신의 손가락으로 가리킨다거나, 당신의 손으로 문 손잡이를 열게 함)　(예)　아니요

11. 대상자가 다른 사람들에게는 기이하게 보일 수 있는 것에 관심을 갖거나 집착/몰두한 적이 있습니까? (예: 교통 신호등, 배수 파이프, 시간표 등)　(예)　아니요

12. 대상자가 사물을 본래의 기능으로 사용하기보다는 사물이나 장난감의 특정 부분에 더 관심을 보인 적이 있습니까? (예: 기차, 공룡)　예　(아니요)

13. 대상자가 또래집단에 비추어 그 내용은 대체로 적절하나 관심의 정도가 유난히 높은 특별한 관심거리를 가진 적이 있습니까?　예　(아니요)

14. 대상자가 물건이나 사람에게서 느껴지는 시각적 형태, 촉감, 소리, 맛 혹은 냄새에 유별나게 관심을 갖는 것처럼 보인 적이 있습니까?　(예)　아니요

15. 대상자가 눈앞에서 손가락을 펄럭이거나 움직이는 것과 같이, 손이나 손가락을 이용한 독특한 버릇 또는 습관을 가진 적이 있습니까?　(예)　아니요

16. 대상자가 빙글빙글 돌거나 반복해서 위아래로 뛰는 것과 같이, 몸 전체의 복잡한 움직임을 보인 적이 있습니까?　(예)　아니요

17. 대상자가 자신의 팔을 물어뜯거나 머리를 부딪치는 것과 같이, 고의로 자신을 해한 적이 있습니까?　예　(아니요)

18. 대상자가 (부드러운 장난감이나 편안한 담요 이외에) 항상 가지고 다니려는 물건이 있었습니까?　예　(아니요)

19. 대상자에게 절친한 친구 또는 단짝 친구가 있습니까?　(예)　아니요

다음의 행동들에 대해서는 대상자의 만 4~5세의 기간에 초점을 맞추어 주십시오. 그때 대상자가 어땠는지를 기억하려면 대상자가 유치원에 입학했다든가, 집이 이사를 했다든가, 크리스마스 때였다든가, 그 외에 특히 가족들의 기억에 남아 있는 중요한 사건들을 기준으로 당시 상황을 잘 회상해 보는 것이 도움이 될 수 있습니다. 만약 대상자가 아직 만 4세가 되지 않았다면, 지난 12개월 동안의 행동을 생각해 보시기 바랍니다.

20. 대상자가 만 4~5세경이었을 때, 대상자는 무엇을 얻기 위해서가 아니라 단지 친근함을 느끼기 위해 당신과 이야기를 나누곤 했습니까?　예　(아니요)

21. 대상자가 만 4~5세경이었을 때, 대상자는 당신이나 다른 사람들, 혹은 당신이 하고 있는 일을 모방하거나 따라서 행동하곤 했습니까? (예: 진공청소기로 청소하기, 정원 가꾸기, 물건 수리하기 등)   예   (아니요)

22. 대상자가 만 4~5세경이었을 때, 대상자는 갖기를 원하는 것이 아니라, 단지 당신에게 보여 주기 위해서 주변에 있는 사물을 가리키곤 했습니까?   예   (아니요)

23. 대상자가 만 4~5세경이었을 때, 자신이 원하는 것을 당신에게 알려 주기 위해서 원하는 것을 손으로 가리키거나 당신의 손을 그쪽으로 끌어당기는 것 이외에 다른 제스처를 보이곤 했습니까?   예   (아니요)

24. 대상자가 만 4~5세경이었을 때, 대상자가 "예"라는 의미를 나타내려고 고개를 끄덕였습니까?   예   (아니요)

25. 대상자가 만 4~5세경이었을 때, 대상자가 "아니요"라는 의미를 나타내려고 고개를 저었습니까?   예   (아니요)

26. 대상자가 만 4~5세경이었을 때, 대상자가 당신과 함께 무엇을 하거나 이야기를 할 때, 대체로 당신의 얼굴을 똑바로 바라보았습니까?   (예)   아니요

27. 대상자가 만 4~5세경이었을 때, 누군가가 대상자를 향해 웃으면 대상자도 미소를 보였습니까?   (예)   아니요

28. 대상자가 만 4~5세경이었을 때, 대상자는 당신의 관심을 끌기 위해 자신이 흥미 있어 하는 물건들을 당신에게 보여 주곤 했습니까?   예   (아니요)

29. 대상자가 만 4~5세경이었을 때, 음식 이외의 물건을 당신과 나누려고 하곤 했습니까?   예   (아니요)

30. 대상자가 만 4~5세경이었을 때, 대상자는 자신이 즐거워하는 일에 당신이 함께 참여하기를 바라는 것처럼 보이곤 했습니까?   (예)   아니요

31. 대상자가 만 4~5세경이었을 때, 당신이 슬프거나 아프면 당신을 위로해 주려고 애를 쓰곤 했습니까?   예   (아니요)

32. 대상자가 만 4~5세경이었을 때, 무엇을 원하거나 도움을 필요로 할 경우 당신을 바라보고 소리를 내거나 말을 하면서 당신의 주의를 끌기 위한 몸짓을 하곤 했습니까?   (예)   아니요

33. 대상자가 만 4~5세경이었을 때, 얼굴 표정의 다양한 정도가 (또는 얼굴 표정의 범주가) 정상적이었습니까?   예   (아니요)

34. 대상자가 만 4~5세경이었을 때, 대상자는 '둥글게 둥글게'나 '동대문을 열어라'와 같은 사회적 게임에 자발적으로 참여하고 행동을 따라 하려고 노력했습니까?   (예)   아니요

35. 대상자가 만 4~5세경이었을 때, 대상자는 가장놀이나 흉내 내기 놀이를 했습니까?   예   (아니요)

36. 대상자가 만 4~5세경이었을 때, 대상자는 자신이 잘 모르는 비슷한 또래의 다른 아이들에게 관심을 갖는 것처럼 보였습니까?   (예)   아니요

37. 대상자가 만 4~5세경이었을 때, 다른 아이가 대상자에게 접근하면 호의적으로 반응했습니까?   (예)   아니요

38. 대상자가 만 4~5세경이었을 때, 당신이 방으로 들어가서 대상자에게 이야기하기 시작하면 대상자의 이름을 부르지 않아도 대체로 당신을 쳐다보고 당신의 말에 주의를 기울였습니까?　　（예）　아니요

39. 대상자가 만 4~5세경이었을 때, 대상자는 서로가 다른 어떤 것을 흉내 내고 있다는 것을 이해하고 있는 상태에서 다른 아이와 상상놀이 또는 역할놀이를 하곤 했습니까?　　예　（아니요）

40. 대상자가 만 4~5세경이었을 때, 술래잡기나 공놀이처럼 다른 아이들과 무리 지어 하는 게임에 협동적으로 참여했습니까?　　예　（아니요）

[그림 13-1] 완성된 SCQ AutoScore™ Form

① 1번 문항은 아동이 2개 이상의 단어(구절)를 말하는지 아닌지를 기록할 뿐 점수와는 무관하다.

② 2~40번 동그라미는 0 또는 1의 점수를 나타낸다.

③ 1번 문항에 대한 답변에 따라, 최종 점수를 결정하기 위해서 몇 번 문항들의 값을 합산해야 하는지가 결정된다. 만약 1번 문항의 답이 '예'라면 2~40번까지의 문항을 합산하고, '아니요'라면 8~40번까지의 문항을 합산하면 된다(즉, 어둡게 표시된 부분은 건너뛴다).

④ 총합을 계산하기 위해 각각의 세로열에서 '1'의 응답 수를 세고 그 세로열의 맨 밑에 합계를 적는다.

⑤ 총 4개의 세로열 합계를 합산한 것이 총계다. [그림 13-2]의 채점 예시에서는 SCQ의 점수 총합이 25점으로 산출되었다(채점지 형태는 실제와 다를 수 있습니다).

사회적 의사소통 설문지 (SCQ)

〈채점 방법〉

1번 문항은 점수에 포함되지는 않지만, 전체 점수를 구하기 위해 어떤 문항을 더해야 하는지 알려 준다. 1번 문항에 대한 대답이 '예'이면 2~40번 문항까지의 점수를 더하고, 1번 문항에 대한 대답이 '아니요'라면 음영 부분을 건너뛰고 8~40번 문항까지의 점수를 더한다.

문항 1~19				문항 20~40		
문항	**예**	**아니요**		**문항**	**예**	**아니요**
1 1.	(예)	아니요		20.	0	(1)
2 2.	0	(1)		21.	0	(1)
3.	(1)	0		22.	0	(1)
4.	(1)	0		23.	0	(1)
5.	1	(0)		24.	0	(1)
6.	(1)	0		25.	0	(1)
7.	(1)	0		26.	(0)	1
8.	(1)	0		27.	(0)	1
9.	0	(1)		28.	0	(1)
10.	(1)	0		29.	0	(1)
11.	(1)	0		30.	(0)	1
12.	1	(0)		31.	0	(1)
13.	1	(0)		32.	(0)	1
14.	(1)	0		33.	0	(1)
15.	(1)	0		34.	(0)	1
16.	(1)	0		35.	0	(1)
17.	1	(0)		36.	(0)	1
18.	1	(0)		37.	(0)	1
19.	(0)	1		38.	(0)	1
				39.	0	(1)
				40.	0	(1)

합계   10   +   2

4

  +   0   +   13   =   25   **5**

총
계

[그림 13-2] 채점지

3) '일생(Lifetime) Form'에 대한 예비 해석

'일생(Lifetime) Form'에서 절단점이 15점 또는 그 이상이 되면 자폐스펙트럼장애의 가능성이 있다고 여겨지며 종합적인 평가가 필요하다. 최초의 표준화 자료(Berument, Rutter, Lord, Pickles, & Bailey, 1999 참조)에는 자폐아동의 평균점수가 24.2점으로 되어 있는데 이는 절단점보다 매우 높은 점수다. 그러나 소수이기는 하지만 병이 있는 사람 중 일부는 15점 부근의 점수를 받았기 때문에, 절단점이 15점을 크게 상회할 경우 위음성의 비율이 너무 높아진다. 반대로 자폐증상이 보이지 않는 아동(이 아동들의 대부분은 자폐증의 가능성이 있어 의뢰되었다)의 평균점수는 11.2점으로, 이는 모집단의 평균인 5.2보다 훨씬 높은 점수다(Berument et al., 1999). 이것은 절단점이 15점 아래로 크게 하회할 경우 위양성, 즉 SCQ 절단점으로는 자폐증에 해당하지만 좀 더 포괄적인 평가를 했을 때는 자폐증이 아닌 것으로 나타날 확률이 높아진다는 것을 의미한다. 이런 현상은 특히 중증 또는 최심도의 지적장애일 경우에 나타난다. 그러나 자폐스펙트럼장애가 아닐지라도 사회적 의사소통 능력의 결여가 반복적 행동을 보이는 장애가 있는 경우에도 위양성이 발생할 수 있다. 여기에는 때때로 주의력결핍 과잉행동장애, 일부 애착장애 그리고 강박장애의 경우가 해당할 수 있다. 실제로 이러한 결과는 모든 선별검사에서 문제가 될 수 있다. 하지만 제시된 절단점은 위음성과 위양성 사이에서 절충되어 선택된 값이며, SCQ의 결과를 참조하여 만들어진 값은 SCQ에서 제공된 정보 없이 만들어진 것보다는 더욱 정확하다는 점을 기억해야 한다. 연구결과에서 15점이 최적의 절단점이라 할지라도 다른 위험 요소(자폐증을 가진 형제, 심한 언어장애 등)가 있다면 포괄적인 평가를 위해 역치를 약간 낮추는 것이 바람직하다.

③ 기타 점수들

SCQ는 ADI-R에서의 주고받는 사회적 상호작용 영역, 의사소통 영역, 제한되고 반복적이며 상동화된 행동 패턴 영역에 상응하는 하위값(Subscores)을 제공한다. 비록 SCQ의 요인 구조가 ADI-R의 영역과 완벽히 일치하지는 않지만 SCQ 하위값은 ADI-R과 상당 부분 일치한다(4장 참조). SCQ가 출판 준비 중이었던 시점에는 이 같은 간단한 하위 척도에 대한 광범위한 연구가 이루어지지 않았으므로, SCQ AutoScore™ material에서는 하위 척도에 대한 정식 기록을 다루지 않았다. 그러나 이 실시 요강에는 하위 척도를 연구하고자 하는 사람들에게 도움을 주고자 그 자료들을 수록하였다.

표 13-7 ADI-R의 영역별 SCQ 문항들
사회적 상호작용 영역
9. 부적절한 얼굴 표정
10. 의사소통을 위해 다른 사람의 신체를 사용함
19. 우정
26. 응시
27. 사회적 미소 짓기
28. 관심 보이기와 끌기
29. 나눌 것을 제의하기
30. 즐거움을 남들과 나누려고 추구함
31. 위로해 주기
32. 사회적 교섭 개시의 성질
33. 의사소통을 위해 사용되는 얼굴 표정의 범위
36. 또래에 관심을 갖는 것
37. 다른 아동들의 접근에 대한 반응
39. 또래 친구와 상상의 놀이하기
40. 또래들과의 단체 놀이
의사소통 영역
2. 대화
3. 상동화된 발어
4. 부적절한 질문이나 언급
5. 대명사의 반전
6. 신어조작증
20. 사교적인 잡담
21. 모방
22. 흥미를 나타내는 가리킴

23. 제스처

24. 고개 끄덕이기

25. 고개 젓기

34. 모방적인 사회적 놀이

35. 상상적 놀이

제한적, 반복적, 상동적 행동패턴 영역

7. 언어적 의식

8. 강박행동/의식

11. 유별난 집착

12. 사물의 반복적 사용

13. 한정된 관심거리

14. 유별난 감각적 관심

15. 손과 손가락의 매너리즘

16. 복잡한 신체 매너리즘

생각해 볼 문제

검사명	결과	해석
적응행동검사 (NISE-SAB)	전체 적응행동지수 62	⊙ 전체 적응행동 지수 62는 1표준편차 범위로 정상 범위의 적응행동을 보인다.
아동기자폐증평정척도 (CARS)	척도 평정점수 42점	ⓛ 척도 평정점수 42점은 아동기자폐증평정 척도 점수 분류표에서 중증 자폐에 속한다.
한국자폐증진단검사 (K-ADS)	자폐지수 132	ⓒ 자폐지수 132는 2표준편차 이상으로 자폐 확률이 매우 높다.
기초학습기능검사	쓰기 백분위점수 2	ⓔ 쓰기 백분위점수 2는 3표준편차 이하로 또래들보다 쓰기 기술이 낮다.

⊙~ⓔ에서 틀린 것 두 가지를 찾아 그 기호를 쓰고, 바르게 고쳐 쓰시오.
(2013학년도 특수학교교사 임용후보자 선정경쟁시험 1차 문항)

• 기호와 수정 내용:

• 기호와 수정 내용:

참고문헌

김동일, 고은영, 고혜정, 김병석, 김은향, 김혜숙, 박춘성, 이명경, 이은아, 이제경, 정여주, 최수미, 최종근, 홍성두(2016). 특수아 상담. 서울: 학지사.

유희정(2007). 사회적 의사소통 설문지. 서울: 인싸이트.

유희정, 곽영숙(2009). 자폐증 진단 관찰 스케줄. 서울: 인싸이트.

이승희(2014). DSM-5의 자폐스펙트럼장애에 관한 10문 10답. 정서 · 행동장애연구, 30(3), 1-33.

American Psychiatric Association. (2013). *Diagnostic and statistical manual of mental disorders* (5th ed.). Washington, DC: Author.

Berument, S. K., Rutter, M., Lord, C., Pickles, A., & Bailey, A. (1999). Autism screening questionnaire: Diagnostic validity. *British Journal of Psychiatry, 175,* 444-451.

DiLavore, P., Lord, C., & Rutter, M. (1995). Pre-Linguistic Autism Diagnostic Observation Schedule (PL-ADOS). *Journal of Autism and Developmental Disorders, 25,* 355-379.

Happé, F. G. E. (1995). The role of age and verbal ability in the theory of mind task performance of subjects with autism. *Child Development, 66,* 843-855.

Kobayashi, R., Murata, T., & Yoshinaga, K. (1992). A follow-up study of 201 children with autism in Kyushu and Yamaguchi areas, Japan. *Journal of Autism and Developmental Disorders, 22,* 395-412.

Lord, C., Rutter, M., DiLavore, P. C., & RiSi, S. (2001). *Autism Diagnostic Observation Schedule.* Los Angeles, CA: Western Psychological Services.

Lord, C., Rutter, M., & Le Couteur, A. (1994). Autism Diagnostic Interview-Revised: A revised version of a diagnostic interview for caregivers of individuals with possible pervasive developmental disorders. *Journal of Autism and Developmental Disorders, 24,* 659-685.

Lord, C., Rutter, M., Goode, S., Heemsbergen, J., Jordan, H., Mawhood, L., & Schopler, E. (1989). Autism Diagnostic Observation Schedule: A standardized observation of communicative and social behavior. *Journal of Autism and Developmental Disorders, 19,* 185-212.

Mahoney, W., Szatmari, P., Maclean, J., Bryson, S., Bartolucci, G., Walter, S., Hoult, L., & Jones, M. (1998). Reliability and accuracy of differentiating pervasive developmental disorder subtypes. *Journal of the American Academy of Child and Adolescent Psychiatry, 37,* 278-285.

Mesibov, G. B., Schopler, E., & Hearsey, K. A. (1994). Structured teaching. *Behavioral issues in autism: Current issues in autism*. New York: Plenum.

Murray, H. A. (1938). *Explorations in personality*. New York: Oxford.

Rutter, M., Le Couteur, A., & Lord, C. (2002). *WPS Edition of the Autism Diagnostic Interview-Revised (ADI-R)*. Los Angeles, CA: Western Psychological Services.

Rutter, M., Le Couteur, A., & Lord, C. (2003). *Autism Diagnostic Interview-Revised Manual*. Los Angeles, CA: Western Psychological Services.

Schopler, E., Reichler, R., DeVellis, R., & Daly, K. (1980). Toward objective classification of childhood autism: Childhood Autism Rating Scale (CARS). *Journal of Autism and Developmental Disorders, 10*, 91-103.

Sparrow, S., Balla, D., & Cicchetti, D. (1984). *Vineland Adaptive Behavior Scales*. Circle Pines, NM: American Guidance Service.

Venter, A., Lord, C., & Schopler, E. (1992). A follow-up study of high-functioning autism children. *Journal of Child Psychology and Psychiatry, 33*, 489-507.

제 **14** 장

평가보고서 작성

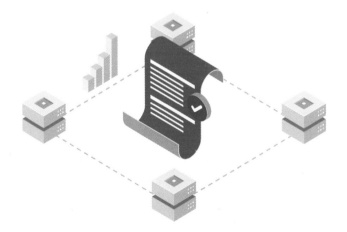

평가보고서 작성은 교육심리 평가와 의뢰의 최종 단계이자 중요한 과제다. 평가보고서는 검사를 수행하여 얻은 자료를 요약하고 관련된 면담, 관찰 등의 다양한 정보들을 통합하며, 의뢰자의 관심사를 직접적으로 다룬다. 평가보고서는 다양한 전문가(학교 심리학자, 임상 심리학자, 신경심리학자, 의사, 교육평가자, 언어 치료사 등)와 의사소통하기 위한 자료로 사용되며, 다양한 독자(부모, 교사, 의뢰인, 의사, 변호사 등)에게 정보를 제공하기 위해 쓰이므로, 목적에 맞게 정리되고 전달되는 것이 매우 중요하다.

　평가보고서는 이후 피검사자에 대한 의사 결정에 영향을 주고 기록으로 남게 되므로, 의학 혹은 법 기록과 마찬가지로 특별한 주의가 필요하고 신중하게 작성되어야 한다. 평가보고서는 피검사자에 대해 어떠한 중재 혹은 개입이 이루어져야 하는지 판단할 수 있도록 하고, 전문가들과 관련 대상들에게 필요한 중요한 정보를 제공할 수 있다. 또한 평가보고서는 특수교육대상 학생을 위한 개별화 교육 계획(Indivisualized Education Plan: IEP)을 작성하는 데 도움이 되고, IEP 목표 설정, 프로그램 계획에 필요한 정보를 포함(Salend & Salend, 1985)하기에 특수아를 상담, 교육하는 교사나 치료사가 평가보고서를 작성하고 이해하는 것이 매우 중요하다.

 학습목표

1. 평가보고서 작성에 필요한 구성요소와 구조들을 안다.
2. 평가보고서 작성 방법을 학습한다.

I. 평가보고서의 목적

평가보고서가 왜 필요한지, 어떠한 목적으로 사용되는지에 대해서는 다양한 의견이 있다. Ownby(1997)는 이를 가능한 한 명확하게 의뢰 질문(referral question)에 답을 제공하기, 관련이 있다면 추가적인 정보와 함께 의뢰 자료(referral source)를 제공하기, 나중에 사용될 것에 대비하여 평가 기록을 만들어 두기, 구체적인 행동 방침을 권고하기의 네 가지로 요약하였다. 한편, Sattler(2001)는 평가보고서의 목적을 다음 네 가지로 언급하고 있다. 첫째, 정확한 평가−관련 정보(예: 발달 사항, 병력, 교육 내역 등)를 제공하는 것이다. 예를 들어, 현재의 대인관계 기술, 지적 · 인지적(cognitive) 능력, 운동 기능 그리고 성격 등에 대한 정보를 제공한다. 둘째, 임상적 추측과 적절한 중재 및 개입을 위한 자료를 제공하는 것이다. 셋째, 중재 또는 개입을 실시한 후에 진전도를 평가하는 데 의미 있는 기준 정보를 제공하는 것이다. 마지막으로 법률 문서로서 법적인 증거 자료로 사용되는 것이다.

Lichtenberger, Mather, Kaufman과 Kaufman(2004)에 따르면, 평가보고서의 주목적은 질문에 답하고, 수검자와 그 사람이 처한 상황을 기술하고, 질적 · 양적 데이터를 종합하여 해석한 다음 적절한 처치, 치료, 또는 개입을 제공하는 것이다. 또한 학교 환경에서 보고서는 행동적 개입과 지시적 전략을 권고하기, 특수 교육적 서비스를 받아야 할지에 대한 판단과 어떤 서비스를 제공할지와 같은 적절한 조정, 지원을 결정하는 바탕이 된다. 보고서들은 평가 결과와 다양한 개입을 직접적으로 연결함으로써 의사결정 과정에 영향을 미친다. 이러한 여러 학자의 의견을 종합하면, 평가보고서의 목적은 다음과 같다.

1. 의뢰 사유에 대한 명확하게 답한다.
2. 다양한 평가 자료(면담, 행동관찰, 검사, 기록 검토 등)를 조직화, 통합하여 피검사자에 대해 기술한다.
3. 적절한 중재 및 개입에 대한 자료를 제공한다.
4. 이후 중재 및 개입의 성과를 평가하기 위한 기준점을 제공한다.

Ⅱ. 평가보고서의 구성 요소

평가보고서는 보고서표지와 의뢰사유 및 배경정보, 행동관찰, 검사 결과 및 해석 그리고 요약 및 제언으로 구성된다.

보고서 표지	• 제목, 표제, 검사 실시 날짜, 장소, 의뢰 기관 정보 • 평가자 및 피검사자 정보
의뢰 사유 및 배경 정보	• 과거력, 발달력, 병력, 교육력, 근무 경력 등 • 평가 초점 결정, 평가 이유 및 평가도구 결정
행동관찰	• 평가 중 행동(외모, 태도, 활동 수준, 행동 특징, 정서 반응, 말하기 등)
검사 결과 및 해석	• 검사 실시 결과 해석 및 영역별 통합
요약 및 제언	• 심화된 통합, 의뢰 질문 고려

[그림 14-1] 평가보고서의 구성 요소

1. 보고서 표지

평가자의 이름, 소속, 연락처, 자격번호 등이 포함된 용지를 사용하거나 명시한다. 보고서 내용에 맞는 보고서 제목, 검사가 실시된 날짜와 장소, 의뢰기관 정보를 포함한다. 또한 피검사자에 관한 신원 정보(이름, 생활연령, 성별, 학년, 학교 등)을 기록한다. 보고서 내용에 맞는 보고서 제목이나 표제를 붙인다(예: 교육/심리평가보고서, 신경심리학적 평가보고서, 다학제적 평가보고서 등).

이름	박○○
성별	남
연령	8세 10개월
학교	○○초등학교
학년	초3
검사일	2015. ○○. ○○
의뢰기관	○○○○○○

○○상담센터 　　주소: 　　　　　　TEL: 　　　　　FAX:
평가자: ○○○(임상심리전문가 ○호)

심리학적 평가보고서
Psychological Assessment Report

[그림 14-2] 보고서 표지 예시

2. 의뢰 사유 및 배경 정보

의뢰 사유는 평가의 초점을 결정하고 평가의 이유를 제공한다. 의사, 교사 등 다른 전문가가 왜 검사가 필요하여 의뢰한 것인지 기록하는 부분이며, 일반적으로 피검사자의 '주호소(chief complaint) 및 주요 문제(main problem)' '실시한 검사명'을 기록한다.

의뢰 사유는 평가를 위해 선택하는 평가도구의 종류를 결정하는 데 도움을 준다. 예를 들어, 행동과 관련된 의뢰는 체크리스트, 평가척도 그리고 교실에서의 행동관찰이 필요하고, 학습과 관련된 의뢰는 표준화된 지능 및 성취 검사(독해검사, 수학검사) 또는 비형식적 교실 평가, 숙제 노트 검토를 고려할 수 있다.

배경 정보는 부모, 교사 그리고 피검사자에 의해 파악된 정보뿐 아니라 이전 평가와 기록에서 얻은 정보를 포함한다. 배경 정보를 언급하는 이유는 피검사자의 현재 문제와 관련이 있거나 관련이 있을 수 있는 개인적 배경을 설명하기 위함이다. 발달력 및 가족력, 의학적·정신과적 병력, 학업력 등을 포함한다. 일반적으로 현재 상황과 관련되는 과거력을 중심으로 촉발 요인, 병전 기능, 증상의 기간, 경과, 정도, 현 증상이 미치는 영향(학교 수행, 사회적 상호작용, 가족 관계 등) 등을 기술한다.

배경 정보의 정보 제공자는 피검사자, 교사, 부모, 상사, 관리자, 의사, 치료사 및 기타 전문가 등을 포함하며, 이전의 교육 및 심리검사 자료, 의료 기록, 성적표, 생활기록부, 법적 기록 등의 정보도 유용하다. 배경 정보는 대면면담, 전화면담, 설문지, IEP 검토 등의 자료 수집을 통해 얻을 수 있다. 배경 정보를 평가 보고서에 기술할 때에는 정보의 출처를 명시하는 것이 필요하다(예: ～에 의하면, ～의 기록에는). 다양한 출처로부터 정보를 수집하는 것은 종종 피검사자에 대한 다양한, 때로는 상반된 정보를 제공할 수 있으며, 이를 비교하고 어떻게 평가 보고서 안에서 조화롭게 통합할 것인지는 평가자의 숙련도와 전문성에 의존한다.

의뢰 사유와 배경 정보를 탐색하기 위한 질문은 다음과 같다.

- 왜 지금 평가를 의뢰하게 되었는가?
- 그 문제는 얼마나 빈번히 일어나는가?
- 지속시간은 어떤가?
- 문제의 강도는 어떠한가?
- 그 문제가 나타나는 특정한 상황 및 대상 등에 대한 구체적 예시는 무엇인가?
- 평가를 통해 기대하는 바는 무엇인가?
- 피검사자의 주호소 문제는 언제 시작되었는가?
- 문제가 나타났을 때 피검사자는 몇 살이었는가?
- 문제가 시작되기 이전에 특별한 사건 혹은 스트레스가 있었는가?
- 문제가 나타나기 전과 이후의 성격, 행동, 정서, 학업, 사회기능은 어떠한가?

표 14-1 의뢰 사유 및 배경 정보 예시

- 매사에 의욕이 없고 부주의하며, 읽기 · 쓰기가 어렵고 전반적인 학업부진을 나타내는 등의 사유로 부모와 함께 상담센터를 내원하였으며, 학습, 정서, 인지기능 등을 파악하기 위해 학습평가 및 종합심리평가를 실시하였다. 피검사자는 초등학교에 입학할 때까지 한글 학습에 어려움이 있었고, 현재에도 알림장이나 칠판에 판서한 내용을 오류 없이 적는 것이 어려우며, 책도 더듬더듬 읽는 등 읽기 · 쓰기에서 특히 어려움을 겪고 있다. 가능하면 읽기 · 쓰

기 활동을 회피하려 하나, 듣고 이해하는 것은 또래 수준 정도로 생각된다. 또래로부터 놀림을 당하고 교사나 부모로부터도 부주의하고 의욕이 없다는 평가를 받고 있는 상황으로 교사가 학습장애 가능성을 언급하여 정확한 평가를 위해 상담센터에 내원하였다.

- 유치원 교사인 어머니가 4살 된 유치원생 딸 미소를 의뢰하였다. 어머니는 미소의 사회적 · 정서적 · 언어적 발달에 대해 염려하고 있었고, 미소가 장난감 자동차의 바퀴에만 관심이 있을 뿐 사람에게는 아무런 관심도 나타내지 않는다고 하였다. 태어나면서 지금까지 시선 접촉을 거의 하지 않으며, 이름을 불러도 관심을 보이지 않고, 상상놀이 및 대화에 참여하지 않는다고 하였다. 미소의 상태에 대한 정확한 평가와 어떠한 치료적 개입을 통해 효과를 얻을 수 있을지 알고자 하여 내원하였다.

- 중학교 교사가 자신의 학급 학생인 중학교 3학년 준표를 클리닉에 의뢰하였다. 교사는 준표가 또래를 괴롭히고 물건을 빼앗는 등 또래관계에서 문제를 지속적으로 일으킨다는 것을 염려하였다. 몇 차례 불러서 야단을 치고 주의를 주었으나 그때뿐이고 또래를 괴롭히는 강도가 점차로 심해져서 걱정스럽다고 하였다. 교사가 준표의 중학교 1, 2학년 때 담임교사에게 물어보았으나 중학교 1, 2학년 때에는 오히려 성적은 보통이지만 행실은 순응적이고 모범적인 학생이라는 평을 들었다고 하였다. 교사는 준표의 이러한 변화와 어려움의 원인이 무엇인지와 적절한 중재는 어떤 것인지에 대하여 정보를 요구하였다.

의뢰 기관에 따른 의뢰서 양식의 예시는 다음과 같다.

• 심리검사를 위한 의료 전문가의 요청 −받는 이: −환자명: −출생일/나이: −증상: −의료적 문제: −의뢰 이유: −의뢰하게 된 행동 및 증상:	• 특별한 검사 요청 −Y/N 검사에 방해가 되는 운동능력의 한계 −Y/N 청력 상실 −Y/N 저시력 −Y/N 말하기 장애 −Y/N 영어 능력 −Y/N 언어 이해력 −Y/N 비협조성(poor cooperation) −Y/N 약물

- 이름:
- 복용량:
- 부작용:

* 이러한 서면 양식은 내과 의사가 사용하는 것이지만, 검사자도 의뢰 자료로부터 보다 상세한 정보를 모으기 위해 이와 같은 서면 요청을 해야 한다.

[그림 14-3] 의료적 환경에서 사용하는 의뢰서 양식

출처: Tallent (1993).

- 학생 이름
- 의뢰일:
- 의뢰인:
- 나이:
- 학년:
- 기타 문제
  - 문제 해결 방법:
  - 의뢰인의 특성 및 지위:

의사소통 문제	없음	가끔	종종
표현 언어(문법 문제, 한정된 어휘 등)	☐	☐	☐
수용 언어(이해를 어려워하거나 지시를 따르지 않음)	☐	☐	☐
학급에서의 행동	**없음**	**가끔**	**종종**
에너지가 넘침, 잡담, 착석 곤란	☐	☐	☐
지나치게 조용하거나 상호작용이 없음	☐	☐	☐
과잉행동(공격성, 적대적, 반항, 파괴적, 울음)	☐	☐	☐
부주의(짧은 주의집중력, 과업 수행의 결핍)	☐	☐	☐
주변에서 무슨 일이 일어나는지 알아채지 못함	☐	☐	☐
또래와의 관계 결핍(친구가 적거나, 또래로부터 거부 및 무시)	☐	☐	☐
학습 문제	**없음**	**가끔**	**종종**
읽기(단어 선정을 어려워하거나 이해하지 못함)	☐	☐	☐
쓰기(부적절하거나 반대되는 글자를 씀, 혹은 아예 쓰지 못함)	☐	☐	☐
철자(음성학적으로 철자를 말하지 못함. 글자를 빠뜨리거나 첨가함)	☐	☐	☐
수학(연산 능력, 개념, 적용의 어려움)	☐	☐	☐
사회과학 및 과학(개념을 다루지 못하고, 관계를 이해하지 못하며, 원인과 영향을 이해하지 못함)	☐	☐	☐
신체 문제	**없음**	**가끔**	**종종**
대근육 협응 능력(눈과 손 조작 능력 취약)	☐	☐	☐
시력(칠판을 볼 수 없음, 눈을 가늘게 뜨거나 눈을 문지름, 책을 너무 가까이 봄)	☐	☐	☐
청력(소리를 변별하지 못함, 지시의 반복을 요청함, 스피커에 귀를 가져다 댐, 귓병을 앓음)	☐	☐	☐
건강(예: 간질, 호흡장애 등)	☐	☐	☐
최근에 받은 치료	**없음**	**가끔**	**종종**
언어치료	☐	☐	☐
물리치료	☐	☐	☐
심리치료	☐	☐	☐
작업치료	☐	☐	☐
약물 처방	☐	☐	☐

[그림 14-4] 학교에서 사용하는 의뢰서 양식

출처: Kamphaus & Frick (1996).

3. 행동관찰

행동관찰은 피검사자의 전반적 외모, 활동 수준, 태도, 행동상의 특징 및 정서적 반응, 말하기와 언어 기술을 포함한다. 주로 검사하는 동안에 관찰된 행동들에 대해 기술한다. 만약 개인이 교실이나 대기실 또는 운동장이나 집 등 다른 환경에서 관찰되었다면, 관찰이 이루어진 장면(예: 교실, 운동장 등)을 기술하고 이런 행동들이 검사 중 관찰된 것과 일관성을 보이는지, 현재 평가에서 관찰된 행동과 과거 평가에서 관찰된 행동을 비교할 수도 있다.

표 14-2 행동관찰에 포함해야 하는 요소

전반적 외모	예: 체격, 신장과 체중, 복장의 옷차림, 복장의 적절성(상황, 계절, 연령 등), 적절성, 위생 상태 등
활동 수준	예: 수행 속도, 검사 수행 시 착석 여부 등
태도	평가 전반에서 평가자를 대하는 피검사자의 태도 예: 협조적, 비협조적, 순응적, 거부적, 반항적, 공격적, 적극적, 수동적, 친밀감 있는, 경계하는 등
정서 반응	평가 선반에서 수검자의 기분, 성서 상태 예: 위축된, 흥미로워하는, 긴장된, 축 처져 있는
말하기와 언어기술	발음의 명료도, 말의 속도, 질문에 대한 반응(단답식인지 장황한지), 자발적 언어 표현, 어휘력 수준 등
행동 특징	평가 전반에서 나타나는 수검자의 특징적인 행동 예: 성급한, 산만한, 시선 접촉을 회피하는, 주저하는, 조심스러운, 즉각적으로 반응하는, 과잉행동적, 충동적, 쉽게 포기하는 등

표 14-3 행동관찰 예시

- 비교적 큰 키에 보통 체격의 초등학교 1학년 여아로, 양손의 손톱을 물어뜯어 반 정도만 남아 있었다. 검사 전반에서 다리를 떨고 평가자의 눈치를 살피는 등 긴장되어 있었다. 평가자의 검사 지시에는 순응적으로 응하고 열심히 수행하였으나 그림검사 수행 시 반복적으로 지우고 그리기를 반복하여 수행에 오랜 시간이 소요되었다. 면담 시 질문에 "음…" "그러니까…"라고 말하며 한참을 고민한 후에 작은 목소리로 조심스럽게 답변하는 모습이었다.

• 작은 키에 통통한 체격이고 얼굴에 여드름이 가득한 중학교 1학년 남학생으로 밝게 염색한 머리를 하고 옅게 피부 화장을 하고 멋을 낸 차림을 하고 있었다. 검사실에 들어오자마자 책상에 엎드리고 "여기서 뭐하는 거예요?"라고 다소 반항적이고 거부적인 어투로 말하였다. HTP 수행 시 의자에 삐딱하게 앉아서 지시 사항을 다 듣기 전에 매우 빠른 속도와 강한 필압으로 그렸고, 스스로 급하게 지우다가 용지가 찢어져서 다시 그리기도 하는 등 충동적인 태도가 강하였다. 검사 후반에는 매우 지루해하며 여러 차례 격려해도 '모른다'로 일관하는 등 거부적이고 무성의한 모습을 보였다.

4. 검사 결과 및 해석

이 부분에서는 실시된 개개의 검사 결과들을 전체 맥락에서 해석하고, 영역별로 통합하여 수검자의 전반적인 모습을 기술하도록 한다. 그 과정에서 개개의 검사 결과들은 상반되거나 일치할 수도 있고, 보충 정보를 제공할 수도 있다. 평가자는 이러한 검사 결과들을 비교하고 관련시키는 과정에서 자신의 전문가적 지식과 임상 경험을 활용하여 의미를 부여한다. 모순되는 검사 결과가 존재함에도 제시하지 않거나 평가자가 미리 가설을 세운 후 자신의 가설을 뒷받침하는 검사 결과만을 강조하여 서술하는 것은 평가자의 윤리에 어긋나는 것이다. 종합심리검사 평가보고서는 일반적으로 지적능력, 정서 및 성격 영역, 대인관계 영역으로 구성된다.

또한 강점 및 자원 영역을 추가적으로 기술할 수 있는데, 특히 상담 장면에서 평가가 이루어질 경우에는 강점 및 자원 영역에 대해 반드시 기술할 것을 권장한다. 대부분의 심리평가보고서는 피검사자가 호소하는 문제와 관련된 심리학적 해석을 위해 작성되어서, 피검사자가 지닌 문제점, 어려움, 고통을 중심으로 기술되며, 평가자 또한 피검사자의 병리적 측면에 초점을 두게 되고 피검사자의 강점과 자원을 간과하기 쉽다. 그러나 우리는 피검사자의 건강한 면과 동맹을 맺어야 하고, 해석 상담 시 이를 바탕으로 이후 상담 및 치료 과정에 대한 동기를 불러일으켜야 한다.

표 14-4 종합심리검사 평가보고서의 구성 요소

영역	내용
지적 능력	• 주로 지능검사에 의해 도출된 개인의 인지기능에 대한 추정[IQ 점수, 백분위, 지능 분류(최우수, 우수, 보통상 등)] • 잠재능력 혹은 병전 기능 수준 • 현재 수준과 잠재능력(병전기능) 간 차이와 차이의 의미 • 언어성 지능과 동작성 지능의 차이와 차이의 의미 • 소검사의 편차 및 의미 • 인지적 강점 및 약점에 대한 기술 • 사고장애 여부
정서 및 성격	• 현재 피검사자의 주된 정서 상태, 정서의 강도(intensity) • 일시적이고 상황적인 것인지 혹은 성격적인 성향과 관련성 • 정서 표현 강도, 정서 조절 능력 등 • 평소의 흥미, 관심사, 행동 특성, 욕구, 성향, 대처 방식 등
대인 관계	• 타인과 관계를 맺는 방식(대인관계 패턴, 상호작용 방식) • 대인관계 상황에서의 자신의 욕구 및 의사 표현 방식 • 자신 및 타인에 대해 지각하는 방식 • 상황 대처 능력, 스트레스 대처 방식 등
강점 및 자원	• 피검사자의 특성 중 강점 및 자원으로 활용될 수 있는 영역 • 인지기능 중 상대적으로 우수한 부분(언어구사력, 추상적 사고력, 사회적 눈치 등) 혹은 현재에는 과도하여 문제가 되지만 조절된다면 자원으로 활용될 수 있는 부분(인정 욕구나 대인관계 욕구), 기대나 희망, 동기 수준, 사회적 지지망이나 경제적 수준, 학력, 직업, 피검사자가 건강하게 기능하고 있는 영역 등

5. 요약 및 제언

평가보고서의 핵심 내용을 요약하고 정리하며, 의뢰 사유와 평가 목적에 부응하는 답을 명확히 제시해야 한다. 앞에 기술한 내용을 단순하게 반복하기보다는 바꾸어 간략하게 기술한다. 마지막 부분에 이후 중재와 치료적/상담적 개입에 대한 제언(suggestion)을 포함하는 것이 필요하며, 의뢰 사유와 평가 목적에 따라 진단적 인상(diagnostic impression)을 첨가할 수 있다.

자료 14-1 평가보고서의 예시 1: 종합심리검사 평가보고서

심리학적 평가보고서
PSYCHOLOGICAL ASSESSMENT REPORT

- 평가일: ○○○○년 ○○월 ○○일
- 성별: M
- 나이: 만 13세 7개월

- 이름: ○○○
- 생년월일: ○○○○. ○○. ○○.
- 학년: 중학교 3학년 재학 중

시행 검사

- Korean Wechsler Intelligence Scale for Children-III(K-WISC-III)
- Bender Gestalt Test(BGT)
- Draw-A-Person Test(DAP)
- Sentence Completion Test(SCT)
- Minnesota Multiphasic Personality Inventory(MMPI)

1. 평가 사유

컴퓨터게임에 몰두하고 학업에 관심이 없는 등의 사유로 올 초 ○○소아정신과에서 검사와 2개월가량 상담을 받았던 10대로, 본원에 내소하여 종합심리검사가 실시됨.

2. 검사 태도

작고 마른 체격에 단정한 차림의 10대로 부모와 함께 내소하였음. 입을 크게 벌리지 않고 사투리가 섞인 작은 목소리로 웅얼대듯 이야기하였으나 자발적인 언어 표현이 많았고, 대체로 공손한 태도였음. 초반에는 검사자와 자연스러운 시선 접촉을 회피하였으나 후반으로 갈수록 자연스러워졌으며, 대체로 검사 전반에서 협조적인 태도였음. 그림검사 수행 시 양손을 번갈아 사용하여 그림을 그렸음. 면담 시 비교적 자신의 이야기를 허심탄회하게 털어놓았고, 부에 대해서는 "설득보다는 명령을 하신다. 많이 때리신다. 다혈질이라 욱하시는 성격이다. 대들면 더 맞는다."라고 하였고, 모에 대해서는 "말을 핵심을 이야기하기보단 길게 이야기하신다."라고 하였고, 자신에 대해서는 "중학교 와서 방황을 하였다."라고 하였으며, "지난번 상담에서는 내 말만 듣고 해결책을 제시해 주지 않아서 답답해서 그만뒀다."라고 하였음.

3. 검사 결과

1) BGT
정상 범주의 수행임.

2) 인지 기능 및 사고 영역

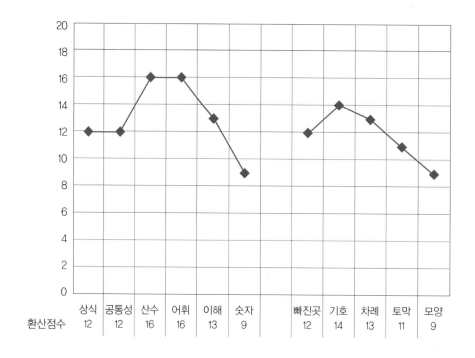

환산점수	상식	공통성	산수	어휘	이해	숫자		빠진곳	기호	차례	토막	모양
	12	12	16	16	13	9		12	14	13	11	9

한국판 Wechsler 아동용 지능검사(K-WISC-III)로 측정한 현재 지능은 우수 수준(FSIQ: 122, VIQ: 125, PIQ: 114)에 해당하며, 안정성 높은 소검사로 추정한 지적 잠재력 또한 동등 수준(120~129) 정도로 추정됨.

현재 언어적인 이해력 및 표현력은 '최우수' 수준으로 매우 잘 발달되어 있음. 자신의 생각, 의사 등을 표현하고 전달하는 데 뛰어날 것으로 생각되며, 주변에서 실제 능력 이상의 기대를 받을 가능성도 있겠음.

학습과 관련하여 기본 지식의 습득 수준, 계산력, 어휘 등 이전 경험과 학습에 의해 습득되는 영역의 수행은 '보통상'~'우수' 수준으로 잘 발달되어 있음.

주의집중과 관련하여 단기간 주의력은 보통 수준 정도이나 꾸준한 주의집중력은 최우수 수준이며, psycho-motor speed는 '우수' 수준으로 주의집중 영역에서 기복을 보이고 있음.

사회적 상황 판단력, 사회적인 눈치, 예민성 등 사회적 상황에 대한 대처 및 적응과 관련된 능력은 보통상 수준 정도로 잘 발달되어 있음. 규칙, 규범에 대해 잘 이해하고 관습적이고 순응적인 판단력도 괜찮은 편이고, 주변 상황 맥락에 대한 이해도 잘 발달되어 있음. 상황 판단이 빠르고 상황에서 기대되는 행동 방식에 대해 잘 알고 있는 것으로 보임. 반면에 기존의 자신의 경험을 실생활에 유연하게 활용하여 적극적으로 대응할 수 있는 능력은 다른 영역에 비해 상대적으로 미흡한바, 구조가 명확하고 해결책이 분명한 상황에서는 능력을 발휘하겠으나 스스로 적극적으로 해결책을 모색해야 하는 낯선 환경, 새로운 상황에서는 잠재력이 충분히 발휘되는 데에 어려움이 있겠음.

지각 및 사고 영역을 살펴보면, 관습적이고 보편적인 사고의 어려움은 시사되지 않으며 대체로 단순하게 생각하고 판단을 내리는 한편, 현재 추상적인 사고가 증가되는 청소년기에 놓여 있는 시점에서 평가적, 부정적인 사고가 증가해 있는 상태로 보임(BG elaboration: 어둡고 암울, 로샤: Morbid). 특히 부모 등 권위자에 대한 비평적인 사고를 보이고 있음(SCT: 선생님들은-우리를 이해해 주실 때도 있고 그렇지 않을 때도 있다/어른들은-아이들에 대해 너무 엄격하다/나의 어머니는-감성적이기도 하지만 너무 여성 쪽 취향이 강하다/나의 아버지는-권위적이다).

3) 정서 및 성격, 대인관계 영역

현재 뚜렷한 정서적 어려움이나 심리적 고통감을 표현하고 있지는 않음(MMPI: normal profile). 그러나 심층의 정서 상태가 투사되는 로샤검사에서 보면, 무기력감, 애정 욕구의 좌절, 불안정감, 우울감 등 심리적 고통감을 시사하는 반응들을 보이고 있음(로샤: shading response, morbid response). 워낙에 자신의 감정 상태에 대한 인식 및 이해는 미흡하였던 것으로 보이며, 정서적 고통감이 유발되면 컴퓨터 게임에 몰두하는 등과 같은 회피적인 방어기제를 취해 온 것으로 추정됨.

사교적이고 외향적인 성향으로, 대인관계에서 친밀한 관계 형성에 대한 욕구가 높은 편임. 현재 또래관계에서 소속감, 유대감을 느끼고 있고, 또래와 함께 시간을 보낼 수 있는 학교 장면이 학습과 배움의 장소라기보다는 즐거움과 활력을 주는 장소로 경험되고 있음(SCT: 나의 학교생활은-만족스럽다/내가 가장 믿을 수 있는 사람들은-나의 친구들이다). 반면에 가정환경, 부모-자녀 관계에서는 상당한 갈등과 마찰이 있는 것으로 보임(SCT: 내가 겪은 마음의 큰 상처는-아빠에게 별것도 아닌 일로 심하게 혼나거나 심하게 맞았을 때다/죽고 싶은 생각이 들 때는-아빠에게 혼나거나 맞았을 때다). 그간 공부에 대한 부모의 기대와 관여가 상당하였던 것으로 보이며, 이와 관련하여 자발적인 학습에 대한 의욕과 흥미는 저하되고 오히려 학습에 대한 부담감과 거부적인 태도만 나타나며 부모와의 갈등이 커지는 악순환을 보이고 있는 것으로 생각됨.

성장 및 발달 과정에서 처벌, 제제, 통제가 많았던 것 같고, 부모-자녀 관계에서 애정적이고 온정적인 관계 형성이 미흡하였던 것으로 추정됨. 관계를 맺고 인정, 애정받고 싶은 욕구가 높은 수검자를 이해해 주거나 섬세한 관심을 제공하기보다는 부모의 기대와 목표에 따라 교육적 자극과 관심이 일방적으로 제공된 면이 있는 듯함. 부모의 일관되고 엄격하지만 온정적인 훈육을 통해 자기통제 및 조절력을 발달시키기보다는 일시적으로 처벌이나 제재를 피하기 위한 눈치나 임기응변을 키워 온 면이 있어 보임(SCT: 내가 믿고 있는 내 능력은-잔머리 굴리기와 눈치다/윗사람들을 보면 나는-윗사람의 성격을 대충 파악하고, 그에 따라 성격에 대해 대처한다). 수검자 스스로 생각하기에 특히 부의 처벌, 제재는 과도하다고 지각하는 것 같으며, 반감, 거부감도 큰 것 같음.

4) 강점 및 자원

우수 수준인 현재 지능 수준과 뛰어난 언어구사력은 이후 학업성취에 자원으로 활용될 수 있겠음. 또한 또래관계에서 유대감을 느끼고 긍정적인 지각을 하고 있는 점, 사교적이고 외향적인 성향, 사회적인 눈치와 예민성, 관계 욕구 등은 대인관계에서 긍정적인 역할을 할 것으로 보임. 한편, 자신에 대해 막연하긴 하지만 긍정적인 기대를 가지고 있고 과거의 자신의 모습에 대한 후회도 보이고 있는바, 주변에서 긍정적인 관심과 애정이 주어진다면 좀 더 적응적으로 변할 수 있을 것으로 판단됨(SCT: 어렸을 때 잘못했다고 느끼는 것은−너무 놀기만 했다는 것이다).

5) 요약 및 제언

우수한 지적 능력의 소유자이며, 관계 형성, 친밀감에 대한 욕구가 큰 편임. 자신의 정서 상태에 대한 자각, 이해가 부족하며, 부모−자녀 관계에서 갈등과 어려움을 느끼고 있음. 정서적 고통감이 유발되면 이를 적절히 대처하기보다는 컴퓨터 게임에 몰두하는 등으로 회피적인 방어기제를 취해 온 것으로 추정됨.

모호하긴 하지만 변화에 대한 동기가 있는 바, 좀 더 수검자에게 안정적으로 지지적인 역할을 할 수 있는 치료자와의 상담이 도움이 될 것으로 사료됨. 상담 과정에서 억압된 적대감, 거부적인 특성을 다뤄 보고 자신의 감정을 인식하고 적절히 환기시킬 수 있도록 하는 것이 필요할 것으로 생각되며, 우선적으로 부모와의 상호작용에 대한 개입이 이루어져야 할 것으로 생각됨. 부모교육이 도움이 되겠음.

○○○○년 ○월 ○○일

임상심리전문가(제○○○호)/정신보건임상심리사 1급(제 ○○○호) ○○○ (인)

| 자료 14–2 | 평가보고서의 예시 2: 학습평가 결과 보고서 |

※ 실시 검사
- ASQ−교사용, ASQ−부모용, K-CBCL, K-ARS, K-LDES
- 기초학습기능검사
- BASA-Reading

1. 인적 사항

이 름	○○○
성 별	남
소 속	초등학교 3학년(일반학급)
연 령	만 8세 7개월

2. 의뢰 사유

현재 A초등학교 3학년에 재학 중인 만 8세 아동으로 읽기, 쓰기에서 부진함. 다소 산만하고 부주의한 문제로 1년 전 소아정신과에 내원하여 ADHD 가능성이 있으며 읽기학습장애라고 진단받았으나 모가 거부감을 느껴 치료를 받지 않았음. 3학년이 되어 학습 문제가 심해져 학습상담연구소에서 학습치료를 받기위해 내소하여 학습평가를 받게 되었다.

3. 배경 정보

피검사자의 모에 따르면, 언어발달이 또래보다 다소 느렸던 아동으로 초등학교 입학 전부터 학습지를 통해 한글 학습을 시켰으나 더듬더듬 읽고 띄엄띄엄 읽는 등 읽기 속도가 전반적으로 느리다고 한다. 겹자음과 받침에서 오류가 많고 스스로 교정을 하기는 하지만 이로 인해서 더욱 속도가 느려져 아동이 읽기학습을 가능한 한 회피하려 한다. 또한 글씨 쓰는 일 자체를 싫어하거나 기피해서 머리로 암산해서 수학문제를 풀려 하거나 알림장에 적지 않고 기억에 의존하려 했다가 준비물을 빠뜨리거나 전달사항을 잊어버리는 경우가 많다. 읽기, 쓰기 등 국어 학습에는 동기와 흥미 수준이 떨어지는 편이지만 수학 학습은 비교적 또래 수준에서 하고 재미와 흥미를 느껴서 잘 하는 편이라고 한다. 국어 학습은 회피하고 지겨워하지만 성적이나 시험 결과에 연연해하고 잘하려고 노력하는 편이라고 한다. 또한 주의집중력이 다소 부족한데, 오후에는 오전보다 주의집중력의 저하를 보여 공부 내용에 흥미를 갖지 못하고 지겨워하는 경우가 많다고 하였다. 모에 의하면, 이전 소아정신과에서 지능검사 결과는 보통 수준이었다고 하였다.

4. 행동관찰

보통 키, 보통 체격의 남아로, 시선 접촉은 자연스러웠으나 대답을 할 때 가끔 눈을 동그랗게 크게 뜨는 등 반응이 크고 과장되었다. 전반적으로 말이 많은 편이었다. 호기심을 보이고, 자세가 자주 흐트러지며, 꼼지락대는 등 부산스러운 편이었다. 다소 부산하고 부주의하지만 대체로 검사 수행 전반에서 순응적이고 열심히 하려는 편이었다.

1) 축약형 질문지(Abbreviated Symptom Questionnaire: ASQ) – 교사용

관찰된 행동	정도			
	전혀 아니다 (0)	약간 그렇다 (1)	심하다 (2)	아주 심하다 (3)
1. 차분하지 못하고 너무 활동적이다.		모	교사	
2. 쉽사리 흥분하고 충동적이다.	모	교사		
3. 다른 아이들에게 방해가 된다.	모	교사		
4. 한번 시작한 일을 끝내지 못한다/주의집중 시간이 짧다.	모	교사		
5. 늘 안절부절못한다.	모	교사		
6. 주의력이 없고 쉽게 분산된다.	모		교사	
7. 요구하는 것이 있으면 금방 들어주어야 한다.	모		교사	
8. 자주 또 쉽게 울어 버린다.	모, 교사			
9. 금방 기분이 확 변한다.	모, 교사			
10. 화를 터뜨리거나 감정이 격하기 쉽고, 행동을 예측하기 어렵다.	모, 교사			

- 아동 어머니의 총점: 1
- 교사의 총점: 10

아동의 어머니는 축약형 질문지에서 한 문항을 제외하고 모두 '전혀 아니다'에 답을 하였다. 이러한 결과를 보면 아동은 전혀 주의력 결핍/과잉 행동을 보이지 않는 것으로 결론을 내릴 수 있다. 그러나 아동의 담임교사에게 실시한 결과 총점이 10점으로, Conners 척도의 경우 부모용은 16점, 교사용은 17점 이상이면 주의력결핍과잉행동장애 가능성이 있는 것으로 평가하는 데 근거하였을 때 부모와 교사의 결과 모두 아동을 ADHD로 진단하기는 어려우나, 어머니의 경우 그 점수가 교사에 비해 매우 낮아 어머니가 자녀 행동을 객관적으로 평가하고 있다고 판단하기 어렵다.

2) K–CBCL 아동 청소년 행동평가척도의 총점: 10

정서적 반응성, 우울 및 불안, 신체적 불편, 위축을 나타내는 내재화 척도와 주의집중 문제, 공격성 등의 외현화 척도 등으로 구성되어 있어 정서행동 문제뿐만 아니라 영유아의 적응 능력을 평가할 수 있는 K-CBCL을 실시한 결과, 아동의 어머니가 평가한 아동의 사회 능력 및 문제행동증후군의 점수 역시 매우 낮아 아동의 어머니가 받아들이는 아동의 문제는 매우 미미한 수준이거나 거의 없음을 다시 확인할 수 있었다.

3) K–ARS 총점: 6(Inattention: 4, Hyperactive/Impulsive: 2)

4) K-LDES

- 주의력: 원점수 8, 표준점수 7 (연령 평균: 11.67)
- 생각하기: 원점수 18, 표준점수 7 (연령 평균: 24.27)
- 말하기: 원점수 14, 표준점수 12 (연령 평균: 12.54)
- 읽기: 원점수 23, 표준점수 13 (연령 평균: 18.52)
- 쓰기: 원점수 19, 표준점수 10 (연령 평균: 19.38)
- 철자법: 원점수 10, 표준점수 10 (연령 평균: 10.02)
- 수학적 계산: 원점수 19, 표준점수 7 (연령 평균: 28.01)

5) 기초학습기능검사

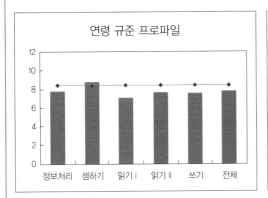

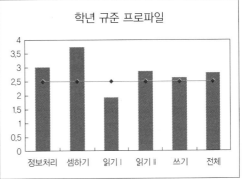

지능지수에 입각해서 조정된 아동의 정신연령은 8세 4개월로 자신의 생활연령(8세 5개월)과 1개월 차이를 보이며, 아동의 전체 학업성취연령은 7세 10개월 수준으로 자신의 생활연령과 7개월 차이를 보이고 있다.

ㄱ. 읽기

아동의 수행에서 가장 취약한 영역은 읽기 I(문자와 낱말의 재인)으로 나타났다. 읽기 I (문자와 낱말의 재인) 능력을 평가하는 과제에서는 베개 → 벤게, 튀 → 퇴이라고 발음하는 등 받침을 끼워 넣어 발음하였으며, '짓밟힌 → 진발힌' '칡덩굴 → 칠덩굴' '굶주린 → 구주린'이라고 읽는 등 겹받침을 읽는 데 어려움을 보였고, '독립 → 독립' '격려 → 격려'라고 발음하는 등 철자 그대로 읽는 오류를 보였다.

ㄴ. 수학

셈하기 능력은 3.7학년으로, 셈하기 능력을 평가하는 과제에서는 대부분 쉽게 답을 찾아내었으며, 배우지 못한 나눗셈 문제를 해결할 때 덧셈을 활용해서 답을 내는 응용력을 보여 주었다.

ㄷ. 쓰기

쓰기 능력 및 철자의 재인 능력을 평가하는 과제에서는 '지게 → 지개' '마개 → 마게' '능률 → 능율' '눈꺼풀 → 눈껍풀'로 읽는 등 단어들을 소리 나는 대로 철자를 재인하는 경향이 있었으며, '죽음 → 죽움' '반가이 → 반갑이' '논두렁 → 논두넝'으로 재인하는 오류도 보였다.

6) BASA-읽기 기초평가

읽기검사 1회	원점수	174
읽기검사 2회	원점수	164
읽기검사 3회	원점수	219
읽기 수행 수준	원점수(중앙치)	174
	T점수(중앙치)	42.20
	백분위점수(중앙치)	22%
	백분위점수 단계	
	현재 수준 설명	기초읽기능력 향상을 위하여 지도를 부탁드립니다.
	현재 학년	3.6
	학년점수(중앙치)	1.8
	학년 차이(학년점수-현재 학년)	-1.8
	월 진전도	6+
빈칸 채우기	원점수	14
	백분위점수	78%
	T점수	57.43
	학년점수	

7) 전반적 결과 해석 및 제언

　　지능검사 결과나 행동평정척도인 ASQ, K-ARS(ADHD rating scale), 학습장애 평가척도(K-LDES)의 결과는 아동을 ADHD 혹은 학습장애로 판단하기 어려운 수준이었다. 그러나 이는 병원에서의 진단 결과와 배치되는 것이며, 지능검사 결과와 자기보고검사인 부모의 아동 행동 평정 결과만으로는 진단판별의 한계가 있음을 시사한다 하겠다. 그러나 기초학습기능검사 결과를 고려했을 때에는 기초 학습 기능 중 셈하기 영역을 제외한 전 영역에서 자신의 연령 수준보다 부진한 편으로, 특히 읽기 I (문자와 낱말의 재인)에서 가장 부진한 수행을 보이는 것으로 나타났다. 읽기I의 경우 자신의 학년 수준보다 0.5학년가량 부진한 편이긴 하지만, 대체로 저학년에서 학습장애 진단 기준인 1년 정도의 차이에는 미치지 않고 있다. 지능-성취 불일치 기준에 따르면, 보통 수준인 지능에서 기대되는 수준인 8세 4개월에 비해 현재 읽기(단어재인)는 7세 수준으로 대략 1년 4개월가량 부진한 편이어서, 지능-성취 불일치 기준으로는 읽기학습장애의 진단 기준에 부합하다. 따라서 아동의 기초학습능력 향상을 위한 전문적 개입이 필요하겠으며, 특히 문자와 낱말의 재인 능력 향상을 위해 발음 규칙을 체계적으로 재학습하고 주의력을 보완하면서 기억의 처리용량을 늘려 나가고 어휘력을 증진시켜 나갈 수 있는 훈련이 반드시 필요할 것으로 생각된다.

○○○○년 ○○월 ○○일

임상심리전문가(제○○○호)/정신보건임상심리사 1급(제○○○호) ○○○ (인)

📋 **요약**

평가보고서는 평가와 의뢰의 최종 단계로, 검사를 수행하여 얻은 자료를 요약하고 관련된 면담, 관찰 등의 다양한 정보를 통합하며, 의뢰자의 관심사를 중심으로 기술된다. 평가보고서는 다양한 전문가(특수교사, 상담사, 학교심리전문가, 임상심리전문가, 신경심리학자, 의사, 교육평가자, 언어치료사)와 의사소통하기 위한 자료로 사용되며, 다양한 독자(부모, 의뢰인, 의사, 변호사 등)에게 정보를 제공하기 위해 작성된다. 평가보고서의 목적은 의뢰 사유에 명확하게 답하고, 다양한 평가 자료(면담, 행동관찰, 검사, 기록 검토 등)를 조직화 및 통합하여 피검사자에 대해 기술하고, 적절한 중재 및 개입에 대한 자료를 제공하며, 이후 중재 및 개입의 성과를 평가하기 위한 기준점을 제공하는 것이다. 일반적으로 평가보고서는 보고서 표지와 의뢰 사유 및 배경 정보, 행동관찰, 검사 결과 및 해석, 그리고 요약 및 제언으로 구성된다.

📋 **참고문헌**

박영숙, 박기환, 오현숙, 하은혜, 최윤경(2010). 최신 심리 평가. 서울: 하나의학사.

성태훈(2011). 임상심리수련생을 위한 종합심리평가보고서작성법. 서울: 학지사.

이우경, 이원혜(2012). 심리평가의 최신흐름. 서울: 학지사.

Braaten, E. (2013). 아동·청소년 임상가를 위한 보고서 작성 핸드북[The child clinician's report-writing handbook]. 이은정, 정철호, 이종한 역. 서울: 시그마프레스. (원저는 2007년에 출판).

Kamphaus, R. W., & Frick, P. J. (1996). Clinical assessment of child and adolescent personality and behavior. Needham Heights, MA: Allyn & Bacon.

Lichtenberger, E., Mather, N., Kaufman, N., & Kaufman, A. (2004). Essentials of assessment reporting writing. New York: Wiley.

Ownby, R. L., Psychological reports: A guide to report writing in professional psychology (3rd ed.). New York: Wiley.

Salend, S. R., & Salend, S. J. (1985). Writing and evaluation educational assessment reports. Academic Therapy, 20, 277-288.

Sattler, J. M. (2001). Assessment of children: Cognitive applications. San diego, CA: J. M. Sattler Publication.

Tallent, N. (1993). Psychological report writing (4th ed.). Englewood Cliffs, NJ: Prentice-Hall.

찾아보기

인명

내용

저자 소개

김동일(Kim, Dongil)
서울대학교 교육학과 교수

고은영(Koh, Eunyoung)
경일대학교 심리치료학과 교수

이기정(Lee, Kijyung)
대구교육대학교 특수(통합)교육과 교수

최종근(Choi, Jongkeun)
건양대학교 중등특수교육과 교수

홍성두(Hong, Sungdoo)
서울교육대학교 유아특수교육과 교수

특수교육 · 심리 진단과 평가(2판)
Assessment in Education, Psychology, and Special Education (2nd ed.)

2017년 9월 25일 1판 1쇄 발행
2018년 6월 20일 1판 2쇄 발행
2022년 1월 30일 2판 1쇄 발행

지은이 • 김동일 · 고은영 · 이기정 · 최종근 · 홍성두
펴낸이 • 김진환
펴낸곳 • ㈜ 학지사

04031 서울특별시 마포구 양화로 15길 20 마인드월드빌딩
대표전화 • 02-330-5114   팩스 • 02-324-2345
등록번호 • 제313-2006-000265호

홈페이지 • http://www.hakjisa.co.kr
페이스북 • https://www.facebook.com/hakjisabook

ISBN 978-89-997-2565-4 93370

정가 23,000원

출판 · 교육 · 미디어기업 학지사

간호보건의학출판 학지사메디컬 www.hakjisamd.co.kr
심리검사연구소 인싸이트 www.inpsyt.co.kr
학술논문서비스 뉴논문 www.newnonmun.com
교육연수원 카운피아 www.counpia.com